上海财经大学『中央高校建设世界一流大学（学科）和特色发展引导专项资金』资助出版

中央高校基本科研业务费资助出版

鄂南茶贸与区域社会

李灵玢　李亚南　陈晴　著

WUHAN UNIVERSITY PRESS
武汉大学出版社

图书在版编目(CIP)数据

鄂南茶贸与区域社会/李灵玢,李亚南,陈晴著.—武汉:武汉大学出版社,2023.4

ISBN 978-7-307-23454-3

Ⅰ.鄂… Ⅱ.①李… ②李… ③陈… Ⅲ.茶叶—贸易史—湖北 Ⅳ.F724.782

中国版本图书馆 CIP 数据核字(2022)第 218220 号

责任编辑:程牧原　　　责任校对:鄢春梅　　　版式设计:马　佳

出版发行:**武汉大学出版社**　(430072　武昌　珞珈山)

(电子邮箱:cbs22@whu.edu.cn　网址:www.wdp.com.cn)

印刷:武汉邮科印务有限公司

开本:720×1000　1/16　印张:18.25　字数:307 千字　插页:1

版次:2023 年 4 月第 1 版　　2023 年 4 月第 1 次印刷

ISBN 978-7-307-23454-3　　定价:52.00 元

目　　录

自　序
——一个关于"茶叶区域社会"的构想

一、区域史研究的意义

20 世纪六七十年代开始，欧美的汉学界开始采用"中国中心观"以对抗过去"欧洲中心论"的学术主张，推动了欧美中国史研究中的区域史、地方史研究。"中国中心观"的核心含义有二：一是要把中国史研究的视线从上层精英转向下层民众，二是要将研究对象从过于辽阔的"中国"缩微到"区域"。① 这一阶段最具影响力的成果中就有 1964 年施坚雅（G. William Skinner）以中国地方志史料为基础，以市场为区域划分标准而撰写的《中国农村的市场和社会结构》，以及 1977 年由他主编的《中华"帝国"晚期的城市》。"施坚雅模式"的提出，从方法论上启动了关于中国区域史及其地方基层结构的研究，② 区域经济史与区域社会史的成果一时间大量涌现，比如黄宗智对于长江三角洲和华北小农经济的研究，罗威廉对于清代汉口的商业贸易与城市冲突的研究，等等。正如之后施坚雅所宣称的那样，要真正进入中国，必须区分"区域性"的现象和"帝国范围"的现象，而"区域周期"比"王朝周期"更能逼近具体的、动态的历史真实。③与此相呼应，自 20 世纪 80 年代开始，以精湛的经验主义和实证研究著称的日本学者也开始怀疑历史的"普遍法则"，转向地域社会的研究。1981 年森正夫发表了《中国前近代史研究的地域视点——中国史研讨会（地域社会的视点——地域社会与领导者）基调报

---

① ［美］柯文：《在中国发现历史》，林同奇译，北京：中华书局，2002 年。
② 任放：《施坚雅模式与国际汉学界的中国研究》，《史学理论研究》2006 年第 2 期。
③ ［美］施坚雅：《中国历史的结构》，新之译，《史林》1986 年第 3 期。

告》，拉开了日本学界研究中国区域社会史的序幕。接踵其后，一群志同道合的日本学者纷纷展开对中国不同地域的社会史、经济史研究，其中包括森田明对于清代水利与区域社会的研究，斯波义信对于宋代江南经济史的研究，片山刚对于清代广东珠江三角洲图甲制的研究，滨下武志对于清末海关财政与通商口岸地域市场圈的研究，岸本美绪对于明末清初江南地方社会的研究，等等。

发生在欧美及日本汉学界的变化，亦成为中国史学"区域转向"的外部动力，但真正推动着中国史学区域化研究前进的原因，乃是西方的现代化理论无法解决中国当代日益复杂的现实问题。非西方与西方、传统与现代的两分法，将开埠前的中国整体定位于线性链条中的前现代，将开埠后的中国划分至受到西方文明冲击后的现代社会，却忽视了中国不同区域空间的差异性，以及历史演化的复杂性。其实，早在20世纪30年代，中国史学界的"食货学派"就在梁方仲、傅衣凌等中国社会经济史学者的领导下，开启了区域史研究。正如傅衣凌所指出的，中国"传统社会"里的多元社会结构很难用"一套适用于欧洲社会的模式进行规范"，研究者应重视充满差异性的区域与多元、多线的中国历史之间的联系，"由于自然环境的差异和生态平衡的改变、历史上开发时间的先后，人口的流动和增减，以及经济中心的转移等等因素的影响，各个地区的生产技术水平、生产方式、社会控制方式和思想文化千差万别，而且还随着历史的发展而呈现周期性的和不规则的变化"。① 因此，傅衣凌提出开展"社会经济史区域性研究"，通过充分挖掘和利用民间文献资料，用社会史和经济史相结合的研究方法，深化地域性的细部考察和比较研究，从特殊的社会经济生活现象中寻找经济发展的规律。② 在此之后，国内史学界的"区域转向"成果颇多："华南学派"领军人物如萧凤霞、科大卫、陈春声、郑振满、刘志伟、程美宝等人对于珠江三角洲、闽南、香港等地的历史人类学考察；赵世瑜、杜正贞等人针对华北、江浙社会的"小历史"研究；常建华、李金铮、魏宏运、张思等对于华北地区家族与乡村的考察；李伯重、樊树志、范金民、徐茂明、吴建华等对于明清江南一带社会经济史的研究；行龙、

---

① 孙竞昊：《现代主义、后现代主义与西方中国历史研究的新趋向》，《安徽史学》2013年第2期。
② 傅衣凌：《集前题记》，见《明清社会经济史论文集》，北京：人民出版社，1982年。

张俊峰等对于山西水利社会的研究；王振忠、卞利等对徽州地方社会的重构，等等。"区域转向"的提出，以及历史学对于社会学、人类学方法的借用，使得区域史研究被重新注入了活力，史学家不必再抱着"王朝"或"国家"不撒手，而是可以把过去被忽视的基层"社会"作为检视的对象，将其置于历史舞台的中央。

这种"区域化"的趋势和分工，使得研究对象的范围变得容易理解和把握。对此，台湾学者进行了典型的表述："有鉴于中国幅员辽阔，区域特征各异，发展先后迟速又复参差，若循中央入手之研究方式，固然可以得到整体综合性的观察，然了解难于深入。不如从地区入手，探讨细节而后综合，或可获得更为具体的认识。"① 除此之外，区域化的研究还可以方便研究者进行田野考察和资料搜集等工作。吴承明就认为"从事区域经济史的研究者不必胶柱于划区标准，可以从习惯，或大或小，以资料方便为准。大如江南、西北、南北满，小如皖南、苏北、辽东西，皆以习用。从资料利用说，分省立史亦有便处"。② 除了现实的考量，提倡区域化研究也是出于对学术理路和方法论的反思，如孙杰、孙竞昊就提出："区域首先是要被检讨的对象，研究者应当将区域视为历史演变的结果，思考其由来的问题。在方法论意义上，区域史应与社会史、整体史实现统一，充分注意中国历史发展的多样性，通过展现各个区域的历史发展逻辑，区域史研究的最终目标是揭示中国历史发展的规律。"③换句话说，真正的区域史研究，不应该是"几十年来常见的《中国通史》教科书的地方性版本"，④ 而应该首先回答所研究的"区域"为何能够成为这一"区域"，从时间和空间多维度去理解历史过程中区域的形成和演变，通过对区域"小历史"的研究，理解整个中国的"大历史"。

在这种研究趋向的鼓舞下，本书同时选取位于湖北南部幕阜山脉的羊楼洞茶区、位于黄盖湖和新溪河流域的新店码头，以及位于长江口岸的汉口茶市这三个不同大小、规模、层级的研究对象进行整体考察。这一大胆的区域设想，既是出于对历史史实的关切，也是受到区域史方法论的启发。晚清茶业经济的兴盛，带

① 张朋园：《湖南现代化的早期进展》，长沙：岳麓书院，2002年，第1页。

② 吴承明：《市场·近代化·经济史论》，昆明：云南大学出版社，1996年。

③ 孙杰、孙竞昊：《作为方法论的区域史研究》，《浙江大学报》（人文社会科学版）2015年11月。

④ 陈春生：《历史的内在脉络与区域社会经济史研究》，《史学月刊》2004年第8期。

动了位于鄂南的羊楼洞茶区、新店码头以及汉口茶市的发展，不单是商贸茶叶的生产加工、运输和销售将这三个地区连接成一体，财富利益的输送、市场信息的流动也在历史的长河中将它们塑造得更为一致。有许多时候，不弄清彼地的情形就无法了解和叙述其他区域社会的情形。这些区域在经营茶贸之前，各自具有不同的地域面貌和社会特征，然而在跻身国际茶贸市场的过程中，产生了极强的经济文化关联，并在时间不断的打磨中形成了历史的内在脉络。

从羊楼洞、新店到汉口，茶叶与资本、人口与信息不断交互流动、往来穿梭。这一忙碌而紧张的情景，既反映了中国殖民地性质逐步深化条件下茶叶市场与茶产腹地、茶产转运地之间必然的联系，也反映了历史条件的变动对社会区域的冲击与影响。更进一步地，通过解读羊楼洞—新店—汉口茶叶经济区的兴衰，剖析其茶贸结构以及与地方社会的密切关系，我们可以从另一个角度去观察被卷入资本主义市场的近代中国是如何一步步加入现代化乃至全球化的进程中的。

二、"区域"的概念与划分

要着手进行区域史研究，似乎首先必须回答一个问题：什么是区域？"区域"这一概念首先为地理学科所提出，德国地理学家、近代地理学区域学派创始人赫特纳(A. Hottner)认为，地理学就是研究区域的科学，其科学任务在于了解区域，通过区域比较的方法来了解人类和自然。① 这种传统地理学的区域概念强调了区域的空间性，却将区域研究的历时性拒之门外。真正从历史学的本位出发，从时间和空间两个维度去考察和理解区域的，当属法国年鉴学派。由年鉴学派第二代掌门人费尔南·布罗代尔写就的《地中海与腓力二世时期的地中海世界》可谓区域研究的代表之作。有趣的是，年鉴学派的第三代核心人物勒华拉杜里(Le Roy Ladurie)也撰写了一部脍炙人口的作品——《蒙塔尤》。与布罗代尔笔下宏伟的地中海世界不同，蒙塔尤是一个仅有 200 多人的边缘山村，它交通闭塞、远离王权，从未发生任何影响历史进程的大事件，却被视为区域研究的经典

---

① [德]阿尔弗雷德·赫特纳：《地理学——它的历史、性质和方法》，"出版说明"，北京：商务印书馆，1986 年，第 170~171 页。

个案。由此，我们或可以大胆地说，"区域"的大小皆因研究者的意识而定，既可以扩大到整个世界，也可以缩微成显微镜下的一个小点。

明了于此，那么区域的界限划分则不再成为一个最为关键的问题（但依然是重要的问题）。诚如程美宝所言："研究者要问的，其实不是以这样或那样的标准划分区域是否合理，而是区域研究作为一种研究取向，到底在历史观和历史方法上将会带来一种怎样的革命。"①从标明的文字上看，本书选题的区域范围应该就是作为茶叶产地的羊楼洞、作为转运码头的新店以及作为茶市的汉口。但是实际上，本书所研究的区域从来就不是地图上牢牢钉死的几个地名，它从一开始就是超越地方的。由于羊楼洞是直接参与国际商贸商品茶叶的出产、集中和制作地，它的兴盛和衰微直接与国际商贸形势相关联；羊楼洞出产的茶叶经由新店码头而辗转运出，其转运商人足迹所过之处，笔者以为即是区域的延伸。在这方面，本书采用历史人类学家的视角和方法，认为作为研究对象的区域不应该仅仅局限于地理空间，而是伴随着区域中人的活动而不断流动变化，也伴随着研究者的问题意识而不断变迁。正如黄国信老师他们提出的，"沿着这种思考方向，我们认为，区域是在不同的历史过程中，由不同的人群因应不同的需要而产生的工具与多层次的观念。……区域与在长期历史过程中积淀下来的各种要素（如地理、市场、语言、风俗、族群）及与之相应的主观认知息息相关，是存在于人们心中的多层次、多向度、动态而弹性的指涉。……区域研究就不应该是先划定地理范围，再作茧自缚的研究类型。从某种角度上看，真正区域研究的取向应该是反过来的，即首先要追问我们何以认为这样的划定是合理的？这样的划定关系着怎样的历史建构过程？通过对这些问题的回答，达致对地方性传统与王朝观念、制度互动过程的深入了解"。② 也许还可以对此作更为通俗的理解：把上述区域的变动不居甚至国际影响到地区的这些变动视为舞台背景的转换，在布景不断变幻的羊楼洞、新店等舞台上，只要表演的主次角色永远是当地商人及其他与之相关的人们，这也就确定了本书所谓区域的辩证所在——"区域被视为一种有意识的历

① 程美宝：《区域研究取向的探索——评杨念群著〈儒学地域化的近代形态〉》，《历史研究》2001 年第 1 期。

② 黄国信、温春来、吴滔：《历史人类学与近代区域社会史研究》，《历史研究》2006 年第 6 期。

史建构(Region is seen as a conscious historical construct)"①。

在"区域转向"的方法论指引下,学界前辈不断探索,已形成不同的研究范式,如"水利共同体""基层市场社区""祭祀圈"等,对水利、市场、祭祀信仰等因素主导下的地方社会作动态的讨论。②我们可以发现,以上这些研究的对象都属于较小的空间范围,比如村落联盟、地域共同体等,但都围绕这些地方社会关系网络的"核心要素"被建构起来。反观羊楼洞、新店、汉口这三处区域,也同样具备一个共同的"核心要素"——茶。无论是羊楼洞的茶业经济还是新店的茶叶运输、汉口的茶贸交易,甚至是这些区域内活跃的茶商、茶农、茶业组织等行为体,在茶叶带来的巨大经济利益面前走到了一起;它们互相联系,作为一个利益共同体,分享着诸如资本、信息、交通和人际网络资源,也由此形成了一个区域社会。倘若参考目前学界关于区域"同质性"(或称"均质性")的划分标准,以及"区域内部如果要形成一个系统,就必须以交换、互补为特征的异质性存在为前提"③的划分条件,那么"羊楼洞—新店—汉口"当然可以被当作一个区域对象

---

① 科大卫(David Faure)和萧凤霞(Helen Siu)合编的《根植乡土》(Down to Earth: The Territorial Bond in South China)中就提道:"区域被视为一种有意识的历史建构。"(Region is seen as a conscious historical construct)见 Helen Siu, David Faure (eds.). Down to Earth: The Territorial Bond in South China(《扎根乡土》), Redwood City: Stanford University Press, 1995, p. 1.

② 鲁西奇、林昌丈:《"画圈圈"与"走出去安全"——关于"地域共同体"研究理论的评论与思考》,见周宁主编:《人文国际》第4辑,厦门:厦门大学出版社,2011年,第142~157页。

③ 关于划分区域的具体标准,学界有多重提法,如同质性、独特性、系统性、共趋性、一致性、内在逻辑性等。徐国利提倡"科学而规范的区域史",认为"组成区域的要素必须是均质(或同质)的,均质(或同质)性成为区域界定的首要于基本的原则"。见徐国利:《关于区域史研究中的理论问题——区域史的定义及其区域的界定和选择》,《学术月刊》2007年第3期。相对的,罗威廉强调区域的系统性(或者说异质性):"'区域'这个西方最近经常运用于中国研究的术语,并不是指具有统一性的地带,而是指内部具有相互依赖的交换关系的系统,并且其内部的异质性要超过同质性。"见[美]罗威廉:《导言:长江下游的城市与区域》,见[美]琳达·约翰逊主编:《帝国晚期的江南城市》,成一农译,上海:上海人民出版社,2005年,第1~20页。张建民也强调区域的差异性,认为"区域社会经济史研究不可忽视甚或放弃整体观照。……社会经济史区域研究的主要前提之一是社会经济发展在区域上的不平衡性或曰社会经济发展的区域差异,所谓不平衡乃整体观照下的不平衡或不平衡也就无从谈起了"。见张建民:《长江中游社会经济史研究的深化与拓新》,《武汉大学学报》(人文科学版)2008年第6期。

来展开研究；若要进一步"追问这些'区域'是如何被建立、被感知、被表达、被改变的过程"，① 则还需要思考"羊楼洞—新店—汉口"这一"茶叶区域社会"是如何形成又如何发挥功能的问题。得益于国际茶叶贸易的兴盛，作为茶叶生产和加工基地的羊楼洞，作为"有水运之便"的新店，以及作为国内重要茶叶销场的汉口就这样被共同卷入世界市场。一方面，羊楼洞茶产在边蒙地区及国际市场的供不应求，直接和间接地促成了晚清汉口的开埠，也带动了原本默默无闻的新店港口的繁荣；另一方面，汉口开埠后从各地云集而来的中外茶商、吞吐着巨量白银的茶叶市场，又反过来刺激着羊楼洞茶业的生产加工，带动着羊楼洞和新店的百业兴旺。原本无甚相关的三个地方，就这样因为市场的关系而形成了一个因茶而兴、因茶而衰的茶叶经济区域带。本书围绕"羊楼洞—新店—汉口"的"茶叶区域社会"进行考察，将茶叶贸易这一经济活动置于历史的显微镜下，从区域社会的角度去理解近代中国茶叶贸易的兴衰曲折，同时通过观察在经济数字背后活动着的人，他们的欲求与偏好，以及这种欲求与偏好的历史生成过程，去重塑"茶叶社会"这样一个被赋予了感觉和价值、充满意义的世界。

三、"区域"研究中的问题

如果说如何定义"区域"的概念，如何划分"区域"的界限，还属于理论层面的问题，那么在区域研究中研究者的"身份问题"则走出了书斋、进入田野，触及研究的实际操作层面。人类学家吉尔兹曾提醒进行田野观察的研究者，有可能因为过度认同研究对象的处境而丧失自我反思和判断的能力，但如果缺乏对观察对象的历史文化脉络的理解，亦有可能会得出武断的结论。

笔者在进行田野考察时，曾好奇地询问当地人"羊楼洞"这一地名的来历，被告知是因为当地大姓雷氏的两位先祖曾于明代在此地和邻地建楼养羊，故分别称二地为"羊楼洞""羊楼司"。② 笔者去翻找文献资料，也发现有"四面多山，其

---

① 黄向春：《区域社会文化史的视野与经验》，《光明日报》2009 年 12 月 8 日，第 12 版。

② 羊楼洞当地大族《雷氏宗谱》记载为与其明代祖先雷景贤有关，该谱述其祖雷景贤公寄情山水田园，"凿池畜鱼以自乐……又于池上构楼饭羊，羊极蕃庶，远近皆传称之。先时洞未有羊楼之名，有之自此始也。厥弟景祥迁夹山，楼池皆与兄埒，故彼地羊楼司，亦至今仍称焉"。见《景贤祖传》，《雷氏宗谱·雷氏祖史概述》，民国崇义堂本 1924 年版。

形如洞，相传昔有牧者建楼于此，因而得名"①的记载。然而即便访谈内容和文字史料可以相互印证，仍需对此说法存疑，因为根据宋代旧制，羁縻州辖行政单位之大者称"县"、小者为"峒"，"峒"作为对当时处于经济相对落后地域的称呼，与后来的"乡""镇"意思相近。羊楼洞的"洞"在早期文献记载中为"峒"，可见是从宋代建制中得名，当地人称"羊楼"于明代得名的说法似太晚近。羊楼司因与羊楼洞左近，且官设巡检司，故得名羊楼司，将其归因于雷氏兄弟二人所建楼池相同，也令人难以采信。有趣的是，笔者发现雷氏族谱的记载连同当地人的解说，已在历史中形成了"地方性知识"，被运用于当地社会的权力建构，影响至今。彼得·伯克（Peter Burke）曾说过："历史是对过去'他者'的理解，他者文化只是有助于相反的思考，并且是一个'去熟悉化'（defamiliarization）和'再熟悉化'（refamiliarization）的补充过程。"②这里的"去熟悉化"指的是把那些通常被本地人认为是理所当然的事情看作是有疑问的和需要说明的，摆脱"本地盲"（home blind）的状态，对研究对象保持一种"疏离感"；"再熟悉化"则是所谓的"旁观者清"，不去想当然地得出因果联系。在区域田野考察的过程中，笔者认识到历史已在空间和时间上远离了我们今天的文化语境，要想真正地理解他者，需要重新进入时间上的"异国他乡"，做一个真正的"时空的穿越者"。这是区域史研究面临的第一个挑战。

区域史研究可能面临的第二个挑战，则是杨念群提出来的"如何合理有效地界定研究单位"。他问道："我们是应该如人类学所要求的那样把文化视为一个'孤岛'，只在本地意识框架的传承脉络内部理解民众生活，还是应该把文化定位为一个处于世界政治—经济结构支配之中的全球地理性现象？特别是在近代资本主义呈跨国体系到处渗透的局势下，文化的'地方性'在多大程度上还能保持其纯洁度？"③换句话说，区域史研究如何能够从"区域"走向"整体"？

---

① 陈启华：《湖北羊楼峒区之茶业》，《中国实业》1936 年第 2 卷第 1 期。

② Peter Burke," Historians, Anthropologists and Symbols," *Culture Through Time*: *Anthropological Approaches*, Edited by Emiko Ohnuki-Tierney, Stanford: Stanford University Press, 1990, p.270.

③ 杨念群：《"整体"与"区域"关系之惑——关于中国社会史、文化史研究现状的若干思考》，《近代史研究》2012 年第 4 期。

1963 年，美国气象学家爱德华·诺顿·罗伦兹(Edward Norton Lorenz)在一篇提交纽约科学院的论文中提出了"蝴蝶效应"这一概念。对于这个效应，最常见的阐述是："一只蝴蝶在巴西轻拍翅膀，可以导致一个月后得克萨斯州的一场龙卷风。"历史就是这样，诸多遥远的似乎互不相涉的变化能引起连锁性的反应。历史工作者应该学会以这样的眼光，去发掘历史深层中所蕴藏的这样一种运动关联性。在研究中，笔者就发现了外部世界和区域社会呼吸相通的关系：俄国特使前往蒙古对大汗的朝拜，可以导致多年后沙俄帝国政府对位于中国腹地茶产地的觊觎，而间接促使 1861 年汉口开埠；中国茶叶出口的利润，也会导致大英帝国对华发动鸦片战争，试图扭转贸易逆差；英国对于红茶的需求挤压了在福建武夷山活动的山西茶商的传统茶产基地，太平天国在江南的活动又促使原本在福建下梅一带活动的山西茶商转而寻求内地茶叶，于是促成了羊楼洞和新店的早期兴盛；清政府为对太平军作战征收"厘金"，以及殖民地化的对外商减税，导致汉口茶市中晋商对俄商处于劣势；英俄商人在汉口的竞购，又促使羊楼洞、新店和汉口的茶业获得进一步长足的发展；俄国和蒙古国接连发生的政治革命，导致汉口茶叶贸易的衰落，羊楼洞和新店走向沉寂，等等。这些由彼地至此地的变动，都让人想到罗伦兹的"蝴蝶效应"，也不得不重新审视"区域"与"整体"的关系。笔者认为，在区域史的研究中，不仅仅需要"眼光向下"，还必须"由东到西""由南到北"，只有将更大范围内的历史运动纳入历史考察的视野，才会展现历史的宏大背景，拼出区域社会历史变迁的完整拼图。而中国鄂南数县以羊楼洞、新店、汉口为中心的一小片地区的农业手工业产出和商人们追逐财富的活动，实际上联系着几乎整个世界的商业、经济以及政治。

第一章 茶叶的流动：从羊楼洞、新店到汉口

鸦片战争之后，中国被卷入世界资本主义市场，茶叶则成为近代中国进出口贸易的大宗商品之一。晚清茶业经济的兴盛，带动了位于鄂南的羊楼洞茶区、新店码头以及汉口茶市的发展，使这三处本无甚相关的地区因为茶的关系而连接在了一起，形成了一个因茶而兴、因茶而衰的茶叶经济区域带。一方面，羊楼洞茶产在边蒙地区及国际市场的供不应求，直接和间接地促成了晚清汉口的开埠，也带动了原本默默无闻的新店港口的兴旺；另一方面，汉口开埠后从各地云集而来的中外茶商、吞吐着巨量白银的茶叶市场，又反过来刺激着羊楼洞茶叶的生产加工，带动着羊楼洞和新店的百业兴旺。

从羊楼洞、新店到汉口，茶叶与资本、人口与信息不断交互流动、往来穿梭，这一忙碌而紧张的情景，既反映了中国殖民地性质逐步深化背景下茶叶市场与茶产腹地、茶产转运地之间必然的联系，也反映了历史条件的变动对社会区域的冲击与影响。通过解读羊楼洞—新店—汉口茶叶经济区的兴衰，剖析其茶贸结构以及与地方社会的密切关系，我们可以深入了解近代汉口茶贸兴起的原因及其对于区域社会的影响。羊楼洞的茶产、新店的茶运、汉口的茶市因为特殊的历史因缘而将命运交织在了一起，共同参与到国际茶贸市场的激烈竞争之中，在中国近代贸易史上留下了令人慨叹的一笔。

第一节 鄂南羊楼洞茶产区

羊楼洞，过去也曾称羊楼峒，其地处湖北南部边缘，南与湖南临湘县交界，其东南不远即是江西。唐宋时期羊楼洞属鄂州，明清时期属武昌府蒲圻县，民国时期属湖北第一行政督察区，而今隶属于咸宁赤壁市(原蒲圻县)，距城西南约

60 里。在近代，以羊楼洞为加工集散中心的广大茶区，被近人称为"羊楼洞茶区"。

羊楼洞茶区作为一个经济地理概念，对它的区域界定大约存在三种观点：第一种观点是将其界定为囊括蒲圻(今赤壁)、咸宁、崇阳、通山、通城、嘉鱼等六市县的茶叶茶区，其加工集散中心则是羊楼洞。清代这六地同属武昌府，民国时又同属湖北第一行政督察区，清咸丰五年(1855)清政府在羊楼洞当地设立专局，抽取茶税，并在咸宁、嘉鱼、崇阳、通山等县产茶地方设立分局。① 以羊楼洞茶区指代整个鄂南茶区，是民国时期政府机关的惯例，在湖北省国民政府档案中反映得也最明显。② 第二种观点是将其扩展到湘北的临湘茶区，以羊楼洞为中心，范围覆盖方圆百里左右的赤壁、咸宁、崇阳、通山、通城、临湘等产茶区。民国时期的各种调查报告多持此种观点，③ 有关事业机构也认为鄂南砖茶区"与临湘合称为羊楼洞老茶区，其所产茶叶，鄂湘各占半数"。④ 第三种观点在第二种的基础上将羊楼洞茶区进一步扩展至湘东北的平江和赣西北的修水等地，主要依据为这些地区提供了加工茶叶所需的原料和劳动力。⑤

本书认为，羊楼洞茶区作为一个区域经济社会的概念，应从经济联系和行政隶属两方面来界定：作为汉口茶市的经济腹地，羊楼洞茶区以羊楼洞镇为集散中

---

① (清)吕调元、刘承恩修，张仲炘、杨承禧纂：《〔宣统〕湖北通志》志五十，经政八，権税四十一，民国十年(1921)刊本。

② 《羊楼洞转插生产运销合作社三十六年度业务计划书》，LS031-016-0819，湖北省档案馆藏。

③ 金陵大学农业经济系 1934 年对羊楼洞茶区进行过实地调查，在其报告中写道："老青茶简称'老茶'，上名'黑茶'，为制造绿砖茶之原料。鄂南之蒲圻、崇阳、通城、通山、咸宁等县以及湘北之临湘，均有出产。""要之，两湖老青茶之集中地，当以羊楼洞为主。"见金陵大学农学院农业经济系调查编撰：《湖北羊楼洞老青茶指生产、制造及运销》，南京：金陵大学农业经济系印行，1936 年，第 1 页。

④ 《湖北省银行通讯》1946 年新 3 期。

⑤ 湖北民生茶叶公司鄂南砖茶厂就压制砖茶所需原料、劳动力的来源进行了调查，认为"羊楼洞镇，为鄂南各县及湖南之临湘、江西之修水所产茶叶压制砖茶之集中地点"，"砖茶原材料分面茶、底茶及里茶三种，里茶占总原料三分之二，面茶、底茶占三分之一。里茶百分之八十五收自湖南临湘，百分之五取自蒲圻，百分之七收自崇阳，百分之三取自通城、通山、咸宁及修水；面茶、底茶百分之七十收自崇阳，百分之十取自临湘，百分之十收自蒲圻，百分之十取自咸宁、通城、通山及修水"。见《湖北民生茶叶公司鄂南砖茶厂关于员工米津函》，LS045-002-0877，湖北省档案馆藏。

心，以周边鄂南数县为核心联动区域。湖南、河西一带的茶户由于地方税制不一，并不以汉口为唯一销场。有鉴于此，本书将羊楼洞茶区界定为鄂南之蒲圻、崇阳、咸宁、通城、通山、嘉鱼等六县的核心产茶区域，临湘、平江、修水等地则是羊楼洞核心茶区的外延，也是本书区域史研究中涉及的范围。

羊楼洞作为茶区的中心，位于幕阜山脉北麓。据有关记载，此地"群峰峄峨，众壑奔流"，① "四面环山，形如釜底"，② 其地形状"如仰盂"，③ 而其地名的由来，皆由"四面多山，其形如洞，相传昔有牧者建楼于此，因而得名"。④ 意思是羊楼洞四面环山，其地理形状像一口锅或一个口沿朝上的器皿，又相传有牧羊人在这里建筑过一座楼，所以这里就有了"羊楼洞"这个地名。然而这个地名来由的传说其实有些牵强，因为历史上很少有因周围多山的盆地地形而得名为"洞"的先例。更近情理的地名来由，也许还是应该从其地理位置和历史建制中去寻觅。宋代旧制，羁縻州辖行政单位之大者称县，小者为峒。所谓"羁縻州"，指地处僻远，执政者如放风筝般牵线维系而不使脱落之地。宋代赵昇《朝野类要·羁縻》："荆广川陕，溪洞诸蛮，及部落蕃夷受本朝官封而时有进贡者，本朝悉制为羁縻州。盖如汉唐置都护之类也。"说的就是这个意思。羊楼洞僻处史称荆蛮的湖北偏远边界之地，在鄂湘赣三省交界群山环抱之中，历史上又曾隶属于兴国州，所以其地应当是羁縻州辖行政单位之小者，所以称"峒"。宋代以后，作为行政建制之"峒"的意义逐渐不为时人所知，更为通俗的"洞"字取代"峒"字流行，所以人们对于羊楼洞地名的来历理解就产生了偏差。从历史上看，"洞"的意思仍旧应该是处于蛮荒的一片地方，与开化较早地方的"乡""镇"的意思相近。

羊楼洞茶区地处北纬 29°~30°，受中亚热带季风气候控制，年平均实际日照时数为 1200~2200 小时，日照率为 25%~50%，太阳辐射年总量为 85~114 千卡/平方厘米，年平均气温达 16.5~17℃，日平均气温 ≥10℃ 的积温为 5100~5300℃，无霜期 230~300 天，年降水量为 1300~1600 毫米，日照充足，气候温

① 《〔康熙〕蒲圻县志》卷一《山川》，蒲圻张氏无倦斋写本。
② 戴啸洲：《湖北羊楼峒之茶业》，《国际贸易导报》第 5 卷第 5 期。
③ 《〔道光〕蒲圻县志》卷四《乡里》，道光十六年（1836）刊本，台北：台北成文出版社，1975 年。
④ 陈启华：《湖北羊楼峒区之茶业》，《中国实业》1936 年第 2 卷第 1 期。

图 1-1　羊楼洞茶园

和，雨量充沛，光热同期，雨热同季。由于茶树为亚热带和热带多年生植物，喜湿润、光照，忌渍水，要求冬季不严寒，夏季不酷热，冬季月平均温度 7℃，夏季均温不超过 32℃，年均温度在 13～18℃，年降雨量 1000 毫米以上，所以羊楼洞地区有比较适宜茶树生长的气候。羊楼洞地区出产好茶，清代著名文人袁枚曾因获赠羊楼洞松峰山（又称芙蓉山）所产旗枪茶而作诗咏之曰："四银瓶锁碧云英，雨前旗枪最有名。嫩绿忍将茗碗试，清香先向齿牙生。"（《谢南浦太守赠芙蓉汗衫雨前茶》）

羊楼洞的茶产真正作为涉外茶贸的大宗货物出口，可考的时间始自清代，以茶产为业的洞商出现也在清代。随着其制茶业的勃兴，羊楼洞很快由一个村落发展成为一个以茶业为龙头的工商业重镇。茶贸极盛的同光年间，镇上常住人口数量达 4 万，茶庄 200 余家，有五条主要街道，各业铺面数百家，豪门巨宅鳞次栉比。据民国《蒲圻县乡土志》载："蒲圻乡市，向分六镇……而羊楼洞无与焉。今则峒市商业骎骎焉，驾各镇之上。"①当时羊楼洞镇的繁华已超过蒲圻县城，有"小汉口"之称。凭借晋商和洞商的共同努力，羊楼洞茶叶社会本将沿着自身的逻辑发

---

① 宋衍绵：《蒲圻县乡土志》，蒲圻县教育局民国十二年(1923)铅印本，第 79 页。

13

展，但 1938 年日寇的占领和破坏，给了羊楼洞致命的打击。1949 年后，羊楼洞制茶业又迁至有粤汉铁路之便的赵李桥，往昔热闹繁华的羊楼洞终于沉寂。

第二节 茶叶输出与新店茶码头

1918 年粤汉铁路湘鄂段通车以前，羊楼洞出口的各类茶叶是用独轮车运往 30 里外的新店码头，然后再转运至汉口。

图 1-2 运茶独轮车

羊楼洞作为茶区制茶中心，临近山区，处于蟠河（又名新溪河）上游，水浅河窄，水运不便。而新店是蒲圻县的传统商业市镇，位于蟠河中游地段，地近黄盖湖，受长江水位影响，水深河宽，能行大船，水运便利。因此在粤汉铁路建成以前，羊楼洞所制茶叶不论是经小船水运还是由独轮车陆运，都须送到 30 里外的新店码头，装船运往汉口，再转销世界各地。到羊楼洞的客货也要经新店转运至羊楼洞。据载，一般茶箱到新店后，由当地贺翠丰、陈太和、余盛、黄正大等几家大转运商行联系安排往返汉口的大柏木船，分别从小船、小车卸载转装，然后扬帆启运出江。当时河里的船，有的是刚从外江满载货物归来，有的则是空载待运，整天船挨船，盛水时节一直摆到数里之外。每天，路上车轮流转，河下船桅林立，岸上茶堆如山，跳板上人流如织，一派繁忙景象。据当地人回忆，"所有汉口及江北各县的外来商品和内地山区远如平江、江西修水的山货，都以新店为转运和集散之地。尤其是清同光以后，羊楼洞制茶业蓬勃发展，源源不断的茶箱或经水路、或经旱道，运至新店，再转大船出江至汉口集散，因而促成了新店繁荣鼎盛时期的到来。一时间，镇上各种工商业蓬勃兴起，其中正规商号，有匹头(绸布业)、广货(百货业)、杂货(油盐海味)、粗货(旧杂用品)、药材(中药)、文具(包括书籍)、估衣、响铜、典当等；行业有茶行、麻行、米行、鱼行、山货行、转运行等；生产作坊有斋铺(糕点、酱园)、糟坊(酿酒、熬糖)、磨坊、油面、豆腐、染坊、蜡纸、鞭炮、丝线、烟丝、寿木、造船等；服务业有茶馆、酒馆(筵席、小吃)、饭店(客栈)、中医、理发、屠宰、船运、轿马店、脚班(装卸、抬丧)、围鼓(业余戏班)、吹鼓手等；手工加工业有裁缝、制帽、上鞋、轧棉、弹花、制笔、银匠、铜匠、铁匠、木匠、石匠、瓦匠、纸扎、雕刻等等。每日河下船桅林立，街上车担拥挤。"①

当时新店有数十座石阶大码头，涨水时，能装几千担茶叶的大船开来，卸下面粉、香烟、食盐、布匹等日常用品，然后再装上茶箱运往汉口。船有多种，有本地，也有四川柏木鼓、西洋小火轮。小火轮上下三层，能坐三十多人，并拖带几千箱茶叶。又据民国《蒲圻县乡土志》记载，当时"本地偏多为运载麻捆之船；其输送茶箱者类，皆外来之小蛟鸦峭及满江红等船；洋商如阜昌、新泰、顺丰各家，皆制有飞鸿、飞电等小轮，以为拖带之用；本地绅商则组普济公司，制备小轮二艘，载客商往于武汉"。②"普济轮船股份有限公司"，是民国初年由新店人黄文润(涵若)集资创办，聘陈慎炎为管事，置有"新汉""新鄂"两艘轮船，航行武汉与新店之间。沿河两岸(新店对岸为临湘滩头)茶楼酒肆，唱戏说书，彻夜不息，河下木帆如林，依次向下游停靠，中间赫然高耸着轮船。人们把停靠大轮船的码头称为"轮船码头"，简呼"洋码头"。③

---

① 余伯勋：《蒲圻商会组织始自新店》，见政协蒲圻文史资料委员会编：《蒲圻文史》(第2辑)，1985年，第58页。

② 宋衍绵：《蒲圻县乡土志》，第84页。

③ 黄德楠：《普济轮船股份有限公司》，见政协蒲圻文史研究委员会编：《蒲圻文史》(第1辑)，1985年，第109页。

可见，正是茶业经济的发展将新店与羊楼洞连为一体。一方面，羊楼洞的制茶业带动了新店港口商业的发展；另一方面，新店港口商业的发展，又为羊楼洞茶业的发展提供了运输和商业服务等方面的保障。"如果没有新溪河，是不会有后来的羊楼洞制茶业的兴起。因为生产出来的砖茶，需要从新店河装上大船，才能外运出江。"①二者构成了一种职能相对分离但又互动的经济结构。在这个相邻互动的集镇联合体内，集聚着从事于茶业及其相关行业的常住人口和流动性人口约 10 万，相当于当时蒲圻县人口的一半以上，因而当时亦有"南区地广人稠"之说。茶业由原来当地山民的家庭副业，变为他们及周边地区农村剩余劳动力和破产手工业者的主业，并成为他们收入的主要来源。据雷启模老人回忆，在茶市较兴旺时，"人人有事做，没有赋闲人"。在其所属的"兴茂隆茶砖"厂里部分管理人员、砖茶工多本地人担任，捡茶女工多由附近各县妇女担任，而初制工、搬斗工、木工以及脚夫等分别由修水、崇阳、通城、临湘等地人担任。因此，羊楼洞的早期工业化无疑在很大程度上也缓解了当时湘鄂赣边界州县城乡失业人口的再就业问题。

《赤壁茶业志》称："自明代以来，蒲圻的六大镇，便有五大镇是水运中心。其中百舸争流，聚散辐辏，尤莫过于新店。"②新店一直享受着新溪河的"恩赐"，不仅新店本地的农业和生活用水离不开新溪河，更重要的是历史上湘鄂赣三省交界地区的物资流动亦主要依赖于新溪河。新店《余氏族谱》记载："新店有水运之便，有羊楼洞砖茶赖以转运之物，鄂之蒲、崇、通，湘之平江，赣之修水之土产与外江来货，均以此为聚散地"，③ 以至于有学者将新店称为"商品流通专业古镇"。④ 依赖便利水运，新店不仅在湘鄂赣交界这一小区域发挥商品集散作用，还通过与汉口的经济联系参与到国际贸易中。

---

① 余伯勋：《羊楼洞砖茶运输的变迁史话》，见政协蒲圻文史资料委员会编：《蒲圻文史》（第 5 辑），1985 年，第 128 页。

② 赤壁茶业志编纂委员会编：《赤壁茶业志》，武汉：湖北科学技术出版社，2017 年，第 430 页。

③ 转引自冯金平：《茶马古道源：羊楼洞》，呼和浩特：内蒙古人民出版社，2012 年，第 16 页。

④ 刘炜：《湖北古镇的历史、形态与保护研究》，武汉理工大学博士学位论文，2006 年，第 63 页。

第三节　汉口茶市及其经济腹地

中国的茶贸历来繁盛，晚清日本驻华领事报告中曾如此述及中国的茶贸盛情："清国物产固然不遑枚举，然巨擘首推茶叶，故其业极为兴盛，产量亦达巨额，万国皆不得不仰其供给，由此年年出口不下巨万。"①以茶叶贸易为宗，曾形成了以上海、福州、汉口为中心的近代中国三大茶市。汉口"当江汉交汇之区，水道之便无他埠可拟。循大江而东，可通皖赣吴越诸名区以直达上海，循大江而南可越洞庭、入沅湘以通两广云贵，又西上荆宜而入三峡，可通巴蜀以上溯金沙江，至于逆汉水而西经安陆、襄阳、郧阳诸府纵贯全鄂，以抵汉中，又沿汉水之支流白河、丹江二水以入宛洛，所谓九省之会也"。② 清代学者章学诚曾言"外省需于湖北各地之物，湖北需于外省之物，无不取给于汉镇焉"，其中外省需要的湖北各地之物，比如"山陕需武昌之茶，苏湖仰荆襄之米，桐油烟墨下资江浙，杉木烟叶远行北直"，都要先由湖北各地商人集中于汉口，再从汉口分销至外省；湖北所需要的外省之物，也要先由外省商人集中于汉口，然后湖北各地商人从汉口运回本地进行销售。③ 罗威廉曾借助施坚雅的中心地理论对汉口的贸易进行研究，他认为"汉口作为一个广阔地理范围的中心市场的地位"，"发挥着一种独一无二的最重要的地区间商业联系的作用，它把长江中游广大地区的商品集中起来再加以分配。这个港口不仅是水陆路的转运地，也是水上运输的装卸地；在这里，货物被装进不同吃水深度的船只，以与深度和流量不同的长江上下游、汉水及湘江相适应"。④ 依托便利的水运，汉口将其市场辐射到长江中游地区众多中心市镇甚至乡村腹地，羊楼洞、新店便是其腹地经济的典型市镇。

此前中国尚未通商之时，只开放广州一口，福建和湖广两地的茶叶都经由内

---

① 《通商报告》第8号"制茶部"，第10~16页，见李少军等编译：《晚清日本驻华领事报告编译》（第3卷），北京：社会科学文献出版社，2016年，第617页。

② 《〔民国〕夏口县志》卷十二《商务志》，民国九年（1920）刊本，第2页。

③ 章学诚：《湖北通志检存稿一》，《章氏遗书》卷二十四，北京：文物出版社，1982年，第443页。

④ ［美］罗威廉：《汉口：一个中国城市的商业和社会（1796—1889）》，江溶、鲁西奇译，北京：中国人民大学出版社，2016年，第69~70页。

地商人运往广州，再销往海外。第一次鸦片战争之后，上海、福州通商，由于临近产茶地、濒临沿海，上海与福州都迅速发展成为大茶市。第二次鸦片战争后，列强的目光由沿海转向中国内陆沿江城市，汉口即在其计划通商的范围之内。1861 年汉口正式开港后，因为临近广阔的产茶地且水陆辐射范围广阔，茶叶贸易迅速发展，汉口附近的两湖之地，乃至江西、安徽的部分茶叶都运至汉口进行交易。每年茶市开市，四省茶叶云集汉口，茶市"自四五月起至八九月止，几达半年之久"，① "茶商云屯猬集，茶栈客栈俱属充满"。② 茶贸的繁盛推动了汉口社会经济的发展，汉口也成为茶叶交易的集散中心，"茶为中国之无上产，汉口为中国之大中心，则茶与汉口之关系，是当天下人所共乐闻者。汉口虽非茶之产出地，而实茶之大市场也"。③

　　汉口茶叶贸易的逐步繁盛推动了近代汉口茶叶销售体系的形成。以茶产区茶叶种植与收购为起点，从产地茶农开始，经茶庄、茶行、茶栈与外商洋行，茶叶从汉口销往各处。在汉口茶市的迅速发展下，与汉口茶贸密切相关的各产茶腹地也受到了汉口茶贸辐射作用的影响，其中反应最为强烈的就是与汉口茶叶市场最近的鄂南茶区。如前所述，鄂南茶区以蒲圻羊楼洞为中心，包括通山、崇阳、咸宁等地，是清末民初湖北省主要产茶地之一，也是汉口茶市中茶叶的主要来源地。由于这些产茶地都位于鄂省南部，故将其称为鄂南茶区。晚清日本驻汉口领事报告中记载："该港（即汉口）输出之红茶，主要产地在湖北为蒲圻、咸宁、崇阳县。"④蒲圻的羊楼洞地区是鄂南茶区中最著名的茶叶集中加工地，除红茶之外，这里也是著名的老青茶产地。故在许多的著作和文章中，都用羊楼洞茶区来代称鄂南茶区，甚至有学者认为泛意义上的"羊楼洞茶区"就是整个"鄂南茶区"。⑤

　　羊楼洞茶区茶业历史悠久，自乾隆年间即有山西商人在蒲圻羊楼洞地区购

---

　　① 闻钧天：《鄂省之茶业》，引自上海市商会商务科编：《茶业》，上海市商会 1935 年印本，第 83 页。

　　② 徐焕斗：《汉口小志·商业志》，汉口：爱国图书公司，1915 年，第 14 页。

　　③ 《汉口茶业调查案》，《江西农报》1908 年第 19 期。

　　④ 《通商报告》第 65 号"制茶部"，第 6 页，见李少军等编译：《晚清日本驻华领事报告编译》（第 3 卷），北京：社会科学文献出版社，2016 年，第 502 页。

　　⑤ 万献宗、宋嵩山：《鄂南茶文化》，南宁：广西人民出版社，1993 年，第 41 页。

茶,贩卖至边疆以及中俄贸易之城——恰克图。汉口开埠之前,晋商就在羊楼洞地区开设大玉川、巨盛川茶庄,当时山西商人制造的砖茶前身称为帽盒茶,山西商人也因此被称为盒茶帮。其所制茶叶,多数运销西北地区,少数则贩往恰克图,通过俄商之手转销俄国各地,受到俄国消费者的欢迎。① 清末民初,汉口开埠后,由于外商资本的涌入,茶叶外销需求量的增加,鄂南茶业进一步发展繁盛,形成了以羊楼洞、大沙坪、杨芳林、柏墩、龙港五大茶镇为中心的全区茶事普遍兴盛的局面,其间一度以外销红茶为主体。据统计,1840 年的时候,湖北羊楼洞地区已经有红茶庄号 50 多家,年制红茶 10 万箱(每箱 25 公斤),② 逐步演变成以羊楼洞为全区集散中心的老青砖茶大势。③ 羊楼洞的青砖茶,一方面经由汉口早期客商之手销往边疆,另一方面为俄国砖茶厂提供了原料来源,在汉口茶市的内外销茶叶贸易中都占有重要地位。民国时期,羊楼洞地区更成为鄂省最大的茶叶产区,集散额占据湖北半数:"据农商部第三次统计,湖北茶产额为459120 余担……而湖北所产之茶有湖北、宜昌之别。湖北茶出产于旧襄阳、黄州、武昌、施南、陨阳五府各县。每年产额约 4 万担。就中武昌产茶额最多,实占湖北之过半。出产以蒲圻之羊楼司、羊楼峒,如:崇阳之大沙坪、白霓桥,通山之杨芳林、咸宁之柏敦、马桥铺,嘉鱼之岛口,兴国龙港以及通城县属各地方为最多。羊楼峒羊楼司为以上各地集散之中心,其集散额占湖北之过半数。该两地有茶庄十余所。"④

羊楼洞茶区虽茶产丰富,但却并不是一个真正意义上的茶叶销售市场,而是一个以茶叶产出与加工为中心的茶叶初级市场。受自身地理交通条件的限制,羊楼洞虽然是茶叶种植的优质区域,十分适宜茶叶的种植,但却僻处鄂南山中,交通不便,距最近的水道也有好几公里,而且即使在水满时节也只能通行吃水较浅的小船。因而羊楼洞的茶叶在产地经过简单的加工后,并不能直接在羊楼洞经水运转出销售,而是要先用独轮车运至新店镇,再由新店镇经新溪河入长江至汉口

---

① 张笃勤:《汉口茶输俄的几个问题》,《江汉论坛》1994 年第 2 期。

② 湖北省地方志编纂委员会编:《湖北省志·农业(上)》,武汉:湖北人民出版社,1994 年,第 277 页。

③ 万献宗、宋嵩山:《鄂南茶文化》,南宁:广西人民出版社,1993 年,第 7 页。

④ 《中国茶叶之研究(七)》,《银行月刊》1924 年第 5 卷第 12 期,第 5 页。

出售。汉口因茶而兴，羊楼洞因茶而盛，新店则因运茶而荣。羊楼洞—新店—汉口之间，就形成了一个由茶叶产地到临近转运码头、再到茶叶转销市场的贸易连接。羊楼洞茶区是茶叶的产出与加工地，新店是运出码头，汉口则因其便利的水陆交通及四方云集的茶商，成为茶叶商品的销售和中转中心，与鄂南茶区尤其是羊楼洞茶区在茶贸环节上一脉相连。

总之，正是由于鄂南茶区茶叶种植所在地都不是大的港口城市，而汉口处于"九省通衢"的地理位置，江汉汇集，水陆交通网络四通发达，码头宽阔，拥有广阔的销售市场，因此鄂南茶区腹地与汉口茶市之间必然产生连接。在这个共同的茶贸链条中，汉口也就成了鄂南茶区初级茶叶市场后的二级茶叶转销市场。产茶区的茶在汉口实现出销前的最终定价与销售，汉口茶市与鄂南产茶区之间形成了一个完整的茶叶贸易链条。无论是茶叶内销还是外销，汉口码头以及汉口作为一个港口城市所领先的各方优势，都决定了鄂南茶叶必然汇集于汉口出销。

第四节　商业中心与商品集散地的双向互动

汉口是湘、鄂、赣、皖四省茶叶的集散地。由于同属于鄂省，水路连接，近代湖北省的主要产茶区之一即鄂南茶区与汉口茶市之间一直保持着密切的互动关系。汉口是一个转销市场，而不是茶叶产地，茶市中进行交易的茶叶来自临近汉口的广大茶叶产区，茶叶产区与汉口茶市同处于一个茶贸链条之中，二者之间因此而形成了一种互动连接。这种连接既是茶贸流程中的产区与销区之间的互动连接，也是不同层级茶叶市场之间信息的互动连接。鄂南茶区作为汉口茶市中茶叶来源地之一，为汉口茶叶市场提供了丰富的茶叶商品，汉口茶市则为鄂南茶区提供了广阔的商业市场及茶叶转运基地，二者以茶叶贸易为节点，既联结彼此，又冲击彼此。

首先，鄂南茶产区早在汉口茶市形成之前就有着悠久的茶叶种植历史，在某种意义上来说，汉口的外销茶叶贸易得以迅速发展，很大一部分原因在于鄂南大面积的茶叶种植区域，奠定了汉口茶市的茶叶商品来源基础。而汉口茶叶出口贸易的发展又反过来推动了鄂南茶区的扩展，故而汉口茶市盛时，鄂南茶区作为汉口茶贸的辐射地，在茶贸利益的引力下，产区业茶的积极性很高。相对的，当汉口出口贸易转衰时，鄂南茶区的茶叶种植和茶庄经营也会因此受到冲击，茶园衰减，茶庄减少。鄂南茶叶产区与汉口茶叶市场之间可以说是相互影响、兴衰与共。

其次，作为茶叶产区的鄂南茶区与汉口茶区虽同属于一个茶叶贸易链条，但却分属于不同层级的茶贸市场。这就导致二者之间必然在产销的分工中存在着各层级市场之间不同的信息流动，以及在当时通信条件下必然产生的信息不对称，而这种信息的流动与不对称则会导致一方对另一方茶贸领域的影响，这种影响往往是双向的。

在汉口外销茶销售结构中，鄂南产区茶叶收成制作后，要运往汉口才能实现转销，出口茶叶要经汉口茶栈的介绍，在汉口集中卖与外商洋行，才能完成茶叶的最终出口。而湖北茶叶的制作季节，头茬茶往往在阴历二月底至三月初，二茬茶则在四月下旬至五月上旬，三茬茶在六月中旬以前。汉口的新茶交易，每年从五月十日前后开始，到九月中旬左右结束。茶市开盘后，鄂南茶区的样茶先运至汉口，洋商检验订货，最终买入。鄂南茶区是汉口茶叶市场的产品来源地，而汉口茶叶市场则为茶产区的经销与转运市场，外商洋行汇集于汉口，茶叶要经汉口出口。产地与茶叶中转市场的关系，是鄂南茶区与汉口茶市之间的第一层互动关系。

以"羊楼洞—新店—汉口"（茶叶产区—转运码头—转销市场）这一经济区域带来看，羊楼洞盛产砖茶，但却不具备直接发展成大的转销市场的客观条件，羊楼洞甚至没有连接长江干线的水路支线，因而不得不选择在距离较近且拥有与长江相连接的水运路线的新店镇将茶叶转运至汉口。羊楼洞所收集制作的茶叶商品，要经新店镇的新溪河运往汉口，在汉口实现转销。在这个茶贸链条中，茶叶产区、转运码头、转销市场三者之间既连接又互动。羊楼洞茶区的繁盛与汉口广阔的茶叶市场是相互吸引的，新店码头的兴旺程度则与二者之间茶贸的连接程度密切相关。

晚清俄国商人是汉口市场中砖茶的主要消费者，俄商与羊楼洞砖茶素有渊源。在汉口开埠之前，羊楼洞的砖茶是由山西商人经营的。晋商在羊楼洞设庄制茶，羊楼洞的茶庄多为汉口的分号。晋商将砖茶从羊楼洞水运至汉口，循汉水北上，贯河南、山西，循张库北道赴恰克图售予俄商。[1] 鸦片战争后，外商势力逐

---

① 陶德臣：《中俄青（米）砖茶贸易论析》，《中国社会经济史研究》2017年第3期。

图 1-3　汉口兴商茶叶公司股票

步进入中国，俄国作为茶叶消费大国，自然不会放过自己掌控茶贸的机会，受山西帮羊楼洞—汉口为衔接的早期砖茶贩运之路的吸引，俄商选择了汉口作为茶叶收购之地。后随着外商势力的扩大和清政府政策的放松，俄商不满足于从晋商手上买入茶叶，开始直接进入鄂南茶叶产区，在羊楼洞地区设立洋行、建厂购茶。1863 年开始，俄商相继在羊楼洞开办了顺丰、新泰、阜昌等数个砖茶厂。"他们从中国人手中收购茶叶、茶末等，然后他们自己进行砖茶制造，其制成的产品与本地中国人所制的品质相同，而成本较低。制成的砖茶从本埠（汉口——引者）经上海运往天津，然后再从天津由陆路运往恰克图等地。"①1874 年后，俄商将羊楼洞的砖茶厂陆续移往汉口租界，采用机器制茶，直接从汉口港运出。俄商又建立了从羊楼洞到汉口的茶叶产区与销区之间的贸易直线，羊楼洞为汉口俄国砖

① 孙毓棠编：《中国近代工业史资料（1840—1895 年）》第 1 辑（上册），北京：科学出版社，1957 年，第 44 页。

茶厂提供货源，工厂加工好的砖茶在汉口转口销售。这种贸易连接正体现了鄂南茶区与汉口茶市不同层级市场之间的互动，即产区与销区之间由于不同分工而形成的贸易互动。

除了贸易互动外，汉口与鄂南茶区之间还存在着信息的双向互动。信息的双向互动，是指汉口茶叶转销市场与鄂南茶区初级茶叶市场之间，由于各自领域茶叶情报的不同而引发的对对方范围内茶叶贸易的影响。鄂南产茶区作为汉口茶叶来源的主要供应地之一，其产茶的质量与数量都会对汉口茶叶市场造成价格波动。汉口茶市作为鄂南茶叶出口贸易的转销市场，茶市洋行买主的风向也会对鄂南茶区造成影响。洋行进货的偏好影响茶叶的种植选择，收购积极性则影响产区茶叶的最终销售价格。

1888 年 4 月 30 日日本驻汉口领事报告中论及汉口红茶茶叶商况："该港输出之红茶，主要产地在湖北为蒲圻、咸宁、崇阳县，在湖南为郴州及临湘、巴陵、平江、浏阳、湘潭、安化、湘阴、醴陵、祁阳县，在江西为义宁州、吉安府，在安徽为祁门、建德县等地。其制作季节，头茬茶为阴历二月底至三月初，二茬茶为四月下旬至五月上旬，三茬茶在六月中旬以前。这一时期如逢连日降雨或阴天，则不能制作出香味浓郁之茶叶。……去年茶叶歉收，即源于制作季节恰逢可恶之降雨、阴天，此情系亲闻之于从事该业之人。……茶商之损益，对该港商况亦将产生若干影响。"[1]该报告明显展现出，当天气不好之时，鄂南茶区茶叶质量和产量都会受到影响，进而影响到茶商的损益，而作为鄂南茶区转销市场与运销港口的汉口茶市自然也会受到波动。

当鄂南产茶区茶叶收成不好，茶市存货量少，不足以满足汉口茶市中的出口需求，即供小于求时，汉口茶市中茶叶的价格则会上升，"汉口毛红茶一项，为商务大宗。出产地方，咸蒲崇通各邑为最。前次上市之时，因市面存货缺乏，每百斤涨至十七八两"[2]。洋行会在茶叶刚进入汉口茶市中时就争先购买，以免货源不足。但如果茶叶产区这一年由于天气原因，茶质一般，知晓此事的汉口洋商

---

① 李少军等编译：《晚清日本驻华领事报告编译》（第 3 卷），北京：社会科学文献出版社，2016 年，第 502 页。

② 《银行杂志》1924 年第 1 卷第 7 期。

则会选择观望，并不急于购买茶叶，以压低市场价格，逼迫茶商降价出售。当茶叶质地不好之时，汉口茶市的茶叶价格及外商购买欲则会降低。"据该地来信称，近日运到汉口之茶络绎不绝，次等茶叶价格稍落，出价 14 两至 18 两之买主居多。安化茶叶较去年为劣，买主收购不能不细加挑拣，价亦降低二三两。"①

　　如果茶叶产量过高，汉口茶市的茶价会由于西商的压价而产生价格波动。"因上市茶叶多，故西商之策在使价格低落。据茶客称，产地之价近日反涨，最早之库存当已很少。目下情形，两湖除通山外盈利者少，宁州、祁门方面，除祁门外，损耗亦多。"②汉口茶市茶价下跌，鄂南茶产区的茶叶利润则很难保证，就造成了"两湖除通山外盈利者少"的情况。

　　在外销茶贸的环节中，产茶区的茶农负责茶叶的种植，茶庄负责茶叶的批量收购，每年茶叶收成后，经过简单烘干、包装，茶商将茶叶样箱先运往汉口，寄存于汉口茶行之中，然后洋行经过茶行、茶栈介绍对产区茶叶进行统一订货购买，再销往海外市场。在 1906 年兴商茶砖公司建立以前，汉口茶叶中转市场中外销茶叶流通的最后一个节点——洋行，为外商所垄断，"洋行高居茶叶外销环节之巅，主宰中国茶叶市场"。③ 而中国商人经营的茶行、茶栈虽以中间人的身份享有某些必须存在的特权，但在茶叶贸易上依旧受外商很大影响。

　　汉口茶市中茶贸的最高层级是外商洋行，外商的买茶风向会使汉口茶市不同茶叶出销的比重发生变化，进而影响到鄂南茶区的茶叶种植。第一次世界大战后，红茶外销停滞，"当时岳州、北港两地首先改做青茶运汉。……继而岳州以下如五里界、潞口铺、云溪、聂市、羊楼洞、咸宁、通山、通城、崇阳、阳新、大冶等地也都改做青茶，也有少数毛红。"④当红茶在汉口茶市中外销行情不好时，鄂南的羊楼洞、通山、崇阳、咸宁等地也为了顺应外销茶叶市场而改变对不同种类茶叶种植的侧重。

---

　　① 李少军等编译：《晚清日本驻华领事报告编译》(第 3 卷)，北京：社会科学文献出版社，2016 年，第 301 页。
　　② 李少军等编译：《晚清日本驻华领事报告编译》(第 3 卷)，北京：社会科学文献出版社，2016 年，第 302 页。
　　③ 陶德臣、杨志玲：《近代中国茶埠群论析》，《安徽史学》2016 年第 6 期。
　　④ 称静安：《旧武汉茶叶的回忆》，见中国人民政治协商会议武汉市委员会文史资料研究委员会编：《武汉工商经济史料》(第 1 辑)，1983 年。

汉口作为近代华中最大的港口城市，其信息流动量自然是大于稍显偏僻的鄂南产茶区的。如果外商刻意在汉口茶市散播一些关于茶叶质地不佳的流言，则会对产茶区的初级茶叶市场产生震动。产茶区的茶叶在进入汉口茶市之前已经受到买主的猜疑，势必影响产茶区茶叶的出售价格，不利于产茶区参与者的盈利。1873年《申报》所载汉口茶市信息中就谈到了鄂南羊楼洞茶叶的价格受西人影响之事："顷闻汉口茶市颇见起色……惟羊楼洞一种其价不佳。有可奇者，市面未开，西人均已先年茶叶生意之亏本宣扬于外，以致华人皆有惧心。然今新茶之价如是乏昂。则西人之前言其信然与。"①外商刻意在汉口茶市中发布对羊楼洞茶质的负面风评，就导致了这一年羊楼洞茶叶在汉口茶市中价格不佳的情况。

汉口茶叶市场是微缩的国际茶贸市场，汉口茶市的市场导向、外商的购买积极性都会对颚南产茶区造成影响。如果汉口转销市场暗淡，外商购茶欲降低，产茶区则会出销不足，可以说汉口茶市的兴衰和信息流转与鄂南茶产区的兴衰及走向一脉相连、紧密相关。

得益于国际茶叶贸易的兴盛，作为茶叶生产和加工基地的羊楼洞，"有水运之便，有羊楼洞砖茶赖以转运之物"的新店，以及作为国内重要茶叶销场的汉口就这样被共同卷入世界市场。

---

① 《汉口茶市信息》，《申报》1873年5月29日，第332号，第2版。

第二章　鄂南商贸茶业肇始

　　羊楼洞自古产茶，但其具有重要的商贸茶产地地位，还是在清代罢除茶马互市、以茶治边的旧政之后。在清代以前，羊楼洞虽然早已出产知名的茶叶和贡茶，其地方民俗也早已因茶产而浸润茶香，但是由于清代以前的历朝中央和地方政府所施行的茶法茶政限制茶叶的自由贸易，当地农民大多只是将茶树作为辅副农作物种植于房前屋后及山坡"畸零之地"。

　　羊楼洞可考实的商贸茶，始自清乾隆年间。当时晋商进入羊楼洞，以当地绅商为"停居主人"，以其高大宅屋为据点，设庄开秤，生产青砖茶（主要为老青茶亦称黑茶）以供北方及西北边贸，促进了羊楼洞地方种茶及茶贸业的发展。五口通商之后，山西商人在传统采购基地武夷地区与为英国人采购茶叶的沿海地区商人产生激烈竞争，于是转到湖北羊楼洞茶区组织货源，并派专人监制茶叶。咸丰时期，由于太平天国与清军在江南和福建北部茶产区的战争活动，晋商为缩短运茶路线，减轻成本负担，不得已而另辟茶源，于是大批转到湖北、湖南，已有良好茶业基础的羊楼洞地区遂成为晋商采购商贸茶的主要基地之一。与晋商在羊楼洞采购制茶几乎同时稍后，道光二十六年（1846），由羊楼洞游姓商人引导，以出口英国的红茶为主要采购品种的客商亦从吴地进入羊楼洞，开始在洞茶产区采购红茶。羊楼洞商人借机由坐贾进而转为行商，在国际茶贸这个大舞台上，全情投入地演出了一场轰轰烈烈的商贸大剧。

第一节　鄂南茶业与早期茶政

　　羊楼洞茶区处鄂南湘北山区，周围数县，地势自东南向西北倾斜，多低山、丘陵、岗地，多缓坡，山区岭谷相间，丘陵平地杂错，矮山罗列，海拔多在

200~400米，历来有"七山一水二分田"之说；土壤多酸性红壤和黄壤，富含游离铝铁。这种坡地土壤，排水便利，不太适于南方许多常见植物如水稻种植，但是却适宜于要求酸性土壤的茶树、楠竹、杉树等林特产植物的生长。所以自古以来，羊楼洞地区就已种植茶树，出产茶叶。

该地关于制茶饮茶的记载也非常早，三国时张揖《广雅》记载："荆巴间采叶作饼，叶老者，饼成以米膏出之。欲煮茗饮，先炙令赤色，捣末，置瓷器中，以汤浇覆之，用葱、姜、橘子茎之。其饮醒酒，令人不眠。"[1]就是说的湖北地区出产可以醒酒提神的茶叶，只是当时喝茶，习惯加入葱、姜和橘子等。鄂南地区植茶的历史亦可追述至三国时期。据传，东汉三国时东吴士燮早年曾得仙人密传，以奇物异果养生，他曾于汉献帝十五年任武昌太守，在羊楼洞地区教人民植茶饮茶。而赤壁之战时，庞统据说也曾隐居于这一带植茶。[2]羊楼洞地区的茶事最早见于典籍，应当为晋代陶潜《续搜神记》："晋武帝时，宣城人秦精，常入武昌山采茗，遇一毛人，长丈余，引精至山下，示以丛茗而去。"[3]在陶潜生活的晋代，武昌郡下辖七县，今羊楼洞及其周围数县皆属，而多山之处，只有羊楼洞所属横亘今咸宁之赤壁、通山、崇阳等地的幕阜山脉，所以那个有一丈多高的毛人指引秦精看茶的地方，应当就在今天羊楼洞茶区所涵盖的鄂南一带。《续搜神记》所载虽涉怪诞，但同为晋代或稍晚文献的《桐君录》关于"西阳、武昌、庐江、晋陵好茗，多东人所作清茗"的记载，[4]亦可作武昌郡自晋代即有茶事之佐证。更早，《三国志·韦曜传》载韦曜好饮茶而不能酒，而吴主孙皓好酒，常大宴群臣作竟日饮，每人以七升为限，而韦曜仅有两升酒量，孙皓或专门为他酌减限量，并且让他饮茶代替喝酒，由此而有了"以茶代酒"的成语。韦曜曾来赤壁，并留下著名的《伐乌林赋》。他的嗜茶，也可为三国时属于赤壁地区的羊楼洞早有茶事的文献旁证。近代出土的大量文物也可证实羊楼洞地区茶事始于东汉三国时期。如1973年在距羊楼洞不远的新店出土的青瓷贴花小碗，据蒋赞初先生考证当为饮茶具，是东汉至三国时东吴的文物。1998年在赤壁出土的大量东汉至东吴的青

---

① （唐）陆羽：《茶经》卷下之七《茶之事》，北京：中华书局，2017年。
② 冯金平：《赤壁茶与茶马古道》，兰州：兰州大学出版社，2006年，第1页。
③ （唐）陆羽：《茶经》卷下之七《茶之事》，北京：中华书局，2017年。
④ （唐）陆羽：《茶经》卷下之七《茶之事》，北京：中华书局，2017年。

瓷器皿，其中一四系罐也被考证为茶具。①

茶，古谓之"荼"，饮之有百益而无一害。古传神农氏尝百草中毒，以饮茶解之。《诗经·氓》有"谁谓荼苦，其甘如饴"的记载。《尔雅·释木》："槚，苦荼。"郭璞注："树小似栀子，冬生叶，可煮作羹饮。今呼早采者为茶，晚采者为茗。一名荈，蜀人名之曰苦荼。"由此我们知道，古代"茶"也写作"槚"，又名"苦荼"，晚采的茶还有个"茗"的异名，而且古人喝茶是放在火上煮的。汉代《神农食经》和《华佗食论》指出饮茶令人有力，悦志。② 唐代《新修本草》则指出饮茶能消宿食，《本草拾遗》指出茶有宜于健康，"久食能令人瘦"。李时珍《本草纲目》更是条列饮茶降火祛病的药效，推崇备至。而五代蜀毛文锡《茶谱》中更特别指出羊楼洞所在的"鄂州东山、蒲圻、唐年县皆产茶，黑色，如韭，叶极软，治头痛"。

饮茶之风，自唐甚极。《旧唐书·李珏传》曾记载："茶为食物，无异米盐，于人所资，远近同俗。既祛竭乏，难舍斯须，田间之间，嗜好尤切。"指出当时茶已经与米盐一样同为生活之必需品，而且无论远近，深入民间，人们一刻也离不开它。唐人《封氏闻见记·饮茶》也记载当时饮茶风气之盛："古人亦饮茶耳，但不如今人溺之甚：穷日尽夜，殆成风俗，始自中地，流于塞外。"而在羊楼洞地区，民间种茶饮茶之俗亦源远流长，到宋代以后极盛，甚而至于一度出现"民不务耕织，惟以植茶为业"，乃至须崇阳县令张咏下令"拔茶植桑"以为农民规避过重之茶税的现象。③ 清代《蒲圻县志》载当地嘉庆贡生周顺偁所作《莼川竹枝词》这样描述当年农家清明前采茶的情形："三月春风剪嫩芽，村中少妇解当家，残灯未掩黄粱熟，枕畔呼郎起采茶。"④光绪年间崇阳人傅燮鼎也作诗记述鄂南地区的采茶盛况："山女提篮逐野花，村农打鼓跃池蛙。溪南溪北歌声答，半是分秧

---

① 冯金平：《赤壁茶与茶马古道》，兰州：兰州大学出版社，2006年，第2页。

② （唐）陆羽：《茶经》卷下之七《茶之事》，北京：中华书局，2017年。

③ （宋）沈括：《梦溪笔谈》卷二，杨靖、李昆仑编，兰州：敦煌文艺出版社，2016年。又张咏《乖崖集》附录《忠定公遗事》："民以茶为业，公曰：'茶利厚，官将榷之，不若早自刘也。'命拔茶而植桑，民以为苦。其后榷茶，他县皆失业，而崇阳之桑皆已成，其为绢而北者，岁百万匹，其富至今。"

④ 《［道光］蒲圻县志》卷六《风俗》。

半采茶。"①可见在山区，茶农们采茶是时有歌声相伴且唱答，心情轻松而愉悦的。

相传公元 628 年，唐太和年间，洞茶就因朝廷喜爱而被定为贡品。②《清史稿·食货志》记载明清两朝的茶法："明时茶法有三：曰官茶，储边易马；曰商茶，给引征课；曰贡茶，则上用也。清因之，于陕、甘易番马。"明确地指出贡茶是为皇帝食用的精品茶。由于贡茶为中国古代专门进献皇室及中央官员享用的茶叶，对品质要求苛刻，迫使地方制茶技术不断改进，茶叶质量不断提高，进一步促进了茶业的发展。宋代马端临《文献通考》将羊楼洞地区出产的进宝、双胜等列为片茶名品，把白毛毛尖、桃花绝品和碧云凤髓列为三大名散茶。③ 著名文学家苏轼曾专程到羊楼洞名茶桃花绝品产地桃花寺，向长老索要桃花茶种带回黄州种植，并写下千古流传的诗篇《乞茶栽雪堂诗》，其中有"不令寸土闲，更乞茶子艺"的诗句，至今仍见于《东坡集》。明代黄一正《事物绀珠》将以羊楼洞为中心的崇阳、嘉鱼、蒲圻地区所产茶列为名茶。④ 清代学者查正行则在《海记》一书中记载羊楼洞所在的武昌府为贡茶地，湖广总督张之洞更在历数清代各地输朝廷各种贡物之后，对于湖北特产记载有"湖北贡茶、笋、艾、葛之属"。⑤《清会典》也载有"湖广岁贡茶芽二百斛，武昌兴国州六十斛"。⑥ 羊楼洞旧属武昌兴国州，所记"岁贡茶芽"，原料为茶树于每年清明谷雨之前所萌极嫩多汁的芽叶，当即前所述周顺倜《莼川竹枝词》所歌善当家的村中少妇呼郎早起所采之"三月春风剪嫩芽"。而另一位清代诗人罗厚瀛在其所作《咸宁竹枝词》中也这样描写："□屋青帝百户烟，金山山下有温泉。东关楼阁西河市，最好茶歌谷雨前。"⑦鄂南名茶，让多少爱茶的诗人墨客留下无尽的吟唱。

① （清）傅燮鼎：《崇质堂诗》卷九，《溪上杂咏》之二，台中：文听阁图书有限公司，2012 年。
② 杨波：《洞茶之乡羊楼洞》，见蒲圻市政协蒲圻文史委员会编：《蒲圻文史》（第 2辑），1986 年。
③ 万献初、宗嵩山：《鄂南茶文化》，南宁：广西人民出版社，1993 年，第 108 页。
④ 湖北省志贸易志编辑室：《湖北近代经济贸易史料选辑》（第 2 辑），1984 年。
⑤ （清）张之洞：《劝学篇·内篇·教忠第二》，两湖书院光绪戊戌（1898）刊本。
⑥ 庄晚芳：《中国茶史散论》，北京：北京科学出版社，1988 年。
⑦ （清）罗厚瀛：《怡春阁诗草》卷四，《咸宁竹枝词》四首之一。

洞茶成为流通域外的商品，与唐宋元茶法制度有关，更与我国少数民族地区茶俗兴起有关。唐人封演《封氏闻见记》记载饮茶之俗起自南方，北方的茶俗起自佛教，因为和尚坐禅提神，于是喝茶，由僧及俗，到处煮饮，又由中原传至塞外，以至于胡人为得到茶叶，赶了很多马匹来交换，开茶马互市的先例。① 而史载唐德宗建中年间(780—783)，中唐使者出使到西藏，煮茶时被西藏最高统治者赞普见到问及，使者回答说煮的是能够"涤烦疗渴"的茶，因而引起赞普向使者炫耀自己所藏的茶品，赞普藏品所列产地，有寿州、舒州、顾渚、蕲门、昌明、瀘湖等，② 说明不仅西北回鹘，即便西藏吐蕃的统治者，对于产于中原的茶叶也具有丰富知识，不仅储品丰富，而且能够如数家珍般地说出茶叶的具体产地，其所述虽然仅涉及吐蕃上层贵族，其藏品大概也多为上品名茶而非用于互市的普通官茶商茶，但也可以说明饮茶风俗向中原周边少数民族地区的传播已经无远弗届。

饮茶风俗的普及推广，带来了茶叶交易的蓬勃兴盛。唐代诗人白居易就曾在其名篇《琵琶行》中留下"商人重利轻别离，前月浮梁买茶去"的诗句，涉及当时盛产茶叶的江西浮梁地区和贩茶商人。著名政治家诗人杜牧也记述每年采茶季节，商人们带着家眷和各种锦绣首饰，穿着华丽的衣裳进山买茶的热闹情景。③ 而《封氏闻见记》则记载当时商人所收购，"其茶自江淮而来，舟车相继，所在山积，色类甚多"。这种车船络绎不绝运载"所在山积"茶叶的量具体有多少？由于

---

① （唐）封演《封氏闻见记·饮茶》："茶，早采者为茶，晚采者为茗。《本草》云：止渴，令人不眠。南人好饮之，北人初不多饮。开元中，泰山灵嵩寺有降魔师，大兴禅教，学禅务于不寐，又不夕食，皆恃其饮茶。人自怀挟，到处煮饮，从此转相仿效，遂成风俗。起自邹、齐、沧、棣，渐至京邑，城市多开店铺，煎茶卖之，不问道俗，投钱取饮。……于是茶道大行，王公朝士无不饮者……始自中地，流于塞外。往年回鹘入朝，大驱名马，市茶而归，亦足怪焉。"见（唐）封演撰，赵贞信校注：《封氏闻见记校注》卷六《饮茶》，北京：中华书局，2005 年，第 51~52 页。

② 《唐国史补》卷下："常鲁公使西番，烹茶帐中。赞普问曰：'此为何物？'鲁公曰：'涤烦疗渴，所谓茶也。'赞普曰：'我此亦有。'遂命出之，以指曰：'此寿州者，此舒州者，此顾渚者，此蕲门者，此昌明者，此瀘湖者。'"见（唐）李肇：《唐国史补》，北京：中华书局，1991 年。

③ （唐）杜牧《上李太尉论江贼书》："四远商人皆将锦绣缯缬金钗银钏，入山交易；妇人稚子，尽衣华服，吏见不问，人见不惊。"见（清）董诰等编纂：《全唐文》卷七五一，北京：中华书局，1983 年，第 7788 页。

年代久远，文献不足，无法统计出具体数额，但据唐宪宗时《郡县志》记载，唐玄宗天宝元年（724），仅浮梁一县茶叶年产量就达 700 万驮。① 而据杨晔《膳夫经手录》对于新安茶收获量每年达"数百万斤"的粗略统计，也可以窥见当时茶产量之一斑。据杨晔所述："新安茶，蜀茶也，与蒙顶不远，但多而不精。"如此质量不甚高的茶叶收获量都能如此巨大，其他可想而知。学者方健认为，唐代全国茶叶每年总产量达 2000 万斤至 4000 万斤，② 而有学者甚至认为唐代茶叶年产量约为 1 亿斤。③ 在产量丰富的同时，茶叶价格也颇高企，杨晔《膳夫经手录》载，其时精品茶"蒙顶"价格高至"束帛不能易一斤先春蒙顶"，而其时羊楼洞地区所产精品贡茶，想必价格也与此相当。宋朝关于湖北地区茶业的记载相对较为具体。沈括《梦溪笔谈》十二卷载：嘉祐六年（1061），汉阳军受纳鄂州片茶 238300.5斤。据清代徐松从《永乐大典》中辑出的《宋会要辑稿·食货》记载，北宋中期湖北地区州军买茶场收购当地所产茶叶数量，兴国军为 5297360 斤，鄂州为 363135斤。④ 羊楼洞所在的湖北鄂州兴国军茶产区购茶达数百万斤之数，足见其种植普及，参与全国贸易之深。

与茶俗普及传播同步，茶税以及茶叶专卖制度也开始出现。这不仅是由于茶叶具有高额的商业利润，是民族贸易的重要商品，而且由于茶马互市之后，茶叶贸易关系冷兵器时代的重要战略物资马匹的进口，引起高度重视，中央政府加以严格控制，也就是必然的了。

茶税之议，始于唐德宗建中三年（782），诸道盐铁使张滂奏立茶法，规定茶与竹木漆一样，征收交易额的 10%，即分"三等时估，每十税一"，充作两税。贞元九年（793）正月"初税茶"，茶税总量就达到每年 40 万贯，这是唐代茶税独立计征、分等计价、按值征收的开始，"茶之有税，自此始也"。⑤

长庆年间（821—824），茶税税率由 10% 提高到 15%，且按量计征，于应征

---

① 陈椽：《茶叶通史》，北京：中国农业出版社，2008 年，第 56~57 页。

② 方健：《唐宋茶产地和产量考》，《中国经济史研究》1993 年第 2 期。

③ 陈椽：《茶业通史》，北京：中国农业出版社，2008 年，第 56~57 页。

④ （清）徐松：《宋会要辑稿·食货》卷二十九，北京：全国图书馆文献缩微复制中心出版社，1988 年，第 6~7 页。

⑤ 参见（后晋）刘昫等：《旧唐书·德宗纪》下，《旧唐书·食货志》下，《新唐书·食货志》四，北京：中华书局，1997 年。

税数量之外，更以弥补损耗的名义另加斤两。唐文宗太和九年（835），曾短暂地改税为榷，实行彻底的茶叶专卖，规定从茶树种植、茶叶采集加工直至销售，均由政府统一经营。之后由于种种不便，仍回归茶税。唐武宗始，由于战争需要，茶税提高到近乎横征暴敛。茶税在全国税收中所占比重日益提高，岁入由40万贯到懿宗大中元年（859）的60万贯，更到文宗太和年间（827—835）的100万贯。陈衍德先生据唐代大中年间茶利收入603370贯之数，指出其占中央财政收入的3.92%。① 孤立地看，占比似乎并不高，但考虑到茶叶为单项作物，且产地较集中，就形成了相当沉重的负担。例如仅浮梁一县"每岁出茶七百万驮，税十五余万贯"，所谓全国各地全年矿产税收还"不能当一县之茶税"，其沉重可见一斑。而茶农和商家不堪重负，走私问题也日渐突出。

宋代茶法，实行"榷茶"即茶叶专卖，宋太祖乾德二年（964），"令民折茶税外，悉官买，民敢藏匿而不送官及私鬻者，没入之"。②《宋史·食货志》记载，宋代在江陵府、真州、海州、汉阳军、无为军、蕲州蕲口设6个榷货务，在蕲、黄、庐、舒、光、寿6州设立13个山场，垄断茶叶贸易。有学者认为这"表明北宋销西北的茶叶中，包括湖北、安徽、河南和江苏出产的茶叶"，而且"江南茶1027万斤，两浙279000余斤，荆湖247万余斤，福建393000余斤，皆送到6榷货务出卖"。③ 设置榷货务和榷茶场，垄断贸易，严刑峻法，禁止走私，的确是榷茶制度在宋代实行之始。到太宗淳化三年，改行"贴射法"，允许商人直接与茶农在茶园交易。由于实行"贴射法"的结果是大量利润流入大商人腰包，而富商大贾垄断茶价，以次充好，政府税收流失，消费者怨声载道，到淳化四年，又不得不恢复六榷货务，以"交引法"代替"贴射法"。商人将政府所急需的粮草等军需物资运至国防所需的边地，由政府发放票据性质的"交引"，商人再凭交引到榷货务领取酬劳，酬劳之中，约三分之一为可以对少数民族地区营销的茶叶。"交引法"的实行是因为西北战事需要大量战争物资，而其实行结果是资本金越多获利越大，对大商人有利而对茶农和小商人不利，实行不久即弊端显现，到仁

---

① 陈衍德：《唐代专卖收入初探》，《中国经济史研究》1988年第1期。

② （宋）李焘：《续资治通鉴长编》卷五，乾德二年八月辛酉条，北京：中华书局，1979年。

③ 陈椽：《茶业通史》，北京：中国农业出版社，2008年，第384页。

宗天圣元年，又改交引法为"通商法"，之后又多次调整，在允许商人直接与茶农交易的同时，加强对茶农的控制，包括对茶农的户籍控制，对茶园数量与茶叶质量的记录等。这些措施，是实际上的茶叶专卖，结果只是加强了对于茶业的盘剥，而政府增加获利。据统计，在北宋政和年间最后一次修改茶法之后的四年中，政府获利达 1000 多万缗，全国增收茶叶达 1280 多万斤。有学者据南宋数据认为："宋高宗末年财政总收入为五千九百四十余万贯，宋孝宗时为六千五百三十余万贯。而这两代的茶利，分别占财政总收入的 4.6% 和 7.2%。"① 但从有关湖北的资料来看，由于税赋加重，羊楼洞茶区的茶业反而出现倒退。据宋王得臣《麈史》记载，"六路租茶通商以来，岁计三十三万八千六十八贯有奇，湖北独当十万二千三百三十一贯有奇，而鄂一州所敛，无虑三万九千缗。诸邑之中，咸宁又独重"。这说的是湖北尤其是羊楼洞所在的咸宁地区的茶产税赋繁重。繁重的税赋，造成了上节所述崇阳县令张咏为农民规避过重之茶税而下令"拔茶植桑"的现象，而经改茶法之后，"民鉴他县，思公之惠，立庙以报之"。② 由于茶税沉重，人民竟以张咏拔茶令为惠民之事，的确有些匪夷所思。而据《宋会要辑稿·食货》之《乾道会要》记载，宋孝宗乾道年间（1165—1173），湖北兴国军永兴、通山产茶 647160 斤，鄂州蒲圻、崇阳、咸宁、嘉鱼等县产茶 177240 斤。这仅仅数十万斤的出产，较上节所述北宋前期该两地数百万斤茶产的记载，有大幅度的下降，真实地反映了当时过重茶税所导致的对茶业生产力的打击。由此看来，所谓茶叶增收，政府获利增加，可能只是因价格变动或专卖严格所带来的政府收茶层面的表象增长而已。

元代的茶法，史称"由约而博，大率因宋之旧而为之制焉"，③ 其主要办法与宋代一致，只是更加细密和增大了范围。其实仔细分析，元代茶法与唐宋有根本的不同。突出的一点，是取消茶马互市，实行定量销售执照性质的"引票制"。具体办法为向欲经营茶叶的商人收钞发放引票，引票分长短引，其中"长引"每引准销茶 120 斤，政府收银钞 5 钱 4 分 2 厘 8 毫；"短引"每引准销茶 90 斤，政

---

① 漆侠：《宋代经济史》（下），上海：上海人民出版社，1988 年，第 802 页。
② （宋）沈括：《梦溪笔谈》卷二，兰州：敦煌文艺出版社，2016 年。
③ （明）宋濂等：《元史·食货志》，北京：中华书局，1976 年。

府收银钞4钱2分8厘。这项制度自至元十三年(1276)实行,当年计征茶税钞12000多两,折合茶叶370万余斤。① 可见,该制度中的"引票"与宋代茶法中的"交引"仅仅字面相似而实质却完全不同,商人纳银取引销茶,政府收税给引准售,中间购置、贩运等环节放开,对于茶农、商贩积极性的发挥都留有余地。为照顾小商贩茶叶零售,除长、短引之外,元朝政府还设"茶由""以给卖零茶者"。元初每份茶由可销9斤茶,收银钞1钱;至元三十年(1293),分茶由为3~30斤十个等级,"每引收钞1钱"。② 而对于无照销茶的私贩严加打击。由于该制度较适合茶叶生产力发展,故元代茶税收入得以不断增长。至元十四年(1277)茶税钞2300锭(一锭合钞50两),至元十五年(1278)增至6600锭,至元十八年(1281)增至24000锭,折合茶叶860万斤。之后茶税提高,元贞元年(1295),收得茶税83000锭;延祐七年(1320),全国上税茶叶计有约9000万斤。③ 由于吏制腐败,引票制到元代后期沦落为官吏假公济私、盘剥商户和茶农的手段,④ 严重地影响了茶业的发展,但在其初,引票制的确对茶叶经济发展起到了促进作用。羊楼洞地区的茶业在这一时期必定也获得了恢复性发展,这种发展奠定了湖广地区到明清时期上升为全国最主要的边茶产地的地位。

明朝自开国始,就非常重视茶政,也非常重视茶产地湖北。洪武五年(1372),

---

① 陈椽:《茶叶通史》,北京:中国农业出版社,2008年,第68页。

② (明)宋濂等:《元史·食货志》,北京:中华书局,1976年。

③ 魏明孔:《西北民族贸易研究:以茶马互市为中心》,北京:中国藏学出版社,2003年,第129页。

④ (明)宋濂等:《元史·食货志》,北京:中华书局,1976年。引监察御史李宏至正二年(1342)上书:"每至十二月初,差人勾集各处提举司官吏,关领次年据引。及其到司,旬月之间,司官不能偕聚。吏帖需求,各满所欲,方能给付据引。此时春风已过。及还本司,方欲点对给散,又有分司官吏,到各处验户散卖引。每引十张,除正纳官课一百二十五两外,又取要中统钞二十五两,名为搭头事例钱,以为分司官吏馈饷之资。提举司虽以榷茶为名,其实不能专散据志引之任,不过为运司官吏营办资财而已。上行下效,势所必然。提举司既见分司官吏所为若是,亦复仿效迁延。及茶户得据还家,已及五六月矣。中间又存留茶引二三千本,以茶户消乏为名,转卖与新兴之户。每据又多取中统钞二十五两,上下分派,各为己私。不知此等之钱,自何而来,其为茶户之苦,有不可言。到如得据在手,碾磨方兴,吏卒踵门,催并初限。不知茶未发卖,何从得钱。间有充裕之家,必须别行措办。其力薄者,例被拘监,无非典鬻家私,以应官限。及终限不能足备,上司紧并,重复勾追,非法苦楚。此皆由运司给引之迟,分司苛取之过。茶户本图求利,反受其害,日见消乏逃亡,情实堪怜悯。"

天下甫定，太祖朱元璋就命令参政："茶之所产，多在江西、湖广，所以前朝茶运司立在江洲，专任茶课。尔差官分投前去各府州县，踏看见数，起科作额，以资国用。"①明确地指出湖广即今天的湖北、湖南一带为产茶重地，要赶紧派专任官员前往加以控制。明朝不仅恢复宋朝的茶马互市，而且变本加厉，严厉执行以茶治边的茶马政策。② 随着有明一代茶马交易所需茶叶的量越来越大，南方茶叶在茶马互市中的作用也越来越大。明成化年间(1465—1487)兵部奏议，提议让西北边省筹办现银，派员前往南方湖北一带买茶易马，交送甘肃、宁夏、陕西等地守军备战。③ 这反映了湖广茶在互市中的重要地位还在不断提高。有学者认为，明朝茶叶产地主要有常州、庐州、池州、徽州、湖州、严州、衢州、绍兴、南昌、饶州、南康、九江、吉安、武昌、长沙、荆州、保宁、成都、重庆、夔州、嘉定、泸州、雅州等地，由于交通、成本等原因，原本更靠近西北的川陕一带是茶马互市的主要茶叶供应地。但由于西北地区茶马互市规模日渐扩大、茶马交易量高，仅陕西和四川地区的茶叶已远远不能满足互市的需求，于是茶叶供应范围扩大到全国产茶区。明代西北地区茶马互市的茶叶来源，除了汉中、四川外，还包括南方，主要是茶叶质量高于川陕地区的湖广地区，"并且湖广茶逐渐上升为西北地区茶马互市的主体"。④

湖广茶在明代茶马贸易中的地位无疑已经提高，羊楼洞所属的湖广武昌茶成为明代主要茶叶产地也应为事实。南方气候更加温和，更宜于茶业发展。以羊楼洞为中心的鄂南地区为例，雨量丰沛，气候适宜，微酸性土层深厚且疏松，低山和丘陵地带排水便利，非常适宜茶树生长，其所产茶叶相比于川陕茶含有更多维生素和矿物质，所以各项条件更利于茶事。而且明朝万历年间，湖广武陵人龙膺

---

① (明)刘辰：《国初事迹》，北京：中国书店，1956年。

② 陈椽：《茶叶通史》，北京：中国农业出版社，2008年，第387页。

③ 《国朝典汇》(下)卷九五《户部九·茶法》："宜令陕西布政司将库贮茶课及棉花等物易银，遣官领送河南、湖广市茶，运赴西宁等茶马司收贮，移文巡茶司同守备守巡官市易番马，俵给甘、凉、固原、靖房、庆阳等卫缺马官军骑操。仍行甘肃、宁夏、延绥总兵巡抚等官核实缺马官军数目，亦如前例行之。"见(明)徐学聚：《国朝典汇》(下)卷九五《户部九·茶法》，北京：书目文献出版社，1996年，第1246~1251页。

④ 魏明孔：《西北民族贸易研究：以茶马互市为中心》，北京：中国藏学出版社，2003年，第129页。

在徽州做官，仔细地研究学习了徽州先进的松萝茶的制作方法，并在退官回乡之后，在家乡积极推广松萝茶先进的加工制作工艺，①成茶风味品质有较大提高。由此，湖广以及南方出产质量更高的茶叶也就在情理之中了。但是即便如此，南方茶叶仍未真正上升为西北互市的主体。这一点，我们从以下在明代同属于南方茶的湖南茶的案例中可窥见一些信息。明万历二十三年（1595），属于南方茶区的湖南茶曾卷入走私，严重破坏了当时的茶法和马政，于是御史李楠请求禁止湖南茶叶，理由是湖南茶多为私茶，为了牟利，"商贩伪茶日增"，掺假严重，番族人饮用后"刺口破腹"，结果是"番族借口减马"，影响官方茶马交易以及马政军备。他提出应该召商给引，鼓励商人到川陕贩茶，而对于贪图价格便宜而转销湖南茶的行为，必须严加禁止。对此，另一位御史徐侨提出反对意见，他指出，川陕茶数量不足而且价格偏高，不足以应对互市需求，而湖南茶量多、价低、味浓苦，适宜于以酥酪、肉类为主食的番民生活需要，也能弥补川陕茶之不足，②关键在于严格管理，制止掺假。这段记载，反映了即使到晚明万历时期，西北茶马互市仍然是以川陕茶叶为主，由于需求巨大，川陕茶价格也高。湖南茶仅仅是因价格低廉而以走私方式介入边贸，并未形成西北茶马互市的南方茶主体。户部在听取李楠和徐侨的争论之后作出的折中决定也反映了这一点：边贸仍以川陕茶为主体，商人中引，先给川陕茶引，只是在川陕茶不足时，才给湖南茶引。③由此看来，明代湖南茶在边贸中所处的非主体的辅助地位是相当明显的。湖广茶要真正要成为茶贸主体，还有待于在此以后的清朝和近代。

　　清朝以少数民族入主中原，在茶叶贸易问题上更加开放，少有历朝历代统治者思想观念中的华夷之辨。康熙三十年（1691），清廷召集漠北喀尔喀蒙古三部和漠南蒙古四十九旗王公以及上层喇嘛代表在多伦诺尔会盟，应蒙古各部要求，并

---

　　① 邹怡：《明清以来徽州茶业及相关问题研究》，复旦大学博士学位论文，2006年。

　　② 《明实录》一〇八《明神宗实录》卷二八二："汉、川茶少而直高，湖南茶多而直下，湖茶之行，无妨汉中。汉茶味甘而薄，湖茶味苦，于酥酪为益，亦利器也。""中央研究院"历史语言研究所编：《明实录》一〇八《明神宗实录》卷二六六至二八九，1966年。

　　③ 参见（明）王圻：《续文献通考》卷二十六《征榷·茶》，北京：现代出版社，1991年。申时行等重修：《明会典》卷三十七《茶课》，北京：商务印书馆，1936年。

鉴于明万历间因闭关罢市而引起蒙古和契丹联合为获得茶叶与明朝开战的历史教训，康熙帝当即就许诺准许中原内地商贩出长城进入蒙区进行贸易。而到康熙三十六年(1697)，康熙帝御驾亲征讨平噶尔丹，蒙古全境都已不再是敌方，军马需求也不是那么迫切时，就宣布罢除茶马互市、以茶治边的旧政，正式开辟归化城(今呼和浩特市)、张家口、多伦诺尔等为贸易市场，改行茶引茶税制度。而此前相当长一段时间，包括顺治和康熙前期，清朝仍然承袭明朝旧制，在边地设五茶马司榷茶。商人运茶，须先经过潼关、汉中两处盘验，到巩昌后再经验查，然后分赴茶马司交纳本色茶的一半给官库作为茶税，其余部分才可在茶马司辖地内自行进行合法贸易，而库中官茶则由官方用以与塞外少数民族交易马匹。

羊楼洞茶业在清初走过了一个先扬后抑的发展期。康熙开禁前后可能曾有过以洞茶为代表的湖广茶大举进边的情况。据乾隆《宁夏府志》："旧例皆以湖广黑茶交易，后因禁出口，圣祖玄烨康熙五十一年，各商呈请改色，赴浙采买，便内地销售。议定每十引浙茶九，湖茶一，各商采买由潼关厅查照截角放行。"①志中所谓"湖广黑茶"，是否指湖南安化黑茶？有可能，但地名的区分，以湖广指湖北，以湖南指原荆湖南路的湖南，在明代就已经形成习惯，所以上述李楠与徐侨的争论中，明确提到的只是湖南茶而非湖广茶。乾隆《宁夏府志》中所谓"湖广黑茶"，应当就是以羊楼洞为中心的茶产区所产黑茶。而志书所述，说明所记之事发生之前，湖广黑茶已经成为当地茶叶交易主体，否则不会说"旧例皆以湖广黑茶交易"。

据清道光《蒲圻县志》："羊楼洞，距县城六十里，产茶。"康熙《湖广通志》："茶出通山者上，蒲圻、崇阳次之。"②说明清朝之初，洞茶就已出产。有近年的记载认为，早年在羊楼洞以及与之相邻的湖南羊楼司、聂家市三地出产且输边的茶叶，年生产量达到80万斤。③ 如果所记属实，那么早在清朝初年，以羊楼洞所产为主的湖广黑茶就已经上升为边贸的主要茶品，而即使在改色限卖之后，乾隆年间，仍有相当大的交易量。这类记载，与乾隆《宁夏府志》所记的"旧例"是

---

① 《[乾隆]宁夏府志》卷七《田赋·茶法》，银川：宁夏人民出版社，1992年。

② 《[宣统]湖北通志》卷二十二《物产》。

③ 内蒙古自治区政协文史资料研究委员会：《旅蒙商大盛魁》，《内蒙古文史资料》第12期，呼和浩特：内蒙古人民出版社，1984年，第45页。

一致的。但是，为什么在康熙五十一年(1712)，茶商们又要请求改色，以浙茶代替湖茶呢？主要原因，应当是由于陈茶库存太多。据《清史稿·食货志》，乾隆二十七年(1762)，甘陕总督杨应琚曾上疏说在取消茶马互市后，库存积压十分严重，仅兰州一处茶马司就存有800多万斤官茶。虽然采取了各种措施，但按照当时的处理速度，十年都处理不完，且"商茶既多，官茶益滞"，官茶面临商茶竞争的严重局面。另据《茶业通史》记载，康熙六十一年(1722)，曾因官茶库存积压严重，下令将旧茶全部折价变卖。雍正三年(1725)，各司茶商如不易销售，可由茶商具呈当地茶马司详报甘抚，行令往别司通融发卖。自此以后，虽然茶引有规定出售地区，但是已无十分严格的限定。雍正八年(1730)，规定五茶司官茶处理茶价，西宁司每封茶银九钱五分，洮岷司、庄浪司七钱五分，河州司九钱四分，甘州司七钱二分。因为议价太高，不易变卖，雍正十年(1732)及以后，又几次减价出卖，到乾隆元年(1736)陈茶减至每封二钱，不足雍正年间最初处理定价的四分之一。① 这说明，在康熙开禁茶马互市之后，官库中的确曾出现比较严重的官茶积压现象。究其原因，可能是在原体制下，作为茶税，商人凡运茶须交其茶货的一半给官库。而取消茶马互市后，边茶由国与国之间的互市转为内销，官茶市马功能丧失，而零售又无法与商茶竞争，所以官库中出现了陈茶严重积压的情况。积压的官茶主要品色，应当是以洞茶为代表的湖广茶。而出现这种以湖广茶为官茶主体的现象的更深层原因，可能还是上一章所提及的相对于川陕茶而言，湖广茶更为低廉的价格。在明清之际禁网相对松弛的情况下，价廉的湖广茶替代价高的川陕茶进入边贸符合经济规律，也是势所必然。所以，乾隆《宁夏府志》所载，从表面上看似乎是茶商们为了便于由边贸改内销，要求以强行的行政干预压制湖广茶，但更有可能的，应该是商茶为了与大量积压、正在廉价处理的官茶区别竞争零售市场，而要求改变所销茶叶的品色。作为以上推测又一依据的，是雍正十二年(1734)，废止五司以茶中马，因储茶过剩，改行变卖陈茶充作饷银的政策。有学者认为，这一政策的实施，真正结束了西北近700年的官营茶马交易制度。②《清史稿·食货志第五》记载了清初行政干预湖广茶之后的情况：

---

① 陈椽：《茶叶通史》，北京：中国农业出版社，2008年，第408~409页。

② 陈椽：《茶叶通史》，北京：中国农业出版社，2008年，第398页。

"湖北由咸宁、嘉鱼、蒲圻、崇阳、通城、兴国、通山七州县领引，发种茶园户经纪坐销。建始县给商行销。坐销者每引征银一两，行销者征税二钱五分，课一钱二分五厘，共额征税课银二百三十两有奇。"按每引百斤茶叶计，洞茶区七县二百多两税课白银折合不过两万多斤茶叶，这其中还包括不属于羊楼洞茶区的建始县行销的那部分茶引，说明打压之后湖广茶尤其是羊楼洞茶外销萎缩多么厉害。而就在这期间，打压湖广茶之后，在晋商的主导下，以武夷山为主产地的闽茶逐渐成为西北边商茶的主体。

第二节　黑茶发端与晋商的作用

茶贸最早由山西茶商在清代早期引入。羊楼洞本帮商人开始时参与其中，带有相当程度的被动的色彩。

最开始晋商来羊楼洞采买而销往俄罗斯、内外蒙古等边疆地区的茶叶，主要为砖茶，亦即"黑茶"。而在此之前，晋商早年的主要茶叶供给地为福建武夷山地区，中心茶市为武夷山的下梅村："茶市在下梅，附近各县所产茶，均集中于此。竹排三百辆转运不绝……清初茶业均系西客经营，由江西转河南，运销关外。西客者，山西商人也，每家资本约二三十万至百万，货物往还络绎不绝。首春客至，由行东到河口欢迎，到地将款及所购茶单点交行东，咨所为不问。茶事毕，始结算别去。"[1]

对于晋商将茶叶主要供给地由福建武夷山转至鄂南羊楼洞的时间，民国时期的茶叶专家戴啸洲认为是在清咸丰年间："据地志所载，前清咸丰年间，晋皖茶商，往湘经商，该地(指羊楼洞)为必经之路，茶商见该地适于种茶，始指导土人，教以栽培及制造红绿茶之方法。光绪初年红茶贸易极甚，经营茶庄者，年有七八十家，砖茶制造，亦于此时开始。"[2]今遍查清代"地志"，未见如戴氏所确言始前清咸丰年间者。意思大略相近的，为清同治《崇阳县志》的相关记载："茶，

---

[1]　袁幹：《茶事杂咏》，见彭泽益编：《中国近代手工业史资料》（第一卷），北京：中华书局，1962年，第304页。

[2]　戴啸洲：《湖北羊楼峒之茶业》，《国际贸易导报》1934年第5卷第5期。

龙泉出产茶味美，见《方舆要览》。今四山俱种，山民藉以为业。往年，茶皆山西商客买于蒲邑之羊楼洞，延及邑西沙坪。其制，采粗叶入锅，用火炒，置布袋揉成，收者贮用竹篓。稍粗者入甑蒸软，用稍细之叶洒面，压成茶砖，贮以竹箱，出西北口外卖之，名黑茶。"①该志中对山西商客始购茶、制茶于羊楼洞的时间，仅含糊地提及为"往年"。是否戴氏认为既是同治时县志所载，而同治之前即为咸丰，于是将晋商来羊楼洞茶区之"往年"，推定为清咸丰年间？戴氏既为茶叶专家，提出看法，也就产生影响。如1934年金陵大学农业经济系调查报告指出："羊楼洞种茶，相传始于清咸丰年间，当时有晋皖茶商，往湘购办茶叶，行经该地，觉该地环境，宜于种茶，于是遂授当地居民以茶叶栽培及制造之方法。随后晋商在羊楼洞设庄收茶制造，因之，茶地逐渐扩展，遍及数县。"②与戴氏看法出于一辙，只是未言所据地志。

　　另一种关于羊楼洞商人贸茶起始时间的看法，以晚清学者叶瑞廷为代表。他在其《莼蒲随笔》中分别对晋商购茶的起始时间提出了有别于戴氏的说法："闻自康熙年间，有山西估客购茶于邑西乡芙蓉山，洞人迎之，代收茶，取行佣。"③他将晋商到羊楼洞购茶的时间提早一百多年，至清初康熙年间。支持康熙甚至更早时湖北即出产销往西北的商贸茶的文献，还有乾隆《宁夏府志》："旧例皆以湖广黑茶交易，后因禁出口，圣祖玄烨康熙五十一年，各商呈请改色，赴浙采买，便内地销售。议定每十引浙茶九，湖茶一，各商采买由潼关厅查照截角放行。"④按照该府志的说法，至少在清初康熙早年即所谓"旧例"实行的时期，湖广茶已为宁夏商贸茶主体，即使康熙五十一年"改色"之后，其仍占该府茶引即营茶执照的十分之一。

　　有研究认为，乾隆年间，晋商"大盛魁"所属小号"三玉川""巨盛川"两家茶商开始陆续在羊楼洞设厂制茶。⑤ 它们在羊楼洞以及与之相邻的湖南羊楼司、聂

---

① 《〔同治〕崇阳县志》卷四《物产》，同治五年（1866）刊本。

② 金陵大学农学院农业经济系调查编撰：《湖北羊楼洞老青茶之生产、制作及运销》，南京：金陵大学农业经济系印行，1936年，第3页。

③ （清）叶瑞廷：《莼蒲随笔》卷四，转引自陈祖槼、朱自振编：《中国茶叶历史资料选辑》，北京：农业出版社，1981年，第428页。

④ 《〔乾隆〕宁夏府志》卷七《田赋·茶法》，银川：宁夏人民出版社，1992年。

⑤ 李三谋、张卫：《晚清晋商与茶文化》，《清史研究》2001年第1期，第42~48页。

家市三地采办茶叶，年生产量达到 80 万斤。① 其最初经营的主要品种，有可能为砖茶的前身，即彭先泽先生在《鄂南茶叶》中称为"帽盒茶"的一种矮圆柱形紧压的"黑茶"茶饼。②

洞茶的品种大致可分为散茶与紧压茶。明代以前的茶叶生产中，散茶处于主导地位，团茶（紧压茶的一种）除了用于边货交易外，基本不再生产。明代前无论散茶还是紧压茶，多使用蒸法杀青，制出的青茶被称为"蒸青"。明代后期湖北茶引入松萝茶炒制法后，这种更能保持茶叶香味的炒制法得到推广，用炒制杀青法制出的青茶被称为"炒青"。而羊楼洞茶区出产的大宗商茶，多为使用炒制法处理过原料的紧压茶。

早年羊楼洞茶区参与边贸的茶叶主要品种"帽盒茶"就是一种紧压茶。所谓"帽盒茶"，实际上是做成矮圆柱形的紧压茶饼，"帽盒"是说其外形，像是盛装帽子所用的矮圆柱形帽盒。"帽盒茶运销于靼鞳喇嘛庙、万全等地，此茶据云为西帮茶商在清康熙以前所制，今已无人仿其制法矣。"③制造帽盒茶的原料，按照传统的说法，是取于肥地所产的茶叶，这种茶在早春时不采毛尖和嫩叶，特意等到初夏之后才采摘，所以枝梗粗老。茶农将鲜叶采摘回后即入热锅快炒杀青，炒后置于木质揉床上踹揉使软，然后晒干成为毛茶。毛茶并不经过发酵，入锅再炒，使水分进一步蒸发，然后用铡刀切断，长一寸许，经过分筛，用篾篓踹装。篓高九寸，装茶时，在地上挖一个土坑，深九寸，恰如篓大。将篓套入洞内，一人手拉麻绳，双足在篓内踩压，边压边加茶叶，至每篓装七斤十二两且压紧为止，用棕遮盖，再用圆形篾簟封口，用麻绳缝合，然后三篓相连，放进一个大篾笋内。大篾笋长三尺，放入后再用竹篾编成十字形捆缚，放在杠杆下加压，使形状大小一致即成。由于一再加压，紧致的包装缩小了茶货的体积，可以经受车船上下搬运和骆驼队驮运颠簸，且易于长途贩运及销售时计量。无异味的天然竹棕

---

① 内蒙古自治区政协文史资料研究委员会：《旅蒙商大盛魁》，《内蒙古文史资料》第 12 期，呼和浩特：内蒙古人民出版社，1984 年，第 45 页。

② 《鄂南茶业》："帽盒茶运销于靼鞳喇嘛庙、万全等地，此茶据云为西帮茶商在清康熙以前所制，今已无人仿其制法矣。"见彭先泽：《鄂南茶业》，LSH2.14-3，湖北省档案馆藏。

③ 彭先泽：《鄂南茶业》，LSH2.14-3，湖北省档案馆藏，第 6 页。

麻等包装材料有利于在长途运输过程中让茶叶进一步自然风干，保持原味香气。① 这种茶叶的加工方法，是在山西商人的指导下产生的，在茶砖产生之前，它作为一种先进的、经过晋商长途贩运实践考验的方法引进湖北，在很长一段时间里是洞茶最主要的边贸茶制作方式。帽盒茶也是早期很经典的湖茶边贸品种。

图 2-1　1949 年"洞厂"青砖，砖茶正面右下一角被锯

早在咸丰年之前，晋商来到羊楼洞茶区，就带来了不断更新的砖茶制造器械与技术。

砖茶的原料是老青茶，即采于毛尖之后已经舒展长大的茶叶。制作茶砖的老青茶分为洒面(茶砖正表面所用)、二面(茶砖背面所用)和里茶(又称包心，夹在茶砖中心部分)。洒面、二面采摘较早，一般在农历五月初之后开始采摘。将当年生长的叶梗，长五六寸、附叶五六片者，使用茶扎子(一种铁制小刀)连梗带叶一并摘下，入热锅拌炒杀青，之后置于木质揉床上端揉，稍许摊置后送入蒸甑蒸之，蒸后置布袋内重新端揉，叫作一次"蒸捆"。"蒸捆"需要反复三次，三次后晒干，即算完成了洒面、二面的粗料。里茶(包心茶)采获较晚，一般为农历八九月份，此时叶梗粗长，茶农使用镰刀收获，将隔年生之红麻枝梗带叶一并割

---

① 彭先泽：《鄂南茶业》，LSH2.14-3，湖北省档案馆藏，第 7 页。

下，名之曰"割茶"。里茶的制作更为粗放，热锅快炒杀青之后不行蒸捆，直接晒干即成。① 以上制作多在茶农自己家中进行，制成之茶称为"毛茶"，是砖茶原料的意思。毛茶制成之后，茶农随即担茶入市，任意到一家茶号谈质论价。茶号起样两斤左右，仔细翻看梗末，如认对庄，双方合意，即可成交，经过秤、叫码、对样、倒茶、退皮、算账等手续，最后付钱。如果未能合意，则茶农另投别家求售。由于当时羊楼洞地区开有很多家茶号，茶农有较大选择余地，只是按行规样茶不退，一家不成，茶农须忍受两斤样茶的损失。距离茶庄较远且茶叶出产量较少的茶户，也有通过上门茶贩收购集中后再售与茶庄的。这一类则手续较简单，看茶、说价、谈秤，均妥即成交，由茶贩雇人挑走，挑夫力资亦归茶贩自理。②

茶砖庄从茶农手中收购来毛茶之后，先将毛茶晒干，然后于室内地上铺上茅草、芦席，将茶叶堆于其上，经数日至数十日，以叶片不变色为度，然后开堆。先用头号大拉筛筛除灰沙及碎茶，将整茶用铡刀切为寸段，再上二号拉筛筛出过长茶段，用刀切细；再依次过三号手筛、四号手筛，直至八号手筛，每筛出长段，则用刀切细。整个过程之中，剔拣出白梗（上年生长的木质老梗）、茶珠（果）、黄叶等。筛出的灰沙中一般还含有少量碎茶，即过风斗及细筛留茶去杂，最后半成品为不含灰沙且过刀切细合格的碎茶叶，如此里茶即告成。其洒面、二面部分，还须由女工复拣，挑出当年生软质梗茎，用刀切细后混入里茶。洒面与二面均要求观感好，无梗茎。③

压砖阶段，先将洒面、二面、里茶分别置于蒸笼中蒸软，其次将洒面铺入木模，继以里茶，最后铺二面。将铺好茶叶的木模放入木制压榨机，压成茶砖，砖成之后置于通风室内，任其自干。经数日干透后再用包装纸包装，其后即可装入茶箱。④ 茶箱一般为竹制，大小一律，一箱按销地需要的重量和大小规格分别装

①　彭先泽：《鄂南茶业》，LSH2.14-3，湖北省档案馆藏，第8页。

②　陈启华：《湖北羊楼峒区之茶业》，《中国实业》1936年第2卷第1期。

③　彭先泽：《鄂南茶业》，LSH2.14-3，湖北省档案馆藏。实际操作远较本书所述繁复，参见《鄂南茶业》第12、14页。

④　《羊楼洞砖茶生产运销合作社三十六年度业务计划书》，LS031-016-0819，湖北省档案馆藏。

入 24~39 块,因此茶砖也称为"二四茶"或"三九茶"等。其中三六规格每块重 41
两,每箱 36 块,整箱重 92.25 斤;二七规格每块重 55 两,每箱 27 块,整箱重
92.81 斤。此两种砖茶经由张家口外旅蒙商,销往蒙古及俄国西伯利亚。二四砖
茶每块重 89 两,每箱 24 块,整箱重 133.55 斤,主销归化(今呼和浩特)、包头
两地及新疆地区;三九砖茶每块重 55 两,每箱 39 块,整箱重 134.06 斤,除为
大盛魁采购外,有余时也卖给别的旅蒙商,主销蒙古及我国新疆地区。① 此外,
羊楼洞茶区还曾制造每块重 16 两的六四砖,主销锦州一带;四五砖每块重 41
两,主销黑龙江。这两种砖茶皆因后来销路不佳而停止制造。

图 2-2　木制压砖机

(资料来源:[美]艾梅霞:《茶叶之路》,范蓓蕾译,五洲传播出版社,2007 年)

　　晋商带入羊楼洞茶区的砖茶制造较新的核心技术为木制压茶砖机。据《蒲圻
县乡土志》:"砖茶机器其柱架及下压机,皆以极大栗木为之,模器多用枫木(如

---

① 内蒙古自治区政协文史资料研究委员会:《旅蒙商大盛魁》,《内蒙古文史资料》第 12
期,呼和浩特:内蒙古人民出版社,1984 年,第 90 页。

匣斗之类），每副四百件，料费约需千五六百金。"①美国学者艾梅霞在她的著作《茶叶之路》中收入了一部她称为"这个原始的设备"的木制压茶砖机的清晰照片，照片中这种压茶砖机由上面一根巨木杠杆和下面一根更加巨大的砧木组成。两个巨大木块形成夹角，有点像一部放大无数倍的订书机，在这两个主件近旁有许多起辅助作用的绳索、滑轮和细木杆，而被挤压的茶模就放在这两个巨大木块之间。在照片的解说词中，艾梅霞这样写道："这个原始的设备是用来制作砖茶的压茶砖机。经过烘焙的茶叶装入长方形模子里，被木头杠杆压成茶砖。为做砖茶而烘制的茶叶上裹着薄薄的一层炭灰，这给了茶叶烟灰色的外观和烟熏的味道。这也使得外国人误以为砖茶是用牛血黏合的：实际上，茶砖是用这个由大木块和杠杆组合成的手工压茶砖机压实的。根据同时期资料，它需要四人来操作。一个人站在杠杆上面的架子上，像马戏团里走钢丝的杂技演员一样往杠杆上踩跺。当杠杆砸到砖茶上面时，另外两个人便抓住杠杆往下压。第四个人负责绳子和滑轮把杠杆拉上来，准备第二次压下。一个19世纪70年代的俄国观察者是这样描述这一过程的：'如果计算精准并且操作正确，一分钟可以压出六块茶砖。'"②这一解释基本准确，但略有误差，那就是茶叶是在经过蒸汽蒸过之后而不是烘焙之后被直接装入砖茶模具之中，所以压出的茶砖还需要经过一段时间的自然干燥。羊楼洞所产茶砖一般还在茶砖正面压有小字商号、满文"龙泉"两个小字，和一个代表品牌的大"川"字，这个"川"字应该来源于最早来到羊楼洞经营砖茶的晋商"长源川""长顺川"及大盛魁的小号"三玉川"和"巨盛川"，后经各号仿用，成为洞茶共有标记。有学者用羊楼洞涌流的观音泉、石人泉、凉荫泉这三条泉水制成富含矿物质的茶砖来解释洞茶"川"字品牌的由来，③ 这种说法似乎地方传说性质太重，且有资料证明，"大盛魁"旗下"大玉川"和祁县渠家的"长源川""长顺川"等早在清乾隆、嘉庆时期就已在福建武夷山地区办茶，"川"字牌号自那时当已出现，故"川"字由羊楼洞三条泉水而来之说似不足采信。但总之，"川"字品牌在边地确实非常有名。牧民们从行商的货摊上拿起一块茶砖，先伸出三个手

---

①　宋衍绵：《蒲圻县乡土志》，蒲圻县教育局民国十二年(1923)铅印本，第87页。

②　[美]艾梅霞：《茶叶之路》，范蓓蕾等译，北京：中信出版社，2007年，插图注。

③　定光平：《羊楼洞茶区近代乡村工业化与社会经济变迁》，华中师范大学硕士学位论文，2004年，第19页。

指，隔着包装纸从上往下一摸，就知道这是他们心仪的正宗茶货。羊楼洞当地贡生周顺偶在其《莼川竹枝词》中曾这样描述羊楼洞茶砖："茶乡生计即乡农，压作方砖白纸封。别有红笺书小字，西商监制自芙蓉。"①

在"西商"即晋商的指导和监督之下，木制压茶砖机"这个原始的设备"，开创了一代名牌大宗商品的传奇。

乾隆年代之后，更多晋商来到羊楼洞采办茶叶，当是在清道光二十二年（1842）五口通商之后。由于福州开放通商，英国人开始在福州大量采购茶叶，山西商人在传统采购基地武夷地区受到为英国人采购茶叶的沿海地区商人的激烈竞争。"福州通商后，西客（案指山西茶商）生意遂衰，而下府、广、潮三帮继之以起。"②福州、广州和潮州的英商买办在武夷山茶区采办的应该更多为红茶。由于英国需求的支持，他们喊价更高，出手更大，所以也就是在福州通商之后，由于感受到福州（即"下府"）、广州、潮州三帮茶商（实际具有英国茶商买办性质）的竞争，生意逐渐衰微，又有部分山西茶商转到羊楼洞茶区组织货源。据《蒲圻志》统计：清道光年间进入羊楼洞的茶商有70多家，其中山西茶商，有天顺长、天一香（后更名"义兴"）、大德常、大川昌、长裕川、长盛川、宏元川、德原生、顺丰昌、兴隆茂、巨贞和、大合诚、德巨生、瑞兴、源远长等40多家。③ 如果记述属实，则说明五口通商后有更多晋商进入了羊楼洞。这些晋商进入羊楼洞茶区之后，投资改良茶种，指导种植，置办新的器械，按照边贸需求改进加工包装工艺，使得羊楼洞商人贸茶的生产再上台阶。这时晋商在洞茶区主要采办的，即为前述同治《崇阳县志》所载名"黑茶"的砖茶。④ 戴啸洲将羊楼洞开始制砖茶的时间定在数十年后的清光绪初年，是不正确的。

① 《〔道光〕蒲圻县志》卷四《风俗》。周氏自注："每岁西客与羊楼司、羊楼洞买茶，其砖茶用白纸缄封，外粘红纸，有本号监制，仙山名茶等语。"芙蓉山即羊楼洞松峰山别名。竹枝词所记，应是稍晚嘉、道时期晋商已在羊楼洞茶区采制茶砖的真实写照。
② 彭益泽：《中国近代手工业史资料（1840—1949）》（第一卷），北京：生活·读书·新知三联书店，1957年，第480页。
③ 蒲圻市地方志编纂委员会编：《蒲圻志》，深圳：海天出版社，1995年，第147、284页。
④ 《〔同治〕崇阳县志》卷四《物产》："往年，茶皆山西商客买于蒲邑之羊楼洞，延及邑西沙坪。其制，采粗叶入锅，用火炒。置布袋揉成，收者贮用竹篓。稍粗者入甑蒸软，用稍细之叶洒面，压成茶砖，贮以竹箱，出西北口外卖之，名黑茶。"

山西茶商真正将采制茶叶的重心转到羊楼洞，应该是在咸丰（1851—1861）时期。这个转移并非如戴啸洲所言始于偶然机缘，也并非因为其时晋皖等外地茶商路过所见而突发奇想，而是由于太平天国与清军在江南和福建北部茶产区的战争活动，导致闽茶产量锐减，价格猛增，① 晋商通往福建的茶路阻隔。"（福建）崇安为产茶之区，又为聚茶之所，商贾辐辏，常数万人。自粤逆（案指太平天国）窜扰两楚，金陵道梗，商贩不行，佣工失业。"②而清廷为镇压太平天国及各地起义筹措军饷，多设关卡，实行厘金制度，晋商运茶须逢关遇卡纳税征厘，更加重了成本负担，不得不另辟茶源。乾隆年间就已有晋商到达羊楼洞茶区与羊楼洞商人合作办茶，道光年间更多山西茶商到来的结果，是使羊楼洞茶区的茶叶种植更具规模，制作亦入轨制；而且与福建相比，湖北羊楼洞经新店蟠河入长江、转汉水到西北边境的运输路程要更短、更便利，经过的战地和关卡也少得多，所以大批晋商来到羊楼洞茶区可以说是轻车熟路，理所当然。

咸丰年间更多晋商转移到羊楼洞茶区，确实是具有战略性质的重心转移。其后太平军虽曾占领通山、蒲圻等洞茶产区达十年之久，与清军展开反复拉锯争战，使多数行屋和大量生产资料毁于兵火，但是晋商仍然在羊楼洞当地绅商和茶民的顽强支持下，坚持以鄂南为主要茶源供应区，直到太平天国战争结束，赴闽茶路复通之后，晋商仍然选择留在湖北，再也没有重新将福建作为其主要产茶基地。羊楼洞茶区也因此向区内及周边大举扩展，导致同治《崇阳县志》所谓"今四山俱种，山民藉以为业"的盛况，茶叶质量、产量不断提高，最高年份产销商贸茶竟达约 5000 万斤，真正促使洞茶脱离自然经济，而走向大规模产业化。同治《崇阳县志》曾记载羊楼洞茶区当时繁荣的情景："城乡茶市牙侩日增，同郡邻省相近州县，各处贩客云集，舟车肩挑，水陆如织，木工、锡工、竹工、漆工、筛茶之男工，拣茶之女工，日夜歌笑市中，声成雷，汗成雨。食指既多，加以贩客搬运，茶来米去，以致市中百物，一切昂贵。"③产业和社会突飞猛进的发展，财富的大量集聚，使羊楼洞最终成为我国近代商贸茶叶的生产重镇，使羊楼洞商人

① 庞义才、渠绍森认为，由于太平军在福建茶区的军事活动，茶叶价格"提高了百分之五十"。见《论清代山西驼帮的对俄贸易》，《晋阳学刊》1983 年第 3 期。

② 《咸丰三年，四月纪事》，见（清）王懿德辑：《王靖毅公年谱》（卷上），1862 年。

③ 《〔同治〕崇阳县志》卷四《物产》。

得以深入茶叶场域并在此中逐渐如鱼得水，并为促成汉口开埠和发展成为内陆重要大都市奠定了商贸基础。

第三节　红茶的引入及其意义

最初作为山西客商在羊楼洞"主家"的羊楼洞商人，以非常认真的态度向客商们学习一切与茶贸有关的知识。晋商不怕他们学走自己的本事，因为远在千万里之外的末端市场掌握在晋商手里；由羊楼洞附近新店蟠河经黄盖湖下长江，再经汉口上汉水抵襄樊老河口，再转陆路车载马驼过太行山出长城，最后转骆驼队直抵外蒙古和中俄边境恰克图的漫长转运之路，也由晋商严密组织，外人很难插足其间。所以对于早期羊楼洞商人来说，茶贸界是一个具有很强限定性的场域，羊楼洞商人周围虽然活动着茶农、制茶工人和各色辅助工匠，但他们所做的一切都只是为了晋商这唯一的客户。羊楼洞茶商仅仅是晋商茶货生产的辅助者，行屋的提供者，以及地方生产秩序的维护者。由于主辅地位悬殊，主要经营利润也就理所当然地被晋商拿走，本地茶商所得如按比例计算，不到十分之一，[1] 确如同当时一直关注着羊楼洞茶贸状况的湖广总督张之洞所言："所分者坐贾之余，如刮毛龟背，虽得不多。"[2]

对大多数利润被晋商拿走这一点，身在其中的羊楼洞本地商人们当然也心知肚明，但在开始时他们表现得似乎并不在意且十分满足。这种满足，大约来自早年外出在四川一带从事贸易时的痛苦记忆。在羊楼洞众商族谱中，早年外出经商而不归的例子不绝于书。例如游天岚之父，因"家素贫，事畜惟艰……远托异域，辛苦拮据，冀有丰阜之日。奈何事与愿违，不久而客死于谷城"[3]。再如雷魁万，"二十三，外艺南充，身故"；其妻饶氏"闻信恸绝数次，随欲奔赴舁榇，众劝以

---

① "每箱三九洞茶装三十九块茶砖，每块茶砖有利润约白银四钱。而羊楼洞商人所得以箱计，每箱所得'行佣'约为八钱。"见内蒙古自治区政协文史资料研究委员会：《旅蒙商大盛魁》，《内蒙古文史资料》第 12 辑，呼和浩特：内蒙古人民出版社，1984 年。

② 张之洞：《劝学篇·外篇·农工商学第九》，两湖书院光绪戊戌刊本。

③ 贺黄：《天岚公传》，见《游氏族谱》，民国九言堂本。

图 2-3　羊楼洞店铺柜台

路远，乃止"。① 特别突出的是雷允繁之妻邱氏传记中记载的羊楼洞商人连续失踪的事例："（邱）氏舅群表，外艺成都不归，氏劝夫往寻，亦不归。时长子正庆、次子顺庆俱幼，茹苦俟其成人。又令子正庆往寻伊祖与父，而正庆又不归。后惟恃其次子以终。生平略无怨言。"②雷允繁、雷正庆等人的失踪是否就是死亡当并不能肯定，但这些失踪的消息对于羊楼洞商人心灵的震撼无疑是巨大且持续的，这种持续影响造成不少本地商人有了知足常乐、小富即安的观念。例如游廷孝（位上），"甫弱冠，贸易陕西，亦获微利，而不忘梓里，曰：'吾先人邱墓在焉，敢久离乎？'遂束装归。自食其力，终不敢以在陕之甘，易在梓之苦。每待有膝，即嘱滨兄弟曰：'甘守本分，勿干意外事，为子孙留福田'"。③ 仅获微利即束装归里，还乡后虽然生活苦，却自觉满足，以儿孙绕膝、无意外发生为福。又如洞镇商人游廷传（习贤），"嘉庆季年，贸易滇蜀，不数月辄思故土，潸然泣下，侣公者皆笑公之有童心也。道遇风雨，稍受惊。归而告诸子侄曰：'船行水

① 雷茂棠：《饶氏魁万妻传》，见《雷氏宗谱》，民国崇义堂本。
② 雷茂棠：《邱氏允繁妻传》，见《雷氏宗谱》，民国崇义堂本。
③ 周汝文：《游位上公传》，见《游氏族谱》，民国九言堂本。

49

上，半蹈危机，尔等务农为本，无容远贸。'于是终身不复出"。① 应该说，游廷传这种"船行水上，半蹈危机"的认识在商路维艰的当时并非危言耸听，这种宁愿乐贱安贫也不蹈危远贸的想法在洞镇商人中亦很有代表性，使得感到未曾出门涉险就有收益的洞镇商人们在经商业茶之初对于自己少拿而晋商多得的现状并无太多的不满表露出来。相反，在更多的场合，洞镇商人们努力想要对生意伙伴表现出来的，是他们的诚信和忠诚。例如洞镇商人雷茂棠（苕亭），为人"性朴诚，貌仅中人，外温而内肃，行事多不令俗人测。日用服食，务从省啬，人谓惜财也。然有晋商袁某主其家，事毕会计，与羡金五十，追诸途却之"。② 前文曾述及，雷茂棠在分家时仅继承其父两千两白银的欠债，晋商与他年度结账，将算账余额五十两白银算在他的名下，他当然非常想收下，但是从与晋商长期合作考虑，他还是一直追到半路将这五十两白银还给了袁姓晋商。

再如洞镇商人雷豫远，"能与人以诚。有晋商董某主于家，意气相得甚。一日，述家难，云须治宅第者如干，备子婚娶者如干，非五百金不办。明日，府君即如其数贷之。董惊，以为府君觇我邪？安望有此？又固予之，感激至泣下。事闻于奉政公（案：即雷豫远之父），讶谓：'彼远者来不可必，于何取偿乎？'后董竟不果来。人方议府君疏略，亦坦然如不闻者。又数年，遭奉政公丧，耗糜殆罄，贸以不振。春且暮，犹濡滞汉上，不自决。欻有扣舍馆闯然入者，目府君诧曰：'君固在是！主人候先生久矣。'趣行，则董已新管票庄事矣。慰问毕，出八千金，嘱即首途应茶市期，不给者，仍予取求也。其年，果以获倍利，赢万金。又续与董同贸数年，皆有得。人以是服府君之交朋挚，而又知人审也"。③ 雷豫远在董姓晋商述说现金周转暂困难时，不假思索地拿出五百两银子借给他，将董感动得哭出来，而这冒失的行动甚至遭到同为茶商出身的老父亲的质疑："这董姓晋商是遥远的外乡人，你无法确定他一定还会再来，到那时你找谁讨银子去？"后来，董姓晋商果然有段时间没有再来羊楼洞。然而，就在雷豫远家产耗尽，生意困难的时候，已经新任钱庄管事的董某出现并出手相救，当年获利并长久合

① 游达殷：《习贤公传》，见《游氏族谱》，民国九言堂本。
② 游恺：《苕亭公传》，见《雷氏宗谱·传上》，民国崇义堂本。
③ 雷兆绂：《重亭公传》，见《雷氏宗谱》，民国崇义堂本。

作，生意获得了发展。这件事似乎可以为前雷茂棠奉还羡金的事作注解。雷茂棠又何尝不担心开罪于他的生意伙伴晋商袁某呢！

但是即便如此，也还是会有洞镇商人积极寻找与晋商合作之外的机会。例如饶盛元："高升公讳盛元，祖居临湘之黄金桥，其为人语言朴诚，与人毫无欺，人皆称之为长者。其先辈以农世其家，中年乃学作贾，贩山茶，往来于临沔之间，岁以为常。众以其有利，临蒲两邑之业此者益多，大值故也。人之货至往往久不售，长者之货无不一到则售，而长者悉计本之若干，稍有获利则已，无多求。尝谓人曰：'吾之为此，所谓负贩以代耕者，得足以偿耕之数，斯已耳。若习为伪而价又必取盈焉，是奚为者?'呜乎！何存心之厚耶！久之，家渐裕。而心专以济人为，凡力之所能为者，莫不为之。"[1]饶盛元自贩山茶，往来于监利、沔阳之间以获利，其经商模式，已略微突破了坐地与晋商合作的旧有范式。由于近地销售，他的经营规模与远贸蒙古俄国的晋商相比不可同日而语，但是自贩自销，还是不失为一种创新。

虽然饶盛元们谆谆教导，但是年轻一代还是会渐有与老辈薄利即可不同的想法。这除了因为年轻一辈有较少的失败教训，而有更多的精力，他们更多着眼于未来，还由于他们与老辈有不同的参照系。老辈多与过去相比，即与晋商未曾到来时相比，晋商为羊楼洞带来了不出家门就有收益的机会；而年轻一辈与晋商本身相比，认为洞镇商人较之拿得很少。这是因为只要同处一个场域之中，处于某一位置的角色就会与场域中处于另外位置的角色相比较，就会设想如果自己也处于对方的位置将会如何。虽然场域是"在各种位置间存在的客观关系的一个网络和一个形构，这些位置是经过客观限定的"，[2] 但是由于不同辈分的人用于比较的参照系有所不同，于是年轻一辈也就会逐渐产生不平，这种不平在相当长的时间内潜滋默长，于是在茶贸这个场域中也就蕴藏了逐渐激烈的斗争。这种积累在等待着合适的时机，而时局变动和其他客商的到来恰恰提供了这种时机。

---

[1] 饶青乔：《高升公暨何孺人合传》，见《饶氏宗谱》，光绪十五年（1889）本。

[2] ［法］皮埃尔·布迪厄、［美］华康德：《实践与反思：反思社会学导论》，李猛、李康译，北京：中央编译出版社，1998年，第39页。

布迪厄认为，场域也是参与其中者集中符号竞争和个人策略的场所，而"策略是实践意义上的产物，是对游戏的感觉，是对特别的、由历史性决定了的游戏的感觉……这就预先假定了一种有关创造性的永久的能力，它对于人们适应纷纭繁复、变化多端而又永不雷同的各种处境来说，是不可或缺的"。① 对于深感主辅地位悬殊，不满于主要经营利润被晋商拿走的羊楼洞茶商群体来说，运用策略以创造性地改变自身在场域中的处境，似乎是水到渠成的事情。羊楼洞商人于道光年间主动引进以英国需求为背景的粤赣红茶商人入场，以及汉口开埠和俄国商人的到来，都为羊楼洞商人的发展提供了崭新的机会。

羊楼洞红茶制作肇始时间为"道光季年"，这是大体可信的。《游氏族谱·家敬铭先生传》记述了红茶进入的过程，与游姓茶商游澄的祖父（王父）有莫大关系："公策名澄，字敬铭……因公王父业茶有平年，命继志，遂弃儒而学贾焉。先是，红茶庄赁吴地者居多。道光丙午岁，公王父单骑入吴，导客来羊楼洞。谓洞茶质秀而味厚，较他商埠尤佳。至今洞市为中外车马辐凑之名区，每岁所入不下数百万金，虽由公父创厥始，亦赖公继起力也。"②道光丙午为道光二十六年（1846），这一记载有相当的可信度，因为游澄祖父的引导非常符合当时英国茶市急于开辟内地新茶供应地的需要，而游澄祖父关于"洞茶质秀而味厚，羊楼洞自古产茶较他商埠尤佳"的推荐，亦对急需大规模高质量茶产基地的英商有极大吸引力。游澄祖父的引荐，无异于将在晋商产多少收多少的收购的刺激下蓬勃发展起来的鄂南茶产基地拱手送上。如果真如此，则羊楼洞输英红茶的肇始，可确定在清道光二十六年，即公元1846年。

与羊楼洞黑茶肇始时间争议较大不同，对于羊楼洞红茶的肇始时间，地方文献有较为一致的记载。同治《崇阳县志》在记载羊楼洞土商与晋商合作制售黑茶的同时，也记述了其制作红茶的发端："道光季年，粤商买茶，其制，采细茶，暴日中揉之，不用火炒，雨天用炭烘干，收者碎成末，贮以枫柳木箱，内包锡皮，往外洋卖之，名红茶。"③叶瑞廷《莼蒲随笔》的记载与之类似："红茶起自道

① ［法］皮埃尔·布迪厄：《文化资本与社会炼金术》，包亚明译，上海：上海人民出版社，1997年，第62页。
② 游凤墀：《家敬铭先生传》，见《游氏族谱》，民国九言堂本。
③ 《［同治］崇阳县志》卷四《物产》。

光季年，江西估客收茶义宁州，因进峒，教以红茶做法。"①这些记载，都将羊楼洞红茶制作肇始之时确定为"道光季年"，只是同治《崇阳县志》将中介商认定为粤商，而叶氏归之于江西茶商。

红茶的采摘略晚于绿茶嫩毛尖，一般四五月采摘，当然，高级的红茶原料也使用春天最早萌生的茶树嫩芽，这类红茶称为"头茶"，是第一季茶叶的意思，价格相对昂贵。与绿茶和老青茶的制作不同，红茶采摘后，不急于入热锅杀青，而先要在阳光下曝晒(雨天采摘则须用炭火干燥)使之凋萎，在气温与空气的作用下失去水分。烘晒时定时翻动，当叶片失去脆性，且叶片上出现红色斑点，叶色变暗，叶片变软时，微炒或不炒，反复揉制数次使茶叶出汁，然后铺堆使茶叶在酶和氧化的作用下发热发酵变红，失去青涩之气和部分单宁，最后日晒或烘焙使干即成。② 湖北民间制作，似更加粗放，"做红茶，雨前摘取茶叶，用晒簟铺晒，晒软合成一堆，用脚揉踩，去其苦水，踩而又晒。至于捻不粘，再加布袋盛贮筑紧，需三时之久，待其发烧变色，则谓之上汗，汗后仍晒，以干为度"。③脚踹日晒，不炒不烘，但揉制发热程序大体一致。红茶一般装箱外运，也有一些红茶压制成茶砖，其程序是蒸而后压，晾干后包装运输，除原料毛茶使用的是红茶之外，制茶砖过程基本与老青茶砖制作过程相同。红茶茶砖也被称为"米砖"，这大约是因为早期红茶砖唯出口英国，包装纸上印制有英国米字旗的缘故。1850年，羊楼洞年制红茶已达30万箱，约1500万斤，全部为外商制作。

红茶作为一种新的符号商品的出现，以及以英国需求为背景的粤商的入场，为羊楼洞商人的发展提供了崭新的机会。一些先进的商人们不再满足于坐地贸易的旧有模式，开始尝试着走出去，作为行商经营茶货。这是因为有了英国贸易的需求，茶货不再只有运往北方一条出路，而即使是在太平天国军阻滞于江苏安徽一带的情况下，容闳所描述的经湘潭过南风岭、然后再于广东放洋的南行茶道仍然存在，这就打破了过去晋商对于俄国和蒙古的传统茶叶客户市场的垄断，也不

---

① （清）叶瑞廷：《莼蒲随笔》卷四，转引自陈祖椝、朱自振编：《中国茶叶历史资料选辑》，北京：农业出版社，1981年，第428页。

② ［美］威廉·乌克斯：《茶叶全书》，侬佳等译，北京：东方出版社，2011年，第307~308页。

③ 《［同治］襄阳县志》卷三。

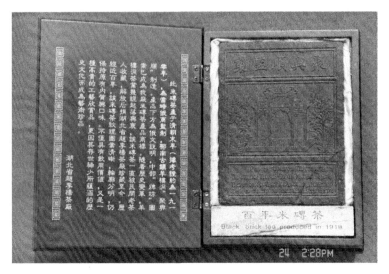

图 2-4　"聚兴顺监制"米砖茶

再依赖于仅由晋商经营和使用的北向茶道。布迪厄指出："场域同时也是一个争夺的空间，这些争夺旨在维续或变更场域中这些力量的构型。"①羊楼洞商人用自己的谋略和行动变更了茶域中原有力量的构型，于是获得了产、运、销一体的完整经营的可能。

羊楼洞商人最初的红茶经营带有尝试的性质，例如黄于孝（廷顺）兄弟，他们经营红茶是因为"家务甚寒，日用之赀，恒苦不能接济，先生（案：指黄于孝）与二兄谋，每岁办茶若干篓，运往湘潭出售，颇沾蝇利。除用度外，积铢累寸，数年之顷，囊底见充，造居室，增田地，家运蒸蒸日上矣"②。他们并未直接将红茶运到广东，而仅仅运到湘潭，经营的数量也十分有限，仅为若干篓，但这种直接销售一定比将茶货在家乡销给晋商来得利润丰厚。只数年之间，他们就能够完成在家乡要更大规模经营才可能办到的建屋买地，完全改变了往日"甚寒"的家境。与黄氏兄弟较为相似的是游履安、游谦安兄弟。"其父中年入蜀，遂家焉，以侧室生子永发。尔时家无厚产，履以年少负重任，上事王父暨生母王孺人，极

①　[法]皮埃尔·布迪厄、[美]华康德：《实践与反思：反思社会学导引》，李猛、李康译，北京：中央编译出版社，1998年，第139页。

②　黄于钊：《族兄廷顺先生传》，见《黄氏宗谱》，民国仁孝堂本。

得欢心。稍长远走南楚，经营缔造，不愧为主器。不数年，谦弟亦渐成人，协力共济，伯仲之间，诉诉如也。由是日积月累，自始有以至少有，无越位之思，亦无悭吝态，创广厦于新安，置良田数十亩于故里，令子侄耕作其中，以无忘祖宗邱垄之所在。"①两兄弟经历了父亲业丝留蜀不归的古老故事的再演绎，自强不息，远走楚南即湖南等地业茶，而于徽州著名茶市新安购置大屋安家，将茶贸事业做到了家乡之外。

与黄氏兄弟、游氏兄弟相比，羊楼洞商人雷光藻要走得更远一些。雷光藻是前所述羊楼洞商人业茶的开基者雷兴传（中万）的重孙、雷振祚（东阳）的孙子。他受父亲之托弃儒经商，最开始只在羊楼洞做些小买卖，"含泪辍读，于是权子母，计赢绌，于近市设小肆以逐鱼盐布粟之利，暇复裹重赀，远贾于湖南、粤东之省，皆得当而归"。② 准备充分，有余暇扩大经营的时候，雷光藻就带着大量资金远贸于湖南、广东，南下业茶获利。他"远贾于湖南、粤东"的业茶之路，应该正是容闳所描述的由产地经湖南、过南风岭到广东的陆路。与雷光藻大体同时稍后经营红茶的还有雷立南（受山），雷立南特别艰难地辞别儒学，"决意贸茶为业，往来粤东，颇获蝇头"，后逢太平天国战乱，于是"遍历上海、福建、湘潭诸市镇，以外贸为避乱计"，③ 也是洞茶输洋的先行者。再如雷舒青，他在"屡试见遗"之后，感叹"所志不遂，功名念淡。适西洋各国与华通商，君采办红茶，客游东粤，而所亿多中，获利甚厚"，④ 也是将茶叶直销广东的羊楼洞商人。他的"获利甚厚"，当是相对为晋商在羊楼洞的主家做事所谓"如刮毛龟背"的薄利而言。经营红茶的，还有羊楼洞商人游徽五，传记明确地记载他"常以茗客粤东及中州胜地"，即因为业茶而客居广东等地，所营当为红茶无疑。⑤ 从事红茶生意经商致富的羊楼洞商人，还有黄锡富（奇珍）。他"壮年贸易江湖，所历之处，人皆钦其品，更信其直。每岁自春徂冬，捆载而归，二十余年来，所赚不下数千

① 游翘亭:《履安谦安兄弟合传》，见《游氏族谱》，民国九言堂本。
② 游恺:《清庵公传》，见《雷氏宗谱·卷首》（姻篇），民国崇义堂本。
③ 游煦林:《受山公传》，见《雷氏宗谱·卷首》（姻篇），民国崇义堂本。
④ 雷以箴:《舒青府君传》，见《雷氏宗谱·传上》，民国崇义堂本。
⑤ 沈兆龙:《游徽五先生传》，见《游氏族谱》，民国九言堂本。

金，晚年收拾行装，不复作远游计"。① 黄锡富从事茶务并致富的时间，在太平军到达鄂南之前，而其贸易江湖、捆载而归、收拾行装不复远游等，都说明他所从事的茶业为行商而非坐商模式。同为黄氏而在这一时期走出去经营茶业的，还有黄昇基(盛阳)："家素清贫，累以婚嫁，析爨之时，公(案即黄昇基)仅受破屋半间，釜箸数具而已。人皆以公少不经事，盎无余粮，架无余衣，其败可立待矣。公遂发愤自励，弃儒就贾，戚里饶于财者，皆重其品信其直，不责质券，贷以多金，公由是往返德安，称茶商者数十年，日积月累，竟起家万金，创华屋数十间，良田数百顷，可谓富矣。"②黄昇基贷款起家，作为行商，他往返的贸易之地主要为江西德安一带，业茶数十年而致富，传记作者称其"有过人之才"，或为的论。再如饶维，他"弃读而商，时年仅十九。秉性诚恳，远近咸信服，乐为资助，岁集万金，服贾岭南，获大利归，为父母寿"。③ 饶维经营红茶的模式也与黄昇基一样，属于贷款集资，风险更大，而获利也更多，而这种"获大利归"的结果，在羊楼洞当地无疑也是一种无形的广告，促使更多的羊楼洞商人舍弃传统的坐贾经营方式，大胆地走出去闯天下。

这一时期作为红茶先行者的，还有雷霖卿，他经营红茶较早，"咸丰年间，吾乡茶庄旺盛，每届春仲，西广商各挟数万金交行主采办红茶。雷姓世业茶行，春翁(雷霖卿之父)晚年亦寄迹于兹。不幸家君早逝，事务纷披，独力难支，遂废霖卿举子业。……弱冠理家计及茶庄事，进出动以数万计，不动声色而部署裕如"。④ 他和其父"春翁"经营红茶都是在太平天国军兴之前，大约在游澄祖父引入红茶茶商之后，羊楼洞本帮茶商们也开始了红茶经营。他们属于早期的红茶经营者，虽然每茶季动用大量资金，规模显然已非往日业黑茶时所可比，而他们经营红茶的方式，显然还带有传统坐商的痕迹。

走广东贩红茶最为著名的羊楼洞商人，还应当是雷元善(让溪，1814—1886)，《雷氏宗谱》记载了他经商的年代："当咸丰初元，欧舶东渐，犟及海疆，内地画域自封，无通商足迹。公于此慷慨兴远游志，兄弟合资，倡为红茶。业居

---

① 黄笔山：《奇珍公传》，见《黄氏宗谱》，民国仁孝堂本。
② 谢伊祖：《盛阳公传》，见《黄氏宗谱》，民国仁孝堂本。
③ 饶青乔：《祖考宗城公暨祖姚邱宜人合传》，见《饶氏族谱》，光绪十五年(1889)本。
④ 贺寿慈：《霖卿公传》，见《雷氏宗谱·传上》，民国崇义堂本。

者任采购制作，公任运输粤东，出售洋商，先后留粤六年，获利钜万。是即吾华茶出洋之始。首其事者，公以外无几人矣。后以洪氏之变（按即太平天国运动），蔓延遍天下，公归途遇劫掠几尽，不可复往，遂以余资起造茶屋，阅数年成，遗以为世业。后人赖之。时羊楼洞初辟为商场，漫无端绪，百事棼如，远来商客多惮之。公慨然曰：'法不立不足以治事也。'日求乡缙绅父老，旁诹博采，手草规章，试行无忤，传布永久。今遵行者皆是也。"①雷元善倡为红茶，与兄弟分工合作，兄弟们居家制作，雷元善自任运输广东，直接与英商贸易。他前后在广东六年，在太平天国运动时回到羊楼洞，修建茶屋，建章立制，对于洞茶输出颇有贡献，传文中"时羊楼洞初辟为商场，漫无端绪，百事棼如，远来商客多惮之。公慨然曰：'法不立不足以治事也。'日求乡缙绅父老，旁诹博采，手草规章，试行无忤，传布永久"一段，非常重要，记述了羊楼洞商人由场域中的从动者转而主动制定规则、整顿秩序的变化。难怪传记的撰写者、民国初二十年代任湖北省实业厅长的谢石钦称赞雷元善"当闭关时代，挟赀航海，作万里游，可谓商人中有特识者矣"。② 文中所谓"闭关时代"，亦即上文所谓"画域自封，无通商足迹"，指的是早期羊楼洞商人们将自己局限在羊楼洞当地，足不出户的旧式坐贾业茶方式。与他们相比，雷元善的"慷慨兴远游志"，"挟赀航海，作万时游"，既需要魄力，也需要毅力。远贸红茶的结果，不仅是获得了大利，而且开阔了眼界，积累了经验。重新回到羊楼洞后，他整顿"漫无端绪，百事棼如，远来商客多惮之"的混乱局面，亲手草拟规章制度，使羊楼洞市场的运作有法可依。保存至今的羊楼洞《合帮公议碑》，仍遗留有当年针对"往来货物车工推运紊乱"和"近来人心不古，渐至忘章"而加以整顿，以及额定"行费""取用"的文字，该碑内容如下：

合 帮 公 议

盖闻通商惠工，国家所以阜财用；而胪规定矩，地方所以安客商。缘我羊楼洞□□□□，往来货物，车工推运紊乱，幸有前任恩宪谕行客二帮，议

---

① 谢石钦：《让溪公传》，见《雷氏宗谱·卷首》，民国崇义堂本。
② 谢石钦：《让溪公传》，见《雷氏宗谱·卷首》，民国崇义堂本。

立车局，整顿行规，□□□□头天地元黄，宇宙洪荒，日月盈昃辰，十三字轮转给筹，红黑茶箱出山脚力，照□□□□行费照客家箱名取用，各□有成规，数无异言。近来人心不古，渐至忘章，兹□□□□整旧规，即乡内乡外之□车，额例恪遵，切勿恃强，越规蹈矩，客箱发运之□□□□，乞客家宽宥，祈客念在□□□□□，不可苛取，□警后犯，从此各遵章□□□□□。

所议旧规开列于后。

计开：

一议：红茶二五箱发张家嘴每□□□、红茶口箱发牛形嘴每□□□，红茶发夜珠桥力钱□□

一议：黑茶西箱发张家嘴每车□□，黑茶东箱发牛形嘴每车□□

行用条规：

红茶取用，二五箱每只六文。红茶口箱每只十二文。

黑茶取用，西箱每只五□。东箱每只四□。二四箱属西口取用。二七、□箱□□□□□□。斛箱每只取用三文。

一议：远来采办花包、箱包，未来公□。

光绪十三年二月吉日①

据碑刻所记，羊楼洞曾有"前任恩宪谕行客二帮，议立车局，整顿行规……行费照客家箱名取用，各□有成规，数无异言"。而重新整顿，是由于近期"人心不古，渐至忘章"，因此有必要重新额定各类各项茶叶行佣（即碑文中所提及的"行用"）及运输车费力资，并刻石备忘，要求所有有关人等"额例恪遵，切勿恃强越规蹈矩"。这一通立于光绪时的石碑所记载的在此前曾经颁布过的"成规"，应该就是雷元善所主持的整顿的内容，从所记可见，雷元善当时的举措有议立车局、整顿行规等，并且借助政府的权威将整顿措施颁布。它间接反映了雷远善当时对于羊楼洞"漫无端绪"的诸事的深刻忧虑和整顿经营秩序的大致情形。谢石钦称雷元善为"商人中有特识者"，确实并非溢美。

---

① 《合帮公议碑》，光绪十三年（1887）二月。原碑藏于湖北省赤壁市博物馆。

第三章　羊楼洞：茶商家族与茶叶社会

在湖北近代经济史上，几乎没有人注意过羊楼洞本地的茶叶商人，没有人注意过这一群体曾经在与羊楼洞相关联的国际茶贸中发挥过举足轻重的作用。关于他们的历史记载淹没在族谱和地方的记忆中，更没有学者以一种整体性的眼光，从历史深处发掘出这一群体，努力去复原这一群体的谋略、行动，以及其各自所经历的喜怒哀乐。本章欲重新翻开羊楼洞已经被历史尘封的一页，在历史的深处，发现羊楼洞茶商，恢复他们在湖北近代经济史上的地位，让他们生动丰满地重新走上历史舞台。

与此同时，羊楼洞作为一个近代著名的茶区，更是一个以茶叶贸易为中心所产生的特殊社会形态。在羊楼洞，因为茶贸兴盛而派生出不同的社会组织、不同的社会人群、不同的生活方式、不同的社会规则、不同的风俗习惯。在羊楼洞，我们看到的不仅仅是茶叶贸易，还有它深厚的儒家积淀和宗族传统，茶商与乡绅的身份关联，以乡绅为中心的地方治理的运作范式，以及地方自治与政府治理的关系，等等。通过这种发掘和追踪，羊楼洞能够以"茶叶社会"的样态呈现于湖北区域社会的历史书写上，对于描述逐渐为工商业所渗透的传统乡土社会，这一研究无疑具有特殊的意义。

第一节　茶区社会与经商传统

羊楼洞本地士人很早就有经商传统，除开启了羊楼洞茶贸业的雷氏家族之外，游氏之祖先在清初即已进入四川贸易蚕丝；饶氏之祖隶属军籍，有漕运义务在身，而竟利用漕运之船返程载货赚取地域差价，获取第一桶金；同样祖承运军的黄氏，通过"积公项"以备漕运，"托业畎亩"的同时"兼事贸易"，一时成为洞乡首富。正是由于这种家族世代经商的历史记忆，使得在晋商到来之后，羊楼洞本地商人能够积极与之联手形成洞茶场域。而俄国对于中国南方茶产地的觊觎，英国逐渐显现的对于中国内地茶叶的巨大需求，以及早期黑茶场域中晋商与羊楼洞商人主辅处境的差异，也孕育着后来洞茶场域中的各种力量位置的改变。

一、游氏：经商的惯习

生活在羊楼洞的几个主要宗族，都一直有经商的传统，例如游姓宗族。

游氏自元代从江西辗转迁来，到清代已经是羊楼洞较大较富的姓氏。如清初主政宗族的第六世祖游常（似州，？—1651），有"田产将近千亩"，① 这在山多田少的羊楼洞，已是相当富有，即如后来经商致富的雷氏等大茶商家也仅有数百亩田地。稍晚游春召（向荣），"家资丰厚，阡陌连累，栋宇辉煌"，② 亦为大户人家。游氏开始经商亦较早，游春召致富，就是因为士农工商"四业并务"，而较其稍晚见于记载的，还有游天岚及其父亲。

游天岚（？—1732），其父因"家素贫，事畜惟艰"，③ 年少时即入四川经商。据传载，他的父亲"远托异域，辛苦拮据，冀有丰阜之日。奈何事与愿违，不久而客死于谷城"。这真是天有不测风云，家中如天塌地陷，一家人"摇摇无依，哀音楚楚，此情此景，行道犹为酸鼻"。④ 而此时游天岚表现出坚毅的品质，他在兄弟六人中排行第五，"年虽少而志气自励，措施俨若成人，迨膂力方刚，益得以遂其作为。握算持筹，泛罾塘，登剑阁，牵车服贾，孝养有资"。⑤ "孤露单寒，贸易营度，渐即亨途"，家境渐为改观，"欣欣向荣，日见畅遂，自是田园渐拓，栋宇维新，世业隆隆，庶几光前而裕后"。⑥ 游天岚生年不详，其次子游日辉（廷上）传中记载游日辉九岁丧父，而游日辉于乾隆三十五年（1770）四十八

① 马之棠：《似州公传》，见《游氏族谱》，民国九言堂本。
② 游远辅：《向荣公传》，见《游氏族谱》，民国九言堂本。
③ 贺黄：《天岚公传》，见《游氏族谱》，民国九言堂本。
④ 贺黄：《天岚公传》，见《游氏族谱》，民国九言堂本。
⑤ 贺黄：《天岚公传》，见《游氏族谱》，民国九言堂本。
⑥ 游继标：《祖母但老孺人传》，见《游氏族谱》，民国九言堂本。

岁，则游天岚当卒于雍正九年（1732）。从"泛鼉塘，登剑阁"等叙述来看，他与其父的主要经商方向，都是四川，而游天岚继承父志，发扬光大，辛苦经营，使家境获得富裕改观。他的经商时间，应该是在清康熙和雍正时期。

游天岚有两个儿子，而经商的主要继承者为长子游廷忠。游廷忠在成年娶妻之后，"遂慨然远举，有飞鸣万里之志。于是服贾西川，艰难备尝……不数十年成巨室"。① 所谓"巨室"，当是十分富有。他的堂弟游廷曾的传记中也提到游廷忠"为客西蜀，颇有所得……接业置产"②等，可见他继承并发展了游天岚的事业，是一位经商成功者。

游廷忠的两个儿子游胜万与游为邦都先后参与商务。长子游胜万，"韶年便倜傥非常，慷慨有大志，甫弱冠，见太翁（案：指游廷忠）在川，生意浩繁，即往赞襄。虽与弟为邦公迭为代谢，先生（案：指游胜万）之不离左右居多。以故连接者，膏腴也；并蒙者，厦屋也；储名胶庠者，昆玉也，罔不啧啧乡里间"。③ 游胜万协助父亲经营，成果非常显著，由于财富增值，家中购入的肥沃田地连区成片，巨大的房屋挨肩叠立，兄弟们勤奋攻读，纷纷荣登科举考榜，于是为家乡父老啧啧称赞和羡慕。

游廷忠的次子名游为邦，"令翁（案：指游廷忠）常年出外，兄（案：指游胜万）亦频往赞襄，公（案：指游为邦）在家侍奉母帏，撑持门户，构造缮修，条理井然，英年已具老成之望。年值壮盛，经营四方，运筹益握胜算，并载乃翁余资以归。田亩第宅，增其式廓，规模日以宏远，计然猗顿不得专美于前，讵非伟然丈夫哉！然境遇饶裕，而勤劳质朴，不务浮华，与乃兄胜翁，双美竞爽，磅礴郁积，可谓蒸蒸日上，丕振家声者矣"。④ 游为邦在父兄在四川经商的同时，在家乡撑持门户，家中购入的田地和建造的房屋，应该都是在他的运筹下完成的。到成年之后，他也同父兄一样走出家门经商，后来又与兄长游胜万一道，将父亲的主要财产从四川运回，而将在四川的不动产留给了继母王氏

---

① 邱俊朝：《游廷忠先生暨但孺人传》，见《游氏族谱》，民国九言堂本。
② 游继杰：《廷曾公传》，见《游氏族谱》，民国九言堂本。
③ 周顺扬：《游胜万公暨元配李孺人传》，见《游氏族谱》，民国九言堂本。
④ 周文郁：《游为邦先生传》，见《游氏族谱》，民国九言堂本。

和继弟，① 之后似乎就不再外出经商，就在家乡羊楼洞做起了财主，② "厥后田园日辟，栋宇日新"。③ 游天岚从事贸易"数十年而成巨室"，其子游廷忠继承父业，在成年后开始从事贸易，直到死在四川，由胜万、为邦兄弟"扶榇归里"，这一年，由游胜万之次子游继杰撰写的《游氏族谱·胜万公传》记载为"己未秋，父卷席归里"，则这一年，当是在乾隆四十年己未（1775）。如果记载和推算都不错，则游廷忠及其两个儿子的主要经商时间是雍正后期到乾隆中期。而他们从游天岚手中继承并在四川经营的生意内容，从游胜万传记"年十五，佐王父于西蜀，往返蚕业，家居日少"看来，应当主要为蚕丝之类。羊楼洞商人当年远走西川，而往往又在湖北西部竹溪、谷城一带活动，大约是收购蚕茧蚕丝。同为羊楼洞大族的饶氏族谱也曾记录其同县姻亲邓寿村"固巨商也，以丝业起家宜昌，雄富噪一时"，④ 前述羊楼洞商人雷氏亦有自述"敛才就法，直寻茧丝牛毛"为业的记载，或可为羊楼洞商人当年业丝的佐证。沈括《梦溪笔谈》卷二记载宋代鄂南地区："民以茶为业，公（案指时任崇阳县令张咏）曰：'茶利厚，官将榷之，不若早自刈也。'命拔茶而植桑，民以为苦。其后榷茶，他县皆失业，而崇阳之桑皆已成，其为绢而北者，岁百万匹，其富至今。"⑤是说宋代与羊楼洞毗邻的崇阳地区乡民以植茶为生业，县令张咏预计到政府将会因茶贸的利润丰厚而严厉控制茶叶的销售，于是不顾民意的反对而下令拔掉茶树，改种桑树，不久之后政府突然严控茶叶生产和销售，其他地区的人民一下子失去了养家糊口的手段，而这时崇阳的桑树已经长成，制成绢帛向北方销售，每年达到上百万匹，地区因此而非常富裕。羊楼洞商人于清初经营蚕丝业，或与此自宋代以来的传统有关。而羊楼洞商人游廷通传记述其"偕缁流崎岖，往蜀奔走数千里"以经商，⑥ 故经营丝帛的羊楼洞商

①　周顺扬：《游万胜公暨元配李孺人传》："即庶母王，奉事汉州，一如所出，家产尽付继弟。"见《游氏族谱》，民国九言堂本。

②　《游甸方公传》："先世家道颇裕，公以守兼创，实辟田园，远觅基址，其为子孙谋者，至深且远矣。"按：游甸方即游为邦之次子，其同辈亲兄弟中查亦似再无经商者。见《游氏族谱》，民国九言堂本。

③　游熊：《姑祖母老孺人传》，见《游氏族谱》，民国九言堂本。

④　雷肇复：《乾若公暨妣邓孺人传》，见《饶氏宗谱》，民国双峰堂本。

⑤　该事又见于（宋）张咏：《乖崖集》附录《忠定公遗事》，北京：中华书局，2000年。

⑥　吴洪申：《游献安先生传》，见《游氏族谱》，民国九言堂本。

人常与蜀僧一路同行。这大约是因为清朝初年蚕丝业主要生产及贸易基地已转到成都，所以锦城成都理所当然留下羊楼洞商人们较多的足迹，且多有在彼纳妾安家者。清嘉庆贡生周顺偶《莼川竹枝词》之三：

> 六水三山却少田，生涯强半在西川。锦官城里花如许，知误春闺几少年。①

清代早期诗人李标也在他描写蒲圻乡俗的诗中写道：

> 蒲土由来瘠，蒲民自昔闻。桑麻全不税，山泽半于田。乐岁供三月，谋生及四川。近来王事急，还上洞庭船。

"生涯强半在西川"，"谋生及四川"，当是游天岚父子四代等早年羊楼洞商人贸易四川的写实。诗中春闺，既指良人外出经商而留居在家的蜀妾，当更是指长期不见夫君之面的留在羊楼洞家乡侍奉高堂、育养子女的结发妻子。

早年经商的游氏羊楼洞商人，还有游廷远（遐方）、游廷圭（楚珍，1746—?）兄弟。兄长游廷远为家中长子，"见尊人老，家难自给，即偕其弟，经营四方，服贾孝养，不数年积累日裕，恢宏先绪，创立栋宇"。② 跟随兄长游廷远经营四方的，是其三弟游廷圭。谱传说他"以事畜废读，从事贸易，一介千驷，取与不苟"。③ 兄弟俩经商贸易的时间，应当主要为清乾隆时期，因为兄弟俩分家，是在经商取得成功之后的"乙巳"年。④ 由于在弟弟游廷圭的传记中提到其后于清乾隆年间发生的灾荒及游廷圭（楚珍）因为亲友担保借钱而导致家境中落的事，我们可以据此将这个"乙巳"年判定为清乾隆五十年，即1785年。这段记载如下："里党膚厚实者皆敬信公，有所贷，虽千百金不少吝。乾隆戊戌乙（己）巳之间，

---

① （清）劳光泰纂修：《蒲圻县志·风俗》，清道光十六年（1836）刊本。

② 祝大治：《遐方公传》，见《游氏族谱》，民国九言堂本。

③ 游恺：《楚珍公传》，见《游氏族谱》，民国九言堂本。

④ "乙巳分烟，屋宇公择其旧者，而后来所建大厦则分于三弟楚珍暨仲弟孤侄，凡属田地，亦未逐一细较……"见祝大治：《遐方公传》，见《游氏族谱》，民国九言堂本。

连岁凶歉，戚友多托公假贷者，后多负。公代偿略无憾。"①这件事在游廷圭(楚珍)之子游忠清(策勋)的传记中也有如下记载："楚公(案指游廷圭楚珍)生公兄弟四，公行三，韶龄时，楚公以代保赔债，家道渐替。"②乾隆戊戌(1778)年到乙(己)巳(1785)年之间③发生的连年天灾，使游廷圭积累的财富损耗殆尽，而其传记与前编述雷兴传的祖上因赈灾而家境衰落一样，将此记为游廷圭所积下的荫德，庇佑其后来子孙重新发达致富。

但是游廷远、游廷圭真正为其子孙荫庇的，除了这种损己为人的品德，打拼后留下的不多家产之外，还有他们强大的从商惯习。法国社会学家布迪厄曾描述这种惯习(habitus)，认为它就是"生成策略的原则，这种原则能使行动者应付各种未被预见、变动不居的情境……(就是)各种既持久存在而又可变更的性情倾向的一套系统，它通过将过去的各种经验结合在一起的方式，每时每刻都作为各种知觉、评判和行动的母体发挥其作用，从而有可能完成无限复杂多样的任务"。④ 正是这种经商的惯习，使得游廷圭们的子孙一旦察觉茶贸的洪涛逼近，就立即调动全部的经商经验并做好所有的准备迎接机会的到来，即使在"家道渐替"的情况下也要多方筹集资本，不惜借贷也要投入茶贸中。

于族谱有所记载，继承游廷远、游廷圭兄弟经商事业的，是廷圭的第三子游忠清(策勋)，以及游忠清的儿子游龙。

游忠清，字策勋，他因家道衰微，在"成童后即计货殖，懋迁化居，家渐丰"。如果说他父辈从事的"一介千驷""经营四方"的生意，还仍然是往返西蜀的蚕丝贸易，从游忠清的传记中看，游忠清所经营的则已经明显是前述茶叶坐贾的生意。他把父母安排在老房子中居住，自己"迁居肆"照顾生意，"乙卯(即咸丰五年，1855)秋，宅毁于贼，所费数万金无愠色"。传文中所谓"贼"即指太平天国军，而被毁于太平军的价值数万金的"宅"，应该不会是普通住宅，而就是用

---

① 游恺：《楚珍公传》，见《游氏族谱》，民国九言堂本。

② 游恺：《策勋公传》，见《游氏族谱》，民国九言堂本。

③ 乾隆戊戌年之后无己巳，嘉庆己巳年在三十多年之后，故此文"己巳"当为"乙巳"之误。

④ [法]皮埃尔·布迪厄、[美]华康德：《实践与反思：反思社会学导论》，李猛、李康译，北京：中央编译出版社，1998年，第18页。

于客商合作的茶行行屋。此时游忠清已"年齿八十余","须疏而劲，光白可鉴，发鹤颜童，齿落重生，眉之抽毫者寸许，人皆称为地行仙云"。① 他的儿子游龙（天池，1805—1888），少年习儒，考中秀才，但未中举，因为父亲年老，"不得已废学，理家政，公私井井。甲寅岁，发兵（案：指太平天国军）南下，明年乙卯，公庐舍数百间尽被一炬"。这里关于被焚毁的数百间庐舍的记载，亦可证明游忠清传中被焚之"宅"就是茶行行屋。"咸丰庚申辛酉间，楚氛平静，公家山居，地产茶。时西人入华，茶务骤盛，晋豫皖粤诸大商挟巨赀，先后坌集，耳公名，争以万金投公，请为构屋。公固辞不获，造广厦千间，较毁于昔者犹倍焉。家渐丰。"②游龙所从事的生意，也就是继承游忠清所经营的"迁居肆""坐卖"的茶叶生意。游龙为人"好客，信义著于遐迩。同治间，礼隆恩盛，商人多倚公为东道主，每岁营造，动十百间，匠役甚众"，③ 而游龙对于商务也非常专注，"终岁在外"，家道和商务事业蒸蒸日上。经商的惯习，终于在经过数代人多年曲折努力之后，结出了累累硕果。

游龙之三子游镇海（？—1901），"字涵四，一字叔倩，世居蒲圻羊楼洞"，④ 是羊楼洞乡绅的首领。他的传记中歌颂父亲"讳龙者，家乃大起，缘公以般般大才，咸同间吾乡茶市又极盛故也"。其传记中述游镇海兄弟三人业儒，屡试不第，"比年来家渐中落，伯兄又不幸新逝，庭闱颜色欢愉亦顿异前"。⑤ 而游镇海兄弟却仍然在科举功名场上屡败屡战，"因避茶市之嚣，岁时讲习，每觅本乡山寺之静僻者，涵泳于中"。⑥ 传文所述近些年家道逐渐"中落"，与清末英商逐渐退出汉口茶市，俄国商人垄断经营有关。在茶市因国家逐步堕入半殖民地社会而不够景气的情况下，游镇海以放情山水、讲习儒家经典为避所，也有其迫不得已的苦衷。

由游天岚父子四代辗转于四川、竹溪等地贩丝的居间贸易，到游廷圭家族四

① 《家奉直大夫天池公传》《策勋公传》，见《游氏族谱》，民国九言堂本。
② 游凤池：《家奉直大夫天池公传》，见《游氏族谱》，民国九言堂本。
③ 游凤墀：《家伹太宜人传》，见《游氏族谱》，民国九言堂本。
④ 贺荣骏：《候选判官游君家传》，见《游氏族谱》，民国九言堂本。
⑤ 贺荣骏：《候选判官游君家传》，见《游氏族谱》，民国九言堂本。
⑥ 贺荣骏：《候选判官游君家传》，见《游氏族谱》，民国九言堂本。

代由经营四方到坐贾贸茶的经商转变，更加具有区域性的经商传统得以延续。

二、饶氏：由军户到商家

在羊楼洞，与游氏一样进入商道而最终业茶的，还有饶氏宗族。饶氏经商也非常早，但与游氏不同，饶氏起家不是贸丝，而是因为漕运。

明清两朝湖广是全国最重要的粮食生产和输出基地。湖广输出的漕粮供应东南西北十多个省份，其中北运京师固然是重头，而平常年份，每年仅输往江浙一带的粮食，就有数千万石。① 故时有"湖广熟，天下足"的俗谚。漕运的实施者为漕运弁丁。他们运输的漕粮由地方交纳，但运输路途上的消耗，以及打造漕船的开销，除了每条船有政府一二十两银子的帮贴之外，需要漕运弁丁自己备办，朝廷为军户备办口粮分给弁丁屯田。

漕运其实是件非常苦的官差，羊楼洞《饶氏宗谱·千子公传》记载："康熙间，漕运累重，合族奔命不给。公慨捐多金敷运，而族以安。"② 漕运为什么会导致饶氏全族人颠沛奔命而不能满足，而且需要人花很多钱才行呢？这是因为"漕务旧弊，任事者力不给，则勒派各军户，害甚剧"。③ 羊楼洞从明代起即已是有屯田之区，设军户屯垦，按田亩纳粮且按军户摊丁漕运，到清代，身份又由屯丁转为漕运旗丁。军户有义务缴纳漕粮且按规定抽派男丁参预运送漕粮，如若被摊到的军户没有适当年龄可上漕船运粮的壮丁，则可以出钱让主事者代请别人。饶氏祖上，就是分到屯田有义务纳粮派丁的军户，隶属于武昌正卫运粮军，所以漕运一动，"合族奔命不给"。本书这样说，有《饶氏宗谱》中的以下证据："忆先祖入赘傅姓之时，人丁稀少，其时运粮公事之责，全在吾祖一身。差幸子孙发达，稍慰吾祖之忧思。越数代，吾祖契眷归宗，而军务分为三门掌管。明季兵燹，子孙离散，田几无主。"④ 这是饶氏后人根据祖述所作的追忆。可见饶氏祖先是在明朝入赘于有屯田漕运军职的傅姓，几代之后，才契眷归宗，还原饶姓。由于原来

---

① "往岁以楚接济江浙，实数不过三、四千万石。"见(清)冯桂芬：《显志堂稿》卷十《通道大江运米运盐议》，校邠庐光绪二年(1876)刊本，第 14 页。

② 《千子公传》，见《饶氏宗谱》，民国双峰堂本。

③ 钱绍先：《殿元公传》，见《饶氏宗谱》，民国双峰堂本。

④ 饶金贵：《得武公纪念公产记》，见《饶氏宗谱》，民国双峰堂本。

傅姓为屯田运粮军户，而饶氏先祖在入赘之后，继承了傅家屯田，也继承了原傅家交运漕粮的职责，所以即使饶氏祖上归宗之后，仍然子子孙孙承担着供应漕粮的任务。

如果军丁或其后人不愿意摊丁或完粮而逃避这种义务怎么办？大清朝有个罪名叫作"逃丁抗漕"，由主持摊丁和完粮事务的军丁提告，官断追缴。以下即是一例：

道光十六年正月二十日蒲圻饶盛阳日旭禀：

> 为逃丁抗漕恳缉济公事丁祖饶添受承办武昌正卫运粮军一名。遵办差事，子孙勿替，每逢修造粮舟之际，无论远籍外省，帮造无异。去岁又值大造，丁（按：为主诉饶盛阳自指）清丁帮修，有饶盛祖父子迁至治属南阳河躲差，陷漕务无着不办，丁（案：指饶盛阳）自去岁十二月内至伊（案：指饶盛祖）家催造粮船，伊胆抗不开，致陷务无着，丁与理说，反纵子殴伯。丁思漕务乃朝廷大差，祖传若有一丁不办，干咎不少，丁现有卫主牌标在身，倘任伊陷漕务不办，难免误漕之罪，情迫汤火，奔叩。①

从以上提告中，可以看出这些屯田军丁是世袭勿替的。除纳粮运漕之外，修造粮船也是他们的一项重要任务，这项任务一旦下达，哪怕已经迁居外省，也要出力出资帮造。而实际上，清代运粮弁丁按照政府规定也是要出钱打造漕船的。漕船由规定船厂打造，以载五百石漕粮为准，使用期十年，期满后可在京师折售。但最初修造漕船须出的钱数目对于当时弁丁百姓来说一定不小，而且弟弟饶盛祖外迁之前，或许对所承担的屯田有过一个交代，从此不再享受屯田利益，而完粮漕运也不再与自己相干。而这次哥哥饶盛阳来找却是为另一个帮造粮舟的事，说你虽然不享受屯田的福利，完粮漕运也可不参加，但修造漕船这种大开销、大动员你却不能脱身；而从已经外迁的弟弟饶盛祖的角度看，这显然就是哥哥饶盛阳"任事者不力，则摊派各军户"，以至于迁在外地的弟弟都不能幸免，于是盛怒之下，竟然纵容儿子打了上门讨要帮造钱的主事大伯。被打的主持事务

---

① 《盛阳日旭宜昌府兴山县南阳河清族呈稿》，见《饶氏宗谱》，民国双峰堂本。

的军丁饶盛阳则认为自己拥有"卫主牌标"，是涉及官家规定的事，而若任务不能完成，"干咎不少"，而如若提告，官府必然会站在自己一边。以下是南阳河所属兴山县县官大老爷对以上提告断案后有关执行的批示：

> 批准唤讯移解：
>
> 具禀人武昌卫饶盛阳，为禀明事情，丁于正月内以逃丁抗漕等事，具控饶盛祖父子等于案下。已于本月十六日蒙恩讯明，断伊帮钱三千文，以作丁开丁叙谱之费，限二十一日缴领。今已逾限，伊尚杳无信音，显有违断抗缴清弊，丁欲俟伊缴，无奈修船在急，难以刻缓，欲不俟伊缴，又不敢至伊家索取。情迫，只得禀明大老爷台前，赏准追给，顶恩不朽矣。①

县官大老爷断了被告应付三千文铜钱，而被告逾期不交，说明所有纳粮漕运修船负担对于当事者来说相当沉重。饶氏的族谱中有许多记载漕运艰辛的传文。如饶德逊，"年十四从父绍裔公后，北运南漕，即洞悉漕务利弊，调度皆精敏。然非其所乐，三载事竣，遂折节读书"。② 虽展现精敏，但显然漕运并非乐事，饶德逊是以应付完公事为目的。另如饶胜起，"即当时太外祖讳秀书先生理漕务，王事北运，每不能不以先生相携"。③ 这是父子同赴漕务的事例。再如饶绅（颛书），"至理族事，办漕运，清丁造册，毫无怨言"。④ 饶绅循规参与，但也只是任劳任怨。又如饶净植，"先生少年志成名，师友咸器，里之文坛誉噪，已而因漕务有习，其之任累于运事者数年，不得卒业"。⑤ 这是因漕运而耽误青春儒业的。又如饶殿元，"值其尊人有南漕之役，先生慨然曰：'服劳固子职事，孰有先于此者！'遂弃举业，列名辟雍，代父肩其任"。⑥ 这又是放弃儒业，代父出征，颇有悲壮感。以上种种，表明漕运的确如以上所引，使"合族奔命不给"，

---

① 《大老爷台前赏电施行》，见《饶氏宗谱》，民国双峰堂本。
② 宋孟元：《德逊公序赞》，见《饶氏宗谱》，民国双峰堂本。
③ 祝大绪：《胜起公传》，见《饶氏宗谱》，民国双峰堂本。
④ 饶成美：《族叔颛书大人暨贺孺人序》，见《饶氏宗谱》，民国双峰堂本。
⑤ 谢伊祖：《净植公传》，见《饶氏宗谱》，民国双峰堂本。
⑥ 钱绍先：《殿元公传》，见《饶氏宗谱》，民国双峰堂本。

"害甚剧"。

那么饶氏祖上又怎么以此发家呢?

饶氏发家起自清嘉庆年间饶锡纯,在他父亲的传记中有如下记载:

> 丈夫子四,季锡纯,课读辛勤,属文屡试未售,以漕务废业。而才德服
> 一时,至今犹称道不衰。配雷淑人,孙曾秀起,厚积聚,且有加无已。①

在父亲的传记中这样大肆称赞儿子,而且在四个儿子中唯独称赞最小的一个,在族谱中并不多见。也许作传者是受小儿子后人所托,也许与小儿子一支关系独特,也许的确小儿子饶锡纯传下来的事迹更加脍炙人口。在族谱饶锡纯本人的传记中是这样记载其事迹的:

> 先生首祯公季子也。幼精举业,试不售。以亲老投笔理家事,其间佐先
> 君理族政。先生少年老成,族人皆以家政相推,掌积公项。五世祖礼公分置
> 祀田,代积代广,至今,礼公支下不艰祭资、苦漕运,皆先生之力也。出运
> 两次。先是,兄畴五公合而行,逾年分烟,谓勿以累兄,并不以支费累族
> 人。后以历险故,患重病,日吐血数次,舟中置椟,往返随之,曰:"王事
> 重大,虽死不恤。"嘉庆十七年,以例赠运职。遇族党分难则排解,有分项难
> 措者以墨据还之,有负欠难偿者以己业偿之。其里中耆老犹有能言之者。年
> 六十,族人制寿轴服其才德,题额曰:"指使渠运。"又曰:"庚耆永辉。"又
> 曰:"在家无怨。"如者,盖其难也。嗣是偕族中贤达,董建宗祠,负米自
> 给,凡族人往来,辄解囊食之。期竣,捐百金余,又欲修家乘传约,未果,
> 旋带志逝。生平门户剥啄,孺人石,事酒浆之宾客无懈时,亦无烦苦意。内
> 助之贤,亦先生之足以感之也。先生尝曰:"人生贵自立不朽,区区货财
> 丰盈,田园广阔,不足论也。"由先生之言与其行事观之,而其为人可知矣。
> 夫承父志,不屑较财利伤之于友谊,可不谓孝乎?犹曰:"在一家也。"司户
> 事,敬宗收族,俾族人感动本源之思,可不谓仁乎?犹曰:"在一族也。"处

---

① 宋孟元:《首祯公传》,见《饶氏宗谱》,民国双峰堂本。

邻里，遇贫乏周之，逋有债听之，讲姻睦而息雀角之风，可不谓义乎？犹曰："在一里也。"一介之士遇军国大计，鲜不推诿畏避，而先生只身出运，携二哲嗣，来往淮海间不辞瘁，可不谓忠乎？随其所处，总求自效，而有以立于不朽，此非其天怀纯粹，至性感发，能然乎？而或者仅以爱名目之，犹浅之乎，论先生也。①

剔除歌颂的成分，以上传记中所述饶锡纯，是少年弃儒，继承父亲从事漕务，曾两次出运漕粮，奔波于淮海京杭大运河上，因受伤而每天吐血，但是他在船上装载棺材自随，坚持漕运。并于嘉庆十七年(1812)获得按惯例颁给的主持漕运的职衔，接替父亲职掌族政，主掌全族公有财产，并使这项用于祭祀和漕运开支的公有财产得以扩大规模，泽及后世。在他主理族政的当时，凡遇族人有分摊的钱粮拿不出来时，他就让族人写个字据自己替他拿出，遇到族人拖欠应出钱粮而因贫困无法偿还时，他就拿出自己的财物替他偿还，所以在族人中享有很高的威望。他家常常宾客盈门，这大约是因为漕运官差往来的关系。他在主理族政期间兴建祠堂，又想要修编族谱，但是没有等到完成就去世了。这当然是个公而忘私的正面形象。族人充分肯定他，是因为他作为主事者非常得力，让族人们免去了许多"勒派"，于是好逸恶劳的族人们非常满意。但是饶锡纯自己也在主持漕运的过程中发了家，对于这一点，当时已经十分满意免于过分勒派的族人们也许根本就没有弄清，也许是知道却容忍且有意疏忽了。而他如何靠人人视为畏途的漕运发家，饶氏族谱在饶锡纯本人的传记中也有意疏忽，没有交代。而交代这一点的，是其孙饶尚玉的传记：

> 其侍曾祖锡纯公漕舣北上也，往来必有居货。时其昂价出之，不数年获利甚伙。人咸莫喻公意，后集族人为五世祖礼公置祀田，始知公于曩时得墓侧一枯枝鬻之，今之累累然黄白者，皆由岷山滥觞，积而为江汉钜观也。噫！异哉！以为捐橐底金则固非无本，以为自居积来，则又何其速！功成不

---

① 宋孟元：《锡纯公传》，见《饶氏宗谱》，民国双峰堂本。

居，德至无名，古之人乎！古之人乎！①

传文显然有神化其发家历史，将其致富归于祖宗礼公坟墓风水的意思。剔除这层迷雾，传文交代了饶锡纯的致富，是利用返回的漕船贩运商品货物，卖出后获得地域的价格差，并且"获利甚伙"的缘故。传记也透露了，当时其他饶氏族人也不明白饶锡纯致富的原因。这也交代了饶锡纯为何在受伤病至吐血的情况下，仍然奋不顾身，即使载棺随行也要坚持上船主持漕运的原因，并不全然是因为"王事重大，虽死不恤"。漕运使用合族公费运粮北上，而回程搭载自己的货物，当省去了船只和运输成本，这当中自有他自己货运商业利益的考虑。这其实也是饶锡纯适逢其时。据吴琦先生考证，清康熙二十二年，清廷额定每只漕船许附带土宜 60 石；雍正七年，于 60 石之外，加增 40 石；雍正八年，再次提高限量，共计 126 石。同时，清政府规定回空粮船也可捎带一定的北货。② 饶锡纯是赶上了这个时期的好政策。

饶锡纯的哥哥饶畴五，也因为漕运而发家致富。饶畴五的儿子饶松玉，"蒙先业拓田千亩，起栋宇多至数十间。少懋迁万洞，早夜奔驰，动获千金……两膺漕造，族赖以安"。③ 这是说饶畴五留下了基业，而饶松玉早年就参与了贸迁商务，获得千金回报，并两次参与漕运或造漕船工程，看来也是因漕运发家的饶氏后人之一。饶锡纯之子饶垂玉，"幼习举业，识文义，长佐太先生锡公理族政，厘漕务"；④ 饶锡纯之孙饶尚玉，"弱冠废读，随太先生上漕艘。太先生在日，理族事数十年，出北运两次……自与兄析烟后，勤懋迁，慎居积，不十余年，富累万金。……族中办漕务，尝以一身料理，蔟获安"，⑤ 似乎也是投身漕运发家，其后又从事贸易运输，终致家境升腾，富累万金。其最初致富之道，是否也是利用回程漕船载运北货以南归牟利，于饶尚玉传中未予明言，但是经商惯习在他身上明显延续，则已不需再行证明。

①　饶钟銮：《祖考尚玉公姚宋宜人合传补遗》，见《饶氏宗谱》，民国双峰堂本。
②　吴琦：《漕运·群体·社会》，武汉：湖北人民出版社，2007 年，第 13 页。
③　宋孟元：《松玉公暨雷姚黄姚合传》，见《饶氏宗谱》，民国双峰堂本。
④　宋孟元：《垂玉公传》，见《饶氏宗谱》，民国双峰堂本。
⑤　汤懋昭：《尚玉公传》，见《饶氏宗谱》，民国双峰堂本。

布迪厄指出，惯习作为一种可转移的，在潜意识下发挥作用的"开放的性情倾向系统，不断地随经验而变，从而在这些经验的影响下不断地强化或者调整自己的结构，它是稳定持久的，但不是永远不变的"。① 在他看来，惯习在不断被场域结构所形塑，又不断处在结构生成过程之中。换句话说，羊楼洞商人饶氏经商的惯习，源自家族漕运发家的历史实践，并且在之后的茶贸经营中持续发挥着作用。

饶氏转而经营茶业，是在饶尚玉的子辈。饶尚玉的二儿子饶炳臣"贸于远方"，② "遂为两广之行，由是历三江，源五湖，涉海洋，抵闽广"。③ 他所经商贸易的路线，不再是北上漕运，而多为两广闽越，经营的品种，应该多为红茶。

饶炳臣的哥哥、饶尚玉之子饶维(宗城)，是继承其父当家的人，他执掌家政时已是清道光、咸丰、同治年间，太平军杀到羊楼洞，时局动荡。饶维在三兄弟中居长，在躲避太平军时自己家的房屋被太平军放火烧毁，他因亲眼看见、情绪激愤导致双目失明。之后被太平军掳获，又曲折逃回，于战后多方借贷，重建家业。饶维"岁集万金，服贾岭南，获大利归"，④ 是经营红茶无疑。他历尽磨难重建被太平军火毁的行屋，可谓艰难困苦，百折不回。

羊楼洞商人饶日阳(东谷，1848—1915)，"洪杨滋乱，逃窜不遑。其尊人携眷避地沔北，未得生还故里，人咸哀之。是时公年仅七龄耳。公昆仲三，公居次，伯氏未及成童，季弟尚在怀抱，干戈扰攘之秋，群孤寄身异地，盖亦殆哉。幸北堂吴太君才德兼备，克持其家。抚诸孤扶榇南旋，殡葬尽礼。……洎吴太君弃世，公昆季皆受室，分箸同居，亦有年所，公恒念先人遗产，估价尽志不到二百金，若不及早图谋，不其流为饿莩者几希。故毅然决然，弃儒从贾，邀一二知己，就设市肆而小试之，取牌名曰'同兴福'，谨慎操持，待人悉以诚信，以致西广茶客各帮，均信公之稳妥，争以资本相投，托为发庄之款。公因藉资转贷，出入利微，铢积寸累，已历三十余年之久，合计所获赢余，不下数十万耳。尔时

---

① [法]皮埃尔·布迪厄、[美]华康德：《实践与反思：反思社会学导论》，李猛、李康译，北京：中央编译出版社，1998年，第178页。

② 饶青乔：《祖考宗城公暨祖妣邱孺人合传》，见《饶氏宗谱》，民国双峰堂本。

③ 邱法滩：《炳臣公传》，见《饶氏宗谱》，民国双峰堂本。

④ 饶青乔：《祖考宗城公暨祖妣邱宜人合传》，见《饶氏族谱》，光绪十五年己丑本。

'同兴福'三字称雄，莫与之京"。① 该传所记，为饶日阳自父亲逝世后由母亲抚养长大，之后与同人开办"同兴福"茶行，招晋、粤茶商入行开庄，经营三十年获几十万两白银利润，而"同兴福"也成为羊楼洞本帮最大茶行。这是极少数有名字的茶行仅见于饶氏家谱的记载之一。

羊楼洞商人饶日省(又名饶希曾，字鲁堂)，是饶维的侄子。"其封君星五姑丈宦游湖南，丁外艰归，旋以疾卒。时兵燹后，迭遭大故，家道中落。公年方富，毅然弃举业，效端木风，以为承先人志者，可望诸弟，否则同一荒废。自是颇多亿中，家以中兴。"②饶日省效端木风所经营的，亦为茶业，他"素称精明"，③ 其弟饶植(树屏)也"因兄鲁堂公业商，乃投笔臂助，利操奇赢，家以渐裕。……每合资营商，遇有赢余，无分彼此"。④ 这是说饶日省、饶植兄弟在分家之后又合资经营茶业，属于羊楼洞早期家族合资经营茶业方式的记载。既然是合资，当然就应该有股份占有比例的划分，有赢余时不分彼此，是说不将利润分光吃尽而重新投入合资家族公司作为资本呢，还是说分配利润时彼此谦让？结论更倾向于前者。如果真是这样，那么羊楼洞家族在分家之前的经营如果以本书上章所述以雷炳文、雷炳蔚等为典型的话，在分家之后就应该以饶日省、饶植兄弟的合资分股的方式为典型。饶日省(鲁堂)后来是当地非常有影响的羊楼洞商人，他主持羊楼洞镇公益，劝输茶捐二厘，"只手经营，积成巨款"，以资助本地乡会试的学人；又"洞镇为产茶名区，出路经八里车运，崎岖泥泞，恒苦滞塞。公独与驻防欧阳都戎筹资钜万，创修石路，遂成坦途"。⑤ 既为地方公益，也体现了对茶务运输的独特关心。

饶维的另一个侄子饶日永(松篁)，"父炳臣公，家丰厚，幼俱习举子业……公世居羊楼洞北石山之麓，洞市为吾鄂产茶区，甫及壮年，别图树立，以抒素志。乃毅然弃儒就商，理茶务，精确算，极意经营，恒获厚利。……虽为商场翘

---

① 贺眉良：《东谷先生传》，见《饶氏宗谱》，民国双峰堂本。

② 雷预学：《鲁堂公暨姚吴孺人黎孺人宋孺人合传》，见《饶氏宗谱》，民国双峰堂本。

③ 雷寿春：《饶敬坪公传》，见《饶氏宗谱》，民国双峰堂本。

④ 雷铨衡：《树屏公传》，见《饶氏宗谱》，民国双峰堂本。

⑤ 雷预学：《鲁堂公暨姚吴孺人黎孺人宋孺人合传》，见《饶氏宗谱》，民国双峰堂本。

楚，仍是儒生本色"。① 弃儒从商的，还有饶维岳（峻山，1857—1919），他从儒"屡应童生试不售。年二十余乃叹曰：'儒者莫切于谋生，吾母老弟幼，安能久事笔墨间，以家计为吾母累乎？'遂慨然废读，勤贸迁，慎居积，岁赢数百金。……遂购田亩，广厦屋"。② 也是因茶而小有家业的商家。饶绍雄（云山），也是一位弃儒从商而致富的人。他因"家贫，废学业商。善理财，中岁起家，累数万金，乃新堂构，买田亩"。③ 他曾任羊楼洞商人会会长，本书后面还将提及。经营茶务而卓有成绩的，还有羊楼洞商人饶斐（翰臣），他"家故不丰，食指益繁，患不给，遂决然弃学从贾。先是，饶氏乡村皆环羊楼洞落境而居，岗有市，产茶区也。村人资茶生活者多，然颛制作，谙确算，声誉闻于时，为远近商所尤诚信者，固首推公。由是家业以起"。④ 饶斐不仅精于商贸，还在茶叶制造方面堪称专门，成为羊楼洞最有信誉的商人。他的儿子饶振炜继承父业，也经营茶贸，"炜学商精密，能治剧，人以为有父风云"。⑤ 业茶而不弃儒业的，还有饶世（孟卿），其家遭太平天国革命而败落时他正从儒，"学且有所得，而遭发匪之乱，室庐仓储，一炬化为乌有。余（按：饶世自谓）待先人避乱归，执手各各仰天长号。……余恐以食指重老人感也，弃士而就商，日持筹，权子母，夜则篝一灯，局户细哦。如是者有年，以甲子科试成诸生。旋三蒙优列，再领房荐，均不售。今老矣"。从商而不忘科举，白天经商，夜晚苦读，中秀才后还一再参加科考，至老不辍，表现了其人对于科举的痴迷。而在入商籍之后仍可投入科考，则仅见于饶氏族谱的记载。其所反映的，是晚清商人地位提高，国家放松政策后商民获得了新的权利。

饶氏后人中亦有如游氏祖上贸易于西川的。如饶日满（俊光），"由是贩贷，走襄樊，抵周家口，历业道蚕，到四川，之重庆，折而洞庭湖南各属……而公明敏，多机变，乘时逐什一利，货贿常殖，贸每归，则举盈余之利，分给诸兄与其

---

① 饶枬梅：《松篁公传》，见《饶氏宗谱》，民国双峰堂本。
② 贺文炳：《峻山公暨德配葛孺人合传》，见《饶氏宗谱》，民国双峰堂本。
③ 贺文炳：《云山公暨德配戴孺人合传》，见《饶氏宗谱》，民国双峰堂本。
④ 饶兆绂：《翰臣公家传》，见《饶氏宗谱》，民国双峰堂本。
⑤ 饶兆绂：《翰臣公家传》，见《饶氏宗谱》，民国双峰堂本。

族之贫不能存活者"。① 从传文中"历业道蚕"的记述看，饶日满从事贸易的主要货物，应当还是传统的蚕丝之类。而从族谱其他所记看，他所经营的蚕丝贸易，并没有成为饶氏商业的主流。

在交通不便的当时，外出贸易的确是一条前途难料的艰险之路。饶氏族谱中也有有关记载："公讳声庸，字希和，蒲邑南乡人也。性温厚，生平好贸易。咸同间走西川，后又往江西，跨湖南，遍荆州各郡，客囊充实，被同伙吞没千余金。于是遂定归计。至沙洋，遇同乡黄安庆，亦外贸亏折，积忧丧明，先君悯其无目，携手同归，无德色，无怨言。"②这是两位折翼商贸的羊楼洞商人，天涯沦落，相逢相惜。饶声庸牵着双目失明的同乡黄安庆一同回家的情景，既反映了当年羊楼洞商人外出贸易的艰险，也是对百年羊楼洞商人互相扶持的肯定。

三、黄氏：殊流同归

羊楼洞黄氏祖籍亦为江西，"自豫章迁楚"。③ 与饶氏一样，黄氏也有军籍和漕运的责任。

《黄氏宗谱·胜兆公传》记载："公先人顶武左卫运军，每届大造小修，黾勉从事，贤劳独甚，族人赖之。而于本支小分，积公费拓公田，俾王事永济，后人不致受累，清勤为尤著。"④传主黄楚基，字胜兆，生于乾隆二十三年(1758)，卒于道光六年(1826)，他原业儒，满二十岁，在"既冠"之年，因"不忍以家事累堂上人，遂投笔焉"。他的所谓"家事"，就是指作为军户所承担的屯田漕运之事，可见他曾是一个因漕运而放弃儒业的士人。而他参与漕运的时间，是在乾隆中期。作传者在同治年间写成的他的传记之中，也将"备漕务"作为他"堪永垂不朽"的事迹而大书特书，可见与饶氏一样，当时漕运对黄氏族人的影响也很不小。

黄世锭(绍周)，是前述黄楚基(胜兆)的长辈，少习儒业，"长理家政，规矩端肃，宗族奉为典型。祖承漕运之役，族人苦之，公喻族人以大义曰：'事关国储，畴敢奉行不力？谊同一本，何可偏累一人？吾侪当同寅协恭，作邦家之光！'

---

① 饶青乔：《俊光先生暨德配周孺人继配田孺人合传》，见《饶氏宗谱》，民国双峰堂本。
② 游凤埠：《希和公暨雷孺人合传》，见《饶氏宗谱》，民国双峰堂本。
③ 陈大章：《天垂公传》，见《黄氏宗谱》，民国仁孝堂本。
④ 饶凤岐：《胜兆公传》，见《黄氏宗谱》，民国仁孝堂本。

众服其义，遂各量力输资，至今称便云"。① 黄世锭主持漕政的时期肯定早于黄楚基，当在乾隆前期。他筹办漕运的办法，还是完全由全族众人、各家各户积资聚粮以为漕运途中开销。这个办法对于族人而言经济压力巨大，"族人苦之"，黄世锭于是搬出"事关国储"的大道理说服众人履行屯运军职义务，并制定众各量力的规矩，直到下一辈黄楚基时期，大体应仍是如此。而黄楚基于本身小宗一支应出的一份，用积公费购公田的办法作出了更长远的安排，所以作传者将其"备漕务"记作永垂不朽的事迹。辈分长于黄楚基而也更早先主持漕务的，还有黄以文和黄国才。写成于乾隆二十六年辛巳（1761）的《黄氏宗谱·以文公传》记载：黄以文"幼习举业，怀才不遇；壮理家政，以身率物。其经理漕务也，井井有条，上不亏国，下不亏家，乡族称为祭酒者数十年"。② 而《国才公传》也记载黄国才："闻其任漕务也，重大不辞，经营尽善，十余年来，俾我族不受纤毫之累，咸免征徭之苦，皆公之力也。"③黄以文和黄国才是不是如后来黄楚基那样，用积公费办公田的办法，才使得黄氏一族在完成漕运任务的同时又能"不受纤毫之累""上不亏国，下不亏家"的呢？传记没有详述。但确实依照黄楚基模式置办公田为漕运筹费的，还有黄楚基的同辈黄煌基（任华），他"幼慧嗜读，至老不衰……惧子孙疲于漕务，倡置公田，预备造费，每届出纳，公必亲为经理，虽严寒甚暑无间"，"邑令孙公闻其名，重其品，以盛德举诸朝，恩赐七品顶戴"。④黄煌基被朝廷荣赐旌表，当然也反映了当局对漕运的重视。因漕运而受朝廷旌表的，应该不止黄煌基一人。在乡绅黄锡鑾的传记中，就记载他"先世军籍，荣持漕节。尊人以公父晓庵先生运粮有功，敕授承信校尉，加云骑尉衔"。可见黄氏一族因对于朝廷贡献累累而受嘉奖的，不一而足。

但是亦如黄世锭、黄楚基一样因漕运而辍儒学的，黄氏也更不止一辈。见于家族文献的，就还有黄鸣成（天垂）、黄锡冕（元吉）等人。黄鸣成，"长穷经学，诸子百家之书，靡不审究。人皆谓飞鸣在指顾间矣。无如祖承运军，漕务重繁，

---

① 廖世超：《绍周公传》，见《黄氏宗谱》，民国仁孝堂本。
② 黄康基：《以文公父子合传》，见《黄氏宗谱》，民国仁孝堂本。
③ 黄能基：《国才公传》，见《黄氏宗谱》，民国仁孝堂本。
④ 黄永庆：《任华公传》，见《黄氏宗谱》，民国仁孝堂本。

遂弃举子业，经理粮储。君正己正物，无偏无颇，宗族仰之若泰山北斗"。① 黄鸣成卒于清乾隆年间，故其参与漕运亦当在乾隆时期。与黄世锭、黄楚基一样，黄鸣成看来也在家族漕务中起到了主持的作用，建立了极高威信。黄锡冕，"祖隶军籍，封公转运二十年载，老病难以卒事，君遂弃举子业，经理漕务，历游燕赵齐鲁之墟，所与交皆一时知名之士"。② 他因为不忍老父辛苦于漕务而弃儒从事漕运。放弃儒业的，还有黄贻绪。据载，黄贻绪也是生而颖悟，"人俱以飞腾期之，惜以经理漕务，未获卒举子业，故未睹飞黄之快"。③ 影响黄贻绪业儒的原因，明明白白也是"经理漕务"。与黄贻绪同样曾被人看好的，稍后还有黄昆璧，他也是"性颖悟，好读书，学积丁年，才宏乙夜，皆以公辅期之，讵意足于理者限于数"，而他"则于漕务诸大端，源委形诸诰诫"，④ 是一位于儒业未有成就但对漕务相当熟悉的人。无独有偶，同样熟悉漕务的，还有黄锡本（盛修），他也曾"少战文场，不利"，而"功著漕务……经营运事，皆能得其枢要；佐理族政，相率归于正直；排难解纷，人皆愧服"。⑤ 黄香谷，也是"幼性聪慧，经史典籍，洞彻底蕴，文章诗赋，雅俗共赏。所从游前辈老夫子，皆以大器目之，惜屡试不售，废举子业。……公材力宏大，识见高超，运漕粮十载，矢公矢慎，忠而能力。任督七年，秉公家道，不存私心"。⑥ 他们都是曾经业儒而后有功于漕务的人。因漕务放弃儒业的还有黄世礼（景连），他在七兄弟中居长，自幼读书，"学已大通……因父母相继去世，遂弃儒而理家焉……督诸弟读书甚严"。⑦ 他家"承先人盛业"，⑧ 原本富有，"迨后人口浩繁，兼为漕务所累，以致家渐零落"。⑨ 漕务的负面影响，对于黄世礼的家境来说较为突出。

　　族谱中另一篇《黄俊元传》也有关于漕运的记载："黄俊元公，予父执也。公

① 陈大章：《天垂公传》，见《黄氏宗谱》，民国仁孝堂本。
② 黄希文：《故友伴溪山人传》，见《黄氏宗谱》，民国仁孝堂本。
③ 魏加膳：《贻绪先生传》，见《黄氏宗谱》，民国仁孝堂本。
④ 黄家齐：《昆璧公行述》，见《黄氏宗谱》，民国仁孝堂本。
⑤ 黄永庆：《盛修公传》，见《黄氏宗谱》，民国仁孝堂本。
⑥ 郑大燮：《香谷公传》，见《黄氏宗谱》，民国仁孝堂本。
⑦ 邹伯元：《景连黄先生传》，见《黄氏宗谱》，民国仁孝堂本。
⑧ 邹伯元：《景连黄先生传》，见《黄氏宗谱》，民国仁孝堂本。
⑨ 邹伯元：《景连黄先生传》，见《黄氏宗谱》，民国仁孝堂本。

族中军务极繁，公遇事料理极当。旧有屯田，在予近地，每年秋收，公必同族众亲往，至必投予家，与予父谈论辄竟日，至夜分不懈。兴豪时，同予父为叶子戏，信宿迟留。"①传主黄俊元到作传者父亲家附近的屯田秋收，却打牌聊天，颇优游自在，当是因为屯田租与佃户耕种，黄俊元作为田主前往督促收谷，"亲往"并非亲为，收割打谷的事，自有佃户去做。其弟黄伟基（尚中）也亲自参与漕务："家故军籍，每年漕务络绎，一切公项，系公管积。公丝毫不染。值有修造，取之裕如，富者不至受苛派，贫者不至困窘折，公之力也。"②但黄家并非原本富有，这一点传记中也有记载："先是，太翁和兴公（按：即黄俊元、黄伟基之父）承先世衰败之后，家计萧条。太翁发奋自强，广置田园，鼎新栋宇，衣食颇称充足矣。公（案：指黄俊元）席先业。"③这是说黄俊元家曾经衰败，在其父时始由萧条而至富有，黄俊元继承其父先业。黄俊元生年未详，卒于道光二十二年（1842），且"福寿考终"，而按当时寿考标准，当至少活到了五十岁。则其父发家时或在清嘉庆初年，大体与清廷颁布漕船可带土宜及返回时可带北货的政策时间相符。其发家的原因，由其"家故军籍"、世代主持族政漕务看，是否如上述饶氏之祖饶锡纯"漕艘北上也，往来必有居货。时其昂价出之，不数年获利甚伙"？因其传中未述，未得其详。

但是另一黄姓士人黄锡攀（步云）的传记中却透露了若干信息："公家祖承运军，公管积公项，丝毫不染，阅数十年罔异。""奋发自强，托业畎亩，兼事贸易，胼手胝足，沐雨栉风，求一日之安闲而不得……先业虽不甚丰，而夫妇勤俭如故，善守兼善创，衣食颇足，日用有余，家由是而小康焉。……公晚年生子，初无姑息意。幼时送读，比长，命就商贾，总以义方是训，勿纳于邪为期。"④黄锡攀世代主漕运，管积公项，而亦农亦商，风来雨去，善于创富，因此衣食丰足，而日用有余，而达于小康。他的"奋发自强"，当即是在其屯田漕运的同时兼及商贸，即传文中所谓"托业畎亩，兼事贸易"，这与黄俊元、黄伟基之祖及父太翁和兴公的"发奋自强"或同为一途，也都是其致富之道。或正因为如此，

---

① 汤懋昭：《黄公俊元先生传》，见《黄氏宗谱》，民国仁孝堂本。
② 贺子一：《黄公尚中先生传》，见《黄氏宗谱》，民国仁孝堂本。
③ 汤懋昭：《黄公俊元先生传》，见《黄氏宗谱》，民国仁孝堂本。
④ 贺绍元：《步云公传》，见《黄氏宗谱》，民国仁孝堂本。

黄锡攀对于其子的教育，居然不以科举为目标，而也以商贾为方向。

　　无论如何，黄氏在从事漕运的同时"善守兼善创"，在清代较早时取得了第一桶金，所以在清嘉道间有一阶段，洞乡首富亦为黄氏。这一点见于黄尚基（光远）的传记："公讳尚基，字光远。行三。世居南乡羊楼洞。余幼时见乡先辈谈及乡之富翁，辄首于公屈一指，曰公之栋宇，则云连也；公之田园，则雾列也；公之菽粟，则陈陈相因；钱钞，则累累如贯也。又曰公盖无地起楼台者。予谨志之，窃以为公必定奇才异人，若古之亿中者。然继闻公盖愿谨人，并不以叵测疑人，其被人欺卖干没者，至不可胜数，而公之富自若，则公之富非由公之福有以至之与？公昆季五，析箸时，家徒四壁。偕德配谈孺人勤耕凿，习操作，寝劬食劳，夜以继日，虽严寒酷暑无少懈。不数年有起色。既而逐什一，权阜通，日积月累，渐就充裕，久之，实入则饶，得势益旺，每年子金新入，不下数千缗，取不禁，用不竭，而家道遂焕然日新。"① 黄尚基"手创门楣，起家至万金"，② 这听起来又是一个白手致富的神话，或部分反映了乡亲族人对于黄尚基的暴富啧啧称奇且不明就里的心态。但传记中对于黄尚基"逐什一，权阜通，日积月累"、经商致富的记述，则当为有根有据的纪实。黄尚基的独子卒于道光十一年（1831），其时黄尚基已经年老，有了两个孙子，则他的发家时间上推，应该在嘉庆间及道光初年。

　　黄氏经营茶业而较早见于记载的，是黄于孝（廷顺），他因"家务甚寒，日用之赀，恒苦不能接济，先生（案：指黄于孝）与二兄谋，每岁办茶若干篓，运往湘潭出售，颇沾蝇利。除用度外，积铢累寸，数年之顷，囊底见充，造居室，增田地，家运蒸蒸日上矣。清同治癸亥年，族伯父耀荣公谢世，先生尽丧葬礼，兄弟亦析烟"。③ 运往湘潭的，应为红茶，这一点本书在后面还将述及，而其父亲去世及兄弟分家的"同治癸亥"即为同治二年（1863），其时太平天国运动刚刚失败，黄于孝和其两位兄长合伙贩茶的时间，应是在咸丰年太平军与清军战争正酣之际。

---

　① 贺子一：《光远先生谈孺人合传》，见《黄氏宗谱》，民国仁孝堂本。
　② 汤懋昭：《黄鸣吉先生传》，见《黄氏宗谱》，民国仁孝堂本。
　③ 黄于钊：《族兄廷顺先生传》，见《黄氏宗谱》，民国仁孝堂本。

转而经营茶业的，还有黄昇基（盛阳）。他"家素清贫，累以婚嫁，析爨是时，公（案：即黄昇基）仅受破屋半间，釜箸数具而已。人皆以公少不经事，盎无余粮，架无余衣，其败可立待矣。公遂发愤自励，弃儒就贾，戚里饶于财者，皆重其品信其直，不责质券，贷以多金，公由是往返德安，称茶商者数十年，日积月累，竟起家万金，创华屋数十间，良田数百顷，可谓富矣"。① 黄昇基贷款起家，作为行商，往返江西德安一带业茶数十年而致富，传记作者称其"有过人之才"，当为的论。经商业茶而于族谱中有传的，还有黄兴盛父子。黄兴盛家"先业不甚丰"，其妻饶氏"治内事无惰容，亦无失德。荆钗裙布鸣其俭，早起晏眠殚其劳。（黄）兴盛先生贸易湘樊，历有年所，每岁春去冬归，得以一心于外而绝无内顾忧……膝下四男，俱浑浑噩噩，无偷薄心，或耕或贾，各有常业"。② 黄兴盛进行贸易的方向，一为红茶南输的集散地湖南湘潭，二为黑茶北上的水运终点大埠樊城。"每岁春去冬归"，亦为茶季节奏，故应为业茶无疑。该传记写成于同治戊辰（1868），其时黄兴盛与其妻俱已于 70 多岁去世，其子已经接过其从商之业，故黄兴盛业茶的主要时间当在清道咸及同治初年。

其后业茶的，还有黄福（杏斋，1859—1915）。他在与两个弟弟分家之时，自己作为长兄所得甚少，"家产愈微，遂弃农就商，理茶庄珠算业，其效劳于洞镇、沙坪、江西等处者，垂三十年。……至丙申，公为茶务小贸起见，挈眷迁洞"。③ 丙申为光绪二十二年（1896），则黄福先是为茶庄打工，当账房先生，到光绪二十二年起自开小型茶庄，而成为商人。同样为茶行打工，而家境获得改善的，还有黄顶庆（衡九）之子黄心传。黄顶庆为人"怀性鲠直，遇事敢言，子侄辈罔弗严惮之"。对于他自己的独子，虽"视若掌珠，绝无孤息意。幼时延师家塾，长出就外傅，诗书望切，家贫，难以卒业，弃学就贾。其哲嗣心传，甫克自树立，尔来身入茶行，办理客事，宾主相得，每岁赚数十金，拓田园，充栋宇，光景较前大有不同者"。④ 黄心传在茶行中承担的是与客商交际的职员之事，而每年都能从茶务中赚得数十两白银，于是买田建屋，改变了其"家贫"的旧况。从事茶行职

① 谢伊祖：《盛阳公传》，见《黄氏宗谱》，民国仁孝堂本。
② 邓祥毓：《黄母饶孺人传》，见《黄氏宗谱》，民国仁孝堂本。
③ 刘树仁：《杏斋公暨德配雷孺人合传》，见《黄氏宗谱》，民国仁孝堂本。
④ 周炳南：《黄公衡九先生传》，见《黄氏宗谱》，民国仁孝堂本。

员的，还有黄于俭(伟人)，他"家本素封……其后生齿加繁，家道中落，先生不克竟其学，改而习商，侧身于茶市中者，凡数十年。工计算，心手相应，虽至繁剧而毫厘不紊，人以为难能。晋粤钜商，争相延揽，款以上宾"。① 黄于俭卒于民国十八年(1929)，他作为茶行职员的主要业茶时间，当在清光、宣年间及民国初年。在茶行做职员而于族谱有征的，还有黄薰庆(荫清)，他"十六岁，其姊丈雷旦轩公席祖茶行业，稔知少年老成，命至家，为司出入。自始至终，书算无少讹。翌年，侧身茶行办事，得主人欢，所到处则挽留。由是节衣缩食，铢积寸累，拓田园，置屋宇，家渐小康焉"。② 黄薰庆的二儿子黄于璜，"业尚陶朱，事与愿合，筹算无遗"，从商精明；三儿子黄于灿，"经理茶务，诚信相与，有乃父风"。③ 他们都是黄薰庆茶行业的继承人。

较大规模经营茶业而于黄氏族谱有所记载的，有稍后于黄福的黄才扬(天瑞)。他是一位有经商天赋的商人，"练达事故，对于簿书钱谷，罔不精通，所以家运蒸蒸日上也。先生年二十余，鉴于世界潮流日趋商战，遂离坺亩，以授佃农，入市廛而亲阛阓。岁乙巳，萱堂告殂，严父昏卧，家务之负担，倍于往昔。先生益事进取，锐意商场，设红茶庄，素为群英领袖；营老青茶业，亦握优胜利权。虽其中时运有迁移，不无挫折，而先生能擘画精详，恢复旧物。田之硗瘠者，且转而为膏腴焉。故二十年间，信用之昭彰，生意之发达，根基之巩固，兰桂之腾芳，胥基于此。则其阅历之深宏，岂仅高人一筹哉"。④ 黄才扬是在清光绪、宣统间及民国初年经营茶业的，如传所记切实，则他既经营红茶，也经营老青茶，且一时是羊楼洞商人的领袖。作传者提及了日趋商战的世界潮流，并称赞黄才扬"天性之狷介，远胜儒林，岂龌龊贾所能望其项背"，认为他经商的贡献大大超过业儒的士人，反映了作传者较开明的思想，亦可见作传者写作的民国时期，其社会舆论已经发生了巨大的变化。

黄氏宗族经商致富的羊楼洞商人，还有黄锡富(奇珍)。他"壮年贸易江湖，所历之处，人皆钦其品，更信其直。每岁自春徂冬，捆载而归，二十余年来，所

① 刘树仁：《伟人先生传》，见《黄氏宗谱》，民国仁孝堂本。
② 邱冕丞：《荫清公暨德配饶孺人合传》，见《黄氏宗谱》，民国仁孝堂本。
③ 邱冕丞：《荫清公暨德配饶孺人合传》，见《黄氏宗谱》，民国仁孝堂本。
④ 黄于勤：《天瑞先生传》，见《黄氏宗谱》，民国仁孝堂本。

赚不下数千金，晚年收拾行装，不复作远游计，引壶觞而独酌，盼庭柯以怡颜。凡大小公事，簿据契据，皆公管理，后因兵燹，尽归乌有，人皆为公难，而公背诵如流，不讹一字。真记事珠也。公捐馆时年已七十矣"。① 传记作于清同治年间，则黄锡富经商的时间，是在咸丰太平军到达鄂南之前，乾隆后期及咸丰前期。稍晚，则有羊楼洞商人黄家丰（九丛），他原本"攻苦芸窗，无如时运顿澶，不能卒读，且农且商"，"率子赓扬，贸易羊楼，逐什一，权皁通，所入利益，由倍蓰而什佰，已有蒸蒸日上之象"。② 与黄家丰出于一途，父子相率业茶的，还有黄叔甫，"叔甫先生弱冠，昆仲四人，食指繁而家不素封，遂弃儒经商。……后家运小康，渐入蔗境"；而其"长子敬先业，营陶朱，在日，市中尚属鸡群鹤峙。……三子幼读，近亦就商"。③ 与以上黄家丰、黄叔甫因家境艰难而业茶略有不同，黄廷振（寿山）是因为祖父的指派："值洪杨之变，公祖妣暨母携逃抚养，备极艰难。迨时局粗定，公始读书，数年，先王父令公改业商。"④他经商的时间，也是在同治年太平天国平定之后，羊楼洞茶业蓬勃发展之时。其时经商业茶已成羊楼洞之风气，即如寡妇之子，亦以从商贸易为当然。如《族曾祖妣贺孺人传》所载贺孺人三个儿子："长凤岚公、次凤舞公、四凤仪公，均光明磊落，有猷有为，虽未名列儒林，仅寄身于商界……以光先祖。"⑤寄身商界，无疑为黄氏子弟提供了谋生之路。

传记经商而有铺屋的，如黄成方。他于"清光绪戊戌，贸易羊楼洞，尚公平，无欺诈，和气蔼蔼，主顾盈门。自是日积月累，囊橐渐充。拓田园，购铺屋，由始有而致富有焉。……遂于甲申年，收束商务，返里养老"。⑥ 戊戌年为光绪二十二年（1898），甲申年为民国三十三年（1944），黄成方一生，在商场经营前后历四十六年。

与饶氏一样，黄氏族中亦有坚持传统贸易品种的。如黄钦（文安），"家计不

---

① 黄笔山：《奇珍公传》，见《黄氏宗谱》，民国仁孝堂本。
② 黄于钊：《九丛先生既饶孺人纪实》，见《黄氏宗谱》，民国仁孝堂本。
③ 游代仲：《黄母邓老宜人传》，见《黄氏宗谱》，民国仁孝堂本。
④ 雷大同：《表叔寿山公传》，见《黄氏宗谱》，民国仁孝堂本。
⑤ 黄于钊：《族曾祖贺孺人传》，见《黄氏宗谱》，民国仁孝堂本。
⑥ 黄于钊：《成方先生传略》，见《黄氏宗谱》，民国仁孝堂本。

厚，以贸易为业。携大伯祖含辉公、二伯祖含章公，往来德郧多年，大有利益。储所入金，日积月累，渐称富有"。① 从饶氏、游氏看，往郧阳竹溪一带贸易当多为传统丝业，而黄钦传记作者在传中已说明其传内容为其幼时耳闻于其先父，则黄钦携二子所营当仍为蚕丝。传统丝业贸易在晚清时大约已逐渐式微，《荫清公传》载清咸同年间，"时际粤乱，军来匪去，军去匪来，（黄薰庆）未获一岁卒读。……乃食指日繁，用度维艰，（其长兄及次兄）二公行商川陕，力为撑持，然所入之数，总不能敷所出，遂析爨异居"。② 这时黄薰庆（荫清）年仅十三岁。其两位兄弟合力经商川陕，当为贸丝，却入不敷出，未能撑持家道，而黄薰庆后来进入其姐夫雷旦轩开办的茶行开始职员生涯，家境却渐至小康，说明这一时期茶业与传统商务相比，的确后来居上。

传记经商而建有具名茶行的是黄凤歧："家道式微，萧条四壁，恒掩泣于牛衣。然叔祖（案指黄凤歧）品诣卓荦，志气雄豪，惟恐落人下风，百计经营，以谋发展。宜人助之于内，勤操作，尚节省，不殊少君，历数年，出险就夷，佳境宛如啖蔗，且积其岁余，继长增高。又历数年，由始有而少有，而富有矣。叔祖于是别开生面，奋身商战，购办红茶，牌名'祥泰和'，意盖以和而致祥，祥则利有悠往也。果尔运与时合，每岁赚入，不下数千金。广置田园，鼎新屋宇，胥由于此。厥后，茶务稍亏，即缩小范围，贸易夏家岭。然犹不失为丰厚家焉。"③ 传记作者为黄凤歧侄子，亲历亲闻其事，所以记述较为翔实。其购办红茶，尤其是开创祥泰和茶庄，为羊楼洞本帮茶庄少有之有记录者之一。黄凤歧卒于清光绪十九年癸巳（1893），他的创业发家历程，当是同治、光绪年间及其后来羊楼洞众多茶商利用茶业兴盛时聚财致富的一个缩影。

黄氏业茶后是否仍旧有漕运使命？至少到清道光年间似乎仍然如此。而且因漕运之事，黄氏与雷氏之间居然有了联系。此事不见于《黄氏宗谱》，而见于《雷氏宗谱·雷殿选传》的记述。据传述，传主雷殿选"多权略，善审成败，不轻与谋，谋必克。崇邑黄某理漕兆兑，受帮弁侮，聘为师一年，通帮贴耳服。因著

---

① 黄于钊：《先祖考暨先祖妣传略》，见《黄氏宗谱》，民国仁孝堂本。
② 邱法睿：《荫清公暨德配饶孺人合传》，见《黄氏宗谱》，民国仁孝堂本。
③ 黄于钊：《刘老宜人行状》，见《黄氏宗谱》，民国仁孝堂本。

《粮艘须知》一册，临危授吉先君子曰："尔军籍，细玩之。"今珍藏予家，真可补新旧漕例之阙"。① 传记为传主雷殿选之外孙黄元吉作于清道光二十五年（1845），从行文看，似作传当时黄氏一族仍隶军籍并参与漕运，而雷殿选为黄氏所著的《粮艘须知》一书直至当时仍相当有实用价值。②

布迪厄认为，"惯习这个概念，最主要的是确定了一种立场，即一种明确的建构和理解具有其特定'逻辑'（包括暂时性的）的实践活动的方法"。③ 对于羊楼洞商人经商惯习的分析和解构，使得"经商"这一经济活动得以被放置到历史的显微镜下。观察在数字背后活动着的人，他们的欲求与偏好，以及这种欲求与偏好的历史生成过程，使得洞茶场域成为一个充满意义的世界，一个被赋予了感觉和价值，值得置身其中的行为者去投入与尽力的世界。

第二节　茶商家族的形成

——以雷氏茶商为例

作为一个山间乡镇，羊楼洞的当地居民可以按姓氏分为数个人数较多的大姓和一些小姓群体，他们虽然杂居在同一个镇上，但每一个姓氏作为一个传统的有血缘关系的族群，其内部的成员有很强的认同感。20 世纪 60 年代，汉学家莫里斯·弗里德曼（Maurice Freedman）对于早期中国东南农业地区的宗族有过认真的研究，他用"村落宗族"（local lineage）来指称这一类中国传统的宗族，认为这类宗族"是男性的（减去已婚的姐妹、加上他们的妻子）合作的族群，生活在一个或

① 黄元吉：《殿选公传》，见《雷氏宗谱·传上》，民国崇义堂本。

② 清代漕运之后还沿续了相当长时间，据吴琦先生考证，咸丰三年，湖广漕船因战争一度停运，户部下文规定漕粮变价解部，每石折银一两三钱。其后胡林翼改革漕运，一律改收折色，蒲圻由向收每石折钱五千八百六十文，减为每石折钱五千文。具体征收漕粮时，又规定北漕每石征解正银一两三钱，耗银一钱三分；南漕每石征解正银一两五钱，耗银一钱五分。同治十一年，清廷改用海轮运输漕粮，辛亥革命后，漕粮完全改为折色，漕运废除。见吴琦：《清后期漕运衰亡的综合分析——兼评胡林翼漕运改革》，《中国农史》1990 年第 2期。

③ ［法］皮埃尔·布迪厄、［美］华康德：《实践与反思：反思社会学导论》，李猛、李康译，北京：中央编译出版社，1998 年，第 164 页。

一群紧密联系的定居点上"。它们"或者是村落共同体，或者是相邻的村落群体"。① 他的这一个定义，可以概括羊楼洞地区传统社会宗族的生存状况。这些宗族在比较贫弱的时候没有什么共同财产，也没有专门编制记录宗族历代亲缘关系和成员生平的族谱，但是一旦条件允许，他们就会从事这一方面的构建。

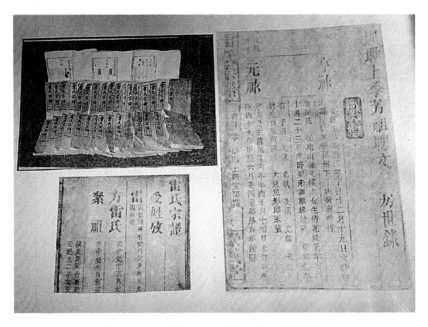

图 3-1　羊楼洞 1924 年版崇义堂《雷氏宗谱》

继 20 世纪 60 年代汉学家莫里斯·弗里德曼（Maurice Freedman）提出"宗族其实是法人（corporation）"这一观点后，② 科大卫（David Faure）在《近代中国商业的发展》中进一步将明清时期的宗族视作一个具有控产能力的公司，认为正是这种依靠血缘纽带所维系的家族或宗族组织，为当时繁荣的商业活动提供了一种可能的制度性基础，"在一个事实上不存在公司法的社会中，为了强化商业合作、投

---

① ［英］莫里斯·弗里德曼：《中国东南的宗族组织》，刘晓春译，上海：上海人民出版社，2000 年，第 65 页。

② ［英］莫里斯·弗里德曼：《中国东南的宗族组织》，刘晓春译，上海：上海人民出版社，2000 年。

资和资产控制，将血缘关系与商业运作机制结合起来是至关重要的"。① 将明清之际的中国视为以土地为主要财产标志的农业社会，将行商坐贾或是手工业基本归于农业的延伸的前提假设，使得科大卫似乎更加关注宗族而非家族在商业贸易中所起到的作用，因为"宗族是通过祖先凝聚，而家族却是通过财产分割"，其研究也同样是围绕着对祠产（主要是土地以及土地所带来的收入）的提留及买卖而展开。然而笔者选择羊楼洞商人家族作为研究的主要群体，通过考查羊楼洞地方雷氏业茶经历，展开对洞镇地方家族业茶的研究。在以茶叶贸易而非土地买卖为主的商业语境中，笔者尝试去探讨一系列的问题，例如：羊楼洞雷氏家族的经营呈现出怎样的模式和特点？在主持大局的灵魂人物去世后，家族成员面对企业的所有权与经营权分离的危机，如何处置具有关键意义的商业资本？对于上一代共同资产的处置，又如何形成不同的家庭组织形式？财产甚或负债在两代至数代人之间的流动，如何形成对经商活动制度性的保障？

一、开基创业

羊楼洞最早经营茶叶的羊楼洞商人，当为羊楼洞当地雷氏，雷氏经营茶叶的第一人，亦即羊楼洞当地茶业的开基者，当为清乾隆年间的雷兴传（1713—1778）。

雷兴传，字中万，《雷氏宗谱》记载他生于康熙五十二年（1713），卒于乾隆四十三年（1778）。他幼时家中并不富裕。父亲雷应琼（字永文）家贫而向学，"酷爱诗书，家虽贫，勉开斋塾，延师课子侄，而雷氏书香自此一振"。② 雷兴传是长子，他"自少英敏"，曾跟随当地著名塾师"紫溪翁受业，吾乡李蓼滩孝廉见其文雅，称许焉"。③ 虽然他"学识过人，惜数奇不偶"，④ 但并没能考取任何科举功名，所以"年逾三十始捐举子业，而从事诗古，兼及货殖，遂以富称"。⑤ 所谓

---

① ［英］科大卫：《近代中国商业的发展》，周琳、李旭佳译，杭州：浙江大学出版社，2010 年，第 79 页。
② 程世甲：《永文雷先生传》，见《雷氏宗谱·传上》，民国甲子年合修初续崇义堂本。
③ 程日阶：《中万雷先生传》，见《雷氏宗谱·传上》，民国甲子年合修初续崇义堂本。
④ 程世甲：《永文雷先生传》，见《雷氏宗谱·传上》，民国甲子年合修初续崇义堂本。
⑤ 程日阶：《中万雷先生传》，见《雷氏宗谱·传上》，民国甲子年合修初续崇义堂本。

"从事诗古，兼及货殖"，是弃儒经商的委婉说法。

雷兴传的生意伙伴是从山西远道而来从事外贸边贸的茶叶商人。据清同治《崇阳县志》载："茶，龙泉出产茶味美，见《方舆要览》。今四山俱种，山民藉以为业。往年，茶皆山西商客买于蒲邑之羊楼洞，延及邑西沙坪。其制，采粗叶入锅，用火炒，置布袋揉成，收者贮用竹篓。稍粗者入甑蒸软，用稍细之叶洒面，压成茶砖，贮以竹箱，出西北口外卖之，名黑茶。"[1]志文所称"往年，茶皆山西商客买于蒲邑之羊楼洞"，最早应该指山西客商与雷兴传的合作。双方进行合作大致的做法是：山西茶商在茶季的开始借雷兴传在羊楼洞的房屋、生产生活用具以及在当地的人脉影响，收购农民种植于边角"畸零之地"的茶叶并加工为成茶。一季之后，客商按照所收购制作的成茶数量比例提成现银，作为固定资产投资的回报付给雷兴传，被称为"租金"或"行佣"。然后山西客商上路，将成茶经船运、车载、马驮一路向西北，运至内外蒙古、新疆及俄罗斯销售，到第二年茶季再次返回。这种合作经营茶叶的方式及其开始合作的时间，晚清学者叶瑞廷在其《莼蒲随笔》中记载："闻自康熙年间，有山西估客购茶于邑西乡芙蓉山，洞人迎之，代收茶，取行佣。"[2]大约叶氏既距羊楼洞业茶之始已经有年，对所记"康熙年间"亦无把握，故很谨慎地使用了一个"闻"字。所记较之实际，确实稍稍早了一些。对此，《雷氏宗谱·清庵公传》的记载也并未更为确切："盖羊楼洞本茶市也，自国初以来，晋人岁挟钜金来此采办。相高大之宅，托为居停主人焉。及秋，则计其收茶之值，以纳租金。盖二百余年矣。"[3]文中"国初"和"盖二百余年"皆为约数，我们理解为雷兴传及继承其业的儿子们所生活的清朝早年，应该不错。

雷兴传三十岁，大约是乾隆八年(1743)开始业茶，至六十六岁去世，其业茶时间约为三十六年，继承其事而较多见于族谱记载的，是其第四个儿子雷振祚。雷振祚，字东阳，生于乾隆二十二年(1757)，卒于嘉庆九年(1804)，享年四十七岁。在其玄孙亲撰的《霁轩公家传》中，将他描述为雷氏茶贸事业的开拓者：

---

① 《〔同治〕崇阳县志》卷四《物产》。

② (清)叶瑞廷：《莼蒲随笔》卷四，转引自陈祖槼、朱自振编：《中国茶叶历史资料选辑》，北京：农业出版社，1981年，第428页。

③ 游恺：《清庵公传》，见《雷氏宗谱》，民国崇义堂本。

"洞，产茶阜也。首开辟自雷氏公之曾祖东阳公、祖文庵公，既皆以商业起其家矣。"①所谓"首开辟"，当然说的就是开创的意思。然而雷振祚的儿子雷炳蔚的记述则有所不同："（雷振祚）于兄弟中行四。幼辍读，佐祖考（案指雷兴传）理家，经营创造，家日以兴。"②《雷氏宗谱·自立公传》也记述雷振祚"率先人家范，耕读教子，雅事经商"。③ 这说明雷振祚乃是继承父亲雷兴传留下的家业，而并非"首开辟"。雷振祚对茶叶的经营，在其子雷炳蔚亲撰的《东阳公显迹记》中有详细的记述："见生齿增，虑粟无余，越陌度阡，场圃桑麻之属，益思有以广之；见知识开，虑物欲蔽，家塾外傅，志学有道之士，亟思有以就之；见日用繁，虑经费纳，坐贸生理，向已大开其源，今犹株守其一，非计也！堂构栋宇之启，因思扩而充之。触境而思，不一而足，业已淬志励精，务底于成。乃年未及艾，而馆舍遽捐矣。尔日，长兄年二十七，次兄年十八，相率理贸。"④文中"坐贸"以及在羊楼洞地方文献中常见的"坐商""坐贾"等，就是前面所说的以行屋等与晋商合作，坐地取得一份商业利益，是当时相对于其生意伙伴晋商们南来北往"行商"经营方式的一种惯用说法。"坐贸生理，向已大开其源，今犹株守其一，非计也"，意思是"坐贸"茶叶生意，在上一辈已经由雷兴传非常好地开创，而今雷振祚（如果）只是株守经过分家而得到的一份坐吃山空，不是好的办法，所以他要扩大"坐贸"所必需的"堂构栋宇"，扩建行屋，广招客商，将这一份祖传的生意做大做强。

二、分家析产

雷振祚逝世后，最初继承家业的是其五个儿子中的长子雷允桢（国祥）和次子雷炳文（自立），即谱传中记载的"尔日，长兄年二十七，次兄年十八，相率理贸"。十五年之后（嘉庆二十三年，1818），雷允桢（国祥）又在四十二岁时去世。雷炳文的家传中这样记述这一段情况："无何，封翁（案指雷振祚）以四十七岁捐馆。尔时家计固长兄国祥公仔肩之，先生（案指雷炳文）时少，即佐理之。屈志

---

① 雷兆绂：《霁轩公家传》，见《雷氏宗谱》，民国崇义堂本。
② 雷炳蔚：《东阳公显迹记》，见《雷氏宗谱·传上》，民国崇义堂本。
③ 程日阶：《中万雷先生传》，见《雷氏宗谱》，民国崇义堂本。
④ 雷炳蔚：《东阳公显迹记》，见《雷氏宗谱》，民国崇义堂本。

纳粟，惟以诗书课诸弟。讵长兄年四十二又赍志殁。"由于雷允桢逝世，雷炳文一人业茶缺少帮手，于是让五弟雷炳蔚参与经营，在父兄去世之后取得了很好的业绩：

> 忠信素著，声气远通，一时巨贾争投，不间数千里外也。计先生(案：指雷炳文)与季弟(雷炳蔚)任事二十年，拓美田数百亩，恢厦屋数百间。虽父兄贻谋有所凭藉，而经营缔造，成若大局面，费心亦良苦矣。先生体敦庞，精神极强健，逾中年犹黎明即起，调理诸务。……家人团栾，内外丁屈指几七十，间口角，苟有以析爨语者，先生闻若仇，疾首戚额，至废餐寝，必调停谐和始怿。……年五十一以疾终于寝。①

雷氏家道在雷炳文主家政期间无疑得到了很大发展，他无疑也花了极大的精力来维护大家庭的完整，下大力气不让分家(析爨)的事情发生。按说，一家五房七十多口人，分灶开火，在一般乡村家庭是再正常不过的事，因为一房男子娶妻生子后自然成为一个家庭单位，就应该将自己的一份"股份"从像"公司"一样的大家庭中取出，以之为基础，独立作为一个家庭单位，开始走自主求生存发展的路。但是为什么在雷允桢死后，实际作为长兄主持大家庭家政的雷炳文，在听到家人发生口角而提及分家的话题时会表现出痛心疾首，视若仇敌呢？答案应该在于财产和权力。

当时家中的财产，即前引文中所谓"美田数百亩""厦屋数百间"，从历史的脉络看可分为两个部分，其一是基础的存量部分，那是父亲雷振祚(及长兄雷允桢)手创(当然还继承了雷兴传遗产属于雷振祚)的那一部分，其二是增量部分，即在雷炳文主理家政时发展起来的那一部分。分家就要析产，因为儿子作为血亲家庭的一员，按宗法自然拥有父兄死后留下遗产的一份。所以，以上所谓"父兄贻谋有所凭藉"也就是父亲和长兄的创造部分是基础，这应该就是要求分家者经常会讲到的主要的道理——家产借由父兄遗产创造发展，作为父兄的儿子和诸弟，理当拥有现有财产中属于自己的那一份。

---

① 饶岐凤：《自立公传》，见《雷氏宗谱·传上》，民国崇义堂本。

但在未分家时，雷炳文无疑握有家庭财产的支配权。家庭财产名义上属于五房共有，但茶务及田产的经营既然由雷炳文负责，也就由他发号施令，支配调遣。借用科大卫"作为公司的宗族"的比喻来分析旧有的大家庭，雷氏羊楼洞商人这一大家庭的五个房头就好比五个各握股份的股东，而雷炳文则是该公司的董事长兼总经理。由于"公司"事务繁杂，他必须以超人的精力"黎明即起，调理诸务"，而与此同时，他也获得了超越其他四房兄弟及子侄的对于大家庭事务的决定权。他在世时能够一直维持五房兄弟同居的大家庭而不分家，应当就是这种决定权成功运用的最好证明。每当家中有人企图分家，所依据理由应该就是"父兄贻谋有所凭藉"，即再次重申诸位兄弟房头对于其当有的那一份财产的所有权，这无疑是有极大诱惑力的。面临分裂的危机，雷炳文在承认诸房支财产所有权的同时，也势必会一再强调"经营缔造，成若大局面"与自己继长兄之后的主持，和协助经营的小弟雷炳蔚的"费心亦良苦矣"有莫大的关系。从更现实的角度来看，雷炳文作为主事人，手中掌握着经营的权力，所有经营的具体关节只有他最为知悉，所有租赁雷氏行屋与之合作的晋商人脉以及所有租赁良田的佃户账目也全都握在他的手里。倘若意图分家者不考虑主事者的意愿和权力，冒着让"股份公司"财产流失的风险强行分裂，只怕会危及自己已有的一份财产。与其如此，不如让"公司"继续平稳运行，使得名义上属于各房的财产随之保值增值，这一定是提出分裂者接受现状、暂时妥协的实际考量，也或多或少会是雷炳文用来"调停谐和"的潜在手段。

这种勉强统一的局面，在雷炳文辞世后即被打破：

> 丙申（道光十六年，1836——笔者）夏，次兄登仙录。家庭内一日无主而气象一变。因思丁口浩繁，不齐不可，欲齐不能，遂将一箸折而为五。①

分家析产，按照以上文字的作者、之前曾协助二兄经营家庭财产的雷炳蔚自己的说法，是"不齐不可，欲齐不能"，对于他似乎是非常无可奈何的被动之举。

① 雷炳蔚：《东阳公显迹记》，见《雷氏宗谱》，民国崇义堂本。

雷炳蔚并未如其二兄雷炳文那样真正居于主持家政的地位，他仅仅只是协理家政，帮助经营，所以并不能像二兄那样实际掌握着全面的经营大权；由于他是最幼的弟弟，他也不可能像二兄那样，在长兄雷允桢死后就自然接替主事者之位，以先天的亲缘优势，号令兄长及各房诸人，所以他确实有无可奈何的一面。但是客观地分析，由于他从未真正全面主持过家政，所以分家对于他来说未必有任何现实的损失，与此相反，去贸然争取一个主事者的身份并维持目前人心不齐的大家庭格局是充满挑战和风险的。更进一步来说，雷炳蔚与参与分家的诸房兄弟一样，能够通过分家将原来全部财产中名义上自己所有的一份，变为实际上自己拥有的一份。在此意义上，同意分家无疑是一种更加聪明的选择。而且由于他一直协助二兄经营，更了解情况，如果由他自愿地主持分家析产，当更利于保持经营的平稳过渡，所以他更加可能是在自愿的基础上接受诸兄长分家析产的建议之后，顺势主导了整个分家的具体作业。而这也可能是为什么在为父亲雷振祚所写的谱传《东阳公显迹记》中，他以嫡传者自居，十分仔细地记述这一段由不许分家到分家的历史事实，并粗略登录参与分家的主要财产，同时一再地强调分家的迫不得已的原因。如果真是这样，那么他的记述就更多似乎是在撇清主导分家的责任，彰显自己主持分家的公正。

　　雷炳蔚用"将一箸折而为五"来形象地比喻这次分家析产，那么就让我们来看看他在《东阳公显迹记》中所记录的家产中大致含有些什么吧：

> 远近田业五顷零，五家各受百亩，零石除作祀产；大小房屋八座半，五股寓七庄，座半分为住居。余赀无多，亦足敷用……①

　　从以上参与分家的财产看，雷兴传开创的家业中的雷振祚这一支，到雷炳文去世时已经发展到有房屋八座半，其中七座用于茶行行屋租给七家晋商经营茶业；另有五百多亩田地，每家分得一百亩，其余五亩作为公田供祭祀之用；"足敷用"即充足的现银，作为流动资金当然也要分配，这从总的规模看已相当可观。

―――――――――

① 雷炳蔚：《东阳公显迹记》，见《雷氏宗谱》，民国崇义堂本。

而雷兴传的其他儿子如雷观翘、雷班联等数支的茶贸事业，与此同时也获得了长足的发展。因为我们从上文得知雷振祚这一支五个房头的分家析产对于经营茶叶的羊楼洞商人雷氏来说已经并不是第一次。《东阳公显迹记》中所记雷振祚的"坐贸生理，向已大开其源，今犹株守其一"，就是说雷振祚作为雷兴传的诸子之一，曾经分得了雷兴传"向已大开其源"的"坐贸生理"中属于雷振祚名下的一份遗产。雷观翘和雷班联们当然也是一样，分得了自己的一份。这其余数支也发展得势头十足。例如雷观翘一支，经过其子雷竹轩、其孙雷绥成（乐斋）的经营，甚至成为羊楼洞巨擘首富。① 其后见于族谱记载经营茶业的雷氏子孙有数十人之多。正因为如此，晚清官至清廷工部尚书的羊楼洞人士贺寿慈对于当时雷氏业茶之盛甚至有如下评价："远来商无不主雷氏，行业之盛甲一乡！"②

三、三种家庭形式

一般论及中国传统社会的家族结构，通常有"大家庭"与"小家庭"之别。郑振满教授通过考察明清福建一带家庭的分家习俗，对家庭结构的主要形式和演变趋势进行了细致的探讨。③ 下文试图将羊楼洞商人家庭的结构与家族成员的规模及其对共有财富的支配相关联，以家族资本的共享和划分为视角，把作为宗族基

① 贺兴华：《雷乐斋先生传》："（雷绥成）幼沉着坚定，志趣豁如，读书颖悟过人。稍长，丁家道中落，亲复老迈，先生（案指雷绥成）十七即料理家政，因之未能竟读而经纪。振作裕于早岁，遂以植艰难创业之基。先生世居羊楼洞，其地为临、崇、通茶业荟萃之区，每岁茶莽开市，中外诸钜商梯航辐辏于此，择衡宇恢宏、肆应周到者主焉，是曰茶行。先生父竹轩公经营斯业，阗闉栉比。未几，粤寇滋扰，悉毁于兵。迨寇焰纡，而家境顿即迍遭。先生力任艰巨，牵萝补屋，惨淡经营，不数年，鳞次屹若，瞬复旧观，而行业亦一日千里，昌盛甲全市。由此家道勃兴，累赀拓业，称一乡殷富钜擘。"见《雷氏宗谱·传上》，民国崇义堂本。

② 贺寿慈：《裔卿公传》，见《雷氏宗谱·传上》，民国崇义堂本。

③ 根据郑振满的定义，所谓大家庭，是指由两对及两对以上的配偶组成的家庭，具体又可分为：由父母和一个已婚子女组成的"主干家庭"；由父母和两个及两个以上的已婚子女组成的"直系家庭"；由同一代中的两个及两个以上的已婚家庭组成的"联合家庭"。所谓小家庭，主要是指由父母及其未婚子女构成的"核心家庭"，也包括并无配偶关系的不完整家庭。见郑振满：《乡族与国家：多元视野中的闽台传统社会》，北京：生活·读书·新知三联书店，2009年，第132页脚注。又见郑振满：《明清福建家族组织与社会变迁》，北京：中国人民大学出版社，2009年，第19~30页。

础的羊楼洞商人家庭分为以下三种存在形式。

　　第一种家庭，是经过人口繁衍和财产增值后形成的大家庭。它在一个家庭的外壳下往往包含有几个已经结婚生子的小家庭。例如雷兴传，他在羊楼洞首创茶贸，并通过发展家族男丁参与主持经营，不断积累和扩大这个大家庭的财产。他在世的时候，大家庭的生活能够维系，大家族共同经商的局面也得以维持；但一旦他过身，维系大家庭的核心成员不在，原有的大家庭便以第二代家族成员为核心分解成若干个小家庭，家庭财产也随之被均分。前文中其孙子雷炳文所苦心维持的大家庭则属于雷兴传式大家庭的遗留形式：虽然父亲雷振祚作为第一代的家长已经去世，但雷炳文凭借自己实际上的长兄身份和实际经营主持者的地位，仍强有力地控制着一个大家庭的形式，不允许第二代的同辈兄弟们分家。从雷炳文需要经常处理家庭内部要求分家的纠纷来看，这类大家庭中应该始终存在小的家庭单位要求分家自主的抗争。这种抗争，我们可以归因于对财产权和独立经营权的要求。而这种要求之所以不能实现，除了前文我们曾经论及的父亲、长兄意志的强权压制，往往还有现实的需求，例如：家族事业还处于发展期，有待于进一步的展开，已经参与事业的子辈则需要更充分地历练；在经营茶贸的过程中，往往需要集中财力去进行规模化的投资（如建高大行屋）和经营（如买茶办茶）；在地方社会由自然经济向商业经济过渡的过程中，常常需要家族成员通过不同的谋生渠道（比如务农、业儒、从商）进行互补式的共同发展，甚至通过集中生活来降低生活成本，等等。正是种种主观与客观的因素，促使这种大家庭以极强的生命力在乡村生存着。

　　例如前叙由雷炳蔚主持的分家析产，仅以雷振祚的大儿子、长房雷允桢（国祥）的一支看，就颇有启发意义。雷允桢的三子雷辉南（晓山）与其长兄雷焯庆，在父亲去世时都是业儒的学生，父亲垂危时，母亲贺氏哭诉："渺兹孤，谁嗣若父业乎？"被雷辉南听到，知道母亲在担心父亲死后无人继承父业，于是奋然说："丈夫生世，不作越大夫，即为鸱夷子，贵继志述事耳，奚必毛锥子为？"宣称自己堂堂男子汉大丈夫，活一辈子，要么成功，要么失败，最要紧的就应该是承继先人未竟之志去创一番事业，何必一定要执笔杆子业儒呢！雷辉南让哥哥雷焯庆和弟弟们继续攻读，自己"乃投笔操锥刀，理父业甚力，客其家者即才之。既而与诸父析产，浮梁大贾争投焉，不数年手致万金，以财雄于乡。……昆季内外，食指常数十人，仰温饱于一身，公（案指雷辉南）怡怡然握算持筹，无倦容亦无德色"。① 雷辉南"与诸父析产"，应当就是与雷炳蔚们分家，由于此前他已经介入茶业，人脉已熟，所以一旦分家独立，就有江西来的客商与之合作，几年就赚入万两白银。而在此稍晚之后"昆季内外，食指常数十人，仰温饱于一身，公怡怡然握算持筹，无倦容亦无德色"的景象，俨然是又一个主政大家庭的雷炳文再世。这说明未再作分家析产之前，由某一位有能力的男子主理家政的这种大家庭类型，也是由数个房头组成的羊楼洞商人家族的一种常态。这是因为人口是在自然增加，分家后的小家庭必然会一步步成长为大家庭，而也许正是因为上述主客观的各种原因的存在，这种类型的大家庭在相当长一段时间中有利于家庭的进一步发展，所以在分家与再分家之间，大家庭亦被周期性地不断复制。

第二种家庭，当然就是从大家庭中分裂出来的相对小型的家庭。这类家庭在分家后获得了部分从大家庭中分得的家财，更为重要的是进行独立经营的权力，真正开始了属于自己的奋斗。这类经营在开始时往往都很艰难，例如雷振祚的第三个儿子雷作霖（雨亭，1791—1854）分家后的情形。雷作霖是一位很晚才面对现实的人。早年他为岁贡生，由于自己的两位兄长和一位弟弟"故善理财，公（案指雷作霖）一以读书为务，宾客往来，一揖之外，数语寒暄。凡家常世故，并不问及"。② 他"性癖于书，镇日守一编不屑于家事，既悔拙于谋生"。面对现实而后悔之时，他年事已高，无力从头再来，于是在雷炳蔚主持的兄弟分家之后，雷作霖遂以家事委托自己的长子雷光藻（清庵）。这时雷光藻已经入县学，受父托之时，"含泪辍读，于是权子母，计赢绌，于近市设小肆以逐鱼盐布粟之利，暇复裹重赀，远贾于湖南、粤东之省，皆得当而归。而又恐弟之读之分心也，能不自吝其所得，凡一切束修膏火之费，莫不预备周至，故极得（其父）雨亭公欢"。③ 雷光藻后来在洪湖新堤附近遭遇"覆舟之变"，险些淹死，生还回家之后，遂生退隐，于是将生意交给其弟雷勋（江浦）。雷勋"生而颖异"，读书、作文、写字都表现出很高天分，父亲曾视之为"大器"，在弃儒从商，接过兄长的生意之后，

---

① 余梦兰：《晓山公传》，见《雷氏宗谱·传上》，民国崇义堂本。
② 傅燮鼎：《雨亭公传》，见《雷氏宗谱·传上》，民国崇义堂本。
③ 游恺：《清庵公传》，见《雷氏宗谱·传上》，民国崇义堂本。

他努力经营茶贸事务,茶客也"喜公诚恳,乐投公,数年之间,囊橐裕如。公与清庵公(按即雷光藻)拓地开基,连构大厦,栋宇翚飞,实缵先人未成之志,而公因是废读,遂纳粟入成均,非公志也"。① 雷作霖自己读书一生,未获功名,为谋生先后让两个儿子牺牲学业而转营商贸,由雷光藻艰难创业,其弟雷勋继之,最后事业有成致富。这个类型的家庭的历程,也是由财产的相对贫乏向逐渐丰裕,由人口的相对少量向人口大家转变的过程。而再次分家析产之后,这类小型家庭转化而成的相对大型的家庭,就再次回归到小型的家庭,重新开始新的一轮独立的奋斗。从这个意义上说,这一类相对较小型的家庭,与前文所说的大家庭,是相互转化、交替出现的两种主要的羊楼洞商人家庭形态,它们代表着以财产和人口增值为目的的羊楼洞商人家庭的主要形式。

第三种家庭,属于从主干上分别出来的支属家庭形式。这种家庭形式,以庶子家庭为多见,例如雷文衡与其父雷观翘的分家。雷观翘是羊楼洞茶贸事业的实际开创者雷兴传(中万)的次子,雷文衡则是雷观翘的长子。谱传对雷文衡的最初记载是"家贫,仰事俯畜尚有不足,而非义之财不取",② 是一位"固穷"的君子。但是他的"家贫",不应是真正的贫困,因为雷兴传去世前虽然指定雷振祚入商,继承其业茶事业,但是雷兴传的家产在几个儿子中基本平分了,雷观翘当然曾得到按宗法自己所应得的那一份遗产。雷文衡的所谓"家贫",应当与其生母去世和父亲续娶继母而与之分家有关:"幼习举子业,生母刘孺人早世。业牙市事,人世狡怪诡诞之习,鄙不屑为,人或斥之为不才,而观翘先生与其继母张孺人亦恐其难了商贾事,遂令别处以试其能。"③传中的这段文字说得有些委婉,其实就是娶入继母之后,父亲与雷文衡这个前妻庶出之子分了家。"先生(案:指雷文衡)与姻嫂贺孺人躬亲耕贸,自营衣食,月夕风晨,偕入里闾,伏候父母起居。而远商大贾,亦乐得先生之诚信而云集焉。然后其父母始知先生非无才而不欲以才著者也。"④雷文衡通过茶贸而致富,而其结发妻子贺氏逝世之后,他立

① 饶钟洪:《江浦公传》,见《雷氏宗谱·传上》,民国崇义堂本。
② 雷茂棠:《履安公传》,见《雷氏宗谱·传上》,民国崇义堂本。
③ 刘张映:《诰封文林郎雷文衡先生暨贺孺人传》,见《雷氏宗谱·传上》,民国崇义堂本。
④ 刘张映:《诰封文林郎雷文衡先生暨贺孺人传》,见《雷氏宗谱·传上》,民国崇义堂本。

志不另娶，传记中说他"于十余年中情甘寂寞，实防诟谇"，想必与他年幼失母的亲身经历有关，由于在家中曾经遭过妇人辱骂，因此雷文衡宁可不续娶也不愿下一代重蹈覆辙。相比之下，嫡子雷竹轩虽是家中次子，却显然是主要家产的继承者。谱传说雷竹轩"自少席履丰厚"，继承家业，而家"饶蓄积"。"年十八援例贡成均，仔肩家政。……生平卓荦不群，故父兄及宗族咸倚赖焉。羊楼雷氏，最为巨族，其地为茶商所聚，轮蹄辐辏，货财蕃殖，居人宫室器用饮食衣服日趋华美，其势然也。翁一切以俭约示之准。时俗远古，竞锥力，较锱铢……翁一切以仁让为之倡。"①雷竹轩也经营茶行，而与其兄艰难由牙行起家业茶相比，雷竹轩由于是嫡子而"自幼席履丰厚"，他年纪轻轻即主持家政，一举一动，皆为羊楼洞地方典则。雷观翘、雷竹轩父子显然保有了家庭财产的主要部分，属于家庭主干；而另立门户的庶子雷文衡即使分得了部分家产，与嫡子雷竹轩显然也无法同日而语，他所代表的家庭，只是附着于主干之外的旁枝。

这类旁枝类型，特点是在大家庭仍旧存在并发展时分离出来而自立。除了上述雷文衡这类因庶出而不具备继承主要家产资格而被迫自立的情况外，凡主动要求自主权而由大家庭中分立而出的小型家庭也都可归于这一个类型。例如雷立南。雷立南(受山)是雷振祚之孙、雷允桢之子、雷辉南之弟。他最初唏嘘久之，只是因为丁口渐增，家计旁午，不得已而弃儒，"决意贸茶，往来粤东，颇获蝇头"。关于雷立南独立从商，我们从谱传中无法看到当时主持家政的其兄雷辉南的态度。从结果看，无论雷辉南是否采取了与当年雷炳文一样的阻止行动，雷立南都仍旧自己独立了出来。雷立南虽然比雷辉南经商起步较晚，但是他迈的步子更大，走得更远，往来广东，经商获利。"西粤首难，水陆途阻，公遂遍历上海、福建、湘潭诸市镇，以外贸为避乱计。"②他是在太平天国运动爆发之前最早走出地方，坚持将洞茶直销向国际贸易的羊楼洞商人之一。他并没有满足居于其兄主导的大家庭中，并不满足于"仰温饱"于其兄雷辉南的"握算持筹"，而决意从大家庭中析出，自愿地归入了旁枝家庭的一类，其动机明显是追求自主经营和独立发展的权利。

---

① 傅燮鼎：《雷竹轩太封翁宋太恭人合传》，见《雷氏宗谱·传上》，民国崇义堂本。
② 游煕林：《受山公传》，见《雷氏宗谱·传上》，民国崇义堂本。

弗里德曼指出："联合家庭内部的一对新夫妇'构成了共同体'"，"他们被赋予某种经济独立性（economic personality）和追求更大的独立性"，于是"一个新家庭开始在家庭内部生长"，最终导致旧的大家庭的分裂和权力的重新分配。① 以上这三种家庭，无论其中哪一种的发展，都由这种内部滋长的新家庭因素导致，它促使家族人口得到增长，而在事业顺利发展的情况下，就如羊楼洞茶业在清代中晚期的一路成长兴盛，家族资产也获得蓬勃的增长，而这两者的增长和家庭本身数量的正量增加，就促进了宗族的构建和发展。

四、继承

财产的继承依据的是血亲男性直系的原则，但并不是每一个羊楼洞商人的儿子都有同样的继承权力，这一点从以上雷文衡、雷竹轩的经历之中已经可以窥见一斑。雷文衡是雷观翘的长子，但不是嫡子，所以他就不能继承主体财产，在分家之后仍然处于"家贫，仰事俯畜尚有不足"的窘境之中，唯经艰苦奋斗之后才使境况得到改观；雷竹轩虽不是长子，却具有嫡子身份，所以"自少席履丰厚"，年仅十八就"仔肩家政"，"父兄及宗族咸倚赖焉"。说明即使同为第二代直系血亲，参与继承的权力也存在等差。

如果撇开等差来考虑参与继承的前提条件即继承权的问题，那么拥有家族财产继承权的首要条件就是存在第二代血亲男性成员，也就是要有儿子，如果没有儿子，对于家庭来说就形成了绝嗣。也就是在这个层面上，孔子说"不孝有三，无后为大"，指出作为一个传统中国家庭，首先需要解决的问题是后嗣的问题。而要解决这一个问题，则不仅涉及羊楼洞商人家庭的男人们，也关乎家庭的女性成员，于是持续地引起了羊楼洞商人家庭或后院中的骚动和挣扎。

由于主要使命是传宗接代、相夫教子，羊楼洞茶商家的女人们都十分自觉地履行着职责。让我们看看开创羊楼洞商人茶业的雷兴传（中万）之妻孙氏的传记："笔峰二伯（案：指雷兴传之次子雷东阳），性孝友，兄弟五，均能恢宏先绪。其立德半成于其母孙太君之慈教。太君上承其姑程妣姆训，佐其夫中万公近五十

---

① ［英］莫里斯·弗里德曼：《中国亲属与婚姻的仪式观》，见［美］休夫·贝克尔：《中国的家庭与亲属关系》，纽约：哥伦比亚大学出版社，1979年，第128页。

年，孝翁顺姑，相夫教子，有古贤母风。中万公周甲弃世，太君抚教孙曾，今蕃
衍已百数十余人，皆其福荫也。"①可见，孙氏能生育多子，孝敬长上，辅佐夫
君，教养子孙，是羊楼洞商人心目中完美的古贤母之典型。

　　雷中万的儿媳也姓孙，这当然不是偶合，而应是其婆婆牵的红线。她二十岁
嫁给雷中万之子雷班联时，"舅已捐馆，事姑能得其欢心，待诸姒极和，与公
（指其夫雷班联）相敬如宾。……嘉庆丁卯冬，家妇饶生子恒庆，孺人喜甚，谓
他日吾子孙振振，此其开先与！逾年饶病没，孺人哭之恸，至昏绝扑地。是时恒
庆甫一龄耳，抚畜长育，褓褓儿若不知其无母者，赖有孺人在也。……舅中万公
厚道硕德，间里推重，而诗书一途，尤雅爱焉。偶闲居，孺人必举以训子若孙，
且曰：'吾愿汝曹祖武克绳耳。'迄今后嗣炽昌，家声克振，半由孺人之懿教有以
成之也"。② 为雷家养育教导后代子孙，在传记中被作为主要的懿德称颂，第二
代孙氏妻子也非常符合雷氏后人心目中黾勉主内的模范妇女的尺度。

　　而第三位雷家的孙氏妻子，则经历要曲折一些。这一位孙氏嫁给了羊楼洞商
人雷圣扬，与雷圣扬生有一子雷青选及两个女儿，而不久雷圣扬就病了，孙氏
"尝药调治，衣带不解者久之，病转剧，太君（案指孙氏）每于夜半焚香默祷，愿
以身代，竟不起。斯时也，未亡人年仅念六岁，藐诸孤齿裁周二龄，湮祀之寄，
惟此一线，不诚危乎殆哉！又况上无舅姑，中鲜伯叔，内变乖作，外患丛兴，即
磊落男子，尚难任此，况茕茕闺中人乎？乃太君（案指孙氏）饮泣调理，井井得
宜，抚子若女以毕，乃婚嫁无论矣。而其教子青选公范围綦严，幼责以读，长责
以耕，举止一规以忠厚朴诚，稍逾闲，太君即怒，甚至操杖以挞，虽子已壮，身
膺国荣，而太君之严厉常类此。……家日以隆，由是而田园扩，栋宇新，蒸蒸日
盛"。③ 孙氏二十六岁守寡，在较为艰难的条件下维持生计且养育子女。传文中
对其二女一带而过，而对其抚育其独子雷青选则相对着墨很多。其夫死时，孙氏
年方二十六岁，而其子年仅两岁，"湮祀之寄，惟此一线，不诚乎殆哉！"这
一声叹息之中，寄托着多少对于家庭未来无着、家产旁落的担忧！孙氏作为寡妇

---

①　孙自昭：《孙太君传》，见《雷氏宗谱·传下》，民国崇义堂本。
②　尹济遇：《孙孺人传》，见《雷氏宗谱·传下》，民国崇义堂本。
③　饶岐凤：《节孝雷母孙太君传》，见《雷氏宗谱·传下》，民国崇义堂本。

母亲坚守着，终于抚育雷青选成人。渡过难关之后，家境蒸蒸日上。这一结局，似乎让包括谱传作者在内的所有人都大大地松了一口气。

与以上三位孙氏相比，羊楼洞商人雷豫纯（鹤云）的妻子邱氏则似乎少了一些幸运。她非常能干，雷豫纯将一切经营全都交由妻子邱氏打理，"家世以茶行为业，进款之赢绌，岁常有倍蓰之殊，公每度外置之。钱谷之出入，悉以委之邱宜人。宜人巾帼而有丈夫材者也。承顺公意，即以一身肩家计，俾公得怡情诗酒，弗扰其恬静"。① 妇女在男人的世界中打拼，内外家计以自己一肩承担，邱氏确实可称为巾帼而有丈夫才能者。但她也是一位妻子和母亲，事业上的任何成功，似乎都无法弥补独子和丈夫的相继去世，"岁甲辰，公没世。宜人（按：即邱氏）怆然曰：'昊天割伤我家，一至此极，然独不可以人力图挽回哉！'因于诸子中择立绪章，入为公后。绪章偶侻而多能，事事奉命惟谨，甚得宜人欢心。天人际会，茶客亦接踵投主人，岁入可万计。增产润屋，家计勃勃有起色"。② 邱氏的决策，以雷氏宗族内的兄弟之子雷绪章过继为嗣子，也是与命运的一种妥协，对"绝嗣"危机的一种补救。在这种努力下，家境终于转危为安。可见在丧失子嗣的情况下，以族内兄弟之子填补缺位，是将家产保留下来并使之继续发展的办法之一。

羊楼洞地方的妇女在无子时的另一种选择，是为丈夫纳妾以巩固自己的正室地位。这种行为在文献中常可读到，也往往被男子主导的舆论如修撰家谱者啧啧称赞。例如羊楼洞贺氏族谱《贺氏家乘·田孺人传》："姒长我邦新公春秋有四，邦新公年五十未举子，公性多听自然，惟姒日夜为公谋纳侧室，且识风鉴，必求相属多嗣者始纳之。"说田氏作为贺邦新的妻子，没有给贺邦新生育子嗣，她的对策，是积极为贺邦新纳妾，于是看相托人，一定要找命相多子的女人娶为丈夫之妾。"一日，偶经隔溪湘邑艾宅，艾留款之，因得与艾姒亲炙焉。尔时艾姒盖茂龄闺媛也，姒察其姓与形皆多男兆，遂属意甚，归与邦新公云'翌日余欲邀艾某燕'，亦不与公言其故。迨艾某至，大燕三昼夜弗倦。燕后乃向艾某请曰：'余

---

① 邱法睿：《族姊丈雷公鹤云先生暨德配邱宜人合传》，见《雷氏宗谱·传上》，民国崇义堂本。

② 邱法睿：《族姊丈雷公鹤云先生暨德配邱宜人合传》，见《雷氏宗谱·传上》，民国崇义堂本。

欲为令媛作伐，愿无拂。'艾某曰：'出自大命，安敢违？'遂问来聘为谁。妣徐徐曰：'我邦新公年五十未举子，余欲与令闺媛拜姊妹交，共兹家，资三日之燕，殆为是也。'……遂慨然许之，配后阅十五年，连举七男。"田氏偶见艾家女儿，于是设三天的酒宴款待艾家母亲，最后提亲，条件是自己"与令媛拜姊妹交，共兹家"，与艾家的女儿互拜为姊妹，在亲昵的称呼之中摆正位置——妹妹当然不能取代阿姊成为正室；而共有此家产，则是在当下的许诺与引诱之外，也规定了对方即使在诞育继承人后也不许将自己排斥在共有的家产之外。艾氏女儿同意此约并连生七子，成功地为贺家延续了香火，田氏也由此巩固了她在贺家的正妻地位，并受到男性占主导地位的舆论对其"贤淑"的褒奖。

这方面比较极端的，是羊楼洞商人游轮植之妻雷氏在丈夫死后为公公纳妾的事。雷氏的丈夫游轮植原为独子，丈夫死后也未留下子嗣，雷氏"念前人之积累，想太翁之仁厚，必不至剧斩血祀，遂力劝太翁娶母氏杨……岁壬辰，生少君星坦……晚年为星婚配，始娶马，生一子，承轮翁与孺人祧；继娶刘，又生一子"。雷氏为公公纳的杨姓小妾生子游星坦，而雷氏在尽力将游星坦抚育长大之后，又将游星坦所生的第一子承继过来作为自己与游植轮的后代，这样辗转折腾，花费至少几十年功夫，就是为了确保最终作为雷氏与其夫游轮植之继子的，依然是自己公公之子的儿子。雷氏费尽心思，终于保住了作为游轮植妻子的地位，而作为大家庭，也终于实现了后继有人且肥水未流外人田的目的。如此心思缜密且持之以恒，难怪作传者都会发出赞叹："暮年买妾，为先代绵血食，而良人亦得以永祀焉，吾恐岸帻者其识见反出巾帼者之下矣。"①

最为极端且血腥的，还当为殉夫。在羊楼洞诸姓族谱中，丈夫去世而未亡人欲以身殉的记载比比皆是，而身殉确实发生且有文字记载的，是在游镇海传中："宋宜人者，则君(案：指游镇海)之三次继配也。君以光绪辛丑五月二十八日卒，宜人即日饮药以殉，烈哉，节乎！……子四……家芟虽不幸夭折，而其室但孺人即日饮药以殉，节烈有宋宜人风。"②游镇海为大茶商游龙(天池)的第三子，为当地富豪，而其儿媳但氏，应当与游龙之妻但氏系出同门。游龙之妻但氏曾辅

---

① 田焕垓：《游母雷孺人序》，见《游氏族谱》，民国九言堂本。

② 贺荣骏：《候选州判游君家传》，见《游氏族谱》，民国九言堂本。

佐游龙业茶致富，而其子孙一门两代，男人死后妻子全都"饮药以殉"，惨烈至极，而传记作者尤以为其家有节烈风，是当破涕为笑的好事。分析来看，宋氏作为游镇海第三次继配而无子，在大家庭争夺遗产的激烈斗争中或难以立足。而这些经过节烈的装点的血腥，又往往与家庭内的财产纠纷有关。《雷氏宗谱》记载一事有助于对这类事件的认识："公(案：指雷寿)生母早世，继慈绾(管)钱谷出入。先严有窖藏颇厚，忽失白镪三锭，向继慈责取，诟谇数四，继慈忿欲以身殉。公造膝密陈，代白无辜。未几，得所失三之二，而窃取之人出，而继慈之冤白，家人亦完好如初。"[1]这样的白银失窃案中，被再三当面诟骂为盗窃嫌疑人的继母，欲以死殉夫以示清白。发生这样的事之后，即使最终的结果是案子告破，行窃者另有其人，白银失而复得了三分之二，但一家人是否还能"完好如初"，是值得怀疑的。如果继母当初真的就一死了之，其事被装点为"节烈"则无可置疑。

继承为羊楼洞商人的生活和发展提供了物质的基础，所以围绕继承的权利必然会引发骚动。羊楼洞商人们费尽心机将财产留在自己的圈内，所以，在未曾经商之前，我们还常常可以看到诸姓为增加劳动力而作为田家招赘，后赘婿亦有回归本宗的记载；在早期经商例如入四川贸丝时期，亦可看到羊楼洞商人在外地入赘为婿，后亦携资归宗返里的记载。但是在经营茶贸之后，随着宗族的日益成熟，财产规模日益增长，这方面的禁规亦愈加严密。例如《雷氏宗谱》就载有有关禁忌的族规：

> 族有无嗣而应承继者，理当兄弟之子立继。如亲兄弟无子，则于堂叔伯兄弟之子，依序立之。或以族中兄弟承举宗桃，不许越序以弟为子，以侄孙为儿，更不许以妻侄及外甥为嗣。盖异姓乱宗，祖必不安，后之子孙，毋得蹈此。[2]

只许以兄弟、堂叔伯兄弟继承；可以让宗族中兄弟平辈继承房头，但是不许

---

① 邱法睿：《世伯菊泉雷二老先生行略》，见《雷氏宗谱》，民国崇义堂本。
② 《家规》，见《雷氏宗谱·孝字编卷首》，民国崇义堂本。

以兄弟自己或侄子之子为继子，为的是不让搅乱亲缘辈分，同时也是维护继承的秩序。最为严禁的，是不许以妻子的侄儿及外甥为嗣子，因为他们是异姓，而以异姓为继子就会使家庭的血缘混乱即"乱宗"，这样祖宗必然会不得安宁。另一记载严禁以义子为嗣，并对不招外姓为嗣的原因解释得更为详尽：

> 不孝有三，无后为大。本支惟一，乱宗必严。使或以嗣息艰难，徒知抱无后之恸，而遂以螟蛉抚养，不知蹈乱宗之愆，则血脉即不与祖宗相流贯，而尊卑何敢与宗族相颉颃也哉？夫兄有后而弟孤，则侄即可以为子，乃张有冠而李戴，而义岂可以为男？！况应继无人，许择贤而立爱，即亲属无子，但取派之相当，国有明条，家宜严禁。非种必锄，毋惑于生骡之马；非类不养，毋甘为抱鸭之鸡。以子与异姓者，固自绝其后代；求子于异姓者，实自欺其先人。我欲接后而使彼姓之祖绝后，反己难问良心；我欲敬宗而使异姓之子窜宗，对人有失体面。告我各门，勿义异姓，上以安在天之灵，下以肃本支之辨。是所原者，尚其戒之！①

无论异姓之亲还是外姓义子，总之是弄乱了祖宗纯正的血缘，所以非种必锄、非类不养，不能做马生骡、鸡抱鸭之类的事。在所有这些傥论之后，未明说但必然也居于核心的，应该是保证家族的财产不至于外流他姓。而之所以需要在家规中这样一而再、再而三地强调，并以祖先和国法之名义长篇大论地讲述血缘不能弄乱的理由，一定也是因为引入娘家之亲为继和收养幼小义子为继的冲动广泛地存在。不愿由宗族安排，而宁愿自择后嗣，抱无后之恸而欲接后的家庭，在羊楼洞诸姓之中一定大有人在。

由于宗族严禁，族谱中也难得再见羊楼洞商人因无嗣而为女招外姓男子为婿的记载。羊楼洞商人并不是没有终身未嫁的女儿，例如饶氏羊楼洞商人的一位女儿饶篔(1807—1867)，年幼时烧伤了一只脚，"足毁于火，不良于行，因守贞不字"，没有出嫁，于是就住在母家。饶篔"生平着男子衣冠，不笄而弁。毅然有

---

① 《家规》，见《雷氏宗谱·孝字编卷首》，民国崇义堂本。

丈夫风",所以晚辈都称之为"伯"。"咸丰初,发逆四起,庐舍灰烬,时其伯弟已故,故室有世孝母黄孺人在,诸弟皆坐伤禾黍,力难复旧,伯与节孝母各出藏金,因旧址新栋宇数楹,而伯祖堂焕然重新,然非伯之材力卓绝不至此。嗟乎!伯固未尝学问人也,乃生平卓卓,可如是是,岂伟男子所可及者!"① 在男人们困坐愁城时挺身而出重建旧屋,饶箬的确有女中豪杰之气概。但是在男人们都拿不出钱的时候有力出手,可见她作为羊楼洞商人的未嫁女儿有一定的自有财产和作为家庭成员的权利。允许未嫁和不嫁之女拥有一定财产权利(是否为原定嫁妆之资转化而来尚无从确证),而又不招赘外姓人染指家庭财产,这也许就是作为宗族的羊楼洞商人对于继承问题的这一类别所提出的解决办法。

由于洞茶贸易景气,财富增长很快,家财数量诱人,所以羊楼洞商人家庭中对于继承权的争夺就变得更为激烈。为了争取继承权,羊楼洞的男人女人们费尽心机,且往往还流血搭上性命。但命运弄人,有时继承所带来的却并非是利益。继承人得到的,往往竟只是一堆债务。例如羊楼洞商人雷茂棠(苇亭):"先是,公世代席丰,至公,家已中落,分欠金至贰千余两。"② 再如羊楼洞商人雷畅(易斋):"先是,公父兄弟析居时,负债三千余金,公(案指雷畅)身任之,奔波拮据,次第清偿。"③ 又如雷豫纶(渤如),他在与伯父叔父分家时,"时家计已中落,负欠不下千金,先考(案指雷豫沦)不以累伯叔而独任之。公债私偿,未闻出一怨言"。④ 又如雷缙,他接手父业时,因"先王父手构住宅,债台累累,家道中落,粮无隔宿。自先君(按即雷缙)改业后,苦力支持,不以有无问堂上,境遇渐即于丰"。⑤ 这说明前文弗里德曼用来比喻中国宗族的"法人"以及科大卫用以形容宗族经营的"公司",并非现代意义上的"有限责任公司"。在债务人去世之后,债务并非会一笔勾销,如果其子仍要继承父亲的财产,也就必然要同时负担起偿还上辈人债务的义务,也就是所谓的子承父债。这种义务当然为继承带来负担和一定风险,却为债权人提供了更好的风险保障,为羊楼洞商人所一贯揭櫫

① 饶建藩:《附女郧贞孝传》,见《饶氏宗谱》,民国双峰堂本。
② 游恺:《苇亭公传》,见《雷氏宗谱·传上》,民国崇义堂本。
③ 游冯:《易斋公传》,见《雷氏宗谱·传上》,民国崇义堂本。
④ 雷习章:《先考渤如公暨妣邱孺人行述》,见《雷氏宗谱·传上》,民国崇义堂本。
⑤ 雷启英:《先君慎斋公传》,见《雷氏宗谱·传上》,民国崇义堂本。

标榜的"诚信"，提供了更好的注脚。这种"子偿父债"所带来的债务延续性，在当时尚无清晰的法律保障的情况下，提高了羊楼洞商人的商业信用资本，也增加了外来客商在羊楼洞进行投资的吸引力。

第三节　羊楼洞茶商与汉口茶贸

在羊楼洞茶市里，晋商凭借多年对茶叶加工运销的资本和经验，顺理成章地成为贸易中的主导者，羊楼洞本地商人则依恃在当地的社会优势及经商传统，联手晋商合作贸茶，成为重要的辅助生产者。对于深感主辅地位悬殊，不满于主要经营利润被晋商拿走的羊楼洞茶商来说，道光年间以英国需求为背景的粤赣红茶商人的到来，特别是汉口开埠和俄国商人的进入，都为羊楼洞茶商的发展提供了崭新的机会。

一、汉口开埠与洞商的发展

容闳于1859年到达汉口时，汉口尚未开埠，但他在《西学东渐记》中很有远见地指出了汉口即将开埠及其重要的商业地位："故在今日中国之有汉口，殆如美国之有芝加哥及圣路易二城。予知不久汉口之商业发达，居民繁盛，必将驾芝加哥圣路易而上之。"这一点很快得到证实。《天津条约》签订后，汉口于1861年正式开埠，很快就成为中国内陆最重要的商业中心。英、俄先后在汉口建立租界，俄商在汉口市场先后开设洋行，其中较著名的有新泰、百昌、源太、阜昌、顺丰、忠信昌、顺安栈、新隆泰、源隆、永福隆、洪昌隆、熙泰昌、森盛昌、公昌祥等，其中最著名如绍昌等，还附设新式工厂。英、美、德、法等国的公司也在不同时期在汉口分设支店，作为购货处或经纪公司。①

在五口通商的最初一段时间，在欧洲和俄国同时兴起了对于头茶的嗜好。"在中国茶叶中最珍贵的就是那些在春季采茶季节刚开始的时候采摘的茶叶。人们相信茶叶的质量会随着时间的流逝而变差。如果茶叶被暴露在潮湿的环境中的

---

① ［美］威廉·乌克斯：《茶叶全书》，侬佳等译，上海：东方出版社，2011年，第743页。

话，情况的确如此。但是在密封良好的容器中它们可以保存很长时间。尽管如此，还是产生了迷信新茶尤其是刚采摘的'初次绽出'的茶叶的风气。这与如今英国人竞相品尝第一次酿造的薄若莱葡萄酒的风气类似。"①当时苏伊士运河尚未开通，运茶船将茶叶从产地中国运往当时世界茶叶交易的中心伦敦，需要绕道非洲好望角，费时很久，在迷信新茶的情况下，最早运到伦敦市场的茶叶，会获得一个很高的价钱，而运输的船队彼此竞赛，也能够得到丰厚的运费和奖励。所以，船队之间，开展了非常激烈的竞争。为了最早获得最新头茶，英国商船到中国后都溯江而上一直抵达距离大批头茶产地羊楼洞最近的汉口。因为产量最为丰富的两湖茶区的头茶运到汉口后，一般五月即可上市开盘；而如果运到上海，则一般到六月才可开盘出售。如果直接从汉口购买头茶，然后直接从汉口起运，无疑能够大大节省时间，获得更好的利润回报。而在中国内陆，为适应这种对于头茶的需要，两湖、江西甚至安徽的产茶地区，也都将最好的头茶运到刚刚开埠的汉口集中，而只将二茶、三茶运到上海，在这种情况下，甚至上海的洋行都会在头茶开盘前来到汉口采买头茶以直接输出。1863 年，英国茶叶快剪船"挑战者号"从汉口直接装载第一批茶叶运往伦敦，成为汉口至欧洲航线的开辟者。②

　　汉口茶市由于英俄两国商人的竞买而紧张激烈。俄国商人很早就已来到汉口。1865 年，"有九个俄国人在这个口岸，他们可以读写汉语，每年春季到这里来，目的是购买茶叶"。③ 他们为购买最好的茶叶开出高价，1870 年，"两件宁州乌龙茶(按为红茶的一种)卖到每担 34 两到 35 两的价钱……俄国购买者非常喜欢这些茶，以至于九江的茶贩们都把茶运到这里而不是上海"。④ 俄国人阔绰的出手，使得很多英国商人都为之却步，常常不得不等到俄国人买好最初的好茶之后，再开价以较低的价钱购买，一旦成交，就迅速装船发运。即便这样，茶价仍

---

　　①　[英]罗伊·莫克塞姆：《茶：嗜好、开拓与帝国》，毕小青译，北京：生活·读书·新知三联书店，2010 年，第 80 页。

　　②　B. Lubbdck, *Opium Clippers*, p. 354. 转引自郑少斌主编：《武汉港史》，北京：人民交通出版社，1994 年，第 193 页。

　　③　*Commercial Reports*：*Embassy and Consular Commercial Reports*, Shannon, Ireland, 1972, p. 180.

　　④　*Commercial Reports*：*Embassy and Consular Commercial Reports 1867-69*, Shannon, Ireland, 1972, p. 559.

然逐年攀升，从统计可以看出，在汉口茶市上最受欢迎的是宁州红茶和祁门红茶，这是因为俄国人的喜好，"汉口市场一开市就出现了实际上是中国前所未有的过高的买价，如一笔为俄国人付的买价为每担 46 两。早期的发货大部分从汉口直接运去英国"①。而顶级的茶可以卖到每担 60 两白银。湖南安化和湖北羊楼洞的茶叶也十分受欢迎。1876—1887 年，羊楼洞上等茶的最高价为白银 57 两/担，最低价为 42 两/担，均价为 42 两/担；普通茶最高价为白银 18.5 两/担，最低价为 12 两/担，均价为 14.3 两/担。② 俄英茶商的竞买，使得茶商们将汉口视为比上海更能卖出好价钱的头茶市场，四面八方的顶级茶都汇集到汉口同台竞技，这也促进了汉口作为内地主要商业城市的发展。

在这一段时间中，中国茶叶和中国商人在市场上占有卖方优势。"英国伦敦各茶业行所久怨者，每逢新茶开出，辄见驻中国各茶师不酌情不量势，惟一味争买，以致一月之内出口到英国者有三四月可销之茶，各业主意，谓英茶师如斯争前恐后，半由前赴汉口所致，或二三人，或三四人，同寓一行内，见同居之人大为办买，不免我亦效之，以多买为荣。"③但这种抱怨是无法避免的。"由于商人们对清帝国内地各省的实际情况几乎毫无所知，这就排除了他们在茶季开始时能对大致的收成量作出任何估计。初期的大批到货未必表明就有较大的收成，而且由于第一批到货总是最好的茶叶，这就迫使希望运出优质茶的商人们，要么立即购入他们中意的那类茶叶，否则就要冒完全买不到的风险，从而使整个茶季没有生意可做；同样不足为奇的是，怀有希望的人们会轻易相信中国人非常懂得怎样使它传播开来的有关歉收或只有中等收成的传说。定货必须履行，海船必须装满，当收成不足的传闻变成大量到货的事实时，再要退缩就嫌晚了。"④这种对于采购不到合适茶叶的担忧更加激发了抢购的热情，"茶季在 5 月 27 号晚上 10 点

---

① 《领事文极斯脱关于 1866 年度上海贸易的商务意见摘要》，见李必樟编译：《上海近代贸易经济发展概况(1854—1898 年英国驻上海领事报告汇编)》，上海：上海社会科学院出版社，1993 年，第 130~131 页。

② 姚贤镐：《中国近代贸易史资料选辑》，北京：中华书局，1962 年。

③ 《申报》1877 年 6 月 11 日。

④ 《领事麦华陀 1868 年度上海港贸易报告》，见李必樟编译：《上海近代贸易经济发展概况(1854—1898 年英国驻上海领事报告汇编)》，上海：上海社会科学院出版社，1993 年，第 173 页。

开始，到凌晨 2 点，所有到达的茶都被订购了(大约 50 份)，价格每个小时都在攀升，那些等着早晨买茶的人一无所获。这样的热切和竞争，不在乎质量也几乎不在乎价格了，这些极大地刺激了茶商，根本就不在乎茶叶制造和包装的质量"。① 在这种情况下，洋商并"不能决定茶叶的价格"，茶叶的价格"由中国商人决定，被决定的茶叶价格是以茶叶的市场价格为基础"。② 在出口贸易非常有利的形势刺激下，羊楼洞茶业也进入了鼎盛时期，据日本人正川正一的调查，到同光年间，羊楼洞从事茶业"绝对的、相对的、与附属的商行及劳动者，凡五十一万人"，每年由晋商购置的砖茶为 1700 余万斤，由洋商(粤帮)运汉的黑茶生货(原料茶)为 2600 余万斤，红茶和粉红茶约 630 余万斤，青茶为 19 万斤，共计 4949 万斤。羊楼洞茶厘专局的厘税由咸丰五年(1855)的白银 18.38 万两，钱 11.49 万串，上升到白银 98 万两，还有学捐 1 万余串。③ 巨大的从业人员、茶货数字和专局厘税，说明整个洞茶茶区都因为景气而赚得盆满钵溢。

这一时期经营红茶并建有具名茶行的是洞商黄凤歧，他"别开生面，奋身商战，购办红茶，牌名'祥泰和'……果尔运与时合，每岁赚入，不下数千金"。④ 同样开有红茶庄的，还有雷兰亭，他"弃农归商，于附近冲要之处，另构铺屋一所，生意发达，堪与阛阓相颉颃。晚年扩充营业，在洞中独成字号，采办红茶，握算持筹，近日商务专家不及也"。从他们的身上，我们可以看到同光间及其后来羊楼洞众多商人利用红茶奋发致富的开拓。较大规模经营茶业而在黄氏族谱中有所记载的，有黄才扬(天瑞)。他是一位有经商天赋的商人，"练达事故，对于簿书钱谷，罔不精通，所以家运蒸蒸日上也。先生年二十余，鉴于世界潮流日趋商战，遂离坻亩，以授佃农，入市廛而亲阛阓。岁乙巳，萱堂告殂，严父昏卧，家务之负担，倍于往昔。先生益事进取，锐意商场，设红茶庄，素为群英领袖；营老青茶业，亦握优胜利权。虽其中时运有迁移，不无挫折，而先生能擘画精

---

① Commercial Reports：Embassy and Consular Commercial Reports 1867-69, Shannon, Ireland, 1972, pp. 206-207.

② 王艺：《羊楼洞青砖茶》，见湖北省志编纂委员会编：《湖北省志资料选编》第 1 期，1984 年，第 110 页。

③ 宋衍绵：《蒲圻县乡土志》，蒲圻县教育局民国十二年(1923)铅印本，第 90 页。

④ 黄于钊：《刘老宜人行状》，见《黄氏宗谱》，民国仁孝堂本。

详，恢复旧物。田之硗瘠者，且转而为膏腴焉。故二十年间，信用之昭彰，生意之发达，根基之巩固，兰桂之腾芳，胥基于此。则其阅历之深宏，岂仅高人一筹哉"。① 黄才扬是在清光绪、宣统年间及民国初年经营茶业的，如传所记切实，则他既经营红茶，也经营老青茶，且是一时的洞商领袖。作传者提及了日益形成商战的世界潮流，并称赞黄才扬"天性之狷介，远胜儒林，岂龌龊贾所能望其项背"，认为他经商的贡献大大超过业儒的士人，反映了作传者较开明的思想，亦可见作传者生活的时期其社会舆论已经发生了巨大的变化。

而在汉口开埠之后，继承传统，参与开辟并与外商交易颇有声色的，还有雷豫远(重亭)。雷豫远是雷立南的儿子，"其居市曰羊楼洞，以产茶闻于世。远来商无不主雷氏。行业之盛甲一乡。而先大父奉政公尤以自运粤，通中外商起家。嗣之者，惟府君(案：指雷豫远)。卓有声闻于江汉沪渎间。……穷研极究，殚心与力为之。岁或营一庄，多至二三庄者不等。遴能者数辈，策厉竞作，俯焉孳孳，人无暇旷。不数日且茶箱出口矣，又不数日且估直喧闻矣。府君则先期走沪汉，坐与论直，必蕲有以异人者。曰：'外人宁无眼力邪？'久之，洋商亦翕然诚信，时时殊视之"。② 雷豫远继承父业，采取亲走沪汉的方式，直接与洋商交易。每年或者经营一个茶庄，或者经营两三个茶庄。他选用有能力的人帮他干具体的事，自己则先到上海、汉口，与洋商们讨价还价，结果往往是捷报频传。雷豫远经营中也不是没有遇到过挫折。他的妻子王氏是上海人，平素与丈夫一起在汉口居住。她非常节俭，"身不御绮纨。稍贵重物，笥置而铜局之。十数年犹出示如新也。……其从府君汉寓，知书习权算，能佐治商事。一日，府君外归，颜额额不展，踯躅庭前以百通。孺人查有异，默念其时在月秒，货层压不訾，必市交往无厌者，即询以'诚月比窘邪？妾请任之'。府君曰：'唯唯。'然固以为谩也。有顷，则启笥出金珠累累然，易钜资俟来者矣"。③ 能在丈夫最需要的时候拿出首饰置换现银帮助丈夫渡过经营难关，这是因为她平时"佐治商事"，深谙茶务；而在困难时需要妻妾变卖首饰以渡过难关，则反映了雷豫远在商战中曾经遭遇的

---

① 黄于勤：《天瑞先生传》，见《黄氏宗谱》，民国仁孝堂本。
② 雷兆绂：《重亭公传》，见《雷氏宗谱》，民国崇义堂本。
③ 雷兆绂：《先考重亭府君姚贺孺人述(生姚附)》，见《雷氏宗谱·传上》，民国崇义堂本。

困境。

雷豫远也是极有性格的茶商。"其或居间人之故，为影射摧抑，则厉声怒骂，至尽挞发其奸。不得当，则阁置年余，不稍贬就。一时闻者称快。诸猾气詟。至相戒无欺雷三爹。盖俗称老年人有德望为爹，又府君行次居三也。"①"雷三爹"即雷豫远。当时一些作为洋商买办的广州人在收茶时常与外商勾结作弊，已是商场常事。一位被派往汉口观察茶叶交易的英国通信员曾注意并记录了这些作弊细节。他写道：

> 中国货主把茶叶运至汉口，他们委托广州经纪人出售茶叶，经纪人便把样品送到各家洋行，此时茶叶还在船上，外商洋行争购新茶的竞争总是很剧烈的，交易谈妥以后，广州经纪人便告知他的老板们，这些人对外国人的品格甚至姓名都不清楚。成交以后，茶叶便立即运往购茶人的仓库，进行验收、过秤等等。大概按市价多给了一二两银子的狡猾的购茶人，这时便乘机为难，说茶叶与样品不符，因此必须扣除一两银子，茶贩反对，但无法可施，因为，如果他把茶叶运走，他的茶叶也不会有人购买。先前急于争购茶叶的外商现在却像工会会员一样坚定，他们对别人不要的茶叶决不过问，这是对他们每个人都有帮助的一种制度。这位中国商人不得不依从扣价，然后是过秤，通过巧妙的手法，可以取得5%、8%、10%，乃至更高的秤扣。汉口海关承认3%的秤耗，其它扣头还不在其内。因此，一个购茶商可以通过这样或那样的方式得到10%—15%的扣头。汉口没有代表中国茶贩的行会，茶贩急欲售茶回家，而他所雇用的广州经纪人则更偏向外国人，而不向着他。②

中国官员也注意到这类情形，1895年户部奏上员外郎陈炽《振兴商务条陈》中就指出：

---

①　雷兆绂：《重亭公传》，见《雷氏宗谱》，民国崇义堂本。
②　*London and China Express*, Vol. 24, No. 995, 1882（9），p. 939. 转引自姚贤镐编：《中国近代对外贸易史资料》（第2册），北京：中华书局，1962年，第973～974页。

中国皆散商，洋商抑勒太甚，小商资本无多，只求速卖，于是掺杂伪质，跌价争售。洋商欺其愚懦，故意挑剔，低盘割磅，每以一人掣动全局。今年茶叶不能留到明年，洋商不买即无销路，遂相率以至贱之价卖出，而折阅难堪矣。①

陈炽的记述，反映了汉口茶市在经历极盛之后，开始走下坡路，市场由卖方主导，逐渐转为英俄买方主导。雷豫远以对狡猾经纪人厉声怒骂，尽情揭发，得不到应有价格宁肯搁置逾年，不卖也不肯屈为降价，使外商也对他另眼看待。外商在与之交易时是否真的展现"翕然诚信"，值得研究，但雷豫远确如传所述，即使在茶叶行情开始滑坡的情况下仍然有开拓，有个性，使闻者称快，诸猾气詟。

再如洞商雷豫壊(1845—1903)，"少不屑为举子业，让两弟者读，而自请学贸。时中外通商约成矣，公承茶行世业，以故有宅第葺而新之，拓而崇宏之，主粤商之揽有欧洲人之运华茶出口者，其业日发展，而租入亦岁有增埤。既又纠同志，组为坐贾者二，一货业，一钱业，规模具矣。始绌于财力不可支，公复罄已有且称贷富室，盖厚资本为之基，人固信仰公一言者，故事易集也。由是岁无不倍利，事无不亿中，范围之所推及，而荆沙，而武汉，而长岳，皆驻置支部，便交通焉。其附近之羊楼司、聂市、沙坪、黄沙堰诸茶埠，则所在有茶庄，或独资，或合业，岁不止一埠，埠不止一庄，每茶市期，出入动以百万计。公于此宏酬肆应，圆听兼视，举遐迩钜细，剧易纷纭万机，无不操纵于一人之心与手，而措施裕如，盖材力过人者远矣。方公之初起也，田不十亩，屋仅容茶商者一，逮其暮年，则腴田倍增，新拓巨宅四五，能主粤晋大商不一户，且它埠亦时有购入者"②。雷豫壊改变了洞商一直以来汲汲于科举业的执着，少时即自请经商，在传统坐商茶行的基础上，利用中外通商缔约的时机，开辟事业，兴办货业乃至于钱庄，将事业由羊楼洞周边拓展至武汉、荆沙、长沙、岳阳，每年茶市出入动辄

① （清）刘锦藻编纂：《清朝续文献通考》卷四十二《征榷四》，北京：商务印书馆，1955年。

② 雷兆绂：《霁轩公家传》，见《雷氏宗谱》，民国崇义堂本。

上百万两白银的规模，为当年创业者们做梦都难以想见的巨大生意。雷豫堧的确为洞商中不可多见的大手笔，传记称之为"财力过人"，实为的论。

再如雷辅臣（倬溪），他不为坐贾而为行商，"往来江汉上海等处，获利无算，家益饶裕"，[1] "一时之采办红茶者，挈亿万赀购货至汉上，与夷人交易，恒倚公为经理。夷商亦服公信义，不敢欺"。[2] 从这段记载看，雷辅丞在自己业茶的同时，似乎还充当其他茶商与外国茶商交易的涉外的捐客，这反映了洞商在与洋商的交易中已经有了属于自己的更加专业的人才。

输英茶路的开辟，英商代理人粤商的到来，特别是中外通商缔约，彻底打破了茶贸的旧有格局，改变了茶贸场域中的游戏规则，为羊楼洞商人提供了一个反向走出去的大好商机。也许是由于中外通商草创，粤商的组织尚不如晋商严密，其商业行为较易模仿，羊楼洞与广州的距离相对较近等原因，再加上太平天国平定之后，羊楼洞到汉口、上海水路的开通，又为红茶贸易的快速发展提供了极好的条件。我们至今仍可以从羊楼洞《雷氏宗谱》《饶氏宗谱》《游氏族谱》《黄氏宗谱》等记载中，不断发现更具开拓性的洞商，上述种种可能都是原因。但无论如何，输英茶贸，为洞商提供了一个行商而不仅仅坐商的机遇，在行商过程中，洞商们作为一个"本帮"群体臻于成熟，更多地展示出他们的商业才华和开放的商业视野。

二、英商退出

洞商发展到一定时期，又获得了他们迫切需要的社会资本，即以洋商为背景的粤赣红茶商人的进场。这当然应该是他们主动努力的结果。游澄祖父的"单骑入吴"，他对于吴地红茶商关于"洞茶质秀而味厚，较他商埠尤佳"的游说，经他成功游说之后的"导客来羊楼洞"，都说明在当时洞商自身的发展遇到瓶颈的情况下，迫切希望引入新的社会资本关系来突破传统的单纯与晋商交易的格局。

新的社会资本的进场，成功地突破了晋商对于商路和终端市场的垄断，洞商

---

[1] 周宗道：《雷母余宜人暨媳周孺人合传》，见《雷氏宗谱·传下》，民国崇义堂本。

[2] 王礼仪：《雷辅丞公传》，见《雷氏宗谱·传上》，民国崇义堂本。

利用这一新的机遇成功地走出去，成为与晋商平起平坐的行商，将更大份额的商业利润揽入怀中，并逐渐成长为真正独立经营的商人集团。在这一个层面上说，他们比此前福建下梅村那些晋商在福建的停居主人们更加幸运。在客观方面，由于晋商在福建下梅村营茶时自己投入大量资金买山建屋、植茶造货，并没有留给下梅当地乡绅士民们多少自己深度参与茶务的空间；但晋商来到羊楼洞之后，因为在下梅村大量损失不动产的惨痛教训，他们不再投资于土地和行屋，而只是争取本地绅商以不动产投资合作，这就给了洞商们深度参与茶务的大量机会。主观上，因为洞商的坚持和自身的不懈努力，他们在与晋商合作时学到了业茶的知识和经验，而在新的对外开放的形势下，他们的坚持和主观努力又等来了新的发展机遇，他们于是主动引入新的社会资本进场，利用粤赣茶商这些新的社会关系，他们得以走出去，走广东，到汉口，下上海，直接面对客商和洋商，在新的舞台上，演出了一出出生动的商业活剧。其中一些特别有能力的人，利用走出去经商之后变得更加开阔的眼界和胸怀，重新整顿羊楼洞当地市场秩序，并也像当年的晋商一样，将茶庄和分号开到各地，并建立自己的钱庄，无限扩大自己的经营规模，达到早期洞商所无法想象的每茶季百万两白银的经营规模。

然而在汉口茶市上，英国人面对着俄商的激烈竞争。1861年汉口根据商约开埠之后，俄国人就属于最先成批抵达汉口并积极开展茶叶收购活动的商家，并在汉口刚刚开埠的头茶竞卖时期，以阔绰的出手震惊茶市，压过英国商人的风头。在逐渐站稳脚跟之后，俄国人逐渐在汉口茶市对英国人采取了更加咄咄逼人的态势。以采购花香（红茶的一种）为例，1877年，当花香刚刚上市时，英商即以每担白银六两的价格买进，而俄商通过其买办代理人得知市场花香存货较多，于是联合全体俄商冻结市场，逼迫茶农降价，最后竟以每担3.6～3.8两白银的低价买到了大量所需的花香茶。① 1878年，在英国人以6.5～9两白银的价格购买了200万磅花香之后，俄商仍用上述方法，利用下半年茶农低价抛售时机，仅用每担3～6.5两白银的价格大量购进。1880年，英国的买价为每担8.5～9.25两白银，而俄国人仅为每担4.35～6两白银。② 俄国政府大力支持俄商与英商的

---

① ［俄］斯卡利科夫斯基：《俄国在太平洋的贸易》，彼得堡，1883年，第273页。

② ［俄］斯卡利科夫斯基：《俄国在太平洋的贸易》，彼得堡，1883年，第276页。

竞争，并于 1862 年通过降低陆路运往俄国茶叶的关税，强行降低了自伦敦市场上采购的华茶比重。新的进口税规定："绿花茶每俄磅 40 戈比，红茶 15 戈比。而经海路运来的绿花茶每俄磅课税 55 戈比，红茶、砖茶 38.5 戈比。"①由于海路运往俄国的茶叶税收大大高于由陆路运往俄国的茶税，这就保证了经恰克图输往俄国的茶叶长期保持很高的数额并不断发展。而陆路运输的茶叶有很大一部分属于俄商自购或自制茶。俄国人通过这种方法，挤压了英国人所购茶叶的利润空间，并使过去需要在伦敦转购英国采入的华茶以满足需求的庞大而稳定的那部分俄国国内市场转由俄商自己占有，利润于是成倍增长。1878 年英国从中国进口的茶叶总体亏损，而就在英国人"因进口货物遭受重大损失时，几乎所有的俄国人都发了财，在汉口过着与英国人一样的奢侈生活。每个俄国商行都有独立房舍，均是从英国商人手中以原价 1/3 的价钱买来的。房舍旁边有石砌的仓库，用来储存茶叶，还有制造砖茶的工厂"。②

为了与英国人竞争，自 18 世纪 70 年代初，俄商还加入汉口英商俱乐部，购买其股票，不断扩充自己实力。经过十余年努力，到 18 世纪 70 年代末，俄国人已经占据汉口英商俱乐部 1/3 的股份，而在俱乐部领导层常务理事中，俄国人已经占据了一半位置，其余一半则由英国人、德国人、法国人、美国人和葡萄牙人担任。③ 俄国人在英国人创办的贸易组织中占据了领导权。

受到俄国人激烈竞争的英国商人，在强大的压力下采取了另辟茶源的策略。几乎与早年跟俄商在汉口大规模竞购茶叶的同时，在印度和锡兰，由英国商人大力倡导，以公司的形式，开展了大规模的茶园建设。印度和锡兰是英属殖民地，土地和人力便宜，这些地区植茶条件得天独厚，锡兰的采茶季几乎全年持续，印度阿萨姆也可持续 9 个月以上。英国以公司方式组织社会化大生产，到 19 世纪，印度和锡兰茶的产量越来越高，质量控制也越来越稳定，输往英国的量也越来越大，在与中国茶的竞争中，印锡茶越来越显示出规模生产的优势。18 世纪 80 年代以后，英国逐渐退出华茶市场。至 1910 年，羊楼洞红茶出口自高峰时的每年

①　[俄]斯拉德科夫斯基：《俄中经济贸易关系史（1817 年前）》，彼得堡，1883 年，第268 页。

②　[俄]斯卡利科夫斯基：《俄国在太平洋的贸易》，彼得堡，1883 年，第 251 页。

③　[俄]斯卡利科夫斯基：《俄国在太平洋的贸易》，彼得堡，1883 年，第 255 页。

数千万斤，降至 19258 箱，96.29 万斤。①

三、俄商垄断与羊楼洞包茶庄

英商退场也导致俄商的行为方式和羊楼洞茶业结构发生改变。

在英俄商人在汉口竞购的时期，俄国并不满足于仅仅花大银子抢购头茶和花香茶。就在汉口开埠不久，1863 年，为了减少环节、降低成本，俄商李凡诺夫（S. W. Litvinoff）的顺丰洋行就以招人包办的方式在羊楼洞兴办顺丰茶庄，并建厂制造茶砖，生产的茶砖全部运往俄国西伯利亚地区。这在当时属于违反中国政府规定的行为，但是俄国人以"华人采茶，每有搀和之弊"为借口，开始是自行深入到洞茶产区直接从茶农手中收购茶叶，继之以中国买办的名义租房设厂，这种行为最终被清政府默许。过了两年，巴提耶夫带人从汉口出发，深入羊楼洞茶产区调查，接着又如法炮制，兴办了新泰砖茶厂（1866），1871 年，又开办了规模更大的阜昌砖茶厂。② 这种情况在当时英国人的贸易报告中也被提到："茶砖的制造几乎全部是为了俄国市场，直到最近几年以前，它是在汉口附近内地产茶地区在俄国商人的监督下制作的，地点是崇阳、羊楼洞和羊楼司。"③由于当时在羊楼洞茶区设厂制造茶砖的仍多为晋商，使用的机械虽然已由最初粗笨的巨木压榨机改为俗称牛皮架的螺旋攀盘压制机，压制技术有所提高，但仍然只能算得上是手工作坊。而李凡诺夫和巴提耶夫希望所办的厂采用蒸汽机械压制，所以不久之后，1873 年至 1876 年，他们就陆续将工厂都搬到汉口。"茶砖以往是在产茶地区加工生产的，但是俄国商人现在把它们转移到汉口了。在汉口他们有为蒸汽机配套使用的更大设备，这比用手工生产更合适也更经济；在这里他们可以保护财产免遭火灾，而如果在远离外国人定居的地方就做不到。"④工厂搬到汉口后，生

---

① 《最近汉口工商业一斑》，《汉口茶业公所报告》，1911 年 8 月，第 11~19 页。

② 王艺：《羊楼洞青茶砖》，见《湖北省志资料选辑》，第 148~152 页，《湖北省志大事记》，第 40 页。

③ *Trade Reports*，*1876*，转引自湖北省志贸易志编辑室：《湖北近代经济贸易史料选辑（1840—1949）》第 1 辑，1984 年，第 24 页。

④ *Embassy and Consular Commercial Reports*，*1874—1877*，Shannon，Ireland，1972，p. 36. 转引自茅家琦：《中国旧海关史料》，北京：京华出版社，2001 年。

产设备大为改观，"这些工厂装备有先进的砖茶制作机器和发电设备，并负责向成千上万的当地居民提供照明用电。砖茶所用原料是普通的茶末……四个工厂共有砖茶压榨机 15 台，每天最多能够生产砖茶 120 篓。这种茶主要销往西北利亚"。① 由于机器的使用效率和质量都大为提高，每天生产得更多，机器压制的茶砖更加紧致，外观更好，售卖时也可以获得比手工压制的茶砖更高的价格。资金雄厚，技术先进，原料和劳动力价格低廉，再加上有辽阔的俄国国内市场需求，销路通畅，所以俄商开办的这些茶砖厂发展极快，获利甚丰。顺丰、新泰两厂各雇用工人 800~900 人，资本金各 100 万两白银，年产茶砖 10 万箱以上，合200 万磅。而阜昌茶厂雇工达 2000 人，资本金 200 万两白银，规模在当时绝无仅有，见表3-1。

表3-1　1863—1881 年俄商从汉口输入的茶砖量与1871—1880 年
俄商砖茶厂所产茶砖数量的比较　　　　（单位：箱）

年度	从汉口输入茶砖量	年度	俄茶砖厂产量
1863	10500	—	—
1864	14700	—	—
1865	15700	—	—
1866	42963	—	—
1867	53007	—	—
1868	58150	—	—
1869	77003	—	—
1870	58744	—	—
1871	84120	1871	84120
1872	161055	1872	101155
1873	107664	1873	107664
1874	93386	1874	39386②

① *Hankow Decennial Report, 1892—1901*，转引自茅家琦：《中国旧海关史料》，北京：京华出版社，2001 年。

② 或当为"93386"，原文如此。

续表

年度	从汉口输入茶砖量	年度	俄茶砖厂产量
1875	103322	1875	105953
1876	69626	1876	70136
1877	58115	1877	57331
1878	76292	1878	76292
1879	103669	1879	103669
1880	79923	1880	89588
1881	92891	—	—

（资料来源：［俄］斯卡利科夫斯基：《俄国在太平洋的贸易》，彼得堡，1883年，第271页。）

从可比较的数据可知，到19世纪70年代，俄国从汉口输入的茶砖量已大致与俄商设在这一地区的砖茶厂产量一致，输俄茶砖基本上已由俄商设在这一地区的砖茶厂自产自销。

经过俄商及其买办的努力，到20世纪初，俄国已经占据了绝大多数两湖地区的茶叶深加工生产（表3-2）。"实力雄厚的俄国商行左右着汉口茶市。1893年，仅莫尔恰科夫-佩恰特诺夫商行、波波夫兄弟公司、托尔马克夫公司和奇尔利夫-巴提耶夫公司四家，就由汉口发往俄国3500万俄磅以上茶叶。"[①]

表3-2　1901—1905年汉口地区的俄国砖茶厂逐年生产的茶砖数

（单位：箱）

洋行名	年度				
	1901	1902	1903	1904	1905
新泰	54788	57172	11054	78364	106378
阜昌	112110	76135	96200	108731	97760
顺丰	98449	85979	69505	73889	80322

① ［俄］托尔加舍夫：《中国是俄国茶叶的供应者》，《满洲公报》1925年第5~7期。

续表

洋行名	年度				
	1901	1902	1903	1904	1905
百昌	5220	51507	52279	57839	16483
源泰	8188	15064	20474	15810	3504
天裕	26700	35129	34381	33196	21916
宝顺慎昌	45398	36793	37907	37303	20204
昌泰	6300	7681	40864	57110	12126
怡和	14290	19504	13815	29661	10676
祥泰	7522	8412	8955	5323	5358
美昌	—	—	—	—	3815
巨昌	14424	18270	10495	—	—
合计	403390	411686	495416	497226	377553

（资料来源：武汉市档案馆藏：《武汉市工商业联合会·工商发行类》第 117 宗 130 目 1183 页。）

中国出口砖茶的 90% 以上销往俄国，其中 19 世纪最后 10 年运往俄国的砖茶占中国出口砖茶的 95.9%。1901—1917 年这一比例为 94.8%。[1] 而俄国进口的砖茶约 40%、最高年份约 50% 已由俄商自己生产。这种生产格局也对羊楼洞茶区的生产方式产生了重大影响，原来由晋商开办的多数砖茶厂因无法与俄国机器竞争而停业。在顺丰、新泰、阜昌三家俄商茶厂搬迁到汉口之后，留在羊楼洞茶区的俄商旧茶厂则专门为其新厂购置原料，这种原料被称为"包茶"，即将从茶农处收购来的毛茶进行最简单加工之后装包外运的原料茶。许多羊楼洞本地人亦经营起了包茶。"包茶庄专制散茶，运销汉口洋行，以供茶砖厂压制茶砖之原料；因所制之茶装袋成包，故称'茶包'。"[2]"羊楼洞之包茶庄，多系本地人经营，收购山户毛茶，制成包茶，经由汉口忠信昌茶栈之介绍，售与俄商，压制茶砖。……

---

[1]　刘廷冕：《近五十年来华茶出洋之指数及百分比》，《统计月报》，第 30～31 页。

[2]　金陵大学农学院农业经济系调查编：《湖北羊楼洞老青茶之生产、制造及运销》，南京：金陵大学农业经济系印行，1936 年，第 11 页。

民国二十三年羊楼洞共有包茶庄十一家，据清查统计，共购入毛茶二六〇二·一四担（旧秤），制成包茶二一六六八·五〇担，平均毛茶一百斤，可制包茶八一·七六斤。"①表3-3包茶成本表可资参考。

表3-3　包茶成本表（6868市担）

项目	各项总用费（元）	每市担用费（元）	占总用费百分比
毛茶价	35000.00	5.13	63.9
资本利息	4410.00	0.64	7.9
运费	2988.00	0.44	5.4
雇员	2880.00	0.42	5.2
售茶佣金	1680.00	0.25	3.0
捐税	1669.00	0.24	3.0
制茶人工	1245.00	0.18	2.2
堆栈保险及茶楼磅费	1095.60	0.16	2.0
包装	990.00	0.15	1.8
房屋	700.00	0.10	1.3
器具	638.08	0.09	1.2
拣工	562.00	0.08	1.0
交际费	400.00	0.06	0.7
旅费	400.00	0.06	0.7
灯火	300.00	0.04	0.5
杂支	120.00	0.02	0.2
总计	55677.68	8.11	100.00

（资料来源：金陵大学农学院农业经济系调查撰写：《湖北羊楼洞老青茶之生产制造及运销》，南京：金陵大学农业经济系印行，1936年，第13页。）

包茶的毛茶为老青茶，包茶庄要对其毛茶进行切、筛之后，分为洒面、二面、里茶三种，然后分类装入布制大茶包，用草绳捆紧后运往汉口。红茶庄也将

① 金陵大学农学院农业经济系调查编撰：《湖北羊楼洞老青茶之生产、制造及运销》，南京：金陵大学农业经济系印行，1936年，第12页。

收购的红茶进行初步的烘焙除湿后装包，运往汉口。而在汉口，由于英商退场，俄商垄断经营，他们也得以为所欲为。例如，当时新泰洋行规模较大，茶栈安装有通风设备，茶叶因此不易受潮发霉，一般运销商在大宗茶货运到后都送入新泰洋行茶栈库房堆存。而每到货物进栈，主持收购的俄商买办就指使经办人翻堆拆包，挑剔品质干湿，克扣过秤斤两，剔除破损的茶包，拒不过磅，对所有翻拆抛落地上的茶叶，一律视作仓余。用这种方法，克扣存栈商人的茶货。

19 世纪末及以后，不少原来生产红茶或后来新设的本地茶庄也开始生产包茶，售往汉口俄商机器砖茶厂。在极盛时期，羊楼洞每年运到汉口的包茶量约为 2600 万斤，包茶数量开始超过砖茶产量。以下是地方文献中记述的羊楼洞邱姓洞商经营的包茶庄：

> 邱家大屋座落在羊楼洞古镇土地咀，坐北朝南……祖父邱春芳以商人的慧眼于 1916 年，建造了"春生利"茶庄落址于此。茶庄占地 6000 平方米，具有独特建筑流派，既是民族文化的孑遗，又引申出三十年代古镇茶叶发展的兴荣。既有设计建成居家归宿之地舒适宽敞，以静为韵律；又以它的装典豪华铺张，也是商人为顾客显露独有之傲。同时更具有茶叶制作和贮藏转运站的功能。大屋场前一口鱼塘。远眺湘山连绵，真是"一水护田将绿绕，两山排闼送青来"。石大门上方双狮府迎，拱型石座捍立泰然。上下两层。前后三重，一重重伸进，居家仪礼如在目前。上重堂屋，对柱直径二尺有余，双抱有盈，其势俨然。弓楹浮雕，隶书厚重庄严，"圣德覆群生鸿麻普佑，神威震华夏正气钟灵"，横额"乾坤正气"。南墙上沈昌五题诗云"结屋清凉景，全家画图中"，下是此屋写照。正堂屋左右为内宅，上正房为客厅，夏躺广藤椅，冬垫虎皮毯，红木炕床配小几，上墙烤漆仕女图，白瓷银托茶具，景德镇薄胎珠沙撒金瓷器，景泰蓝酒具，青铜盆、盂，折射出洞镇当日文化时尚。正屋天井两侧为厢房，间间门栊精镂，有吉祥花卉，传说故事，戏曲小说人物均栩栩如生。天井石阶墙墩，工艺高超，如一部雕刻美学。中堂屋北侧为账房，高高柜台，严严实实门窗。下重堂屋，为几十名茶工住宅。全部建筑呈纵深型推进状。上堂屋西侧双扇精雕隔门通往附营糟房，一米直径人高木桶，排排溢香，侧门径通石板巷口，与下堂屋南出"春生利"附酒店铺

门平行。天井有五，各屋既具独立之功能，又与"春生利"融为一体。①

文章少见地描述了洞商当年大屋的内外环境与装修，以"豪华铺张"加以概括，并说明这种展现豪华，主要目的是向茶庄的顾客显摆自己商业实力。但门前石狮，三重二层的堂构，雕梁画栋，正堂虎皮藤椅，红木炕床，精细且富有文化意味的摆设和楹联，则确实让人叹为观止。该文的后半部分主要述写茶庄：

> "春生利"主要经营散茶，是谓包茶商，祖父与崇阳巨富巴祖赐共同收购茶叶制成原茶，供汉口兰陵路俄商制茶砖外销出口，反镇时与各匹头铺杂货店带回汉货，双向盈利。大屋楼上深长硕大，为跑马楼，可晾储茶八万余斤，可供两部线架打线。春茶收购旺季，门口车水马龙，茶农肩挑车推，茶袋长队时里诗［待］售，楼上楼下堆茶如丘，排排焙笼列阵以烘，两百余拣茶工仙女散花般挥手挑选，几十个做茶工舞动着茶筛、撮箕。茶在飞舞，茶在旋转，做好的茶一包包、一箱箱运往赵李桥，及时装上火车，赶趟儿似的运向汉口。茶的海洋，茶的芳香，那时整个小铺沸腾了，"春生利"茶行先生喊票声，卖茶人相坐酒铺长条桌上对饮碰杯声，江西茶工原生态高亢声，线车吱吱声……汇成一组浩大的古镇茶市交响乐，而'春生利'则是乐章里一个音符。②

"春生利"为羊楼洞邱氏与崇阳人巴祖赐合营，"是谓包茶庄"，且主要"供汉口兰陵路俄商制茶砖外销出口"，是俄商新泰砖茶厂的供货商。从文章的描述中，我们可以窥见当年本帮茶商家居及其茶庄的富丽，以及收购和制作茶货时的喧闹情景。再如刘氏包茶庄：

> 刘氏茶庄建于 1840 年左右，地址在现在的观音街，北邻雷祖庆祖父所

---

① 百岁老人邱正瑞、游慰先口述，邱令英整理：《"春生利"茶庄》，见游谟俊主编：《洞天福地——鄂南古镇羊楼洞》，香港：香港华文出版社，2008 年，第 74 页。
② 百岁老人邱正瑞、游慰先口述，邱令英整理：《"春生利"茶庄》，见游谟俊主编：《洞天福地——鄂南古镇羊楼洞》，香港：香港华文出版社，2008 年，第 74 页。

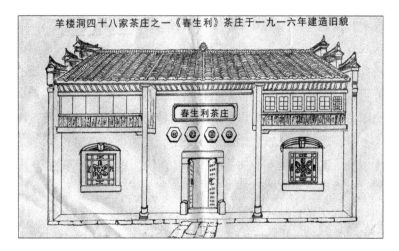

图 3-2　羊楼洞"春生利"茶庄

（资料来源：由羊楼洞镇人士游谟俊于 2012 年 12 月提供。）

办茶厂及兴隆茂茶厂，南邻犟八爹的茶厂，前起港边马路（从北山过原石桥，经庙场石桥沿港上至观音口前的义兴茶厂），两座石大门并开六间。后（东）抵池塘畈上的雷氏祠堂，共九重八个天井。楼下为青砖，楼上为四六九泥砖横做成墙（即筷子砖）。楼下为收茶和堆放原茶的地方，楼上为女工拣茶和成品茶的仓库，堂屋为薄方砖地，房屋为离地尺许的洞板。同其他茶厂一样，楼铺厚木枞树板，贯通可以跑马。当时由刘秩臣（彬臣之弟）当老板。该茶庄主要出租收茶，曾先后出租给陈、邱、廖各氏收茶。如廖祖法（廖家畈茶商）收茶运往武汉。民国九年"阜昌茶包厂"，职工达 589 人，茶 30000 箱包，值洋 120000 万元（大洋），仅次于"永茂祥红茶厂"，可见规模之大。还设过"福兴阜昌茶厂""小昌茶厂"等等不一。①

由"该茶庄主要出租收茶"看来，上述刘氏所谓"茶庄"应为"茶行"性质。租用刘氏大屋所开设的"福兴阜昌茶厂"和后来的"小昌茶厂"，即为俄商阜昌洋行在羊楼洞所开设的砖茶厂。阜昌洋行后来将砖茶厂搬到汉口并扩大规模，在羊楼洞仅留下为其收购原茶的包茶庄，这就是后来的"阜昌茶包厂"。

---

① 刘子政：《刘氏茶庄》，见游谟俊主编：《洞天福地——鄂南古镇羊楼洞》，香港：香港华文出版社，2008 年，第 68 页。

由前文看，茶包厂职工近 600 人，年产值达 12 万银洋，应该算是具有相当规模，但这仅仅是外表。当年受政府委托在羊楼洞进行茶业调查的金陵大学专家们的评价对此可是很不乐观："包茶庄之资本大都薄弱，除一二家自有充分资本，不须借用外资外，余皆向汉口茶栈或银行借款，以资周转。俟茶叶脱售后，本利归还。"①民国时期专业的调查报告所描述的这种情况，是由于最能产生利润的关键生产环节被俄商掌握，所以在繁荣的表象下，实质既是产地利润的减少，也是原本属于中国商人的利权的部分丧失。"俄商直接深入内地产茶区从中国茶农手中收购茶叶，也使原属于华人茶商的流入了俄国商人之手。"②利权的丧失，反映了当时中国社会的半殖民地化加深。

四、晋商失利、俄商退出与洞茶业的嬗变

早在 20 世纪初，由于场域内权力和游戏规则的改变，晋商的经营环境显得十分不利。俄国官员鲍戈亚夫连斯基曾对这一改变给俄国商人带来的好处直言不讳："一直到目前，我国商人经营茶叶的条件都很不错，因为中国当局怕引起俄国领事的误会，不敢对俄商太严，所以，俄国臣民在这方面有较多的自由，他们既可以在中国西部地区就地作茶叶生意，也可以把茶叶运到俄国境内。除了这一宗可称为非法的贸易之外，我国的商人还可以在其他一些地方，例如在塔城，完全合法地做茶叶生意。为此，他们经常在政府没有实行专营的科布多，甚至在张家口收购茶叶，然后经蒙古运到离边界五十俄里以内地带的塔城和其他地方。"③由于缺乏政府的保护，又由于运费和税率过高，晋商无法与俄商竞争。1910 年，芦汉铁路通车，晋商唯一依凭的汉口—樊城—张家口—恰克图陆路运茶线失去意义，于 1911 年停止运茶。1911 年辛亥革命，不少蒙古王公和上层喇嘛乘机拒偿所负晋商债务；1917 年十月革命，不少晋商在俄资产被大批没收；1921 年外蒙古宣布独立，1924 年外蒙古正式宣布建国，许多旅蒙晋商被杀，大量财产被没收，大多晋商从此一蹶不振。1925 年，苏联实行茶叶专卖，成立茶业托拉斯（Tea Trust），并将内外蒙古纳入其经营范围，晋商无法再到达北部边疆，传统市

---

①　金陵大学农学院农业经济系调查编撰：《湖北羊楼洞老青茶之生产、制造及运销》，南京：金陵大学农业经济系印行，1936 年，第 12 页。

②　郭蕴深：《中俄茶叶贸易史》，哈尔滨：黑龙江教育出版社，1995 年，第 98 页。

③　[俄]鲍戈亚夫连斯基：《长城外的中国西部地区》，新疆大学外语系俄语教研室译，北京：商务印书馆，1980 年，第 194 页。

场进一步受到挤压。1929 年，大盛魁宣布歇业。

20 世纪 30 年代，晋商在羊楼洞的茶庄还有长裕川、大德生、兴隆茂、宝聚川、天顺长、天聚和、义兴、大德钰、瑞兴、大昌玉、德巨生、巨贞和、巨盛川、复泰谦等 14 家，较全盛时大幅减少，其中有制茶厂的茶庄数量下降，在羊楼洞茶号中所占比例更为减少。而且，那些最早来到羊楼洞，曾经让人一望而生敬意的老字号，如三玉川、慎独玉等，再也没有在名单中出现。① 即便如此，晋商仍然努力维持局面，就在羊楼洞兵荒马乱，地方迎来送往，经费拮据，几无力维持之时，"山西黑茶帮曾以全体名义侈仪用享"，② 捐款维持。无奈时移势异，终于仍旧式微。

老牌晋商的衰微固然是因为时代天翻地覆的变化，但是也有其自身的原因。依靠落后的生产运输手段和经营方式，就是原因之一。晋商长期以来持"以末聚财，以本固之"的落后经营理念，对于生产环节投入不足，在羊楼洞长期依靠手工压机制茶，在机器突飞猛进的时代仍然依靠人力、畜力运输，由此失去了曾经拥有的优势和先机。与老牌晋商相比，20 世纪后起的一些晋商显然意识到了传统晋商自身的弊病，并力求跟上时代，例如长盛川、义兴、宏源川等茶厂在使用机器方面所作出的改进。但是最后的打击来自外敌入侵。20 世纪 30 年代末到 40 年代中期抗日战争爆发，自此以后，晋商的足迹就再也没有真正出现在羊楼洞的土地上。

1891 年 4 月 20 日，春光明媚，湖广总督张之洞在武汉长江边名楼晴川阁设宴招待俄国皇太子尼古拉·亚历山大罗维奇·罗曼诺夫。酒过三巡，张之洞举杯"贺俄皇康泰，祝太子一路福星"，俄皇太子亦起立致辞："贺中华大皇帝福寿，祝贵大臣康宁!"张之洞即席赋诗赠俄皇太子和这次与之同行的伴侣希腊王储格尔基，诗中有"日丽晴川开绮席，花明汉水迓霓旌。壮游雄揽三洲胜，嘉会欢联两国情"③之

---

① 三玉川茶号于 1930 年宣布停业。

② 雷玮章撰：《作人先生传》，见《饶氏宗谱》，民国双峰堂本。

③ 张之洞即席作诗两首，其一为《俄国太子来游汉口，飨燕晴川阁，索诗索书，即席奉赠》："海西飞轺历重瀛，储贰祥钟比德城。日丽晴川开绮席，花明汉水迓霓旌。壮游雄揽三洲胜，嘉会欢联两国情。从此敦盘传盛事，江天万里喜澄清。"其二为《希腊世子(俄太子之戚，来同游者，年甚少)》："乘兴来搴楚畹芳，海天旌旆远飞扬。偶吟鹦鹉临春水，同泛蒲桃对夜光。玉树两邦联肺腑，瑶华十部富缣绸。汉南司马惭衰老，多感停车问七襄。"见(清)张之洞、(清)刘坤一：《张之洞、刘坤一诗文选译》，戴显群、林庆元译注，成都：巴蜀书社，1997年，第 3~4 页。

句。次日，这位 22 岁的俄皇太子就和希腊王储及其他随员一起，来到位于汉口列尔宾路口（今兰陵路口）的俄资新泰茶业公司，参加他这次到汉口的主要节目——出席新泰茶砖厂建厂 25 周年庆典。

汉口俄商头面人物，李凡诺夫、莫尔恰科夫、佩恰特诺夫、波波夫、托尔马克夫、奇尔利夫，以及皇太子的表兄巴提耶夫，① 个个兴奋异常、兴高采烈地参加这次百年难遇的觐见盛典。

尼古拉皇太子回国后不久就即位成为沙皇尼古拉二世，而汉口的俄商已经确定在茶叶商战中击败了强大的英国对手和生产方式落后的中国山西商人，前景似乎注定灿烂无比。但是命运弄人，1917 年俄国爆发布尔什维克革命，尼古拉二世被枪毙，列强干涉，俄罗斯局势持续动荡，食品短缺，艰难生存的苏维埃政权宣布茶叶为奢侈品，不予进口，华茶输俄之路骤然中断。阜昌、顺丰两大茶厂歇业，新泰由英国商人收购，更名为太平洋行茶砖厂。1921 年，巴提耶夫黯然离开中国。1927 年，俄商买办刘子敬因多项生意失败破产，并于次年在庐山去世，年仅 44 岁。1929 年，李凡诺夫离华赴美。曾经兴盛无比的俄茶王国在转眼之间就衰微了。

俄商的退出为中国茶商提供了一个短暂的机遇。

还在俄国十月革命之前，晋商由于失去与俄商在恰克图竞争的能力，不得不将经营重点放在蒙古等中国边疆地区。反映在茶产区羊楼洞上，是输往俄国的红茶式微，而主销地为内外蒙古及新疆地区的老青茶地位上升。"故民初以后之数年间，为羊楼洞老茶贸易之鼎盛时期，当时该镇茶庄全为山西帮所经营，资本雄

---

① "从 1863 年到第一次世界大战前夕，先后有下列俄国商行在汉口垄断着茶叶市场：1. C. B. 里特维诺夫股份公司，附设有分选各类茶叶的工厂；2. 莫尔恰诺夫、别恰特诺夫股份公司，附设有分选各类茶叶的工厂；3. B. 威索茨基公司。在莫斯科、切列亚宾斯克和敖得萨有其分支机构；4. A. 古波金、A. 库茨列佐夫股份公司。一年中交易额高达 3800 万卢布以上，不仅有装备很好的工厂，而且在世界各地有自己的办事处；5. 沃高股份公司；6. 波波夫兄弟茶叶贸易和贮运公司；7. B. И. 纳科瓦辛股份公司；8. 道科马科夫、巴诺夫股份公司；9. 乞尔阔夫、巴诺夫股份公司等等。"里特维诺夫又译作李凡诺夫，别恰特诺夫又译作佩特诺夫，乞尔阔夫又译作奇尔利夫，巴诺夫又译作巴提耶夫。见郭蕴深：《中俄茶叶贸易史》，哈尔滨：黑龙江教育出版社，1995 年。

厚，每茶庄之资本，常有数十万至百余万元者。"①晋商使用传统方法压造老青茶砖，再使用更为传统的方法来运输它们。"大量的茶叶由陆路运往西北利亚和蒙古……这种极为发达、巨大的茶叶贸易，是由山西商人经营的。大部分的茶叶经由恰克图运往俄国市场，这些输俄茶叶由汉水运往距汉口 350 英里的一个大市镇樊城，由樊城起岸后，装大车运往张家口。运往归化厅供蒙古销售的茶叶，是经汉水运至樊城以上约 50 英里的另一名为老河口的大市镇。从老河口以骡子和大车运往山西省靠长城口外一个重要城市归化厅，然后由归化厅分销于蒙古全境。"②

俄国十月革命堵塞了茶叶输俄之路，而适逢 1918 年粤汉铁路通车，在距离羊楼洞 8 华里外的赵李桥设立火车站。该站原本计划建于羊楼洞，但由于修铁路会破坏风水的观念影响，当地居民从中阻挠，于是火车站改建赵李桥。如今，洞茶可以由推工用独轮车推至赵李桥上火车，北运至武昌徐家棚，然后过轮渡到汉口。洞茶到汉口后，由晋商交其驻汉办事处运往蒙古。由于平汉铁路和平绥铁路通车，经过这两条铁路联运，茶叶可直达丰镇，再用汽车或骆驼从丰镇运往库伦。分销大站除库伦外，还有张家口和绥远等地。

其时从事茶叶生意的帮口力量也有所变化。光绪年间由于西北茶政的变化，湖南商人的势力得到扩张。西北边茶，"向由晋商承办，谓之东商，口岸略同盐法。回乱后，东商逃散。左相求之不得，遂饬湖南商人承办，谓之南商。所销运皆湖南茶。及晋商归，复向南商承拨分销。至今东商仅十之三，南商十之七。另有湖北羊楼洞茶，谓之散茶。偶有贩运，只可于东南口岸不到之地销售，其余各地，均由官商私带，查禁甚严，究不能止"。③ 左宗棠平定西北之乱以后，在西北扶持故乡湖南商人，而到 20 世纪 20 年代，湖南商人在汉口的实力也有所增强，"汉口茶业公会之中，以湖南帮实力最为雄厚，会员最多，经营最大"。④

①　金陵大学农学院农业经济系调查编撰：《湖北羊楼洞老青茶之生产、制造及运销》，南京：金陵大学农业经济系印行，1936 年，第 25 页。

②　*Commercial Reports*, 1872, part1, p. 24.

③　(清)裴景福：《河海昆仑录》卷二《甘茶新政》，上海：中华书局，1938 年。

④　实业部国际局：《武汉之工商业》，1932 年。

如果说湖南商人是在左宗棠的支持下扩大对于西北市场的占领，那么作为产茶基地的湖北羊楼洞茶商则是在张之洞的倡导下艰难地开展了机器制茶的探索。19 世纪末 20 世纪初，由于英俄先后垄断华茶市场，华茶利权尽失，洋行及其买办"任意挑剔，播弄茶商"，致使茶商"连年亏损累"，"汉口茶市，弊窦丛生"，于是六帮茶商联合向督府请愿，列举汉口茶市十弊，谋求抵制整顿。张之洞自 1889 年督鄂，注重洋务。他目睹洋行俄商因机器制茶而占尽先机，阜昌、顺丰、新泰三家俄商制茶公司占据大半汉口茶市产量，而洞茶利权外流，百弊丛生。于是对汉口六帮请愿书批示："所陈十弊，自系实在情形"，"所开章程八条，大致尚属平允"，应该"及时整顿，以维商务"，"厚积商力以换取此种外溢之利源"。① 张之洞倡导兴办机器制茶，令江汉关税务司穆和德筹新茶务，准许富商筹集资本制办机器制茶，如商本不足，筹集官股相助，"官办商倡"，"招商助官"。在张之洞的支持下，1898 年，商办机器焙茶公司成立，集资 6 万两白银，董事有江汉关税务司莫尔海，汇丰银行买办席正甫、唐翘卿，阜昌茶砖厂买办唐瑞芝，招商局总办陈辉庭等，并于同年购入第一部茶叶压延机，在羊楼洞开工制茶。这是中国历史上羊楼洞第一部近代化制茶机器。② 1906 年，粤商投资成立兴商茶砖公司，为湖北第一家民营机器砖茶厂，所引进四部制茶机，皆为英国制造，日产砖茶 265 担。1909 年，留日归来的羊楼洞商人万国梁拟投资 50 万元(后实投 69 万元)，在羊楼洞创办振利茶砖总公司，使用机器压制砖茶。呈报省府后，受到湖广总督陈夔龙批示支持。③ 机器制茶相比传统的手工制茶确实有很大的进步。俄商曾对机器和手工制茶进行过比较，结论是："手压机每日出产 60 篓，有 25% 的废品，而蒸汽压机每日出产 80 篓，只有 5% 的废品。并且因使机而节约的费用，每篓计银一两，按照以上产量计，每日即达白银 80 两或英金 20 镑。"④质量和效益均有所提高。机器在华商制茶厂的使用虽然也还存在若干问

---

① （清)张之洞：《批六帮茶商禀恳整顿商务积弊》，《张文襄公全集》一百一十六卷，公牍三十一，第 17 页。

② 湖北省志编纂委员会：《湖北省志·大事记》，武汉：湖北人民出版社，1990 年，第 80 页。

③ 《申报》1909 年 3 月 15 日，第 2 张，第 4 版。

④ *Trade Report, 1878, Hankou*, p. 43.

题，如管理欠佳、成本过高、因操作不熟练而引起的损耗过大等，但使用机器的尝试代表了中国茶商顺应潮流而作出的可贵努力，也为后来的国茶工业化发展方向奠定了基础。

第四节　茶叶社会的结构和特点

商贸茶的进入和洞商日渐成长为一个更具独立性的商帮，从根本上改变了羊楼洞传统的以农业为主体的乡村社会。商业气息混杂于沁脾的茶香，一起渗入羊楼洞社会生活的每一个角落，于是各种与商有关的新事物诞生，许多因茶而起的行业涌现，价值标准与风气渐新，社会结构与阶层状况也发生了深刻的改变。

一、社会阶层

"贺天子，雷公子，饶老子，邱痞子，邓婊子。"——以上俗谚，源自笔者在羊楼洞实地调研时听到的几位老者的口述。问其含义，一老者曰：贺雷饶邱邓，为羊楼洞世居大姓。贺氏注重科举，其族为官者较众，少壮入仕，老大回乡，多官气而少接地气，故以天子喻之。茶贸以来，茶客来洞乡必投雷氏，以雷氏儒商，诚信声闻，有平原信陵名公子风，雷氏亦由此而家道殷实。饶氏钜族无畏，世为洞乡长老主事，抛头露面，暗恶叱咤，排难解纷，乡里有争执，得饶氏一言则化干戈为玉帛，如家中有老父在而子弟唯唯然。邱氏之说，盖以其先为军户也，俗称军爷或谓兵痞，盖亦戏称，而其经营车帮，谓其好食而懒做，为一事而纠缠也。邓氏之说，盖詈语也，俗语也，玩笑语也。因民间传语，时过境迁，难明就里，或与其所经营有涉耶？或谓其无正业无诚信耶？一曰当时其居里多卖笑者赁屋开业，未审其详。其实，洞镇之民，五姓之外，犹有游氏、刘氏、黄氏等，亦代出才人，颇有名望，惟此上辈传言之民谚耳，或就其大体而言之矣。

从实际情形看，近代羊楼洞贺氏的确为官者较多，清末还出过高官如工部尚书贺寿慈，在当地颇受尊重。而茶贸以来，雷氏多办行屋，与外来商合作或自己经营，贸迁以殷富。饶氏多为商会会长，如饶云山、饶作人等，数次战争或军队过境，努力维持，使市面免遭涂炭；车工因公路汽车开通与资方抗争，亦饶绍皋任商会长负责调停平息。① 再如饶德逊，"承先世遗赀，丰于财。……居乡泯讼端，戚里有争角，一言排解则冰释"。② 又如饶盛员，"性刚直，人多惮之。人有纷难则排解，不遗余力。乡党赖之。……后凡遇此莫不惟先生是倚赖者，以先生刚直素著于众而信之深焉故也"。③ 无论贺氏、雷氏、饶氏，他们中的头面人物都是羊楼洞地方民众中的上层，所谓本帮商人或乡绅，洞茶贸易的本地组织者或当地秩序的维持者。晋帮、粤（洋）帮商人，既依靠他们维持地方秩序，又在商业上或与之协作，或与之竞争，共同从业茶中获取利润。这些乡绅和本外帮茶商是社会的上层，他们有生产资料，如行屋、资金、茶砖压机等，他们追求利润的目的十分清晰。由于脱胎于旧式商人，他们有较浓厚的陈旧经商观念，更愿意向行屋、收茶等风险不大的方向投资，但在相当长时间中将就于旧技术。他们中后起的商人比较愿意吸收和使用先进机器技术，开通道路，采用汽车等先进运输工具，是生产力发展的推动者。由于茶贸繁荣，"茶农茶工收入绝大部分在洞消费，四乡经济活跃，市场货物充足"，④ 故亦有不少商人经营杂货、客栈、餐馆等服务性商业，他们虽然也是商人，但资本和地位均较本地茶商尤其晋粤茶商略逊一筹。

依据族姓来分析阶层有一定道理，因为如本书前文所言，近代羊楼洞茶叶社会从本质上说仍然是一种以宗族自治为主要形式的礼俗社会，宗族在社会构成中占有不可忽视的地位，但宗族不等于阶层，并不能够当作阶层分析的科学依据。如前述黄姓茶商黄尚基，"乡先辈谈及乡之富翁，辄首于公屈一指，曰公之栋宇，则云连也；公之田园，则雾列也；公之菽粟，则陈陈相因；钱钞，则累累如贯也"，似为洞乡茶商首富，但黄姓茶商并不在雷、饶等姓之后，老者口述的有关族姓的俗谚，只能是"就其大体而言之"，不是科学论断。

而且，以族姓作为分析阶层的依据，往往为阶级蒙上一层基于血缘的温情脉脉的面纱，如前所述，家族中的上层人物往往具有资财、知识能力和德行三个方

---

① 余伯勋：《羊楼洞砖茶运输的变迁史话》，《蒲圻文史》第5辑，1989年，第128、132页。

② 宋孟元：《德逊公序赞》，见《饶氏宗谱》，民国双峰堂本。

③ 黄锡魁：《景维公序》，见《饶氏宗谱》，民国双峰堂本。

④ 陈古愚：《昔日洞茶散记》，见冯金平：《赤壁茶与茶马古道》附录。

面，其中德行一项，包括修桥补路、赈灾济贫、行善施药等，这些，再加上亲缘的关系，使得一些研究乡村阶层的学者，如梁漱溟等，认为以传统伦理为本位的中国社会缺乏私有观念，根本不存在所谓阶级对立，这当然有失偏颇。分析阶级和阶层，马克思关于经济地位的观点仍然是基础。但是对于作为商业性乡镇的羊楼洞，用于分析中国农村问题的主流方法——"土地制度决定论"显然也并不适用。如前所述，羊楼洞本地有实力的商人经商之道中一个重要的特点，就是"广建行屋"，商人们将大量的资金投向建造茶行所用房屋。还有茶商投资钱庄当行，更不能以土地作为单一财富衡量标准一概而论。

马克斯·韦伯的"阶层"指的是市场机遇相同的人，以财产多少、收入机会和生活处境作为主要标志，比较注重的也是经济范畴。根据韦伯这种在经济地位的基础之上更全面地考虑市场机会的办法，我们可以比较准确地计量羊楼洞这个商业氛围特别浓厚的地区各阶层的实际地位。我们可以将羊楼洞各类人的所有财富和收入集中计算，减去其生产、生活支出，得出差额，这样，可以按这种差额大小分出大茶商和大地主，普通茶商和地主，茶行职员、小商贩和自耕农，本地工人和贫雇农，外来工人等不同层级。

大茶商如雷绥成（乐斋）、游龙（天池）、黄尚基（光远）、雷豫塽（霁轩）等，他们每年动以钜万两白银经营茶贸，家资雄厚，有行屋数以百计，良田连区，富甲一乡。

多数茶商为普通茶商，家资在数千两白银以上，有行屋，生活富裕，但受市场茶叶行情影响很大。

茶行职员包括账房先生、专司收茶的高级职员等，他们和从事杂货、客栈、餐饮等业的小商人及自耕农一样，每年生活收入和支出可以持平并有节余，在茶乡社会属于中间阶层。

大批工人，如制茶工人、独轮车夫、码头搬运工等，是因茶而产生的劳力者。他们仅有简单的生产工具或除劳力之外一无所有，茶贸为他们带来了工作机会。据回忆，当时茶厂工人2万多人，每年仅工资一项即发放100多万银元。①

---

① 陈古愚《昔日洞茶散记》："两万工人工资也有百万之多。"见冯金平：《赤壁茶与茶马古道》附录。

工作使工人们得到了维持自身和家人生活的收入，当地小车推工一人靠一辆独轮车即可养活一家子人口。工人与工人之间，也有些许差别。例如推车工，基本由羊楼洞本地人把控，每年茶季，外地如湖南、江西前来赶茶的有大批工人，他们在羊楼洞多从事繁重且较脏的活路，如翻动发酵中的茶堆，粗茶打筛等，这些工作灰尘非常大，工作起来尘土迷眼，对面不见人，汗水与尘土相混，一般本地人是不干的。① 推车工出力流汗，但收入高，带垄断性，属工人中的上层，而外地来的工人从事的活路灰尘大、强度高、收入相对低，属工人中的下层。工人除以劳力挣工资外一无所有，故近代技术进步对其工作机会形成威胁时，他们易成为技术进步的阻力。洞区小车工阻公路、砸汽车即为此。此时须善于引导，将劳动力与生产资料恰当搭配，历来是促进生产力发展的关键。

知识、能力和道德也是构成阶层地位的重要方面。在知识、能力之中，最重要的当为对儒家经典和文化的掌握能力，因为在旧时宗族礼治乡村社会中，没有政治，只有教化。因此，在经由多年的寒窗苦读之后，参加各级科举考试获取功名，就可以直接加入绅士行列，获得社会上层的身份，如羊楼洞一些贺姓为官者。一些没有获得功名或者获取较低功名的读书人，在羊楼洞也非常合逻辑地受人尊重。一些家产并不甚丰裕但从教多年的塾师们也很受尊重，如雷寿春（季彭），毕生业儒未获功名而为塾师，但非常受当地社会尊重，"不肖子弟闻风惮之"，② 这是因为在传统礼俗社会中，他们所熟悉并掌握的诗书礼教，是社会是非善恶和地方治理的衡量标准，而且这些乡村知识分子在许多时候都能起到维持乡村传统的作用，他们热心参与公益事业，以自身良好的道德素养来赢得乡民的尊重。需要指出的是，随着羊楼洞茶叶社会的形成和成长，商业所带来的拜金主义也更加深入地渗透进当地社会。特别是辛亥革命之后，科举停考，传统功名失色，绅士不再是具有功名身份的人士，社会由纯粹礼治社会逐渐变得更具商业社会性质，地方治理也由以宗族为核心的地方自治逐渐变得带有法理社会的色彩，于是财富作为衡量阶层的标准，更增加了比重。正如梁漱溟所指出的，进入民国时期之后，中国社会"其千年来沿袭之社会组织构造既已崩溃，而新者未立"，

① 摘自 2012 年 2 月笔者在田野考察时采访羊楼洞老人饶楚义的口述笔记。
② 游家帅：《岳父雷公季彭老先生传》，见《雷氏宗谱·传上》，民国崇义堂本。

人们抛弃了传统，"以自己为重，以伦理关系为轻；权力心重，义务观念轻，从情谊的连锁变为各自离立，谦逊变为打倒，对于亲族不再讲什么和厚，尊敬师长的意味完全变了，父子、兄弟、朋友之间，都处不合适"。[①] 传统的知识和道德优势崩溃了，虽然它们作为阶级构成的一极未完全丧失功能，但从羊楼洞这个地方来看，其阶层构成更加商业化、更加纯经济化已是事实。随着晋商等传统客商的式微，本帮商人越来越多地以邱春芳"春生利"包茶庄方式直接与俄商等外商交易，本帮商人对于市场的实际份额增加了，经济实力也有所壮大，更加外向，更出现雷豫堟这样商铺遍及武汉、荆沙、长沙、岳阳等地，每茶季出入以百万两白银计的大商巨富，以及雷豫远这样长驻上海、汉口进行茶贸的外向型茶商。但由于外商掌握行情，羊楼洞本帮茶商受行情影响更大，利润更薄，盈亏起伏也更剧烈。随着民国时期军阀战争频仍，对于地方的勒索更加重了。一些乡绅挺身而出，与过往军队及上级政府应付周旋，如担任地方保卫公所董事和商会会长等的雷泽钧、饶云山、饶作人、饶绍皋等。这些商会会长与地方弹压局的局董成为实际上的地方基层官吏。属于这些地方官吏职责范围内的社会交际也必然带来一定社会权力，如摊派军饷和招待费等；或许也能够带来一定财富，如通过与官方交往庇护属于自己的财产等。于是官方赋予的权力与传统宗族自治建立在血亲基础之上的权力结盟，基层官吏权力因政权向传统乡村施加的压力，而在经济资本之外，日渐成为社会地位的一个构成部分。

粤商等洋帮茶商也随着洋商直接深入茶叶产地而式微。洞商作为典型的民族资本商业集团，在与洋商的茶叶贸易中获得利益，但又受洋商及其买办的挤压，在压迫太甚时，洞商如雷豫远也拍案而起，"厉声怒骂，至尽挞发其奸"，但这只能是个别的抗争，到头来还是只能将自己的茶货搁置年余，多数承受不起这种损失的洞商也只能忍气吞声，亏本销售。洞商对洋商存在幻想，即使抗争最烈的雷豫远，也以为作恶的只是作为洋商买办的居间人，而寄望于"'外人宁无眼力邪?'久之，洋商亦翕然诚信"，[②] 这种幻想亦使其具有摇摆性，斗争亦缺乏坚

---

① 梁漱溟：《乡村建设理论》，见《梁漱溟全集》(二)，济南：山东人民出版社，1990年，第162、211页。

② 雷兆绂：《重亭公传》，见《雷氏宗谱》，民国崇义堂本。

定性。

茶区千百万茶农是茶叶的生产者，也是本帮和客帮茶商的剥削对象。他们也因茶贸繁荣而增收受益。按亲历者陈古愚回忆，羊楼洞茶区当时"年产茶叶三四千万斤，青茶每斤八角左右，红茶略低，老茶每斤一角七八分，估计约有银元五百万元"。[①] 这应该算是中等年成。据另一亲历者回忆，当时每年茶庄收茶4000～5000万斤，最差年成也收茶3000万斤。[②] 与陈古愚所说三四千万斤大体一致。每年五百万银元收入对于茶区农村来说是一个非常可观的数目，种茶面积的扩大也客观说明了茶贸的确于农民有利。羊楼洞茶区的植茶方式是典型的旧中国半封建小农方式，分散、粗加工在农户家中完成，造成初期投入不够、科技含量不高、质量参差不齐，且有掺假现象。另外，茶市波诡云谲，国家贫弱，洋商掌握利权枢要，打压我国商家，而商家为了牟利，压价收购，向农民转嫁损失，致使农民亏损，种植更为粗放。所以茶农是居于羊楼洞阶层金字塔下层的人群。

二、商业组织

由于商务活动频繁，外地商人涌入，早在清代汉口开埠之初，汉口及羊楼洞茶区就出现了行帮组织。汉口主要的帮口，有湖南、山西、湖北、江西、广东和江南六大帮，其中势力最大的是山西帮和广东帮。山西帮主要深入洞区购置茶货；广东帮主要在汉口驻守，为洋商担任买办。这些同乡会性质的行帮，主要作用为维护团结、协调秩序、互相保护，抵抗外来竞争，同时提供联络乡土情谊的场所。随着经营活动的持续，行帮规模的扩大，行帮开始建立会馆作为会聚之所，例如康熙年间汉口山陕会馆、岭南会馆等。其主要作用为维护同乡同业者商业利益。

羊楼洞一些外出行商返乡的茶商有开阔的眼界，他们深知"通商惠工，国家所以阜财用，而胪规定矩，地方所以安客商"[③]的道理，例如洞商雷立南(1812—1878)，曾久居广东贸茶，并于清咸丰三年(1853)首倡捐资在广东"重修湖北公

---

① 陈古愚：《昔日洞茶散记》，见冯金平：《赤壁茶与茶马古道》附录。

② 雷启汉：《蒲圻羊楼洞义兴茶砖厂》，《湖北文史集粹》第3辑，武汉：湖北人民出版社，1995年，第838～839页。

③ 《合帮公议碑》，光绪十三年(1887)二月，原碑藏于湖北省赤壁市博物馆。

所。武郡同仁，以公首出，无不唯诺。数年落成，公自序勒石"。① 雷立南遍历上海、福建、湘潭诸市镇，广见世情，于 1861 年回到羊楼洞后，建立羊楼洞同益堂公所。"先是，羊楼洞地方茶客廖廖，生意淡薄。自咸丰戊午（1858）以来，圣泽诞敷，中外一体，准外洋各路通商，入境贸易，于是植茶之户日多，行茶之途日广。我境旗枪丰美，字号云屯，然新开码头，规矩章程不归划一。辛酉（1861）冬，公束装回里，见行业日盛，茫无头绪，谓非长久计。遂约同人，合禀上宪批准，寻奉邑侯恩谕，立同益堂公所，兼修财神庙。公所定行规数十条，永远遵照无异。"②同益堂公所，是羊楼洞本帮茶商的日常聚会之所，相当于会馆；财神庙，是本帮茶商的精神聚会之所。这两处建筑的建立，以及建章立制工作的进行，意味着羊楼洞商帮已经着手进行自我管理，使自身具有了较为强劲的维系力，从此行业不再茫无头绪。再如雷元善（1814—1886），"少读书有大志，倜傥不群，壮迫于家累，不竟学，改事商业起其家。……当清咸丰初元，欧舶东渐，仅及海疆，内地画域自封，无通商足迹。公于此慷慨兴远游志，兄弟合资，倡为红茶业。居者任采购制作，公任运输粤东，出售洋商。先后留粤六年，获利钜万。是即吾华茶出洋之始，首其事者，公以外无几人矣。后以洪氏之变，蔓延遍天下，公归途遇劫掠几尽，不可复往。遂以余资起造茶屋，阅数年成，遗以为世业，后人赖之。时羊楼洞初辟为商场，漫无端绪，百事梦如，远来商多惮之。公慨然曰：'法不立不足以治事也。'日求乡缙绅父老，旁谘博采，手草规章，试行无忤，传布永久。今遵行者皆是也"。③ 可见羊楼洞地方初建规章，是因为茶商中广见世面者如雷立南、雷元善等顺应商业需要，整顿了漫无端绪、百事梦如的混乱状况。

晚清外贸发展，面对西方强势竞争，传统的同乡会性质商业行帮组织越来越不能适应个体成员追逐最大化利润的需求，乡土地域自我保护主义弊端显现，不利于进出口形势下各地工商各业的联结和统一，于是商会组织应运而生。1883年，汉口六帮茶商联合抵制西方买主，标志着汉口茶业公所作为集体登上历史舞

---

① 游煦林：《受山公传》，见《雷氏宗谱·传上》，民国崇义堂本。
② 游煦林：《受山公传》，见《雷氏宗谱·传上》，民国崇义堂本。
③ 谢石钦：《让溪公传》，见《雷氏宗谱》，民国崇义堂本。

图 3-3 羊楼洞庙场街口

（资料来源：由十堰大学教授雷景春忆绘，游谟俊整理并提供。）

台，1886 年，六帮茶商议定公砝规章，特制专用公砝分送各洋行，并规定以后交茶由公所派人前往，用公砝校正洋磅后方能称茶。公所还规定，茶叶交易，随市评货论价，协商成交。"倘茶箱轻重不匀，如连皮不足一磅者，则不算除皮，则虽半磅亦算。磅妥之后，于对账时，额外每二十五箱明除一磅，旧十五箱明除半磅，以补买家。此外，再不能索多与少，扶磅须要持平，不得偏倚，并不得在磅上缩少叫数。"①茶业公所还发起运动，请求政府减轻税收，并于 1886 年成功争取到减免 15% 特别防卫税。光绪末年，清政府颁布商会法。1910 年，羊楼洞即成立商会，负责管理市场交易，评定茶货价格，催收税费，兴办公益，维护市场秩序，调处商务纠纷、劳资关系，特别是地方与军队的关系。"民国肇造，南北构兵，本地逼近铁路，加以附近土匪充斥，军队驻防及来往崇（阳）通（山），均以洞镇为东道主。资粮备工，稍有不周，势必冲突。……值丙辰丁巳间，南北战争，军队上下，络绎不绝，供亿烦苛，稍不遂意，即遭蹂躏，新店、聂市皆

---

① 彭泽益：《中国工商行会史料集》，北京：中华书局，1995 年，第 611 页。

然"，当地士绅公推饶绍雄(云山)，他"谦和待人，众望归，举为洞镇商会会长。独公朝夕奔走，聚金款待，而使本镇得无虞者"。① "丙辰丁巳"，为1916—1917年，所谓"南北战争"即护法战争，在战争中遭军队蹂躏的新店聂市，均为当时中心茶港或茶市，而饶绍雄出任商会会长，出面维护羊楼洞市面平安，的确不易，但其后一定少不了全体洞商的鼎力支持。又如饶声述(作人)，"承地方父老推举，责以桑梓义务，勉就商会职任，时民国商会法甫下，一切将图更始，先生依法载条文，草章汇册，呈请农商部以改组立案，屡上，格，不报，委曲求所以达目的，至往复抗争，卒蒙部准，并颁发新铸钤记，于是洞商会赖以正式成立矣。认者谓非先生著拄斡旋之力，曷克有此？其平日苦心维持，对于防营，则尽力招待，虽桀骜不驯者，亦均欢声雷动；对于过境军队，即师旅之众，供应疲惫，皆以诚意相将，各军不敢妄事要求，市面得以保全，至今犹脍炙人口。丙辰丁巳之际，历经乱离，茶业衰败，生计萧条，商会招待费及警察款无从筹措，先生喷口哓音，设法募集，庶政以举，甚至排难解纷，不惜委曲求全，山西黑茶帮曾以全体名义侈仪用享，盖献芹负曝，无非感先生之功德至深也"。② 民国时期羊楼洞商会正式成立，是饶声述努力促成的。在兵荒马乱的军阀混战条件下，传统的乡绅治理已经让位于以地方商人为代表的商会，所谓"排难解纷，不惜委曲求全"，当然已经不再是当年乡绅们所排调的商业纠纷，从叙述中来看，商会甚至动员当时在羊楼洞的客商"山西黑茶帮"资助，以"尽力招待""地方防营"和"过境军队"，致使"虽桀骜不驯者，亦均欢声雷动"，而追求的目标，仅仅是"市面得以保全"。其后南京国民政府时期，国民党十九师驻扎羊楼洞，由于商会全力维持和周旋，羊楼洞也没有出现新店那样遭兵放火抢劫的事件。

又如饶韵皋，他在民国初年担任津浦铁路局电务通绎，"归家后在洞镇商会为主席，创办峒赵汽车路，及重修洞镇石街……他若茶务一切，书算精明，无不信仰"。③ 可见商会还主持修桥补路之类的公益事务。又如雷氏洞商雷纪豫(蕙荪)，他也是较早担任商会会长的人："羊楼洞商会创立二三年，时事苦纷更。

---

① 贺文炳：《云山公暨德配戴儒人合传》，见《饶氏宗谱》，民国双峰堂本。
② 雷玮章：《作人先生传》，见《饶氏宗谱》，民国双峰堂本。
③ 游凤雷：《石麓山人行略》，见《饶氏宗谱》，民国双峰堂本。

选举公为会长，公辞，绅商环恳再三，始就。事无大小，皆取决焉。人皆服其公允。……尝闻诸父老曰：'事理通达如公，真社会不可少之人也。'"①雷纪豫极其富有而且通达世事，大约在羊楼洞茶业发展和维护地方安宁中起到了不小的作用。又如雷绪章(原名雷骥章)，也是曾两次被推为羊楼洞商会会长的雷姓洞商。② 担任商会会长的，还有雷祚源(海秋)，"君平日宅心仁厚，处世和平，为商界钜公所信任，故往来交际，近而崇通湘岳，远而武汉荆沙，无不闻其名而钦仰之者。洞埠成立商会，群推为帮董。虽非君所愿意，而人之乐为推举者众，因固辞之而不获也"。③ 从传文看，雷祚源也很受洞商们信任。

与羊楼洞大体同时稍后，羊楼洞的茶货外运码头新店也在酝酿成立商会。其时新店因货物转运集散而工商百业兴旺，新店商人中黄正大、黄宗夫、刘照青、余衡臣等一批读书人能够接受新事物，懂得团结起来、以商养商的重要性，于是成立非正式商业组织，提倡爱乡土、便人民、不投机、不倾轧，以诚信取利、以礼貌待客的以义为利的精神。其兴办了预防灾荒的防灾积谷仓、火灾发生时灭火的水龙救火队、收养弃婴的育婴堂、倡导新式教育的文昌会等公益机构。1913年，新店商人集体向省总商会提交申请，并正式成立新店商会。1917年，蒲圻县成立商民协会。④

三、新兴行业

羊楼洞地方自乾隆以降，特别是18世纪50年代经营红茶之后，茶业获得了极大的发展，地方也由原来一个农业村庄发展成为一个以工商业为主的市镇。由于人口的大量增加，特别是茶业各生产环节的需要，与茶业生产和民生生活有关的各种行业如雨后春笋般产生，并获得了蓬勃的成长。

由于茶商经营茶业的需要，羊楼洞的金融业得到了很大发展。

晋商初至羊楼洞办茶，使用银元宝为通货，"曩者晋商赴峒镇办茶，系运估

① 雷彬章：《蕙荪公暨马恭人传》，见《雷氏宗谱·传上》，民国崇义堂本。
② 邱法睿：《族姊丈雷公鹤云先生暨德配邱宜人合传》，见《雷氏宗谱·传上》，民国崇义堂本。
③ 雷方豫：《海秋君暨德配张夫人六十双寿序》，见《雷氏宗谱·传下》，民国崇义堂本。
④ 蒲圻市地方志编纂委员会编：《蒲圻志》，1995年，第5~8页。

宝作货币，斯宝每锭重 52 两。如有零星尾数，则付以碎银或当地百枚之铜元纸票及铜钱，自海外通商以来，渐以银洋代估宝"。① 无论是元宝还是银洋，当然都沉重不便。在近代银行业发展之前，晋商资金的周转主要是依靠传统票号钱庄，其经营者多为山西帮，总号多设于山西平遥、太谷和祁县，湖北分号如日升昌分号等，多设于汉口。1881 年，汉口有山西票号分号 33 家。② 票号能够适应晋商对于资金融通调度的需要，但是未能适应急速发展的外贸形势，于是钱庄业作为传统金融机构的另一种业态充当了适应近代化茶业发展的主要金融组织。"迨纸币盛行，银币亦渐少。茶商运茶往张家口及蒙古等地者，销售后，多兑换牛羊毛革，而转售与毛革贩户。其售得之款复由银行汇至汉口钱庄存储，及办茶需款之时，可随时书三联汇票与当地大商店。商店持汇票可往汉兑款，采办货物，运岖镇销售，售得货款，则付与茶号办茶。"③为羊楼洞当地茶业服务的钱庄较多设在汉口等工商业重镇，羊楼洞作为产茶基地钱业也较为发达，茶农卖茶购货，往往不需要现钱交易，由羊楼洞茶庄指定商号拨账，茶农就近兑付即可。羊楼洞茶庄的私票，经由湖北省官钱局委托殷实商户发行，流通于湘鄂赣三省茶庄和洪湖、嘉鱼、通城、崇阳各县，用于茶业通兑。除晋商金融系统之外，湖北官钱局也于光绪三十二年(1906)在羊楼洞设立代理处，进行官票汇兑，一时官私大量银票流通，银、铜、票并用，收付兑换浩繁。④ 随着近代工商业的发展，钱庄服务对象增多，以下是亲历者的回忆："晋商除了在汉口有它的常驻办事机构——润丰厚外，还有它自己的钱庄——济生钱庄。晋商通过济生钱庄对内调济有无，互通寸头，对羊楼洞各商号，通过开'夏票'(夏指夏口，即汉口)做到互利：羊楼洞各商号，将每日收入的日生交给洞庄收购茶叶，洞庄开一张'夏票'给羊楼洞商号，济生钱庄就在汉口付款，在羊楼洞交一万日生款，可在济生钱庄多支 3000—5000 贷款；这样既简便安全，双方又都获利。有时羊楼洞在武汉读书的学生，也可以在济生钱庄借款，由羊楼洞归还。我弟弟在武昌读书时，就在

① 陈启华：《湖北羊楼洞区之茶业》，《中国实业》1936 年第 2 卷第 1 期。
② 胡永弘：《汉口钱庄与票号》，《武汉文史资料》1997 年第 4 期。
③ 陈启华：《湖北羊楼洞区之茶业》，《中国实业》1936 年第 2 卷第 1 期。
④ 蒲圻市地方志编纂委员会编：《蒲圻志》卷十七《金融》，1987 年。

济生钱庄借过款。"①钱庄也不全然是晋商所办。羊楼洞饶东谷公"弃儒以贾，设
号'同兴福'，悉以诚信，西广茶客争以资本相投，托为发庄款，历卅余年，赢
余不下数十万"。② 是亦为本帮盈利钱庄。钱庄业务范围后来逐渐超出汉口，延
伸到上海、宜昌、长沙、九江、岳阳等地。钱庄除拓展分号，如上文所述洞商雷
豫埭所为之外，还常常需要与外地钱庄之间产生错综复杂的关系。钱庄间交易增
加汇兑成本，也使得钱庄易受外地金融状况的影响，汇率时有波动。1863 年，
为适应外商购茶需求，英国麦加利银行率先在汉口设立分行，主要向外商提供贷
款，办理押汇业务。其首任买办为粤商唐寿勋。此后，汉口出现汇丰、德华、华
俄道胜、花旗等多家外国银行，本国现代银行如华商、信成、交通、兴业等也在
借鉴外国银行经营方式之后陆续出现。这也为羊楼洞的茶商们提供了更多更为便
利的金融选择。

　　羊楼洞每年制成并运出数十万担茶叶，因而需要大量包装材料，于是出现了
一些专门的行业和行家。

　　"红茶箱板，以枫木分板为之，工厂则以鄢发章、万春利为最著。"③这是红
茶板箱的经营专业户。另业木料而有传记可征的还有游远昌。游远昌（1826—
1886），字启臂，幼年家贫失学，"自请执一艺以成名，读无济也。于是运斤弄
斧，食衣于奔走者，历有年所。……乡村中见蝇头无所获，始思变计，乃操技遍
历车马辐凑之市，会年至四十归家，囊颇有余金焉，不再离乡井，就近市新溪开
设料木坊"。④ 游远昌由做木匠而开料木坊，成为经营木料的专业户，之后"又买
新溪黄家墩基址，堂构齐新，雄甲里阛，所费不下三千金"，⑤ 有如此大且费钱
的新房子，则确实是"颇有余金"，相当富有。

　　"红茶箱内层以薄铅皮裹之，名曰铅罐……洞市彭松柏、邓永发实专其

　　① 雷启汉：《蒲圻羊楼洞义兴茶砖厂》，《湖北文史集粹》第 3 辑，武汉：湖北人民出版
社，1995 年，第 838~839 页。
　　② 贺眉良：《东谷先生传》，见《饶氏宗谱》，民国双峰堂本。
　　③ 宋衍绵：《蒲圻县乡土志》，第 87 页。
　　④ 游凤墀：《启臂公家传》，见《游氏族谱》，民国九言堂本。
　　⑤ 游凤墀：《启臂公家传》，见《游氏族谱》，民国九言堂本。

图 3-4 19 世纪晚期羊楼洞的一家茶叶包装厂

业。"①这是铅罐专业户。

老青茶砖装以竹箱，"岁需茶箱甚巨，其收篾自制者固多，来自柘坪及大、小港者，亦复不少"。② 老青茶砖包装竹箱产区柘坪、大港、小港，都是羊楼洞周边地区。

茶庄竹簸盘"需用甚多，制造者，本洞篾行及峡山人"。③ 竹簸盘产区峡山在县志中又称夹山。

竹筛，红茶庄使用极多，分有头筛、一号、二号、三号、四号、粗雨、中雨、正小雨、正芽雨、正铁沙、副铁沙、生末、成末等不同类号，"制造者亦以峡山人为多"。④

茶砖包装需要使用纸张，而羊楼洞所在洪石乡很早就有造纸传统。张开东《纸棚记》记载："邑之南山之东有地曰纸棚，左有洞，右有泉，其居人曰郑氏，

① 宋衍绵：《蒲圻县乡土志》，第 87 页。
② 陈启华：《湖北羊楼洞之茶业》，《中国实业》1936 年第 2 卷第 1 期。
③ 陈启华：《湖北羊楼洞之茶业》，《中国实业》1936 年第 2 卷第 1 期。
④ 陈启华：《湖北羊楼洞之茶业》，《中国实业》1936 年第 2 卷第 1 期。

凡四十余户。除数耕者外，悉以造纸为业。其法取稻藁，渍而舂之，暴于日而以练水简其秽恶，复渍于水，乃去其筋络而存液，采构获浆，和而汇于石窠，延江南工人，批竹篾如丝为帘如其纸之式，置于木匡，以手纳石窠水中，水之精浮结于帘上者，皆成纸胎……"①清人戴玉华的诗也写道："飞泉触石自云间，两岸蓬庐九里湾。云碓邅崖听不断，晴天摊晒纸如山。"②这些生产出来如山堆积的纸，就用来包装在羊楼洞生产的茶砖。

包茶庄生产需要草绳，崇阳县许多农村地区有专门为之生产包装用草绳的。③

茶箱中需要笋壳作为铺垫包裹物，于是有农民专门收集起来卖到茶庄。④洞乡独身妇女黄佛林就曾"自二十岁后，佣老茶笋叶工，虽无储蓄，渐免饥寒"。

上述行业为茶业运转所必需。据早年研究机构调查显示，每 0.862 担砖茶，需要一个竹箱，每个竹箱 4 角 1 分，按半年产量 4849 担计，需支付竹箱费用 1713.8 元，纸张费 418 元，笋壳 355.3 元，篾络 250 元，共需 2737.9 元，约占制茶总费用的 5.5%。仅低于毛茶比例的 56.4% 和资本利息的 6.7%。⑤

制茶需要煤炭，于是也有专门贩运者。清光绪乙亥年（1899），年当强壮的饶恒乡就曾是专业的贩运烟煤者。"尔时茶业兴隆，营商获利，兼之种作勤劳，又增收之，积累以致充裕，不数年，家道蒸蒸日上，虽不成为巨富，亦可称为小康矣。"⑥

大批外地商人、工人涌入羊楼洞，需要大量粮食、燃料，于是"通城米销洞市者多……湘鄂向本湖广省，蒲圻与临湘尤接近，湘人商于新店羊楼洞者甚众，

---

① （清）劳光泰：《蒲圻县志》卷四《乡里》，道光十六年（1836）刊本。

② 戴玉华：《耘园杂咏》之五，见徐明庭等辑校：《湖北竹枝词》，武汉：湖北人民出版社，2007 年，第 264 页。

③ 金陵大学农学院农业经济系调查编撰：《湖北羊楼洞老青茶之生产、制作及运销》，南京：金陵大学农业经济系印行，1936 年，第 16 页。

④ 《民生茶叶公司接收羊楼洞敌人遗存砖茶原料包装材料清册》，1946 年，LS034-003-0803，湖北省档案馆藏。

⑤ 金陵大学农学院农业经济系调查编撰：《湖北羊楼洞老青茶之生产、制造及运销》，南京：金陵大学农业经济系印行，1936 年，第 21 页。

⑥ 《恒乡公传》，见《饶氏宗谱》，民国双峰堂本。

茶销洞市，谷米及石炭多由水路销新店"。①

由于茶业的发展，羊楼洞广建茶行行屋，建筑需要石灰，也需要专门业者。黄义(顺安)就曾由农而业石灰，族谱载他"胼胝自奋，不惮艰辛。初始以稼穑为生涯，恒苦不足，后遂筑窑烧灰，夙夜匪懈，劳心苦力，始终不衰"。② 是见于黄氏族谱的业石灰者。黄义后来又曾经营屠户和杂货业，"嗣是数年之内，渐置田亩，衣食丰盈……中间赁夏家岭铺房开设屠肆……乔迁洞市，以杂货为营商之本，十余载，家道益隆"。③ 是黄义于诸业皆能盈利，至于致富。

经营诸种业务而致富的，还有雷祚源(海秋)，他"自幼经营，商贾贸易于蒲南之羊楼洞，开始营业组织粮食生意，领帖开行，颇称得手。由斯而推广扩充之，进而中外匹头，再进而银钱交易，鸿毛遇顺，亿则屡中。十余年间，勃然兴起，买田润屋，鼎鼎隆隆，规模固已宏远矣"。④ 从传记看，雷祚源(海秋)所经营的，有粮行、匹头行和钱庄。

为方便抵押周转，光绪初年，羊楼洞还开设有远大(后改名恒大)、同福(总号在汀泗桥)两家当铺。⑤《雷氏宗谱》亦记述了洞商雷泽钧集资开设恒大当铺之事："洞市故无当商，急需者则谋之他埠。有之自光绪间之组设恒大质当始。首纠赀而从容董其成者，固独赖府君(案指雷泽钧)之力。"⑥除羊楼洞之外，蒲圻县还有更大的当铺东利华，新店亦有恒大当行的分部。

茶业运输拉动了杂货业的繁荣，茶船满载发往汉口，返回时带大量杂货回到茶区著名水码头新店，于是新店又成为重要中转重镇，杂货发往周边各省县，至江西修水一带。业内著名大商号，有陈万兴、周恒丰、义生、生泰、刘生祥等，著名经营者有陈翰卿、贺德生、彭清臣等。⑦

茶业也促进了附属商业。羊楼洞和新店商铺林立，多为外地迁来。以新店为

---

① 宋衍绵：《蒲圻县乡土志》，第 122、123 页。
② 黄于勤：《族伯顺安公传》，见《黄氏宗谱》，民国仁孝堂本。
③ 黄于勤：《族伯顺安公传》，见《黄氏宗谱》，民国仁孝堂本。
④ 雷方像：《海秋君暨德配张夫人六十双寿序》，见《雷氏宗谱·传下》，民国崇义堂本。
⑤ 宋衍绵：《蒲圻县乡土志》，第 86 页。
⑥ 雷兆绶：《复旦府君传》，见《雷氏宗谱·传上》，民国崇义堂本。
⑦ 王良嘉：《抗战前夕蒲圻新店外地人杂货帮》，政协蒲圻文史资料委员会编：《蒲圻文史》第 2 辑，1986 年，第 50~51 页，第 54 页。

例，来自临湘的有陈福兴杂货号、陈选计麻行、余世隆转运行、余义生匹头行，来自巴陵的有周恒丰酱园，来自汉川的有杨全兴匹头行，来自江西的有黄怡泰、杨开泰药材号，来自汉口的有福记、正大煤油分公司，来自黄陂的有丁鸿发估衣铺。最有名的"回子街"，由沔阳回族人刘氏、王氏、魏氏、马氏从米泡糖、姜糖、米酒、汤元等各种小吃开始，经数代人经营，使沿新店河一带他们居住的原本偏僻的泥湾逐渐发展繁荣，成为著名的"回子街"，他们也因此勤劳致富。① 茶楼、酒馆、客栈、药铺、杂货、面铺、点心铺、磨坊、铜匠、铁匠、裁缝、豆腐坊……各种外来商人经营的上百间店铺，无声地诉说着关于茶叶创造的财富的神话。

再回顾一下一篇民间文献《羊楼洞的店铺招牌文化》所历数的旧时羊楼洞镇上的那些店铺招牌："这些店铺的名称是：郑祖昌匹头铺、徐福大匹头铺、协和祥匹头铺、熊和兴匹头铺、益大匹头铺、方茂泰匹头铺、陈恒发匹头铺、陈万兴小百货、罗义元小百货、游祥泰杂货铺、杨裕泰杂货铺、左和记杂货铺、贺福兴杂货铺、刘谦泰杂货铺、卢永泰杂货铺、游代云杂货铺、李云停杂货铺、游谦益糟坊、饶茂顺糟坊、沈福茂糟坊、彭德勋糟坊、万家训糟坊、涂家药铺、曾保和药铺、彭太和药铺、熊茂春药铺、杨振亚门诊、周聚成斋铺、杨春华斋铺、李义成肉铺、贺家乐肉铺、邓来发剃头铺、雷启发剃头铺、胡记剃头铺、胡记裁缝铺、王兴发豆腐铺、熊学保豆腐铺、饶永和豆腐铺、胡家饭铺、朱家饭铺、李同顺米行、陈炼记米行、黄驼子米行、杨裕泰米行、漆驼子餐馆、程炳生餐馆、潘家馆、卢家酱菜铺、汪家香铺、曾炳生香铺、饶明清<u>丝</u>烟铺、贺盛初丝烟铺、饶记丝烟铺、胡记丝烟铺、刘安光洋铁铺、周德元扎匠铺、启功水果行、吴家皮匠铺、黄记银匠铺、袁昌炳木匠铺、舒家铁匠铺、邓家铁匠铺、罗保山五金铺、宋家面铺、贺家线铺、谭家鞭铺、钟谦记小吃、三友茶社、刘氏茶庄、春生利茶行、雷敬福钟表店、吴辉记照相馆、李华记旅栈、饶记蚊香铺等。"②这些应当是民国旧时还存在于羊楼洞的店铺。它们的名

---

① 黄德楠：《新溪河明珠——新店镇》，政协蒲圻文史资料委员会编：《蒲圻文史》第 2 辑，1986 年，第 87 页。刘济甲、定光财于 2002 年 7 月回忆。

② 游茂哲、游谟俊：《羊楼洞的店铺招牌文化》，见游谟俊主编：《洞天福地——鄂南古镇羊楼洞》，香港：香港华文出版社，2008 年，第 192～193 页。

称，相信还伴随着它们的招牌形象和曾经的熙熙攘攘，至今还深深地烙印在人们的记忆中。

在社会生活繁华的同时，羊楼洞娼妓业也很发达。妓女众多，公开合法经营。乐户、旅栈、酒楼、游艺场所及住宅均可公开征召妓女，妓女只需向羊楼洞营业税局登记，并按照其年龄、营业状况等分等缴纳花捐即可。①

四、社会治安

将近一个世纪茶业的蓬勃发展，给羊楼洞茶区的社会也带来了深刻的变化。

在羊楼洞茶业兴盛以前，茶区各市镇人口多为本地人，镇小人少，发展缓慢。1572 年，羊楼洞茶区共有 50.9 万人口，1711 年为 56 万人口，人口经 100多年仅增加约 10%，随着茶业的兴盛，大量流动人口进入，1784 年共有 261.1万人，1820 年增至 687.3 万人，② 人口密度居两湖州府第一。茶业的发展，使一个山区小镇从默默无闻而崭露头角，规模和重要性都大为提高。民国二年（1913），蒲圻县实行乡制改革，将原四乡四十四团改为六个自治区：城治区（中区）、峒自治区（南区）、新店自治区（由峒区分出）、石坑自治区（东区）、车埠自治区（西区）、神山自治区（北区）。"惟南区地广人稠，财力较裕，咸主划分，而六区遂为定制。"③羊楼洞在这次改制中取得了与其经济相称的区划地位。

从清同治四年（1865）起，羊楼洞建立起仁里会，负责地方治安。"于同治乙丑，邀邻近各姓诸君子，结一团体，取名仁里，沿门筹捐，或百数十文，或一串文，集少成多，竭力管积，生长子金，未及十年，已拓良田数十亩矣。由是合团人等，有患则维持甚便，无事则积储日饶，数十年来，享家室平安之福，无盗匪潜滋之祸。"④仁里会是继三合局之后，羊楼洞成立的又一个地方治安组织。同治乙丑（1865），太平天国运动刚刚失败不久，仁里会建立的初衷应该是为了防范匪

---

① 《羊楼洞区营业税局经收公安花捐暂行规则》，《羊楼洞区营业税局经收公安堂条捐暂行规则》，《羊楼洞区营业税局妓女登记暂行规则》，LS1-5-4393，湖北省档案馆藏。

② 龚胜生：《清代两湖农业地理》，武汉：华中师范大学出版社，1996 年，第 195 页。

③ 宋衍绵：《蒲圻县乡土志》，第 31 页。

④ 黄于钊：《族兄廷顺先生传》，见《黄氏宗谱》，民国仁孝堂本。

患一时再起，但由于形成了固定资出，得以支持长期活动的经费来源，成为维持地方商业秩序和公共治安的常设性机构。从记载看，仁里会完全由本乡人士组成，说是为了平时维护治安，有事时对付盗匪，但对付外来人口不法行为的目的应该很是明显。

光绪初年，与羊楼洞毗满洲邻的湖南临湘地方曾有哥老会起义，而羊楼洞团练曾协助剿灭。"光绪初年，临邑哥匪起事，张劫富救贫旗帜，四境闭市，大吏檄兵往剿。公办团练协助，枭首二，余就抚。公（案：指雷步卿）性慈，最不嗜杀人，大吏趣之，以乱起即扑，归全功于公，奏保补用都阃府，叙官四品，赏翎枝。羊楼洞茶商大埠，向设弹压局，岁委员，系候补县职佐，以绅择贤而有德者任之。三岁一易。公连任九年，屡辞不获退。凡邑令至洞市有要事，必询公。公以一言造福闾里者屡矣。"[1]在此前后，羊楼洞还设立了候补副县职的弹压局，由于是重要茶埠，县长经常来此处理要事，其地位上升已显而易见。

光绪二十六年庚子（1900），义和团运动波及羊楼洞，在地方上又扰起一阵骚动。"光绪庚子，吾乡莠民为红教匪党所扇，猋升蜂起。大吏知地关要害，札谕乡绅设局防堵，而一时村落所捕者，情辞苟有可原，辄商之同事，贯而不治。"[2]这说明羊楼洞地方的义和团，多有本地子弟加入。而据另一篇传记，则以上记载所谓大吏札谕，应该为张之洞给地方乡绅告密函的复信："岁庚子，红匪扇乱，公（案：指传主游包六）星夜密禀张督，即谕办团练，群匪不敢逞，地方赖以安堵。一面遣锐勇缉捕祸首解县枭示，一面解散协从者，不使党羽团结，冤累无辜，故剿数人而蒲圻平。"[3]对于这件事，羊楼洞地方文献中还有相近的记载："清光绪庚子，有匪党突起，劫掠相望。先生（案：指传主雷士伊）倡办团练，招团丁数十名，设局李家铺，里人赖焉。后匪败，官军捕余党，亟里中少年稍有嫌疑犯者，复赖保全。邑宰何公与先生最相契，先生论执法治匪，宜别首从，邑宰纳之，全活甚众，如洞镇之雷豫时，新溪之但德连等，朱条已下，临执法时，改

---

① 雷铨衡：《步卿公暨姚贺恭人传》，见《雷氏宗谱》，民国崇义堂本。
② 贺荣骏：《候选州判游君家传》，见《游氏族谱》，民国九言堂本。
③ 游凤池：《家包六先生传》，见《游氏族谱》，民国九言堂本。

死回生，此是先生正直之风，兼有仁厚之意存耳。"①从谱传可以看出，分别首从，少杀人，是雷士伊（赞廷）在何知县处进言的结果，而文中所提及的雷预时、但德连，则属于羊楼洞地区参加义和团的有名有姓者。

民国初年，提倡地方自治。羊楼洞成为县南区地方自治的中心。"洎民国初元，县自治萌芽矣。府君（案：指雷泽钧）即被选董南区事。规模特备，构若画一，惜功不竟耳。慨自五六年以还，南北战争凡数构，不逞之徒乘间窃发，萑苻啸聚，所在皆是，官吏无如何，士绅尤嗫戒不敢声，大抵皆畏惮姑息之见也。时祝笂山知事檄府君董南五区保卫总公所，辞不获命。又战后猝无可罗拙，募丁购械，皆先输自私囊，竭蹶从事，始观厥成。计前后历任十年间，逋贷累累，隐耗不赀，而剿获远近剧盗至十数起。解散胁从，贳其自首者亦逾百人。威怵仁化，暴者锄而枯者噓，以故邻近乡团驻防国军，靡不倚之如左右手，惟府君指画陈说之是听。即战争，奉壶浆前导，即挽输召丁壮百诺，里中人虽逃避无一踪迹，有于道路从从趋，昧爽兴而丙夜不休者，惟府君一人。勤劳卓著，事闻，蒙前督军王上将赏给二等一级奖章，温拊谆慰，盖以酬庸也。"②这段话是说羊楼洞此时又成为区域治安的中心之一，而上应付军阀摊派，下肃清盗匪骚扰，雷泽钧（复旦）的所谓南五区保卫总公所确实周旋支应，出力不少。

1916年，羊楼洞成立警察分所，负责检查、管理、禁烟、路灯等事项，③标志着现代法理治理向传统礼俗社会的渗透。1928年，羊楼洞又成立公安局，直属湖北省民政厅，有警官雇员6人，警长警士11人，夫役3人，④拨给年办公经费为2880元，超过当时蒲圻县城的2148元办公经费，⑤可见它在省厅心目中的

① 但伯度：《赞廷世伯雷先生暨德配余太夫人合传》，见《雷氏宗谱·传上》，民国崇义堂本。

② 雷兆绂：《复旦府君传》："前督军王上将：王占元（1861—1934），字子春，山东馆陶（今属河北）人。北洋直系军阀。原为北洋陆军第三镇步队第三协统领，因率军随冯国璋南下与武昌起义革命军作战有功，升任第二镇统制。1913年参与镇压'第二次革命'，升任湖北护军使，1916年任湖北督军兼省长，1920年任两湖巡阅使兼湖北督军，次年被吴佩孚联合湘军驱走。"见《雷氏族谱》，民国崇义堂本。

③ 宋衍绵：《蒲圻县乡土志》，第114页。

④ 蒲圻市地方志编纂委员会编：《蒲圻县志》卷二十四《公安司法》，1987年。

⑤ 蒲圻市地方志编纂委员会编：《蒲圻县志》，1987年，第5~6页。

地位。

五、社会慈善

蒲圻民间，妇女少有礼节束缚，呼喝歌唱，看似颇有诗情画意。如清代当地诗人戴玉华《俚言八首》所记：

> 鼓吹山头乍有无，阿婆荷锸唤阿姑。随声唱和花村外，好续豳风作画图。

由于参加劳动，民间妇女不专事传统女红，亦不缠足，如诗所记：

> 铜环坠耳布缠头，那得弓鞋曲似钩。少妇全抛针黹事，也操钱镈下田畴。[1]

乡间妇女在诗人眼中十分质朴、新奇和开放，温柔敦厚且不逾矩，与传统礼教互为补益，有诗情画意。但与妇女表面看似惬意的乡间生活不同，她们的生存应该说从一开始就相当艰难严峻。

羊楼洞所属蒲圻一带同中国许多地方一样，重男轻女，俗有溺毙女婴的恶习。清道光《蒲圻县志》引《东坡集》记载："岳鄂间田野小人，例只养二男一女，过此辄杀之。尤讳养女，以故民间少女，多鳏夫。初生女辄以水浸杀，其父母亦不忍，率常闭目背面，以手按之水盆中，咿嘤良久乃死。"[2]为了纠正此类陋俗，县府和羊楼洞地方都曾设立育婴堂收养女婴。《蒲圻县志》载清道光十六年知县劳光泰《育婴堂记》称："楚俗多溺女，有育婴堂而女得不溺矣。予莅蒲，月朔望

---

① 戴玉华：《俚言八首》之三、五，见徐明庭等辑校：《湖北竹枝词》，武汉：湖北人民出版社，2007年，第265页。

② 原是寄居武昌的王天麟告诉苏东坡，苏东坡在信中说给朱鄂州。引自《〔道光〕蒲圻县志》卷四《风俗》，道光十六年（1836）刻本，第273页。原文载苏东坡《经进东坡文集事略》卷四十六（四部丛刊），《苏轼文集》卷四十九《与朱鄂州书》，北京：中华书局，1986年，第1416页。

必诣堂，亲给乳资，验婴儿以优劣乳母，故婴儿鲜有死者，而所收养由是益多。然只有女婴，无男婴，故知所收之女，皆将溺之女也。惟存堂本钱仅壹千八百串，岁取息可育肆十余口，今所收至一百二十余口，若以本钱济之，后将不继，女仍溺耳。予乃捐廉为倡，随令堂长张美赋等劝捐，得钱四百余串，逾年谢上恩等，劝捐得钱三百余串，又刘海存呈捐钱一百串，曾采清捐田壹百亩，张琪美捐田十五亩，王名魁捐田十三亩，马文谷捐田十八亩，陈修荣捡盖堂宇，而刘海存等六人复捐钱二百串，取息制婴儿棉衣，婴儿既得饱暖矣。然是日前之观也，恐后仍不继焉。盖雍正间，堂初建，乏物资，故未收养，乾隆四年，知县王云翔始捐廉收养十余口，旋亦废。乾隆四十二年，知县何光晟复修堂，立堂长，设循环簿，始积乳资钱。道光六、七、八等年，知县王达复积之，陈修荣等为堂长，又积之，而所收养，未有如今之多也。予惟愿溺女者少，则收养亦少也。不然，则既收之女，旋即劝人抱去也。"①育婴堂建而复废，废而又建，经费艰难，40 人的设计却收养 120 人，劳光泰作为一县之长却也无奈之情溢于言表，说明弃杀女婴的现象有多么严重。这种现象的存在，又说明地方重男轻女的观念根深蒂固。弗里德曼认为，中国严格的父系继嗣和从夫居使已婚的妇女与她们的父系宗族并不存在多少联系，宗族的父系继嗣力量通过放弃它的女性继嗣及与以婚姻形式进入宗族的妇女结合而得以体现。② 所以归根结底，弃杀女婴的根本原因还是在于中国传统的父系继嗣制度。以上是蒲圻县育婴堂的创办情况。

羊楼洞地方的育婴堂与县堂情况大致相似，自营茶早期即已开办。出面筹资的是茶商雷凌霄(汉槎)，他"醵金设育婴回春病院，送诊施药，庸人看护，今行之已数十稔。继者赓续，活人无算矣"。③ 早期的育婴堂是建立在募捐基础之上的慈善机构。羊楼洞育婴堂后来也是几撤几复，最终恢复它的，是雷凌霄之子雷泽钧(复旦)。"先是，洞有育婴，乡人讼争权利，久撤罢矣，府君独出名遍吁诸大府，请于茶税下岁抽常款，谋所以恢复之者。辗转往复，积案牍堆尺许，终底

---

① 《[道光]蒲圻县志》卷一《育婴堂》，道光十六年(1836)刻本，第 82~84 页。
② [英]莫里斯·弗里德曼：《中国东南的宗族组织》，刘春晓译，上海：上海人民出版社，2000 年，第 172 页。
③ 雷兆绂：《汉槎公传》，见《雷氏宗谱·传上》，民国崇义堂本。

于成。"①所以羊楼洞育婴堂续办与否，与蒲县面临的是一样的经费问题，而最终有了常费保障，与茶税有很大关系。继其事者，有雷廷凤（飞侣，1855—1912），"洞镇向有育婴一所，历办多敷衍，自先大夫董事，而后剔除旧弊，朔望检验，必躬亲之，一布一缕，务期实惠，所活不可以数计"。②可见有经费之后，还存在主持者是否敷衍的问题，如办事认真，是可以救活不可以数计的女婴的。无论如何，这类对于女婴的拯救，由于传统父系继嗣制度的存在，作用可谓杯水车薪，这类机构的存在本身，只是在说明当时社会弃杀女婴情况的严重程度。

由于茶务需要将大量的砖茶和包茶运出，而运茶道路是否通畅是十分关键的问题，所以羊楼洞土商和乡绅对于修路都非常乐意捐资。羊楼洞大姓家谱对于茶商修桥铺路的善举记载不绝于书。例如洞商黄方成，由贸茶而富有，后于光绪三十年（1904）回乡养老，对于公益之事非常热心。"夏家岭为行人通衢，中横一堤，其路层级，几若登天，行旅苦之。民国乙卯岁（1915），先生（案：指黄方成）筹费募捐，将堤掘开，砌石为隧道，来往甚便，口碑载道。"③再如前文提及经营红茶、花茶货及本帮钱庄十分成功的洞商雷豫埭，也热心于改善交通："其于修筑桥梁道路也，不惜财不辞瘁，必乐观其成而后已。三板桥者，圮于水，久无问者，公为恢其旧，行者便之。崇邑田家咀大桥，湘赣鄂三省往来之途也，工艰而费钜，公首倡募，仍不给，且中辍矣，乃独任其不足者，以三千缗成之。又吾洞至崇必道出佛岭，山径崎岖，逶迤绵亘数十里，行旅畏惮。公铲险为夷，随地势砌石为升降，如坦途焉。今数十稔矣，挽者、推者、负戴者、行路者，犹咨嗟感叹，啧啧颂功德不置。"④再如羊楼洞通往张家咀的运茶道路，"每当春雨不堪，车陷泥坑难行"，而乡绅饶鲁堂倡议修整，"卒成坦途"。⑤当时《万国公报》有人撰文记其事："从来生物蕃盛，固赖天时；履道平坦，尤资人力。如鄂之羊楼洞者，乃南北楚省暨中外茶商总汇处也，每当春夏之初，航海而来，梯山而往，可怜鸟道羊肠，肩负者，深虞险阻，风摇雨滑；车载者，每苦驰驱。……

---

① 雷兆绂：《复旦府君传》，见《雷氏宗谱·传上》，民国崇义堂本。
② 雷衡章：《先大夫飞侣公传》，见《雷氏宗谱·传上》，民国崇义堂本。
③ 黄于钊：《方成先生传略》，见《黄氏宗谱》，民国仁孝堂刊本。
④ 雷兆绂：《霁轩公家传》，见《雷氏宗谱》，民国崇义堂本。
⑤ 游煕林：《三乎居士行略》，见《饶氏宗谱》，民国双峰堂本。

邑绅雷乐斋、饶鲁堂、雷朗齐、游包六、雷汉槎、雷受山诸公，筹划费资，秉公秉正，修理石径，任劳任怨，呼以千百人之上，成之不日，数十里之地，履之如夷。"①

六、社会教育

1904 年，清政府废除科举考试，提倡新式学堂，峒校是蒲圻县首批成立的三所高等小学堂之一（另两所一为城校，在县城；另一为埠校，在车埠）。峒校借用羊楼洞原文昌阁旧址，有学额 60 名。"甲辰春，洞镇首创学校，道尹存煮聘先大夫（案：指雷廷凤）充教职。尔时孙英已授读，颇聪颖。先大夫为造就后辈起见，慷慨就聘，年余，风气大开，生徒繁盛。越四年，英升学，辞职家居，以著作为己任。"②这段记载，说明羊楼洞学校最初开办时曾聘本乡雷廷凤（飞侣）为师，并直至 1908 年。

1910 年，峒校学堂有两个班，学生 84 人。宋道乾任学堂堂长，张守度、李树属任学监，苏森甲、李义均任教员。③ 1907 年，蒲县劝学所设立，全县划分为五个学区，每学区配劝学员一名，羊楼洞为其中一区。1910 年，蒲圻初等商业学堂在羊楼洞设立，这是茶区最早的实业学堂。④ 1910 年，高等小学堂峒校的学生有 7 人毕业，其中邓翔海考入北京工业大学，刘树仁考入北京译学馆。⑤ 1913年，蒲圻县公立女子学校在羊楼洞创办。这是当时茶区最早也是唯一的一所女子学校。⑥ 女子学校设有两个班，50 多名学生，教师由雷慧清、贺合影担任，开设国文、算术等课。⑦ 张之洞督鄂之后，大力倡导出国留学，到清末民初，羊楼洞已有 3 人留学，其中，雷金波、雷以伦留学美国学工程，雷仲元留美学电气。⑧

---

① 目见人：《鄂省羊楼峒坦平颂》，《万国公报》第十卷第 457 期，1877 年 9 月 29 日。

② 雷衡章：《先大夫飞侣公传》，见《雷氏宗谱·传上》，民国崇义堂本。

③ 蒲圻市地方志编纂委员会编：《蒲圻县志》卷二十五《教育》，1987 年。

④ 湖北省地方志编纂委员会编：《湖北省志·教育》，武汉：湖北人民出版社，1993 年，第 50、73 页。

⑤ 蒲圻市地方志编纂委员会编：《蒲圻县志》卷二十五《教育》，1987 年。

⑥ 蒲圻市地方志编纂委员会编：《蒲圻志》，深圳：海天出版社，1995 年，第 5~8 页。

⑦ 刘仁哲：《蒲圻县清末与民国时期的新式小学史略》，见政协蒲圻文史委员会编：《蒲圻文史》1987 年第 3 期。

⑧ 蒲圻市地方志编纂委员会编：《蒲圻县志》卷二十五《教育》，1987 年。

雷金波、雷以伦留学事亦见于羊楼洞《雷氏宗谱·复旦府君传》。另外，雷豫睿（哲人）之传记亦记载其留学日本："先生遂绝意科名，就县丞职，一肆力于天文、数理、格致等学，负籍东游，毕师范暨警察专科业。适生姚张太宜人弃养，奔丧返国，陈情当道，星夜匍匐归里，哀毁逾情。……"①由传记看，他留学日本就读的是师范暨警察专科，当属于公派，所以回国事需要向"当道"汇报。对于洞商在新形势下送子弟出国留学，我们仍然可以用布迪厄关于文化资本的观点更深入地认识，如布迪厄认为，经济资本、社会资本和文化资本等不同形态的资本具有可置换性。雄厚的社会资本，可以使人获得更多的机会，从而谋取更多的经济资本；经济资本实力强者，又可以让自己的子女就读较好的学校，捞取较高的文化资本；而文化资本，当然也同样是可以转化为其他类型的资本的。教育当然是最具有代表性的文化资本。布迪厄认为："可以肯定的是，有史以来，对于权力和特权的传递问题所提出的所有解决方案中，确实没有任何一种方式比教育系统所提供的解决办法掩藏得更好，因而也更适合那些要一再使用那些最封闭的权力和特权的世袭传递方式的社会。教育的解决方式就是在阶级关系结构的再生产中发挥重要作用，并在表面上中立的态度之下掩盖它履行这一职能的事实。"②洞商将子弟送出国留学，反映了他们在科举停考之后新的形式之下谋求文化资本优势的努力。

在追求教育金字塔顶端即子弟留学外国的同时，洞商也兼顾着最基层的普及教育。据载，由于"我县(指蒲圻县)工业发达区，工人荟萃，文盲居多，为推广社教起见"，1936年年初，蒲圻民众教育馆在羊楼洞举办工人教育实验区分馆，开办读书室、读报室、听讲室等，丰富工人的学习生活。③ 在发展教育的过程中，由于茶捐为县教育费大宗，羊楼洞茶业雄厚的资金起到了重要作用。

七、社会风气

羊楼洞地方绅商还积极禁烟禁赌。洞商有抽鸦片烟而见于传记的，例如《雷

① 贺良朴：《哲人公传》，见《雷氏宗谱·传上》，民国崇义堂本。
② ［美］华康德：《论符号权力的轨迹》，《国外社会科学》1995年第4期。
③ 《蒲圻县民教馆羊楼洞分馆民国廿五年元月开办费预算》，LS019-003-3794，湖北省档案馆藏。

氏宗谱·赞廷世伯雷老先生暨德配余太夫人合传》就有记载："先生性嗜烟，床头上置有烟土。"吸食鸦片烟及赌博让洞商辛苦赚取的金钱付诸东流，所以洞乡有识之士痛恨鸦片之害，《游氏族谱》就载做大游氏茶业的游龙之妻"尤痛恶鸦片，一见家人有烟具，必取出尽碎而后已"。① 《饶氏宗谱·南山庄迁扇子坡记》记载有饶姓一家，"因祖父吸食鸦片，家贫如洗，山林、房屋都已变卖。父八岁靠卖柴为生，稍大与人做零工，租人房屋居住"。② 鸦片之害，让许多有识之士痛彻于心，故清光绪年间，饶姓洞商们曾公议禁烟禁赌。以下是仍存于今的《永遵无违碑》的内容：

> 永遵无违
>
> 立公议严禁牌赌、拟杜洋烟事。
>
> 我门居团山二百余年，均蒙祖德，子孙蕃衍，各安生业。近流有徒，伙同牌赌，拟觉肆行，难于羁束身等，目击心伤，不忍坐视，欲正后裔，以增庭辉。惟恐有不惜财货，以致倾家覆产，仰无所事，俯无所畜，后患莫测。今幸合门人等，迷途思转，甘心徙戒，此凭保甲绅耆赴县存案，祠后一概不准，齐遵碑石，倘有外来恃强习恶，同蹈故辙，送信者赏钱二串文，一经捉获，罚酒四席，钱八串文。公同着议，还要送回惩治，无论亲疏，决不徇情。世代子孙，持守莫犯。告白
>
> 光绪乙未年六月吉日合门饶姓人等公立③

据该碑文字所载及游谟俊、游哲茂、饶邦维《闲聊光绪乙未年间杜洋烟戒牌赌的故事》的叙述，碑文中所言"团山"，为光绪年间羊楼洞靠北山北边的一个村庄，"长居几百户人家，世代为茶坊运输业，因交通不便，只能靠打'鸡公车'，土话叫做'线车'，并且成立了一个大型线车帮，当时人多、车多，钱也赚得多，但经受不起洋烟馆、赌场的引诱，辛辛苦苦赚来的钱，烟馆进赌场出，吸赌精

---

① 游凤墀：《家俚太宜人传》，见《游氏族谱》，民国九言堂本。
② 饶志华：《南山庄迁扇子坡记》，见《饶氏宗谱》，2011年十修双峰堂本。
③ 游谟俊、游哲茂、饶邦维：《闲聊光绪乙未年间杜洋烟戒牌赌的故事》，见游谟俊主编：《洞天福地——鄂南古镇羊楼洞》，香港：香港华文出版社，2008年，第208页。

光，莫说养家糊口，步履艰难，有的负债累累，家徒四壁，有的落荒而逃，妻离子散。为了制止吸赌行为，这时合门饶姓人提出共感，立公议严禁牌赌，拟杜洋烟之事，刻石碑一块，惩治无论亲疏，瘀不徇私情。从此，这村庄的人们按碑文条款之戒，子孙世代，持守不犯"。① 石碑的存在，一方面说明时代的进步和洞商朝向文明的努力，另一方面也说明鸦片战争之后，洋烟肆虐，深入中国社会基层，中国殖民地半殖民地化日渐深入。

1916 年羊楼洞警察分所成立，作为其重要职责之一，禁烟进入常态化管理。

洞商似乎一直表现得十分迷信。当地的物产，依靠勤劳开拓致富，洞商们却似乎不相信自己的好运气，纷纷将其归于祖坟埋葬的所谓风水。追溯起来，这种崇尚风水的传统自羊楼洞商贸茶业开创者雷兴传（中万）就已经开始。雷兴传与晋商合作，业茶致富，"晚年好青鸟术，考妣佳城，皆其自卜"。② 他自己选择葬地，且秘而不宣，这就为其子孙带来了麻烦。据其孙雷炳蔚所撰《东阳公显迹记》记载，"祖考（案：指雷兴传）卒，瘗无所。忆公存日，尝于田姓山觅吉，以授良友。谋不果得，闻其事不知其处矣。房伯某与田有至戚宜，考（案：指雷兴传之子雷振祚）与交莫逆，相偕诣田山，遍历不忌。千载之秘，一旦轩露，托买成，旋移葬焉。虽曰天定福善，而妥先启后，抑亦人事也"。③ 把一块墓地弄得这么神秘，反映了洞商所谓"妥先启后"——选好葬地为后世带来长久的福祉的期望。

由于笃信风水，为先人寻觅墓地归属极受洞商们的重视，例如雷畅（易斋），"公父柳村公病故，殡宅右，公常以未获葬所为忧。于是着屐裹粮，遍历名山大泽，一遇沙水有情，辄流连久之，如是者数年。迄咸丰十一年冬，始得崇邑方山仰天堂一穴，扶柩安厝，花费千余金。尔时家无余赀，皆称贷以偿"。雷畅之父于咸丰元年辛亥病故，拖了十一年，才在邻县山中找到称心如意的墓地，且在家无余财的情况下，不惜借贷千两白银最后安葬，其勤勤兢兢的程度，实在是无以复加。

又如雷盛（春泰），"先是，公父母卜葬园株角，俗师谓非吉穴，改葬观音

---

① 游谟俊、游哲茂、饶邦维：《闲聊光绪乙未年间杜洋烟戒牌赌的故事》，见游谟俊主编：《洞天福地——鄂南古镇羊楼洞》，香港：香港华文出版社，2008 年，第 208 页。
② 程日阶：《中万雷先生传》，见《雷氏宗谱·传上》，民国崇义堂本。
③ 雷炳蔚：《东阳公显迹记》，见《雷氏宗谱·传上》，民国崇义堂本。

山，不数年，连遭丧明，孺人且以登楼跌足成废疾，而家计益颠连不振，因仍迁父母原穴，生子女各一，孺人足亦全愈。子即干丞也……干丞敦厚周慎，为商场所推重，廿余年间，家道蒸蒸日上，如火之然泉之达也"。① 不恰当的迁葬导致疾病和生意不好，这似乎是反映所谓俗风水师的不是，而将生子、疾病痊愈以及所生之子重振家道，与重新迁回原址下葬相联系，亦是传记作者风水决定观的更深层反映。

浓重的风水迷信所反映的，实际上是经营商业之后宗族族群中日益突出的分化和竞争。在同一个宗族中，个别或部分族人把握住了商机，经济地位得到显著改善，在宗族中的地位也得到明显的提高。在祠堂中，灵牌的位置并不依宗族谱系来安排，而是按照死者及其后人的社会经济地位来安排，也就是说，权力和地位即使在祭祀的仪式中也会得到表达。这种宗族集体一致与个别房支地位异常提高的不平等需要获得解释，而风水迷信恰恰满足了这种解释的需要。例如饶氏族人之一的饶锡纯，在漕运过程中利用全族所有的运粮漕船返航时携带货物，赚取价差而发家：

> 其侍曾祖锡纯公漕艘北上也，往来必有居货。时其昂价出之，不数年获利甚伙。②

到后来其后人在族谱中就是利用祖宗坟墓的风水来加以解释：

> 人咸莫喻公意，后集族人为五世祖礼公置祀田，始知公于曩时得墓侧一枯枝鬻之，今之累累然黄白者，皆由岷山滥觞，积而为江汉钜观也。噫！异哉！以为捐囊底金则固非无本，以为自居积来，则又何其速！功成不居，德至无名，古之人乎！古之人乎！③

利用公产(漕船)发家，却以过去出售祖宗墓旁一枯树枝的风水说加以解释，

---

① 邱法睿：《春泰老先生暨德配刘孺人合传》，见《雷氏宗谱·传上》，民国崇义堂本。
② 饶钟銮：《祖考尚玉公妣宋宜人合传补遗》，见《饶氏宗谱》，民国双峰堂本。
③ 饶钟銮：《祖考尚玉公妣宋宜人合传补遗》，见《饶氏宗谱》，民国双峰堂本。

于是为如今家中的黄金白银找到了看似正当的解释。

弗里德曼认为，祠堂中的祖先崇拜仪式是族群集体一致的仪式，但是，权力与地位也借祠堂祖先崇拜仪式得以表达，于是祠堂祖先崇拜仪式将强化集体一致与表达不平等联系在一起，祖先坟墓风水迷信更体现了族群内部的社会分化与竞争关系。① 以上饶锡纯以祖先坟墓风水解释其致富缘由，前引羊楼洞商贸茶业开创者雷兴传（中万）"晚年好青鸟术，考妣佳城，皆其自卜"，② 都应作如是观。所谓祖先的坟墓风水，其实就是体现了族群内部的社会分化和竞争。

这种风水迷信的观念随时代进步有所改观，至开明士绅雷豫咸（心平），"当粤汉铁路议建时，公谓车栈必修本埠，商场可期发达。遂约族中昆仲，往省呈请，迁干就枝，引工程司踩踏路形，批准设栈，其经费一切，公皆自为垫给，从不派取地方。乃因路政中停车事尚未行，而公亦赍志以殁。良堪浩叹"。③ 雷豫咸引铁路在羊楼洞设站的主张因其逝世而夭折，后来重新提及时，因地方顽固势力以破坏风水为由反对，最终改设站赵李桥，进而导致羊楼洞茶业加速地衰落。但在此前能够有雷豫咸等的争取，已可证时代进步对于人们思想观念进步的带动作用。

时代与经济的发展必然导致新的风气进入，侈华之风亦盛。"洞中为中外茶商蔚聚之区，靡丽纷华，俱臻极点。"④由于商人云集，羊楼洞各种娱乐业亦十分兴盛。如京剧、汉剧、楚剧、影剧等戏剧经常上演，⑤ 电影也早早就被引入羊楼洞。光绪三十三年（1907），粤商魏鉴彬、魏长于父子就曾在羊楼洞用手摇发电放映无声电影。之后，留日学生雷仲云、留美学生雷金波也都在羊楼洞放映过无声电影。⑥ 这些最新形态文化的引入，也促进了社会的开放和进步。

---

① ［英］莫里斯·弗里德曼：《中国东南的宗族组织》，刘春晓译，上海：上海人民出版社，2000 年，第 101、114 页。Maurice Freedman, *Chinese Lineage and Society*：*Fukien and Kwangtung*（《中国宗族与社会：福建与广东》），London：The Athlone Press，1966，p.141，pp.130-131.

② 程日阶：《中万雷先生传》，见《雷氏宗谱·传上》，民国崇义堂本。

③ 余泽霖：《姻家雷公心平大人暨德配王朱两孺人合传》，见《雷氏宗谱·传上》，民国崇义堂本。

④ 贺锡锦：《雷制轩先生传》，见《雷氏宗谱·传上》，民国崇义堂本。

⑤ 《羊楼洞营业税局经收公安游艺捐暂行规则》，LSI-5-4393，湖北省档案馆藏。

⑥ 陈列：《我县最早用电地区——羊楼洞》，《蒲圻文史》第 3 辑，1987 年。

1884 年 4 月，上海至南京电报线路延伸到汉口，汉口设立电报局。① 而同年，羊楼洞便出现了茶商自营的茶务电报业务。1896 年，湘鄂两省间接设电线，自长沙沿湘阴、岳州、临湘驿路安设至湖北蒲圻县城，全长 450 里，从此羊楼洞镇开始用电于生产和生活。② 1903 年，羊楼洞邮政所设立，比蒲圻县城早了两年。1914 年，羊楼洞北山饶运皋家中开设电报局业务；1923 年，武昌至羊楼洞有线电报线路架通，同年羊楼洞电报局成立。1930 年，武羊电话线路开通，羊楼洞镇设立营业处开业。③ 由于茶商业务与信息关系密切，羊楼洞的通信始终紧紧追赶着时代前进的步履。

八、茶业改良及其社会效应

作为场域的羊楼洞茶业社会始终处于变动不居的状态，不同资本力量的出入，不同竞争策略的运用，都会引起场域内力量配置上的改变，进而影响到羊楼洞茶业社会的面貌。19 世纪 30 年代的羊楼洞茶业改良，即产生了这样的社会效应。

1936 年，经调查研究，羊楼洞茶业改良场④提出：羊楼洞茶区所产砖茶，名闻中外，亦为国内唯一之砖茶生产地。在昔日旺盛时代，每年输俄有 40 余万担，近则日形减少，此固由国际购买市场有所转移，但与国内产制技术日下、成本高

---

① 武汉市地方志编纂委员会：《武汉市志·大事记》，武汉：武汉大学出版社，1990 年，第 17~18 页。

② 文史资料研究委员会编：《临湘县百年大事记(1840—1949)》，1987 年。

③ 蒲圻市地方志编纂委员会编：《蒲圻县志》，1987 年，第 5~6 页。

④ 羊楼洞茶业改良场源流甚长。1909 年，湖北劝业道在羊楼洞创办茶园讲习所，招收 40 名学生，成为全国最早创办的茶叶试验机关。民国元年(1912)，奉农商部实业司命令，茶园讲习所更名为湖北茶业讲习所，先后招收学生 40 余名，民国四年(1915)，讲习所因经费困难而停办。1919 年，湖北实业厅派员恢复，改名为湖北茶叶试验场并将嘉鱼农场及武昌宝积庵农校的一部分迁入，此后，又屡因时局动荡及经费困难而经六次时办时停，更换所长场长十余人，共持续 14 年而成绩甚微。1932 年后，专家和一些机构再次呼吁恢复，于是该场更名为湖北羊楼洞茶业改良场，直属湖北省建设厅，直到抗战前夕，设有场长 1 人，技士 1 人，技佐 2 人，助理员 1 人，公役 1 人，其经费开支、业务计划、所在地茶业状况都直接向湖北省建设厅汇报，其职责是负责在羊楼洞茶区、宜昌及鄂西茶区组织茶农组织，推进茶叶改良事业、承担起全省茶叶技术的宣传、推广、研究规划和指导工作。

涨之情，大有相关，故拟对于砖茶之原料、配合之成分、压力之程度、干燥之日数、包装运输等项，均须加以切实之研究，而行种种之试验，以求优良之方法。具体为三个方面：一是辅助茶农生产；二是推广指导工作，指导产制技术；三是举办茶叶检验。① 鉴于茶业技术人才缺乏，在鄂南产茶区域之咸宁、蒲圻、通城、通山、崇阳、阳新等六县茶农子弟中招收训练人员，训练课程为茶业概论、栽茶学、制茶学、茶业经营、茶业推广、农村合作、农村社会及公民常识等，向茶农灌输茶叶栽制新技术及经营管理新知识。②

　　茶业合作社也获得了茶农的积极响应，例如，蒲圻县第三区十二保甲长向羊楼洞茶业改良场面呈申请，要求组织合作社："各保地处山乡，居民皆植茶维生，近因茶市日衰，茶价低落，更以存茶无人过问，茶农生活窘迫，请求准予组织茶叶生产合作社，发放茶农贷款，以利茶业，而舒民困。"③可见，由于羊楼洞茶业改良场的努力工作，也由于这种努力符合了茶业经营实际的需要，洞茶茶业改良工作也受到了民间的欢迎。与茶业种植和管理改良几乎同时，茶叶制作的机器改良也沿继着张之洞当年开辟的方向前进。例如1920年，长盛川茶庄老板张仲山从汉口购回火车头（蒸汽机）一部，装在羊楼洞茶厂车间中用于压制茶砖；1923年，张仲山又购买一台2000瓦发电机用于生产照明。④ 1920—1935年，羊楼洞茶区先后兴建义兴茶砖厂、聚义顺茶砖厂、宏源川茶厂、义兴公司四家机器制茶厂。其中义兴从汉口盛昌铁厂定制了压砖机、出砖机各三部，聚兴顺茶厂有压砖机、出砖机各一部，都是从汉阳周恒顺铁厂购买；其余两厂各有一台蒸汽发动机，年产值在10~20万元。⑤ 这些机器的使用也促进了民族机器制造业的进一步发展，例如周恒顺机器厂，原本只是汉阳一家前店后厂的一个小型工业作坊，以土法铸造一些炉齿、汤罐、鼎锅等家庭日用铁器。到第二代周仲宣手中，创新开

① 《湖北羊楼洞改良场改进砖茶红茶产制技术辅导及推广训练计划书》，LS031-003-0798，湖北省档案馆藏。

② 《湖北羊楼洞茶业改良声技术售货员训练班简章》，LS031-003-0801，湖北省档案馆藏。

③ 《据呈蒲圻县第三区各保请求组社发放茶农贷款等情指令知照》，LS031-003-0796，湖北省档案馆藏。

④ 蒲圻市地方志编纂委员会编：《蒲圻县志（1966—1986）》卷一《大事记》，1987年。

⑤ 湖北省地方志编纂委员会编：《湖北省志·贸易》，武汉：湖北人民出版社，1992年。

拓，成为拥有 70 多台机床，用蒸汽作动力的机器厂。据周仲宣之子后来回忆，"那时我省咸宁、蒲圻一带山区盛产砖茶，行销蒙古、西藏，并出口到沙俄，但因包装不善，压制不紧，远途运输，破损严重。父亲(周仲宣)在汉口认真考察了俄商新泰、阜昌等砖茶厂，将新式压砖茶的方法介绍给羊楼洞茶厂，为他们设计试制了一套用蒸汽分层蒸制，用机械压茶砖的成套设备，得到茶商、尤其是山西茶商的赞赏，他们争相购用，使砖茶的运输损耗大为减少，大大提高了砖茶的出口声誉。经过多年推销，山区出口茶商大多改用机器。在那铁路未通，交通极端不便的情况下，对山区经济开发有很大的帮助"。① 这些回忆出于子辈，"争相购买"等语可能有些渲染，但对于羊楼洞茶区开始机器使用的叙述基本还是事实，"对山区经济开发有很大的帮助"也并非夸张。据中国大学科研调查，"义兴茶庄自称，机器制造茶砖，其优点在出品迅速，成品紧结，且加该庄采购原料品质较佳，从前每箱汽压茶砖，可多卖二三角"。② 可见使用机器与茶庄利益一致，对于其经济发展也确有帮助。

与茶叶有关的改良所引起的最大社会效应，应该是茶叶运输业的改进。

前文曾经提及，羊楼洞茶区原有的茶货运输主要依靠车帮，因为所有茶货均需用人力车运至张家咀、牛形咀，或蟠水下游的新店码头转船运出。"茶箱陆运用车，故峒有车行；水运始至新店过载，故该二处有船行。"③新店水运在近代也出现西洋小火轮，小火轮上下三层，可坐 30 多人并拖带几千箱茶叶。"其输送茶箱者，类皆外来之小蛟鸦艄及满江红等船。洋商如阜昌、新泰、顺丰各家，皆制有飞鸿、飞电等小轮，以为拖带之用；本地绅商则组普济公司，制备小轮二艘，载客商往于武汉。"④原本茶叶运输，皆以人力独轮车经田间小路运往水边，然后用船运(较早时用木船，更近则亦有机器轮船)。后来粤汉铁路在赵李桥设火车站，于是洞茶可用独轮车从羊楼洞推至 8 公里外赵李桥上火车，直达武昌徐家棚

---

① 周英柏、周兹柏：《周仲宣与周恒顺机器厂》，见武汉文史资料编纂委员会编：《湖北文史资料——工商专辑》第 3 辑，1987 年，第 84~86 页。

② 金陵大学农学院农业经济系调查编撰：《湖北羊楼洞老青茶之生产、制造及运销》，南京：金陵大学农业经济系印行，1936 年，第 28 页。

③ 宋衍绵：《蒲圻县乡土志》，第 87 页。

④ 宋衍绵：《蒲圻县乡土志》，第 84 页。

转汉口后发往国内外。

在相当长一段时间里，担任独轮车运输的车夫，都是羊楼洞、赵李桥、新店本地的农民，他们结成一个庞大的行帮组织，有回忆认为，"这支队伍，变成为繁荣的羊楼洞制茶业厂外的一支副业大军"。① 但实际上，如前文所述，推车工作虽然出力流汗，但收入高，带垄断性，外地人不得涉足，是洞商依靠本地茶源兴盛的同时，对于当地同宗族但不同阶层乡民在茶叶场域中一种带有均富性质的安排。布迪厄这样定义"场域"："一个场域可以被定义为在各种位置之间存在的客观关系的一个网络（network），或一个构型（configuration）。正是在这些位置的存在和它们强加于占据特定位置的行动者或机构之上的决定性因素之中，这些位置得到了客观的界定，其根据是这些位置在不同类型的权力（或资本）——占有这些权力就意味着把持了在这一场域中利害攸关的专门利润（specific profit）的得益权——的分配结构中实际的和潜在的处境（situs），以及他们与其他位置之间的客观关系（支配关系、屈从关系、结构上的对应关系，等等）。"② 在这个茶叶场域中，占有更强的支配和主导地位的，无疑是从事茶叶贸易的那些洞商，他们拥有资本的主体，占有利润的主体，而推车工人所拥有的，无非是一身力气和与洞商们沾亲带故的宗族身份。但是，他们在茶叶场域中所占有的位置，虽然属于屈从的地位，却毕竟比外来工人要优越。他们不必从事那些极其繁重和灰尘极大的工作，而只是由于占有这个垄断的位置，并不需要什么技术特长，便"一人靠一辆独轮车即可养活一家子"。随着运输规模的扩大，茶区出现了专门的茶叶转运公司，一般一家公司有几十辆甚至几百辆独轮车，较大的专业转运公司有怡和、晋安、福盛、汉通、汉昌、裕顺、信昌等，③ 且在不知不觉中，车帮和独轮车夫们已然成为茶叶场域中的一个有一定资本参与博弈的角色。

1928 年，饶润皋任羊楼洞商会会长，倡议修建羊楼洞至赵李桥之间的汽车道，茶区商人筹资修通洞赵公路，并成立"洞赵汽车股份公司"运茶运客，公司

---

① 余伯勋：《羊楼洞茶砖运输的变迁史话》，《蒲圻文史》第 5 辑，1989 年，第 128、132 页。

② [法]皮埃尔·布迪厄、[美]华康德：《实践与反思：反思社会学导论》，李猛、李康译，北京：中央编译出版社，1998 年，第 133~134 页。

③ 陈启华：《湖北羊楼洞区之茶业》，《中国实业》1936 年第 2 卷第 1 期。

图 3-5　装载包茶上独轮车，准备运往赵李桥转装火车运到汉口

在羊楼洞和赵李桥两地各设一汽车站，有客车三辆、货车两辆，货运以茶为主，这当然是顺应时代进步的事情，但是这在茶叶场域中，也成为一种打破场域力量均衡和不成文的均富法则的举动。独轮车夫们认为，如果公路修成，汽车通车，那么原有的独轮车及其车主，便有停废和失业的可能，于是车工们群起反对，反对无效，便在通车以后，集体暴动，拦车、丢石，捣毁车上玻璃，殴打司机，破坏车上茶箱。后经商会会同各厂商及蒲圻建设局调停，所有车辆一律由资方照价收购，人员分别安排进茶厂，或由县收编为以后的筑路工，事件才告平息。① 这场博弈，似乎以推车工的暴力，以及洞商在暴力面前的屈从让步而结束，但实际上，所有这些以商会名义出面所作的调停和安排，车帮作为场域角色的基本消失，最终反映的，还是洞商在茶叶场域中更为优越的支配位置以及更为强势的权力。

　　之后，1933 年，崇赵公路建成，湖北省公路运输局在羊楼洞设车务分段，负责崇赵线客货运输管理，每天有定点班车往返于崇阳和赵李桥之间，更加方便

---

　　① 余伯勋：《羊楼洞砖茶运输的变迁史话》，《蒲圻文史》第 5 辑，1989 年，第 128、132 页。

了茶务和茶叶运输。①

　　凭借晋商和洞商的共同努力，羊楼洞茶叶社会本将沿着自身的逻辑发展，但是，1938 年日寇的占领和惨烈的破坏，给予羊楼洞致命的打击。1949 年后，羊楼洞制茶业迁至有粤汉铁路之便的赵李桥，羊楼洞茶叶社会最终沉寂。

---

① 蒲圻市地方志编纂委员会编：《蒲圻县志》，1987 年，第 5~6 页。

第四章　新店：黄金水道与转运行帮

《赤壁茶业志》称："自明代以来，蒲圻的六大镇，便有五大镇是水运中心。其中百舸争流，聚散辐辏，尤莫过于新店。"①新店一直享受着新溪河的"恩赐"，不仅新店本地的农业和生活用水离不开新溪河，更重要的是历史上湘鄂赣三省交界地区的物资流动亦主要依赖于新溪河。新店《余氏族谱》记载"新店有水运之便，有羊楼洞砖茶赖以转运之物，鄂之蒲、崇、通，湘之平江，赣之修水之土产与外江来货，均以此为聚散地"，② 以至于有学者将新店称为"商品流通专业古镇"。③ 清中叶以降，依托便利的新溪河水运和转运业的发展，新店的商业贸易逐渐兴盛，形成以茶业为支柱的经济结构。1913 年，在当地绅商的积极争取下，新店率先在蒲圻成立商会，商业贸易逐渐繁荣。依赖便利水运，新店不仅在湘鄂赣交界这一小区域发挥商品集散作用，还通过与汉口的经济联系参与国际贸易。

第一节 "依水而兴"的新店

新店镇(图 4-1)位于湖北省赤壁市(原蒲圻县)西南部边缘，与湖南省临湘市坦渡乡仅一河之隔，距离其东南方的羊楼洞镇约 30 里。羊楼洞是"我国著名茶市之一，茶叶产附近临、崇等县，而以洞产为最优"，④ 但如前所述，四面环山的

---

① 赤壁茶业志编纂委员会编：《赤壁茶业志》，武汉：湖北科学技术出版社，2017 年，第 430 页。

② 参见冯金平：《茶马古道源：羊楼洞》，呼和浩特：内蒙古人民出版社，2012 年，第 16 页。

③ 刘炜：《湖北古镇的历史、形态与保护研究》，武汉理工大学博士学位论文，2006 年，第 63 页。

④ 宋衍绵：《蒲圻县乡土志》，第 91 页。

羊楼洞水陆交通十分不便，其茶叶北运主要依靠新店便利的港口水运条件。因此，新店镇被誉为鄂南"第一大古茶港"。

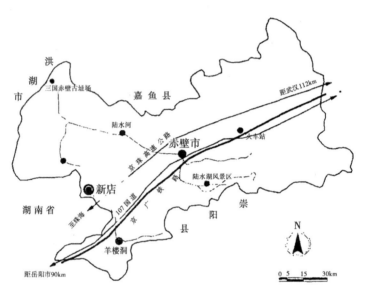

图 4-1 新店区位图

（资料来源：林楠：《湖北赤壁新店古镇研究》，武汉理工大学硕士学位论文，2005 年，第 11 页）

关于新店镇的建成，至今存在多种争议。

何煜山主编的《新溪文史》记载："史料载（新店）始建于明洪武年间，距今620 多年。""明以前，新店潘（蟠）河边只不过是普通的荒野，人户居茅棚。相传距河边 100 米处有一口井、一座庙、一个刺蓬，运茶过往人等在此歇脚喝水。自明起，因茶运极盛，很快就用条石驳起了码头，各驻一段。为便利独轮车运茶，接着就用条石铺砌了石板路。来新店销茶、购茶、品茶的人迅速聚集，于是石板路两边迅速崛起民房，直延续上千米。河岸少数码头完全不能满足装卸需要，于是河岸用条石护砌起来，连成一体。沿石板路建的民房商铺适应不了发展，沿河又建起蜿蜒数百米的吊脚楼。"①林楠在其硕士毕业论文《湖北赤壁新店古镇研究》中，认为明洪武至崇祯年间是新店港口确立和街市形成的时期，"原来的港口设

① 何煜山主编：《新溪文史》，香港：香港天马图书有限公司，2008 年，第 9、90 页。

在赵李桥附近，当时新店的经济发展并不快，但因为潘河在赵李桥段遇到枯水季无法通船，只能停航，而在新店的河道却可以常年通航，所以后来将港口改在新店，至此，当地的经济便蓬勃发展起来。沿河的居民点发展为居民带，并在河边进行水上运输活动。随着水运的发展，各种商业铺面相继出现，于是，新店仗地理优势发展经济，街道规模初显雏形，并逐渐开始拓展壮大"。① 万献初、宗嵩山主编的《鄂南茶文化》则提道："新店是蟠河下游的茶叶新港口，明末时这里还只有个茅棚，有口十字井供行人歇脚喝水。"②

同样，关于新店地名的由来，亦流传有多种传说。林楠在《湖北赤壁新店古镇研究》叙述道："一是据说最早的水运驿站在港口驿，即赵李桥南2千米处，是明洪武年间所建。因潘河是季节河，遇枯水季节，船到不了港口驿，只能在潘河中段，即现在的新店石板街沿岸汇集，久而久之便在此形成一座各种物资的集散转运驿站，进而店铺云集，该地故而得名'新店'"；"二是相传很早的时候，这里一片荒凉，却又是交通要道，有人在寺山之西，新溪之东结茅而居，久之，便成为路人歇脚纳凉、饮水充饥之店，遂称'新开饭店'，简称'新店'"。③ 在新店镇进行田野考察的过程中，当地地方史专家李华明提出另一种猜测，即新店名称的由来是相较于新溪河上游的土城而言的。土城即太平城，《太平寰宇记》记载："孙权遣鲁肃征零陵，于此筑城。"④李华明认为，由于船舶制造技术的发展，船体越来越大，而新溪河上游地区水量不足，水道较浅，后来的船舶无法到达，因此就在新溪河中游建镇开埠。而新店的"新"是相对于历史久远的土城而来的。⑤

以上诸说，猜测成分多于事实。例如新店地名相较于土城旧名说，于史无征，且新店自来即为河埠，从未筑城，与土城无可比拟。其余明代建埠诸说，无论明洪武年间说，亦或洪武至崇祯年间说，亦或明末之后说，三种观点与可以查证的史料相校，都已太晚，明为主观猜测而已。从已知历史资料来看，新店最早

---

① 林楠：《湖北赤壁新店古镇研究》，武汉理工大学硕士学位论文，2005年，第18页。
② 万献初、宗嵩山主编：《鄂南茶文化》，南宁：广西人民出版社，1993年，第51页。
③ 林楠：《湖北赤壁新店古镇研究》，武汉理工大学硕士学位论文，2005年，第12页。
④ （清）吕调元、刘承恩修，张仲炘、杨承禧纂：《〔宣统〕湖北通志》，民国十年（1921）刊本，北京：京华书局，1967年，第606页。
⑤ 2018年5月6日采访于新店镇政府李华明先生办公室。

的历史应该可以追溯至南宋。据《宋会要》记载，南宋淳熙十一年（1184）五月十六日，有臣僚向宋孝宗建言，"鄂州蒲圻县四十里有市曰新店，民户夹溪而居，南岸数百家则属蒲圻，北岸百余家则属岳州。临湘县去县甚远，北有蓴湖，广数百里，皆盗贼出没之地。乞以蒲圻县主簿分领捕贼，而移主簿于新店，为蒲圻县西尉，兼领两县、新店及蓴湖盗贼烟火公事，凡杖七十以下皆听裁决。且于本县弓手额内差拨一十名，别增二十五名，充西尉司弓手，令两州县应副钱粮"。事下本路安抚、提刑司相度，"称经久利便，乃从之"。于是宋孝宗同意臣僚的建议，批云："鄂州蒲圻县主簿改作西尉，仍兼鄂岳州蒲圻临湘新店市镇蓴湖盗贼烟火公事。"①这是新店见于正式史籍且经御批的记载。这一文献证据，结合在新店出土的宋代茶碗等实物证据，可知至少在南宋时期即已有初具市镇规模的新店，且因地方治安状况不佳得到了政府的重视，并因而派驻官员及治安人员。由此我们可以得知，之前学者将新店开始建成的时间，无论是限定在明洪武年间、明洪武至崇祯年间或明末之后，都是有误的。《宋会要》证明了早在南宋淳熙年间，新店不仅已经居住有数百家民户，而且有蒲圻县西尉和西尉司弓手等官方权力进驻，这说明当时的新店作为市镇已经具备一定规模而且得到初步发展；而当地出土的宋代茶碗，则或许说明自宋朝起，由于羊楼洞的茶叶已经加入"茶马互市"的行列，新店作为羊楼洞茶叶外运的水运起点，政府在此驻军以发挥保护茶运的作用。

正史资料称之为"新店"，当地族谱更多地称其为"新市""新镇""新店市"。为何为"新"？学者傅宗文曾对宋代的草市镇进行过研究，他指出：随着草市镇"户口增加，市场扩大，街区狭小以及周近居民点、运输线、商业网的变化，使得若干草市镇愈益不能维持原状。压力产生应力。于是草市镇不能不发生质的裂变——分蘖出新草市或镇市。因之有母草市、镇市和子草市、镇市"。② 由此推之，或许新店正是周边某个市镇的"子草市"。何为"店"？晋人崔豹《古今注》记载："肆，所以陈货鬻之物也；店，所以置货鬻之物也。肆，陈也；店，置也。"③可见，

---

① （清）徐松：《宋会要辑稿》卷七《职官》四十八，上海：上海古籍出版社，2014年，第4365页。

② 傅宗文：《宋代草市镇研究》，福州：福建人民出版社，1989年，第184～185页。

③ （晋）崔豹：《古今注》，北京：中华书局，1985年，第6页。

"店"自晋朝时就指放置货物进行买卖的地方。进入唐朝后，"邸店"兴起，"邸店者，居物之处为邸，沽卖之所为店"。① 宋朝时，"北人谓道上聚落为店头"。② 因此，宋朝的"店"指的是交通相对便利的可以进行买卖活动的场所。结合新店之"新"的含义，可以看出，水运交通便利的新店也许正是周边市镇所"分蘗出"的新的交易场所。

新店最主要的地理特点便是依水而建，道光十六年(1836)《蒲圻县志》曾形容新店所在的鄂南为"六水三山却少田"③的地理生态。确实，新店就地处湘鄂赣三省交界的幕阜山脉西北麓。具体来看，新店北面是蒲首山(海拔258米)，明朝祭酒魏观(字杞山)曾在元季隐居此山读书，后作诗云"白云莼浦上，怅望最高峰"④，误以为蒲首山为蒲圻县最高的山峰。新店东面是寺山，西面和南面都临河。当地《葛氏族谱·新祠形势图说》形容新店为"蒲首东南山水之总会也"⑤，可见新店地理位置的独特性。

紧邻新店的河流古称"大蟠水"，又被称为"蟠河"。嘉禾三年(234)，吕岱曾"领潘璋士众屯六口，徙蒲圻"，⑥ 潘璋在蒲圻率领士兵疏通过此河，所以此河又被称为"潘河"。在清代文献中，又见其名"新店河"和"新溪河"。《读史方舆纪要》记载："新店河，在县西四十里。一名新溪河，发源于临湘县界，入县境，经新店市入嘉鱼之黄盖湖，至石头口注大江。"⑦康熙十二年(1673)《蒲圻县志》记载"新溪河属新店，在县治西南四十里，发源港口望湘桥及龙桥诸泉，折而西入马蹄湖，由黄盖湖出石头口入于江"。⑧ 但据1923年《蒲圻县乡土志》记载，新溪河和新店河所指河段并不完全相同。新溪河"为临蒲界限，凡临蒲之水皆归焉。其远源则出临湘药姑山十字坳，近源则出本县大小港，历羊楼司，出望湘桥"，

---

① （唐）长孙无忌：《唐律疏议注译》，兰州：甘肃人民出版社，2017年，第130页。

② （宋）范成大：《范石湖集》，上海：上海古籍出版社，1981年，第152页。

③ 《〔道光〕蒲圻县志》卷四《乡里》，第274页。

④ 贺亚先等编：《湖北历代诗歌精选》，武汉：武汉出版社，2006年，第147页。

⑤ 葛凤翔：《新祠形势图说》，见《葛氏宗谱》，顿邱堂本，1993年，第5页。

⑥ 《〔康熙〕蒲圻县志》卷十《宦迹志》，第1页。

⑦ （明）顾祖禹：《读史方舆纪要》卷七十六《湖广二》，北京：中华书局，2019年，第3345页。

⑧ 《〔康熙〕蒲圻县志》卷二《山川志》，第7页。

"望湘桥附近有赵李桥、羊楼洞，南山北山水由此入河抵皇华桥，伴旗山各水亦由此入河，更西流出黄土塇、三板桥，而屈家堰水合焉，越碧潭寺、太平城、崩塇，而季婆塘、洪塘、大塘之水合焉，过此为学士湾，而雷公桥、花亭桥、青石桥、阳城桥诸水毕会于夜珠桥"，正是从夜珠桥处才"始名新店河"；然后，"自夜珠桥折而南汇临湘、万峰诸溪洞水于滩头，又大姑桥、小姑桥、新桥之水亦自下游来会，西流入马蹄湖，鹿轴桥、余家桥之水复会于东港湖，经黄盖湖出岛口入江"。① 可见，此时的新溪河指整条河段，而新店河则是始于新店镇的夜珠桥处。如今，新店镇当地人多称这条河流为新店河，而对岸坦渡乡人多称其为坦渡河，尽管两岸取名都带有本位主义色彩，但两岸还是公称其为新溪河，据说，"意在表明此河之山溪水一年一新"，同时也警示人们记住"易涨易退山溪水，易反易复小人心"。② 针对此河在历史上不同时期存在名称和河段等差异，为了便于叙述，笔者将整条河流称为新溪河。

学者邓亦兵曾言："每条江河水系都单独形成一个树形结构运路"，"树干如同干流，树枝如同支流，树枝上有分枝，如同支流上有支流，或连接的陆路。树干与树枝、树枝与树枝的结点，如同大小不同的集镇市场，或市镇、城市，树枝上的树叶如同乡村"。③ 新店就位于新溪河主干与其支流益阳港的结点处。④ 新

① 宋衍绵：《蒲圻县乡土志》，第15~16页。

② 何煜山主编：《新溪文史》，香港：香港天马图书有限公司，2008年，第162页。

③ 邓亦兵：《清代前期的粮食运销和市场》，《历史研究》1995年第4期。

④ 关于新店的水运优势，林楠的硕士学位论文《湖北赤壁新店古镇研究》、何煜山主编的《新溪文史》、韩小雄的《晋商万里茶路探寻》和咸宁市人民政府网站文章《茶叶之路源头的建筑遗产》都曾用县志中"遥环万山之中开一线之路，其上则滇、黔、粤、蜀有事于二京各省，凡从岳阳出者，则以蒲之港口为武昌之户而入；下则二京以至秦、晋、齐、梁、江、浙、闽、广有事黔、蜀，凡从武昌入者，则以蒲之港口为武昌之户而出"的记载来描述新店。另外，定光平和彭南生的《清以降乡村绅商的形成及其社会经济功能——以湖北羊楼洞雷氏等家族为例》、王欢的《鄂东南传统商业集镇空间形态及其更新趋势研究》也误将此形容羊楼洞。经查，这句话出自道光十六年《蒲圻县志》之魏说的《港口双桥记》。魏说在文中用这句话形容"双桥"（即鄂南的中港和潘河上的石桥）扼鄂南咽喉，具有极为便利的水运条件。到民国期间，潘河桥已毁，只剩有中港石拱驿桥，名万年桥。清代本地诗人邱今芳的《过万年桥》云："绀宇平开拥象王，双涵冰玉水生光。虎溪清绕达宫道，鲸背高临选佛场。忆昔拈来芦是筏，只今鞭得石为梁。驻听钟磬晴烟外，几度声声送夕阳。"所以以上著述存在历史材料张冠李戴之误，特此标明。

溪河全段近 60 公里，属于季节性河流，有四个主要支流：柳林港、松峰港、伴旗河和益阳港。其中，益阳港发源于大屋山北麓，河流全长约 20 公里，在新店镇东南部注入新溪河干流。"新店镇的繁荣来自新溪河，河水长年碧澄澄的，滋润着两岸的田土，更有通航之便。河源出自通城之九岭，上游水急滩多，到新店以下，水势平缓，河床深，水面宽，所以新店成为得天独厚的港口。"①确实，新店位于新溪河中游，由于新店东南面益阳港河水的注入，从新店镇起至新溪河下游区域水量便充足，水道也较深，一年四季都可通船。新溪河下游经黄盖湖与长江相连，羊楼洞的茶叶便经此水道运至汉口转销。

通过对当地的地理环境和现存的石板街古建筑遗存进行考察，我们可以很明显地发现新溪河的水运优势对新店的市镇结构的影响。

作为湘鄂两省之间的"边际型"市镇，新店镇落址在了新溪河凹岸的湖北界内。具体可能有以下原因：首先，新溪河凹岸处河水冲刷力强，不易堆积泥沙，河床较深，利于建造港口；其次，新店镇有一内湖可起到避风港的作用，船舶停在其中，避免港口的拥挤；最后，从经济因素来看，新店镇被称为羊楼洞茶叶运输的"专业市镇"，②同属湖北省的羊楼洞的茶叶需要经搬运工人用吃水浅的小船或独轮车运至此后装船。

如前所述，新店在南宋淳熙年间已有数百家居民"夹溪而居"，之后不断有人口迁移至此，新店镇的市镇规模随之扩展。鲁西奇认为，明清时期市镇形态的演变受到两种引力的影响：一是向传统礼制复归，即引导市镇形态向符合礼制的、规整而呆板的形态方向演变；二是适应人口增长与商品经济发展的需求，即促使市镇的形态突破礼制的规定，相对自由地扩展。③新店市镇形态的演变更属于后者，整体上是为了配合商品流通和港口运输的需要而扩展。（见图4-2 至图 4-4）

---

① 黄德楠：《新溪河明珠——新店镇》，《蒲圻文史》第 2 辑，蒲圻：政协蒲圻市委员会文史资料研究委员会编印，1986 年，第 88 页。

② 刘炜：《湖北古镇的历史、形态与保护研究》，武汉理工大学博士学位论文，2006 年，第 63 页。

③ 鲁西奇：《城墙内外——古代汉水流域城市的形态与空间结构》，北京：中华书局，2011 年，第 440 页。

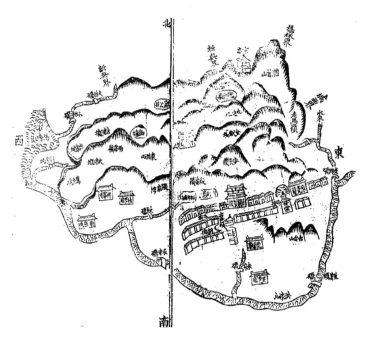

图 4-2 道光年间新店地图

（资料来源：道光《蒲圻县志》卷四《乡里》，成文出版社，1975 年影印版，第 400~401 页。）

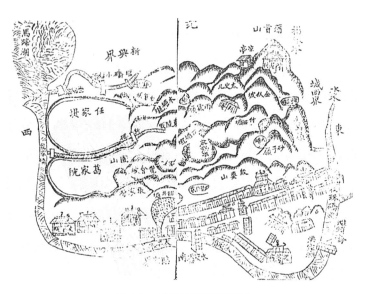

图 4-3 同治年间新店地图

（资料来源：同治《蒲圻县志》卷一《疆域》，江苏古籍出版社，2001 年，第 411 页。）

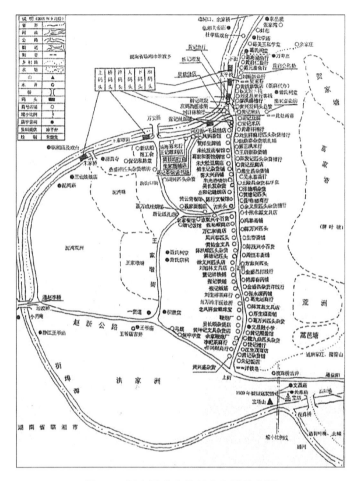

图 4-4 新中国成立前新店商号示意图

（资料来源：何煜山主编：《新溪文史》，香港天马图书有限公司，2008 年，第 114 页。）

从图 4-2 和图 4-3 来看，道光同治年间，新店镇的主街区一直延续至夜珠桥处；从图 4-4 来看，从上街口至夜珠桥段已经没有街区，这是 1938 年日军侵略时焚毁的。从整体上看，新店的主体街区结构大致呈"丁"字形：原先的上街、正街和下街大致指现在的民主街和建设街，即从洋铁巷至太平桥段。原先的新街口街大致为现在的胜利街，即从古井口至万安桥段。主要街道都铺有从湖南常德和江西修水运来的青石板，下设深约 20 厘米的排水暗槽，除非持续的特大暴雨导致涝灾，不然石板街很少有积水的情况。

　　新店市镇中最多的建筑是所谓店铺街屋，这是一种民居类建筑与商贸类建筑的综合体。至清中叶，在这种店铺街屋中开办的茶行、渔行、麻行、药行、转运行、典当行和杂货行等都已有所规模，这些店铺主要分布在当时的上街、正街和下街地段，其中古井口更是其商业中心。"看似很窄的店铺门面，却有三进至五进，为了采光和通风，每个店铺都设有'亮斗'，总体上可以满足店铺主人开门做生意、储存货物和生活起居的全面需要。前店后宅和下店上宅的格局最大效率地利用了寸土寸金的铺面。"① 至于河沿街的吊脚楼，则完全属于商贸类建筑。"吊脚楼是新店石板街的特色建筑，自万安桥至大码头一线，依水傍岸全是吊脚楼。水中有石柱支撑，木板装成。"② 吊脚楼上开设有众多茶馆，"明、清两代，蒲圻城区、新店、羊楼洞等地茶馆林立。潘河旁新店码头几十家茶馆均沿河排列，蒲圻、崇阳、通城、临湘数县的茶叶和各种山货及苎麻、粮食、木柴均由此装船外运，这些茶馆便成为运输洽谈之场所"。③ 伴随着商品经济的活跃，新店的市镇文化逐渐多元化，其中，作为鄂南古茶港的新店的茶馆文化颇具特色。在那里，茶馆具有多种功能。首先，茶馆是往来商民停留歇息和品尝茶点之地，是当地交际与娱乐活动中心。一般，茶馆内有说书、唱戏和耍皮影的文化活动，身心烦劳的商民偶尔在此放慢生活节奏。其次，各类从业者都可以聚集在茶馆，茶馆为往来的商民提供了获取商业信息和洽谈贸易的场地。可见，茶馆不仅与市镇经济，而且与当地人民的物质文化生活息息相关，可以说，茶馆文化是当地社会现代化的重要表现之一。

　　新店还建有沟通四方的众多桥梁和码头。新店的主要街道都与桥相连，这是因为新店临河的地理环境，桥对于新店来说至关重要。新店最早建造的桥是夜珠桥，又被称为应珠桥，跨益阳港出口处，是宋嘉祐七年（1062）甲寅周子才所建。④ 依据旧碑可知，明朝万历年间，刘余氏又曾集资重修。万历年间，新店连

---

① 李亚南：《茶道古镇新店》，《中国地名》2018 年第 3 期。

② 何煜山主编：《新溪文史》，香港：香港天马图书有限公司，2008 年，第 96 页。

③ 冯金平：《茶马古道源：羊楼洞》，呼和浩特：内蒙古人民出版社，2012 年，第 111 页。

④ （清）吕调元、刘承恩修，张仲炘、杨承禧纂：《湖北通志》，民国十年（1921）刊本，北京：京华书局，1967 年，第 1104 页。

接新溪河对岸坦渡乡的万安桥(又称永安桥)和坦渡桥亦建设起来。太平桥和朱家桥建造的具体时间不可考,但道光十六年(1836)《蒲圻县志》所存新店镇的地图中已有太平桥和朱家桥。水运对于新店的重要性,促进了新溪河岸边石阶码头的修建。新店镇沿新溪河岸现存有六座石码头,自上游往下游分别为:上码头、桥码头、洋码头、大码头、下码头和渔码头。仔细观察桥梁、码头与街道的位置,亦能发现其中的智慧。夜珠桥临近上街街口;万安桥正对着新街口街(胜利街),旁边便是桥码头;大码头、下码头、渔码头和太平桥则位于下街(建设街)街口附近,这些街道设计十分便于货物的运输。夜珠桥、万安桥、坦渡桥、朱家桥和太平桥打破了新店与周围地区在自然地理上的阻隔,拉近了彼此之间的空间距离,方便了人员和商品的流动。由此可见,新店的市镇建设更多是为了便于商品的运销。

从地理区位来看,新店周边的市镇密度是很高的。从一定程度上说,正是方圆这些市镇与新店构成经济协调发展的关系,才使得新店渐渐地成长、壮大和昌盛起来。以新店为中心,东北有车埠镇,东南有赵李桥镇和羊楼洞镇,西南有聂市镇、定湖镇。新店西北方是新溪河下游方向,不远处便是黄盖湖,沿湖建立有黄盖镇和源潭镇。如此密集的市镇布局,使得众多周围村落被纳入市镇经济之中,市镇间距约在20~30里,这保证周围村落的居民只需行走10~15里就可以到达市镇。以与新店联系最密切的羊楼洞镇为例,它与新店相距约30里,中间隔有赵李桥镇。作为茶叶生产中心,羊楼洞的茶叶主要就是运茶工人用平底小船和独轮车运至新店码头,两镇的经济互助关系是各自发展的至关重要的基础。

清代史学家章学诚曾言:"湖北地连七部,襟带江汉,号称泽国,民居多濒水,资舟楫之利,通商贾之财,东西上下绵亘千八百里,随山川形势而成都会,随都会聚落而大小镇市启焉。"[1]学者任放曾依此提出"流域型市镇"的概念,即指该市镇拥有"依水而兴"的地缘优势。[2] 新店无疑就属于"流域型市镇",它的兴盛离不开新溪河,离不开优越的建立港口的条件,这是引导新店区域经济发展的重要基础。然而,粤汉铁路武长段通车以后,新店原本的水运优势逐渐让位于便

---

① (清)章学诚:《湖北通志检存稿》,武汉:湖北教育出版社,2002年,第34页。

② 任放:《明清长江中游地区的市镇类型》,《中国社会经济史研究》2002年第4期。

捷的铁路运输；至 1959 年，为了阻止下游地区血吸虫病宿主钉螺向中上游地区蔓延，当地政府在新溪河下游的铁山咀修建了无过船设备的排水闸，新店至汉口的水运通道被彻底阻断。

第二节　过载茶行的兴起

——以黄氏茶商为例

如前所述，1974 年，考古学家在新店发掘出两件三国时期的青瓷碗，据专家考证，这是在新店发现的最早的茶具。新店还出土有宋朝年间的碧绿茶碗，这也为新店拥有久远的饮茶史提供了考古证据，亦可间接佐证新店自古以来即是一个重要的茶叶生产、制作和集散地。

不同于生产、加工和销售茶叶的茶埠，新店的茶商用当地旧有的说法，主要是"过载茶商"。所谓"过载"即转运。新店过载茶商的兴起与前述当地特殊的区位优势有关。新店临近"鄂南古茶镇"羊楼洞，这是新店茶商转运茶叶的主要来源地。羊楼洞虽然茶叶资源丰富，但该镇"四面环山，形如釜底"，[1] 地形状如"仰盂"，[2] 水陆交通颇为不便，属于任放教授定义的"山区型市镇"，该市镇"为青山翠谷所环抱"，而"交通不便是山区型市镇发展的'瓶颈'"。[3] 与羊楼洞相比，距其 30 里外依新溪河而建的新店属于"流域型市镇"，拥有更加便利的水运。晋商需要将羊楼洞茶叶大量北运，而新店的水运条件很好地解决了羊楼洞丰富的茶叶资源与不便的交通条件之间的矛盾。《蒲圻县乡土志》记载，新店"向本以便水运为茶箱运汉所必由，故舟车云集"。[4] 陶德臣曾在《近代中国茶叶市场结构与功能》一文中指出，近代茶叶的外销市场可分为"以产区为中心的初级市场，以茶埠为中心的周转中级市场及国际承销市场"。[5] 作为产区，羊楼洞是初级市场，而作为"过载"码头，新店发挥了周转中级市场的作用。

---

[1]　戴啸洲：《湖北羊楼峒之茶业》，《国际贸易导报》1933 年第 5 卷第 5 期。

[2]　《[道光]蒲圻县志》卷四《乡里》，第 417 页。

[3]　任放：《明清长江中游地区的市镇类型》，《中国社会经济史研究》2002 年第 4 期。

[4]　宋衍绵：《蒲圻县乡土志》，第 80 页。

[5]　陶德臣：《近代中国茶叶市场结构与功能》，《中国社会经济史研究》2001 年第 1 期。

由于具有的便利水运条件和传统运输中水运的优势，新店相对圆满地解决了羊楼洞大量茶箱北运的难题，这亦对新店的商业经济的发展起到促进效用，两镇之间存在重要的经济依存关系。随着茶叶贸易的繁荣，羊楼洞本地商人群体（羊楼洞商人）发展起来了，俄国商人和英国代理商人也陆续参与到了羊楼洞当地茶叶贸易中。但不管茶叶经营主体如何变化，在粤汉铁路武长段通车之前，羊楼洞茶叶的外运始终离不开水运便利的新店。

新店和羊楼洞所在的鄂南地区，在雨季与非雨季时的降水存在较大差距，所以位于新溪河上游地区的羊楼洞至位于新溪河中游的新店的运茶路亦因此存在盛水期与枯水期之别（如图 4-5 所示）。

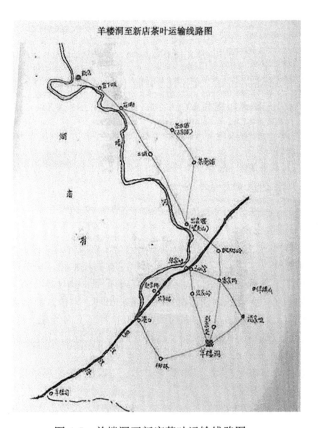

图 4-5　羊楼洞至新店茶叶运输线路图

（资料来源：赤壁茶业志编纂委员会编：《赤壁茶业志》，湖北科学技术出版社，2017 年，第 216 页。）

盛水期依靠水陆联运：位于新店与羊楼洞之间的张家嘴可供小船行驶，羊楼洞的运茶工人可以用独轮车(鸡公车)将茶箱运至张家嘴，转小船运至新店。《蒲圻乡土志》记载："土车(鸡公车)有把手，有肩头，以檀栗为之，南乡最多，主运茶箱。"[1]"路线一：羊楼洞(装车)—彭家垅—中七里冲—雷家桥—张家嘴(装船)—新店。路线二：羊楼洞(装车)—下七里冲—张家岭—张家嘴(装船)—新店。线路三：羊楼洞(装车)—上七里冲—雷家桥—张家嘴(装船)—新店。线路四：羊楼洞(装车)—柳林—港口(装船)—新店。"[2]《新溪景物志》曾描述羊楼洞茶叶经新店出江情景，称"夏汛来时，则外江舟楫，鱼贯而入，沿阜舷艄相错，桅樯林立，夏口、岳州货轮亦鼓浪来港，吞吐食货。埠头牙行，茶肆，商贾云集，装卸吃喝，甚嚣尘上，企踵桥头，俨然一幅《清明上河图》映于眼底也"。[3]新溪河是季节河，"夏满冬枯，秋后上游航运不通，各种物资只能在下游的新店汇集，使新店形成了物资集散地，每年有相当大的吞吐量"。[4]

枯水期主要依靠陆路运输：船只已不能上溯至张家嘴，羊楼洞的运茶工人需用独轮车将茶箱经七里冲和枫树岭，一直运至新店。"线路一：羊楼洞(装车)—彭家垅进中七里冲—雷家桥—枫树岭—黄土墈—崩墈—新店。线路二：羊楼洞(装车)—中七里冲—雷家桥—枫树岭—黄土墈—出家墈—茶菀铺—茶水铺—新店。"[5]

---

① 宋衍绵：《蒲圻县乡土志》，第49页。鸡公车又称独轮车，它是一种适应半丘陵半平原地区的陆上运输工具。这种车凭一只直径长1米左右的独木轮，承受着车架上三百来斤的重载，由人背着肩带，双手扶着车把，掌握着重心向前推。由于车子是只凭一只单轮着地，不需要选择路面的宽度，所以不论任何窄路、巷道、田埂、木桥，都能通过。又由于车是单轮，车子走过，地面上留下的痕迹是一条直线，所以这种车又名线车。见余伯勋：《羊楼洞砖茶运输的变迁史话》，《蒲圻文史》第5辑，蒲圻：政协蒲圻市委员会文史资料研究委员会编印，1989年，第129页。

② 赤壁茶业志编纂委员会编：《赤壁茶业志》，武汉：湖北科学技术出版社，2017年，第215页。

③ 参见冯金平：《茶马古道源：羊楼洞》，呼和浩特：内蒙古人民出版社，2012年，第16页。

④ 何煜山主编：《新溪文史》，香港：香港天马图书有限公司，2008年，第100页。

⑤ 赤壁茶业志编纂委员会编：《赤壁茶业志》，武汉：湖北科学技术出版社，2017年，第214页。

"茶箱陆运用车，故洞有车行。水运始张家嘴，至新店过载，故该二处有船行。"①茶箱被运至新店后，过载茶商会把茶箱装在大柏木船里，之后"茶船会穿过黄盖湖进入长江，顺流东下至汉口，再溯汉水北上至万里茶道中全部水路的终点即号'天下店，数赊店'的茶站赊店镇，再改为车队、骡马、骆驼远销至'宁可三日无粮，不可一日无茶'的蒙古和俄罗斯"。②

可见，对于羊楼洞茶商而言，从自己的镇子至新店的这段陆路交通线无疑十分重要。清中叶以降，不断兴盛的茶业经济使得这段陆路交通线时常人流如潮，而运载茶箱的鸡公车更使得这段经济生命线被碾压得坎坷不平。如若遇到暴雨，道路的泥泞不堪更增加了运茶的困难。所以，为了维护羊楼洞至新店这段陆路运输线，羊楼洞的饶氏、雷氏和游氏等贩茶大族集资修建了石板路。据《饶氏宗谱·鲁堂公暨姚吴孺人黎孺人宋孺人合传》记载，饶鲁堂名希曾，字鲁堂，经营茶业，逐渐"家以中兴"，由于"洞镇为产茶名区，出路经八里车运，崎岖泥泞，恒苦滞塞"，他就"与驻防欧阳都戎筹资钜万，创修石路，遂成坦途"。③ 1877年，时人亦曾在《万国公报》著文《鄂省羊楼峒坦平颂》对此事进行了报道："从来生物蕃盛，固赖天时，履道平坦，尤资人力。如鄂之羊楼峒者，乃南北楚省暨中外茶商总汇处也，每当春夏之初，航海而来，梯山而往，可怜鸟道羊肠，肩负者，深虞险阻、风摇、雨滑；车载者，每苦驰驱"，所以，"邑绅雷乐斋、饶鲁堂、雷朗齐、游包六、雷汉槎、雷受山诸公，筹划费恣，秉公秉正，修理石径，任劳任怨，吁以千百人之上。成之不日，数十里之地，履之如夷"。④ 其中筹款修路的主要发起人便是饶鲁堂。

如图4-6所示，在新店田野考察的过程中，偶尔还能看到当年铺设的麻青条石板，上面清楚显示着运茶鸡公车长年累月摩擦的压痕。这些深深切入石板路上的压痕就是一种"历史现场"，它们直观地反映出当年茶叶贸易的兴盛。另外，

---

① 王亲贤、邓丹萍主编：《鄂南茶史拾遗》，北京：中国文史出版社，2017年，第13页。

② 李亚南：《茶道古镇新店》，《中国地名》2018年第3期。

③ 雷预学：《鲁堂公暨姚吴孺人黎孺人宋孺人合传》，见《饶氏宗谱》卷三十六《羊楼洞北山村传》，双峰堂本，2011年，第266页。

④ 目见人：《鄂省羊楼峒坦平颂》，《万国公报》第10年第457卷，1877年9月29日，第23页。

在茶贸兴盛时期，在羊楼洞至新店中段的枫树岭也兴起了专门为运茶工人提供休息和饮食的服务场所，这亦能反映出当年茶叶贸易的兴盛。

关于运茶工作，羊楼洞饶氏老人曾言：“基本由羊楼洞本地人把控”，他们“出力流汗，但收入高，带垄断性，属工人中的上层”。[①] 但是，“所谓五月挖金，六月银”，[②] 茶贸的利益巨大，必然吸引其他乡民参与其中。作为洞茶转运码头的新店，“镇四周的农家几乎家家有鸡公车，属半个搬运工。运茶旺季，家家推车上石板路，运茶来运货去，往返在羊楼洞至新店之间，连几岁的孩子都要去背纤拉车”。[③] 也曾有女性参与运茶的工作，在羊楼洞的茶马古道歌中，描述了夫妻一起运茶的情景：“百花开来又一年，鸡公车儿走新店。情哥推车妹牵引，装满黑茶赚银钱”，“正月里，是新年，郎运黑茶走新店。鸡公车儿吱吱响，妹拉车儿走前边”。[④]

图 4-6 羊楼洞至新店古茶道局部遗存

（资料来源：2018 年 5 月 8 日新店地方史专家李华明先生提供）

---

① 李灵玢：《羊楼洞商人与羊楼洞区域社会》，北京：中国社会科学出版社，2016 年，第 188 页。

② “茶之种植期多在春初，越四载始可采取，但年需芟垦一二次，否则维草其宅而茶多不茂，其芟垦之最得力者，惟五六两月。刘午侨茶山竹枝词曾有‘五月挖金，六月银’之句。”见宋衍绵：《蒲圻县乡土志》，第 64~65 页。

③ 万献初、宗嵩山主编：《鄂南茶文化》，南宁：广西人民出版社，1993 年，第 52 页。

④ 冯金平：《茶马古道源：羊楼洞》，呼和浩特：内蒙古出版集团，2012 年，第 141 页。

为了整顿车行行规，光绪十三年(1887)，羊楼洞制定有合帮公议。针对羊楼洞与各地往来货物的过程中出现的"车工推运紊乱"的情况，当地"议立车局，整顿行规"，并规定"红茶发夜珠桥力钱"。① 其中"夜珠桥"位于新店镇沿河街，所以"红茶发夜珠桥"即指将羊楼洞红茶运至新店。

自羊楼洞运来的大量茶箱都需经新店当地的过载茶行来转运，过载茶商从此兴起。"茶去如流水，银来如堆山"，新店著名的规模较大的过载行有陈太和转运行、黄正大隆转运行、贺翠丰转运行、贺永香转运行、刘高柏转运行、刘盛祥转运行和但鼎泰转运行。"几家大转运商行联系安排往返汉口的大柏木船，分别从小船小车上卸载转装，然后扬帆启运出江。当时河里的船，有的是刚从外江满载货物归来，有的是空载待运出口，整天船挨船，从沿河一直摆到夜珠桥。盛水期，还远达镇外两里的窗眼畈。每天，只见路上的车轮流转，河下的船桅林立，坡岸上茶堆如山，跳板上人流如织，呈现出一片繁忙景象。"②

1887 年 7 月 24 日《申报》报道："羊楼洞广生荣茶庄主生员吴汉源，蒲邑新店团人，办'福葆'字二五茶箱八百件，每箱净茶四十六斤十两，合共三万七千三百斤"，"雇新店贺永香船装五百箱，刘高柏船装三百箱"。③《新溪文史》称："新店靠运茶运货发家"，"民国前期，新店最富的是茶运庄。'刘盛祥''但鼎泰'是民国初最大的转运商，拥有船只、码头、包装厂等，是家财万贯的大户。外来货在新店上岸，批发商号便成了第二号富商。民初大批发商陈万兴一家便有良田百石"。④ 正是由于新店在转运茶叶上的举足轻重的地位，新店亦被称为鄂南"第一大古茶港"。

据康熙十五年(1676)《黄氏宗谱·老序》记载，黄氏宗族的始祖"子曙公"，"明洪武初年避陈友谅之乱"，"由南昌府丰城县雪家渡抱山谷遗像及谱牒而来，止于蒲南新店，及殁葬于新店"。⑤ "山谷"指的是黄庭坚，新店黄氏宗族自称是

---

①　《合帮公议碑》，光绪十三年(1887)二月。原碑藏于湖北省赤壁市博物馆。

②　余伯勋：《羊楼洞砖茶运输的变迁史话》，《蒲圻文史》第 5 辑，蒲圻：政协蒲圻市委员会文史资料研究委员会编印，1989 年，第 129 页。

③　王亲贤、邓丹萍主编：《鄂南茶史拾遗》，北京：中国文史出版社，2017 年，第 235 页。

④　何煜山主编：《新溪文史》，香港：香港天马图书有限公司，2008 年，第 90~91 页。

⑤　马淑昌：《老序》，见《黄氏宗谱》，三略堂本，1927 年，第 14 页。

黄庭坚的后人。嘉庆十六年（1811），黄霁峰撰写的《黄氏续修宗谱叙》记载，黄氏族人自洪武年间迁居新店之后的几百年里，"子姓繁衍，或迁于湘邑之万峰，或徙于蒲西之官田，今则车埠、洪山、高岭、泉坑诸地，散处聚居"。①

据《黄公桐坡老先生暨德配雷孺老孺人合传》记载，黄桐坡"世居新溪"，讳封，字仪臣。最早在新店开设过载茶行的是黄桐坡先祖"仰山公"。仰山公是乾隆年间人，"其为人也多材，大负一乡之望，遂于新市创立过载茶行焉"，"新市之有过载茶行也，实自公之先祖（仰山公）始"。② 如前所述，乾隆八年（1743），晋商开始大规模在羊楼洞业茶并运至蒙古等地销售，新店是其运销茶叶的水运起点，黄桐坡先祖"仰山公"应是在此契机下开创过载茶行的。

至黄桐坡这一代，有兄弟三人，黄桐坡居长，继承了过载茶行。按其家传所述，黄桐坡为人正直，且经常疏财仗义，"客之自远方至者，莫不倚公为长城，而公悉以正直处之焉"，而且"尝有为人称贷者，人或负约不与"，黄桐坡就"代为之偿，多或千计，少亦百计焉。而切不怨及乎人，谓人之重累我也"。③ 从黄桐坡的疏财仗义之风可以推测，在黄桐坡的经营管理下，先祖创立的过载茶行的生意应该不错。在黄桐坡时期的新店，茶行属于兴盛之业，经常"与富绅巨商相往来"。④

黄桐坡晚年将过载茶行交给儿子经营，自己"闭门谢客，足不及市中，惟日以课孙读为己任"，他在七十岁那年逝世，但其过载茶行则继续发展。直到"粤汉铁路武长段未建筑前，凡中外茶商之来临、蒲两县购茶于羊楼司、羊楼洞，各地运茶于长江汉口者，水陆转运皆必以临、蒲所属之滩头、新店两埠为过载之区。两埠业过载茶行者，每年所获虽不及各山行之丰，多或至万余金，少亦不下数千金"。⑤ 东亚同文会1907—1918年在实地调查的基础上编纂的《中国省别全志》记载：茶叶"从羊楼洞到汉口，一般先采用小船将茶运到新店，每船装三四

---

① 黄霁峰：《黄氏续修宗谱叙》，见《黄氏宗谱》，文汇堂本，2009年，第9页。

② 吴海：《黄公桐坡老先生暨德配雷孺老孺人合传》，见《黄氏宗谱》，三略堂本，1927年，第5页。

③ 吴海：《黄公桐坡老先生暨德配雷孺老孺人合传》，见《黄氏宗谱》，三略堂本，1927年，第5页。

④ 吴海：《黄公桐坡老先生暨德配雷孺老孺人合传》，见《黄氏宗谱》，三略堂本，1927年，第6页。

⑤ 黄佑璋：《家母李孺人传》，见《黄氏宗谱》，三略堂本，1927年，第19页。

十箱，到了新店再换成大船。每船能运四五百箱"，至于运费，"从羊楼洞至新店的运费为每百箱三四串钱，用大船运至汉口为每五百箱五十串钱，厘金税在羊楼洞缴纳，一般每五十斤缴纳三百文"。① 这样算来，新店转运行靠将茶箱运至汉口，每船可得五十串钱。依此可知，直至粤汉铁路武长段通车前，新店镇内的过载茶行的收入应该还是相当可观的。

可观的收益，也曾导致争斗。康熙四十一年(1702)十二月，新店红船帮和白船帮因经常为争赛神会、玩龙灯的地段和转运生意而聚积的矛盾演化为一场惊动湖广武昌府及蒲圻县正堂的械斗。这场械斗造成数家居民"家败人亡"，蒲圻县正堂亲至新店镇石板街，抓捕"逞凶之人"，针对"种种不法"之事颁布谕令，"示谕全镇居民遵守"，并刻"佟侯永禁碑"(图4-7)砌在新店下街(现建设街)的墙面，

图4-7　佟侯永禁碑

(资料来源：2018年5月6日拍摄于新店)

---

① 王亲贤、邓丹萍主编：《鄂南茶史拾遗》，北京：中国文史出版社，2017年，第40页。

179

以此作为红船帮和白船帮分管地段的分界线。康熙年间的红船帮和白船帮是如今可考的新店最早的行帮。两个船运帮派矛盾的缓解，无疑对新店之后转运业的发展大有裨益。

据《蒲圻县乡土志》记载："羊楼洞、羊楼司并有茶行，茶箱陆运用车，故洞有车行，水运始张家嘴至新店过载，故该二处有船行。"[1]可见，新店转运业的发展与羊楼洞制茶业有非常密切的关系。"羊楼洞制茶业的发展，刺激了转运行业的发展。在近代公路、铁路出现以前，不论是茶叶从各县运往羊楼洞还是从羊楼洞转运至汉口，都要经过水路和山路，庞大的运茶数量催生了专业的车行和船行，他们运出洞茶，运进各种生产生活资料，活跃在洞茶的主要产地和中转站。从事转运行业的多是茶区一带的农民，运茶的主要工具是人力独轮车。在洞茶贸易旺盛时期一辆车可以养活一家人，于是越来越多的人加入这支队伍，成为洞茶制造业中的一支副业大军。随着规模的逐渐增大，出现了专门的茶叶转运公司，一般一家公司有几十辆甚至几百辆独轮车。"[2]这支副业大军也曾因无序竞争而整顿。据前述羊楼洞镇《合帮公议碑》记载，羊楼洞曾因"往来货物，车工推运紊乱"，因此，"前任恩宪谕行客二帮，议立车局，整顿行规"，"行费照客家箱名取用，各□有成规，数无异言"，但是到立碑时的晚清，由于"近来人心不古，渐至忘章"，光绪十三年(1887)，羊楼洞才又制定合帮公议，整理旧规，重新制定各项茶叶的行佣及运输的车费，要求"乡内乡外之□车，额例恪遵，切勿恃强，越规蹈矩"。[3] 已见前述。在新店，也如前述，陈太和转运行、黄正大隆转运行、贺翠丰转运行、贺永香转运行、刘高柏转运行、刘盛祥转运行和但鼎泰转运行，它们都是在新店具有一定规模的转运船帮。

"新店镇是我县南乡商业重镇之一，水陆交通四达，又濒临湖南临湘县，乡脚宽，商号多，为货物集散要地。"[4]转运行所需最多的是搬运工，"码头上的搬运工有本地的外地的，都有帮会，各占码头，一帮少则几十人，多则数百人。镇

---

① 宋衍绵：《蒲圻县乡土志》，第87~88页。
② 狄英杰：《近代湖北羊楼洞茶业经济与文化研究》，华中农业大学硕士学位论文，2011年，第62页。
③ 《合帮公议碑》，光绪十三年二月。原碑藏于湖北省赤壁市博物馆。
④ 王良嘉：《抗战前新店镇杂货帮》，《蒲圻文史》第2辑，蒲圻：政协蒲圻市委员会文史资料研究委员会编印，1986年，第54页。

周边的农家几乎家家都有鸡公车，属半个搬运工。运茶旺季，家家推车上石板路，运茶来运货去，往返在新店至羊楼洞之间，连小孩都要去背纤拉车"。①

至民国初期，新店经济已呈繁荣，"几乎所有的汉口及江北各县的外来商品和内地山区的土货都以新店为转运和聚散之地。尤其是清光绪以后，羊楼洞制茶业兴旺发达，源源不断的茶箱从新店运出江，因而形成了新店繁荣的鼎盛期，一时间，镇上各种工商业蓬勃发展"。② 除了过载茶行、转运业，新店的渔业、麻业、药材业、杂货业、广货业、栈业以及各类手工业布满整条街道，商贾云集，百业兴旺，经济繁荣，人口激增，新店已成为雄踞一方、富甲三省边界的商贸重要市镇。

第三节　近代商业组织：商会与商团

清朝晚期，为挽救风雨飘摇的统治，清政府开始重视商务，"讲求农工商"，于1904年颁布《奏定商会简明章程二十六条》，谕令各省设商会，规定："凡属商务繁富之区，不论系会垣、系城埠，宜设立商务总会，而于商务稍次之地，设立分会。"③这样，新型的商业社团——商会开始渐渐出现。据载："清末海禁开后，各地通商口岸商业趋向繁荣，汉口商会成立后，蒲临二邑相继成立商会，管理茶务出口。"④位于"蒲临二邑"交界地区的新店成为蒲圻县第一个商会的诞生地。

一、商会建立的过程

同时期的新店行业众多，各行业的商户也加强在商业上的合作，制定行规。当时，镇内各行各业每逢初一、十五商议行市，统一商品牌价；各大商店店堂上都设有"一言堂"或"不二价"的金字招牌，杂货店都有检验重量的标准秤。虽然

---

① 何煜山主编：《新溪文史》，香港：香港天马图书有限公司，2008年，第90页。
② 狄英杰：《近代湖北羊楼洞茶业经济与文化研究》，华中农业大学硕士学位论文，2011年，第65页。
③ 《奏定商会简明章程二十六条》，《东方杂志》1904年第1卷第1期，第204页。
④ 参见冯金平：《茶马古道源：羊楼洞》，呼和浩特：内蒙古人民出版社，2012年，第16页。

还没有成立共同的组织，但商人们已经开始积极参与商务协作。

在新店商会成立之前，当地商人已经积极参与地方建设，虽然镇区只有数平方公里，但却设立有 7 个超越个人的慈善事业机构。当地商人出资成立有文昌会，为贫寒学子提供从学资金。针对"楚俗多溺女"，① 新店设有收养孤儿的育婴堂。此外还有预防饥荒的谷仓、水龙救火队、孝义会和难民会。在日常生活中，商人在公共事务上也有良好的合作。遇到旱灾，商户会依据"大户多出、中户少出、小户不出"的原则捐资组织建醮求雨；遇到水灾，更是会合作排涝救灾。至于修桥补路，由于与当地贸易活动有密切的关联，所以商户们也会慷慨出资。

为了促进当地经济的发展和规范商务管理，余衡臣和杨玉墀积极争取在新店成立商会。余衡臣是光绪年间秀才，在新店经营余义生匹头杂货槽行；杨玉墀亦是光绪年间秀才，在新店镇经营杨开泰药材店。他们都是当地绅商，"懂得只有团结起来，以商养商，才能达到共同兴旺的目的。他们学习古代陶朱公以义为利的精神，提倡爱乡土、便人民的风尚，不投机、不倾轧，以信用取胜，以礼貌待客"。② 由于成立商会对于当地商业发展具有积极意义，故登高一呼，众商皆应。

民国初期的新店"百商百业齐全，繁荣胜过县城"。③ 1913 年，余衡臣、杨玉墀初步筹备起新店商人组织，"他们正式把新店特定的地理条件、物产条件、商业布局、经营风格及以后的发展远景，写出书面申请，上报省总商会"。④ 省总商会也曾多次派人到新店进行考察，最终予以批准。商会位于原社学庙附近，成立之日，杨玉墀题写有"新店商务会"的木牌，悬挂于商会大门。新店商会的设立在蒲圻县影响重大，县城和羊楼洞镇的一些商行也曾派人来观礼，不久之后，也都开始准备成立自己的商会。新店在成立商会上在蒲圻拔得头筹的根本原因固然是当地商业贸易的繁荣和市场规模的壮大，但是当地绅商的积极争取则无疑加快了这一进程。

---

① 《[道光]蒲圻县志》卷四《乡里》，第 273 页。

② 狄英杰：《近代湖北羊楼洞茶业经济与文化研究》，华中农业大学硕士学位论文，2011 年，第 65 页。

③ 何煜山主编：《新溪文史》，香港：香港天马图书有限公司，2008 年，第 91 页。

④ 余伯勋：《蒲圻商会组织始自新店》，《蒲圻文史》第 2 辑，蒲圻：政协蒲圻市委员会文史资料研究委员会编印，1986 年，第 61 页。

二、商会的结构与职能

新店商会所管理的区域只限于新店。商会"以联络商情、开通商智、发达商业、维持商场为宗旨"。① 新店商会的结构可以分为本体组织和从属组织两方面。新店商会本体组织即商会本身，设立有正副会长各一人，文牍即秘书一人，另设理事，重要事务由理事会讨论决定，各同业公会有自己的事务所。从纵向层级观之，新店商会设有主席、常务委员、执行委员、候补执行委员、监察委员、候补监察委员，下属新店各行业同业公会及救火队、孝义会和商团等从属组织。正常运行情况下，他们权责明确，犹如金字塔式的管理系统。

新店商会第一届会长为绅商陈选卿，他是光绪年间的秀才，在新店镇内经营陈选记，资历较高。但不久，年事已高的陈选卿就因衰老请辞，理事会选举为成立新店商会出力最大的余衡臣为会长；副会长为葛孝骞，在新店镇内经营葛和兴匹头号；文牍则为杨玉墀。

1918 年，余衡臣因病请辞，会长由杨玉墀继任。到 1923 年，杨玉墀又因积劳告退，会长由余哲卿继任。余哲卿生于光绪十九年(1893)，在新店镇经营华丰杂货号。华丰杂货号曾出商票数千串(俗称台票)，但突然倒闭，所出商票同时作废。新店绅商黄文润以儿女亲家的身份规劝余哲卿将商票兑现收回，而余哲卿恼羞成怒，反以武力威胁。黄文润于 1926 年 8 月上县控告，不料余哲卿纠集葛某和魏某等土豪劣绅密商，从匪首余草堂处收买两名匪徒，将黄文润杀害于茶庵岭饭铺内。黄文润之子黄德南曾刺杀余哲卿未遂，余哲卿迁回坦渡居住，会长一职由生春药店的陈古愚继任。②

在 1931 年 1 月 11 日，新店商会曾改委员制。设主席一人，常务委员二人，执行委员六人，候补执行委员三人，监察委员五人，候补监察委员一人，下属新店各工商同业公会。

对于新店来说，这次改组势在必行。改组之前，新店经"湘匪扰乱"，"属会

---

① 《湖北省政府关于新店镇商会章程册表已转咨工商部备案的指令》，LS1-3-0194-003，湖北省档案馆藏。

② 何煜山主编：《新溪文史》，香港：香港天马图书有限公司，2008 年，第 100～101页。

负责人员逃走过半，以致商会机关形成僵局"。新店绅商为了"救济地方治安起见，曾组织新店商会维持会及临时整理委员会以资过渡。历时既久，该负责人员既不归家，又坚请辞职"，新店商会已名存实亡。① 政府"准予改选"后，在"派员莅会监选"下，新店商会选举刘济元为主席，刘济元毕业于私立武昌中华大学，自1928年起任国民党蒲圻县党部书记长，在地方享有威望。选举魏品三和杨莲为常务委员；黄显吾、黄怀五、刘炳南、刘铁钮、陈亚仲和熊南垓为执行委员；刘可民、金钰山和陈干卿为候补执行委员；魏树臣、张崑圃、陈性斋、周乐斋和但辛斋为监察委员，葛松林为候补监察委员。

新店商会的管理机构成员是从会员大会中层层选举的。"本会之执行委员及监察委员由会员大会就会员代表中选任之，其人数，执行委员至多不得逾九人，监察委员至多不得逾五人。"②选举后的执行委员内部要再次互选常务委员三人，并在常务委员中选举一人充任商会主席，主席和常务委员的人数是固定的。虽然执行委员与监察委员本身是名誉职，但他们除了有选举常务委员包括商会主席的权力，还各自担任自己的职务。其中，执行委员会的职务包括三点：商办会务、筹议经费和执行会员大会一切决议案件。监察委员的职务包括两点：监督执行和清算账目。除此之外的商会日常事务由常务委员执行，商会事务所分设四股——文牍股、交际股、庶务股和会计股，各股股员下属于常务委员，办理商务会日常事务。

关于新店商会的职责，包括如下几点："①关于工商业之改良及发展事项；②关于工商业之征询及通报事项；③关于工商业之调处及公断事项；④关于工商业之证明及鉴定事项；⑤关于工商业统计之调查编纂事项；⑥遇有市面恐慌事项，有维持及请求地方政府维持之责任；⑦办理合于宗旨之其他事项。"③

为了加强商会会员之间的沟通和及时应对突发事务，"执行委员会会召集会

① 《湖北省政府关于新店镇商会章程册表已转咨工商部备案的指令》，LS1-3-0194-003，湖北省档案馆藏。

② 《湖北省政府关于新店镇商会章程册表已转咨工商部备案的指令》，LS1-3-0194-003，湖北省档案馆藏。

③ 《湖北省政府关于新店镇商会章程册表已转咨工商部备案的指令》，LS1-3-0194-003，湖北省档案馆藏。

员开设会议"，会员大会分定期和临时两种情况，定期会议每月至少召开一次，临时会议则由执行委员会认为有必要的情况或监察委员会"函请"执行委员会召开。按照商会章程，"会员大会之决议以会员代表过半数之出席，出席代表过半数之同意行之；出席代表不满过半数者，得行假决议，将其结果通告各代表，于两日内重行召集会员大会，以出席代表通半数之同意对假决议行重决议"。对于变更商会章程、除名会员或会员代表、选任清算人及关于清算事项的决议等情况，要求"以会员代表三分之二以上之出席，出席代表三分之二以上之同意行之；出席代表逾过半数而不满三分之二者，得以出席代表三分之二以上之同意行假决议，将其结果通告各代表，于两日内重行召集会员大会，以出席代表三分之二以上之同意对假决议行其决议"。除了召集会员开设会员大会，执行委员会内部每月至少开会两次以商讨重要事务；监察委员会每月至少开会一次以对商会运作情况进行考察。①

另外，新店商会会员有公会会员和商店会员之分，"凡本镇各工商同业公会之会员经各该会事务所将姓名、年龄、籍贯、商号等项列册报明本会者，得为本会之公会会员"，公会会员"均得举派代表出席本会，称为会员代表"。② 如表4-1所示，1931年新店商务会下属的各类同业公会共有16个，大致包含了市镇生产生活所需的各个方面。

表 4-1　1931 年新店商会下属各公会会员表

具体名称	匹头业同业公会	杂货业同业公会	广货业同业公会	酒业同业公会	粮食行业同业公会	麻业同业公会	米业同业公会	药材业同业公会	烟业同业公会	编业同业公会	五金业同业公会	篾业同业公会	屠业同业公会	栈业同业公会	熟食业同业公会	豆腐业同业公会
会员数量	10	17	25	29	16	15	11	15	9	9	14	10	10	8	24	18

（资料来源：《湖北省政府关于新店镇商会章程册表已转咨工商部备案的指令》，LS1-3-0194-003，湖北省档案馆藏。）

---

① 《湖北省政府关于新店镇商会章程册表已转咨工商部备案的指令》，LS1-3-0194-003，湖北省档案馆藏。

② 《湖北省政府关于新店镇商会章程册表已转咨工商部备案的指令》，LS1-3-0194-003，湖北省档案馆藏。

"又本镇商店别无同业或虽有同业但无同业公会之组织而在本会登记者亦得为本会之商店会员。"①如表 4-2 所示，1931 年新店商会下属的各商店会员有 27 家，章程没有强制规定它们必须举派代表出席商会。

表 4-2　1931 年新店商会下属各商店公会表

商店类型	香烟店	衣庄	窑货店	染坊	炭行	伞店	布行	油行	茶庄	钱庄	线店	笔店	水果行
会员数量	6	5	3	2	2	2	1	1	1	1	1	1	1

（资料来源：《湖北省政府关于新店镇商会章程册表已转咨工商部备案的指令》，LS1-3-0194-003，湖北省档案馆藏。）

公会会员和商店会员的代表均有表决权、选举权及被选举权，同时，全部会员也有分担商会事务费，遵守商会法、商会规则和维护商会荣誉的责任，否则"得以会员大会之议决，将其除名并应通知原举派之会员"。② 商会的经费包括"事务费和事业费"两种，前者由会员酌量情形分担之，后者由会员大会议决筹集之，商会经费之预算、决算及其事业之成绩，每年须编辑报告刊布之，并呈由县政府转报建设厅呈请省政府转报工商部备案，具有公开性。③

从表 4-1 和表 4-2 可知，当时新店的主要经营业有：匹头业、杂货业、广货业、酒业、粮食业、麻业、米业、药材业、烟业、编业、五金业、篾业、屠业、栈业、熟食业、豆腐业，以及其他诸如茶庄、油行、炭行、伞行、水果行和钱庄等商店。行业门类多样，而且每一行业的店铺都很多。从各会员数量来看，当时一共有 267 家店铺，其中有匹头号 10 家，杂货号 17 家，广货号 25 家，槽坊店

①　《湖北省政府关于新店镇商会章程册表已转咨工商部备案的指令》，LS1-3-0194-003，湖北省档案馆藏。

②　《湖北省政府关于新店镇商会章程册表已转咨工商部备案的指令》，LS1-3-0194-003，湖北省档案馆藏。

③　《湖北省政府关于新店镇商会章程册表已转咨工商部备案的指令》，LS1-3-0194-003，湖北省档案馆藏。

29 家，粮食行 16 家，麻行 15 家，米店 11 家，药材店 15 家，烟叶店 9 家，编店 9 家，五金店 14 家，篾店 10 家，屠店 10 家，旅栈 8 家，熟食店 24 家，豆腐店 18 家，其他各类商店 27 家。行业的多样，相似店铺的增多，无疑都反映出新店经济专业化水平的提高。

依据 1931 年新店商会会员名册，我们可对当时的商户来源进行分析，如图 4-8 所示。

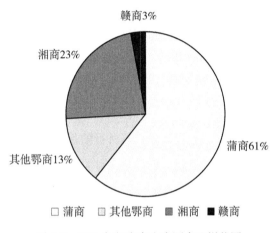

图 4-8　1931 年新店商人来源占比饼状图

当时登记的商户会员共 267 家，主要包括来自四个地方的商人，其中蒲圻本地商人有 163 家，除蒲圻外的其他鄂商有 36 家，湘商 61 家，赣商 7 家，具体比重为蒲商 61%，湘商 23%，其他鄂商 13%，赣商 3%。民国中期的新店商人以蒲圻本地商人居多；湘商尤其是与新店相邻的临湘县的商人次之；同为湖北省内的其他地区商人居第三，如通城、汉口、武昌、汉阳、黄陂、沔阳和监利等地皆有商人来此经商；赣商则最少。

从各地客商经营的行业来看，湘商以经营粮食行、米店和熟食店居多。湘商至此经商具有地缘优势，"湘鄂向本湖广省，蒲圻与临湘尤接近，湘人商于新店、羊楼洞者众，茶销洞市，谷米及石炭多由水路销新店"，"通城米销洞市，湖南米销新店，米行之盛，惟此两处"。[1] 湖南临湘与新店仅隔一条新溪河，两地商

――――――――
[1]　宋衍绵：《蒲圻圻乡土志》，第 124、88 页。

人互通有无，打破了行政边界的限制。

　　赣商以经营药材行居多，《蒲圻县乡土志》亦记载："蒲市药材号以江右人为多。"①规模较大且经营时间较长的有陈大兴药材行、张永源药材行、杨开泰药材行和傅荣兴药材行。经营陈大兴药材行的是陈正相。陈正相出生于光绪五年（1879），陈氏曾祖从江西清江县（今樟树市）迁移至此，从挑担行医开始经营，直到积累足够的资金开设陈大兴药材行。经营张永源药材行的是张鹤龄和张松龄兄弟。张鹤龄生于同治十二年（1873），张松龄生于光绪十九年（1893），两人虽然相差 20 岁，但同心同德。他们的父亲从江西丰城至此开设张永源药材行，后来长子张鹤龄和次子张松龄分别继承一间药材店。经营杨开泰药材行的是杨玉墀。杨玉墀在 1918—1923 年间曾任新店商会会长，杨开泰药材行在当地影响颇大，后由其子杨莲继承，杨莲在 1931 年亦被选为商会常务委员，杨氏一家在新店都具有颇高的地位和势力。经营傅荣兴药材行的是生于同治六年（1867）的傅雨澄，他也是从江西清江县至此经商。正是众多江西药材商的到来，使得"药不到新店不灵，药不到新店不齐"的谚语流传至今。在新店的药材店，"几家江西帮格局最大，坐堂候诊，百药俱全"。②

　　作为交通枢纽的新店，社会流动性较大，也有各地客商迁入。与新店本地商人通过宗族加强自己的势力不同，客商基于地缘形成了自己的群体性组织，加强商业合作，巩固共同的利益。例如，随着众多赣商到新店从事商贸活动，赣商在新店下街口建立有万寿宫（即江西会馆）。赣商在会馆里联谊和聚会，在加深同乡之谊的同时，也相互交流各自的商业信息。

　　从商户会员表，我们已不能发现徽商和晋商的身影。由于晋商是羊楼洞茶叶外销的重要力量之一，新店又是羊楼洞茶叶外销的古茶港，因此晋商很早就曾涉足新店的商贸。其中最重要的当属晋商在新店开设的唐天顺钱庄。晋商的消失与茶路变迁有关。19 世纪晚期，俄商逐渐主导羊楼洞茶叶贸易，晋商在新店和羊楼洞的势力遭到削弱；后来粤汉铁路武长段通车，羊楼洞茶叶直接从赵李桥站北

---

　　① 宋衍绵：《蒲县圻乡土志》，第 124 页。

　　② 黄德楠：《新溪河明珠——新店镇》，《蒲圻文史》第 2 辑，蒲圻：政协蒲圻市委员会文史资料研究委员会编印，1986 年，第 87 页。

运，新店过载茶叶的功能下降，晋商的势力也逐渐消失。

商业的发展需要流动资金的配合，徽商在新店开设的典当业曾为当地商人提供了充足的流动资金支持。"蒲圻典商多徽帮"①，"清咸丰以前，蒲圻原有向、贺、章、李、陈五典，自广西兵起，城乡迭被焚掠，五典同时歇业，同治以还，粤、捻悉平，各典遂次第兴复"，在典商的最盛时代，光绪初期，新店有"春茂"和"恒升"两家著名的典当行。其中春茂典当行财力最大，后设立两家分店，在蒲圻县城内设立远大典当行（后改名恒大），在羊楼洞镇内设立同福典当行。金银玉器、文玩古董、衣衫棉被、毛皮狐裘、家用陈设、什件器皿等都可以典当，典息三分，利颇厚。但是，在宣统乙酉年（1909），时任湖北省议员的新店商人黄文润"提议请减典息，赞成者多数，议决实行"，"典商则以自海防捐纷纷摊派，负担颇重，今又减三为二，利息益微加，以辛亥首义扰乱数月，各典多受影响"，在新店的徽商典当行也逐渐停歇，"自各典歇业，所存公款陆续呈缴，公署知事姚汝婴倡设银行，但众多反对"，"其时，叶绅宝森长劝学，邀集邑绅议设公益典，众赞成"，徽商张玉田"以三千金作保证为内经理，邑人汪叙为外经理，行之数年，颇无弊"，直到1917年，第七师发动暴乱，"玉田卷逃，匪人乘乱攘窃，数万公款遂化乌有"。② 徽商在新店的身影也逐渐消失。

三、创建商团

新店镇内的救火队、孝义会和商团从属于商务会，这也有助于增加商会对地方社会的影响与控制。新店地区竹木资源丰富，店铺等建筑多是木质材料，特别是河沿街的吊脚楼，再加上镇内建筑密度大，一旦遇到火灾，将会造成极大的损失。所以，商会设立之前，新店当地的绅商已经组织有"水龙救火队"，商会建立后，从属于新店商会。孝义会在商会设立之前亦已存在。孝义会的职责主要是帮助当地贫困居民或客商办理丧葬事业。商团则是为了应对混乱的时局，保证新店镇社会秩序的稳定，以便于商业活动的稳定开展。

商业最重视的是地方社会的安稳。动乱的治安会严重影响社会经济生活的健康

---

① 宋衍绵：《蒲圻县乡土志》，第124页。

② 宋衍绵：《蒲圻县乡土志》，第87页。

有序发展，会使原本有序的商业活动受到扰乱，以致会危害当地商人们的切身利益。民国初期，为了稳定地方秩序，新店商人曾到蒲圻县城申请军队进驻新店。驻军整体上虽有助于保障新店商民的安稳，但也会发生兵变，对地方造成极大破坏。王占元于1916年7月上任湖北督军，在他督鄂期间，鄂省即曾爆发多次兵变。

1919年秋，"驻新店连长不恤兵士，全体哗变，枪毙商会长父，劫去货财以钜万记"①。在这次兵变中，时任新店商务会长的绅商杨玉墀的父亲杨燮卿被杀害。杨燮卿在新店从事药材业生意，治病救人，享有颇高的声誉。《蒲圻县乡土志》记载："新店杨绅燮卿因兵变遇害，其子商会长玉墀君鸣冤省县，上峰特令开追悼会以慰之。"②1920年夏，"新店驻军以缺饷故，复哗变，各富商多被抄掠"，甚至"连夜来羊楼洞，诱该镇防兵一同为寇，街坊殷实铺户损失尤重"。③1921年秋，湘军司令赵恒惕领兵"援鄂自治"，"悯鄂民水火，越境驱王兵，土路蒲进攻，驻扎乡村秋毫无犯，佥称义旅，比其返也，沿路搜捞，遇有面目者即牵进奉，竟与北军第七师无异"。④

经多次兵变，"商民遂大失所望"，新店商务会开始商议由商务会出资购买枪支武器，选拔强健者组建由商务会节制的商团。商团的队长由商会会员中的有能力者担任，商团队长听命于商会会长；商团的团丁主要来自新店的壮丁，受商团队长指挥，按时训练，由商会提供粮饷。然而，由于商团队长的权力很大，以致多次发生会长大权旁落，而商团队长控制地方社会的情况。

刘步一，又名刘铁牛，在新店经营杂货店，曾受教于新店教育家王康，可以说既具有一定的经济实力，也有一定的学识。凭借其学识和人望，刘步一被任命为商团队长。然而1927年后，随着宁汉分裂，时局动荡，刘步一也逐渐走向反动。其主要恶行大致有三：一是叛变革命。刘步一曾在北伐战争中参加共产党领导的革命运动，然而，伴随着白色恐怖，他出卖时任蒲圻县委书记共产党员侯矩芳，致使年仅21岁的侯矩芳被害。1928年，新店教育家王康的长子王良善也由于参加革命工作被刘步一杀害。二是挟权自重。原本商团服务于商务会，商团队

①　宋衍绵：《蒲圻县乡土志》，第120页。
②　宋衍绵：《蒲圻县乡土志》，第120页。
③　宋衍绵：《蒲圻县乡土志》，第120页。
④　宋衍绵：《蒲圻县乡土志》，第47、120页。

长受商务会会长节制。他却以商团队长的武力权篡夺会长的权力，既任新店商务会会长，又是商团队长，成为当时新店权力最大的人。三是杀害鄂南暴动总司令漆昌元。漆昌元，共产党员，曾任国民党湖北省党部汉口特别市党部青年干事，也是武汉医科大学学生。1925 年 7 月被派往蒲圻从事秘密活动。1927 年 9 月 10 日，已是鄂南暴动总司令的漆昌元率 10 余人去新店与商团队长刘步一谈判，"深夜，叛徒卢云卿受刘步一指使，将其杀害"。①

刘步一对新店的控制直到 1931 年年底才结束。当年 12 月，鄂南警卫营、地方赤卫队配合红十六军、红三师共 4000 人发动新店之战，打垮国民党政府军 82 师两个营和刘步一的一个保安中队。战败的刘步一逃到赵李桥。后来，临湘县国民党保安大队长樊英模以声称协商湖区渔税为诱饵邀请刘步一赴宴，枪杀了他。消息传来，新店人皆叫好，盲人刘本柱按纸牌二十四字作民歌痛骂刘步一：

上等革命苏维埃，大破新店改组派。

人说清乡不怕死，杀了铁牛除祸害。

秋天乡下人上街，一石大米街上卖。

几个筒儿打样米，强卖鲜鱼和小菜。

化尽金钱刘铁牛，三个寨子九座楼。

千方百计来逼款，敲诈勒索人人忧。

七月过了秋风凉，十恶不赦起祸殃。

土豪劣绅如狼犬，烈士血染积善堂。

耳听红军到新店，小鬼阎王作慌乱。

生身父母都不要，赵李桥去把身安。

八面威风坐新店，酒肉朋友满堂欢。

仔细一想生巧计，夺人妻女手遮天。

佳人美女泪汪汪，作恶持强结成双。

仁义道德他不讲，拆散人间两鸳鸯。

---

① 湖北省蒲圻市地方志编纂委员会编纂：《蒲圻县志》，深圳：海天出版社，1995 年，第 8 页。

　　　　福也享了这多年，禄也吃得天字满。

　　　　寿年不过三十六，送他一枪上西天。①

　　刘步一被杀，商团暂时重新回到商会控制之下。商会控制商团，说明稳定地方秩序的权力一直在下移。特别是民国初期，国家政局动荡、军阀混战，新店商会通过建立自己统属下的商团来维护市镇的稳定，又通过设立各种组织来构建自己的权力网络，以致商会成为新店的权力中心，具有强大公共权威。如果说救火队、孝义会使新店商会获取了一定的市镇管理权，商团则使商会拥有了一定的军事能力。清末以来的新店，并不存在权力更大的政府组织，商会可谓是新店的权力中心。商会的领导人员都是具有相当经济实力和社会地位的人，他们依靠自己的权威和从属于商会的权力网络控制着市镇生活的众多领域。从一定程度上说，新店商会弥补了国家力量在当地的空缺，当然这也反映了新店民间力量的强盛。

　　在交通不便的"山区型市镇"羊楼洞，具有血缘关系的宗族势力强盛，是当地最有权威的组织群体。羊楼洞宗族通过建立祠堂和联宗修谱等途径来加强组织管理，巩固地方权力。而作为交通枢纽的新店，社会流动性较大，也有各种移民迁入，宗族势力相对较弱。在新店，稍具势力的大姓有葛氏、黄氏和聂氏。总体来讲，新店各大姓在当地人口的比例都不算高，所以任一宗族都不能主导地方事务。再加上，新店当地的移民和客商众多，比如外迁来的回民和商人组织江西会馆，这使得新店镇内的地方治安、社会保障和商业事务，不会为某一种力量来主宰。在新店商会建立之前，镇内已设有育婴堂、孝义会、难民会、水龙救火队和文昌会等组织，它们承担着当地的社会救济、公共安全管理和文化教育等职责。而新店镇内的世居宗族、外地移民、本籍商人和客籍商人都参与其中，共同管理当地公共事务。新店商会成立后，通过设立各种组织来构建自己的权力网络，以致商会成为新店的权力中心。

　　朱英曾言："要实现商会史研究的新突破，还应大力加强对不同历史时期和不同地区的商会，特别是县镇基层商会的实证性深入研究。"②基于对新店商会的

---

　　①　何煜山主编：《新溪文史》，香港：香港天马图书有限公司，2008年，第24页。

　　②　朱英：《近代中国商会、行会及商团新论》，北京：中国人民大学出版社，2008年，第7页。

研究可以发现，在当地绅商余衡臣和杨玉墀等人的推动下，新店商会率先在蒲圻县成立。与传统社会商人相比，清末民初时期的新店商人的力量逐渐壮大，并通过新店商会的成立达到整合。"商会的成立大大增强了商抗衡官的能量。因为商会在很大程度上使以往相互隔阂分散的各业商人，凝聚成了一个统一的整体，具有'登高一呼，众商皆应'的号召力，从而改变了过去商与官周旋时以个人或商帮落后形象出现的状况，转而以社团法人的新姿态理直气壮地与官府打交道，其气度和能量大为改观。"①从一定程度上说，新店商会弥补了国家力量在当地的空缺，当然这也反映了新店民间力量的强盛。这种情况，一直持续到"1950年葛仁为会长，以后由县商业局进行工商管理，商会撤销"。②

施坚雅在论及中国封建社会晚期城市时提出，"在中国唯一最重要的技术应用，从其对城市化影响来讲，是水路运输"，并指出"有效的运输对于其它各种因素都起着推进作用：它促进人口增长、区域专业化、农村商品化和区域内外贸易"。③ 从新店的商业发展历程来看，便利的水运条件无疑是推动区域经济繁盛的主要原因。任放曾评论道："长江中游地区的专业市镇凭借卓越的区位优势及水运条件，在长距离贩运贸易中以商品集散地见长，此商业机制异常发达，盖过江南市镇。"④清中叶至民国中期，基于当地的自然资源和便利的水运交通优势，新店经济虽然偶遭战乱的侵扰，但整体上呈现繁荣的局面，更吸引众多外来商人至此经商，新店经济专业化水平明显提高。

第四节　运输中心的转移与新店的衰落

新店经济的兴盛依托的是良好的传统水运优势，湘鄂赣交界地区南来北往的货物在此地进行集散，新店因此成为区域性货物集散中心，有"小汉口"之称。

---

①　章开沅、马敏、朱英主编：《中国近代史上的官绅商学》，武汉：湖北人民出版社，2000年，第523~524页。

②　何煜山主编：《新溪文史》，香港：香港天马图书有限公司，2008年，第101页。

③　[美]施坚雅：《十九世纪中国的区域城市化》，见天津教育出版社编：《城市史研究》第1辑，1992年，第104~105页。

④　任放：《明清长江中游市镇经济研究》，武汉大学博士学位论文，2001年，第156页。

新店自清中叶开始逐渐兴盛，但至民国中后期已呈边缘化趋向。究其原因，关键在于新店货物集散地地位的丧失，而新店其他经济基础甚是匮乏，这亦是其边缘化的重要原因。不仅如此，1938 年日军的侵入，使得新店遭到经济、文化的全面破坏。20 世纪 50 年代的洪水加上血吸虫病次灾害，促使当地政府在新店下游铁山咀修建水坝，新店至汉口等地的水道被完全隔绝。

一、商路变迁

如前所述，作为水运市镇的新店，它的陆路交通甚是不便，以水路交通为主，新溪河是当地商贸的关键通道。至民国时期，现代交通方式逐渐覆盖该地区。1919 年粤汉铁路武长段的通车对当地经济格局产生重大影响。粤汉铁路武长段在蒲圻境内共 140 里，设立车站 7 个：汀泗桥、官塘驿、中火铺、蒲圻县城、茶庵岭、赵李桥和羊楼司。粤汉铁路并没有在新店设站，但茶庵岭站"有路出花亭桥通新店，该镇搭客多于此上下"。①

粤汉铁路武长段的通车对新店最主要的影响是导致人流与物流的转移，促使在铁路近旁崛起一批新兴的市镇，而新店这样过于依赖传统水运的市镇逐渐走向衰落。陈国灿曾指出："商品转运市镇以流通性商业为特色，一旦商品流通渠道不畅或流通方向有变，就会受到很大的影响。"②确实，"粤汉铁路（武长段）未通车前，羊楼洞、羊楼司一带之砖茶，均由水路运汉，需时三日即可到达。自粤汉铁路（武长段）通车后，设站于羊楼司及赵李桥，于是交通便捷，羊楼洞、羊楼司之砖茶乃改装火车运汉"，赵李桥站"距羊楼洞仅八里"，"货物多由此起卸，转运搭客亦伙"。③ 新店一直以来承担着羊楼洞茶叶北运的重任，粤汉铁路武长段的通车使得其这一职能大为削弱。正如《蒲圻县乡土志》所形容的那样，新店"向本以便水运为茶箱运汉所必由，故舟车云集而油丝布之自外输入者，运费轻于峒市，售价较廉，商务之盛有自来矣，自铁路与百货用火车转运影响于新店者实非浅鲜"。④

---

① 宋衍绵：《蒲圻县乡土志》，第 95 页。
② 陈国灿：《江南农村城市化历史研究》，北京：中国社会科学出版社，2004 年，第 96 页。
③ 宋衍绵：《蒲圻县乡土志》，第 96 页。
④ 宋衍绵：《蒲圻县乡土志》，第 80 页。

以之前所述在新店镇内业茶数世的黄氏家族为例。

黄佑璋在《黄氏宗谱·家母李孺人传》中记载，粤汉铁路武长段通车之前，新店茶商通过过载羊楼洞茶叶，每年"多或至万余金，少亦不下数千金"。①依此可知，新店镇内的过载茶行的收入是相当可观的。自黄佑璋的先祖"仰山公"开设新店第一家过载茶行至黄佑璋这一代，"业过载行亦数世"。"及闻建筑武长铁路议起"，黄佑璋之母"即知旧业不可终恃"，"商之吾（黄佑璋）父，决计以旧业委之吾伯父父子，又以手无多资金不能大有经营，乃于旧行屋旁择一小店经营极小生意，以为他日改业谋生之地"。②可见，当时新店的商人已预感粤汉铁路武长段的通车将给新店经济带来影响，并有未雨绸缪的计划。除了另择他业，黄佑璋的父母商议让儿子黄佑宝、黄佑璋和孙子黄启琏三人外出求学，令黄佑宝"努力科名"，令黄启璋"肄业学校由本县高等小学晋级省城高级工校"，后又令黄启琏"肄业省城工校"。后来，黄佑宝"改业商务，颇能自给"；黄佑璋从省城高级工校毕业，在蒲圻县裕革纱厂管理工务，后来又侨居武昌；孙辈也有较好的前途。相比来看，新店"拘守旧业者，至今半多失业"，这里的"旧业"应该指的是过载茶行，可见粤汉铁路武长段的通车对新店过载茶行的影响之大。而黄氏家庭不致失业，有赖黄佑璋父母"能早自改图之力也"。③

应对铁路通车，羊楼洞开始时并未觉得不便，因为茶箱可推至赵李桥转火车运输，虽然这段路刚开始还是依靠独轮车运输，这种运输方式"终究是笨重的，缓慢的，费用昂贵的"。④ 1927年，"在商会会长饶润皋倡导下，羊楼洞商人集资修筑了洞赵汽车路，改善了洞茶运输的交通条件，是鄂南茶区最早的公路。1929年设立了民营的洞赵汽车股份有限公司，洞赵公路在羊楼洞和赵李桥各设一站，有客车三辆、货车二辆。从此洞茶出山便由汽车代替了人力推车，但是人力推车这种运输方式还是同时并存了一段时间"。⑤ 1933年5月，戴啸洲在《国

---

① 黄佑璋：《家母李孺人传》，见《黄氏宗谱》，三略堂本，1927年，第19页。

② 黄佑璋：《家母李孺人传》，见《黄氏宗谱》，三略堂本，1927年，第20页。

③ 黄佑璋：《家母李孺人传》，见《黄氏宗谱》，三略堂本，1927年，第20~21页。

④ 冯金平：《茶马古道源：羊楼洞》，呼和浩特：内蒙古人民出版社，2012年，第83页。

⑤ 赤壁茶业志编纂委员会编：《赤壁茶业志》，武汉：湖北科学技术出版社，2017年，第215~216页。

际贸易导报》第五卷第五号发表《湖北羊楼洞之茶业》一文，其中提道："该处至湘鄂路站之赵李桥，路仅八里，有汽车路可通，货由当地装汽车至站后，交火车运至汉口。汽车运货，每包收洋一角(约百斤)，火车六角，上下力约二角。"①

而原本新店"输送茶箱者，类皆外来之小驳鸦艄及满江红等船，然载重行缓，且时虞不测"，为适应新店当地经济的发展和应对粤汉铁路的争利，新店增设有"3家外商的飞龙、飞电小火轮用作牵引船"；本县私商黄文润在新店沿河街组设了普济轮船公司，"有2条小轮(新汉、新鄂)专载运客商往来于武汉至蒲圻"。②1935年，新店私商葛先殿又置有机器小火轮，往来于新店与武汉之间。相较于传统木船，这些新添的新式交通工具无疑运速更快，运量更大，更加高效，但最终还是无法与便捷的铁路相比，普济轮船公司也于1923年停废。1936年金陵大学农业经济系所作《鄂豫皖赣四省农村经济调查报告》第十一号《湖北羊楼洞老青茶之生产制造及运销》中提到，新店虽不是砖茶制作的主要集中地，但"蒲圻之新店、崇阳之大沙坪，近亦有茶商设庄收茶制造，但为数不多"。③ 看来，新店地区的茶叶也开始在本镇制作加工了。

作为新兴的市镇，赵李桥镇可谓综合了新店的便利交通和羊楼洞的丰富茶叶资源，既逐渐取代新店成为区域货物集散中心的地位，又吸引众多制茶公司在此建立。粤汉铁路通车后，不仅蒲圻县的货物在此转运，"通城、崇阳两县货物均在这里转运"。④ 羊楼洞的制茶公司也逐渐在赵李桥设厂。1946年10月《湖北省银行通讯》新十期称："赵李桥为羊楼洞门户，仅隔汽车路四公里，唇齿相依。原只车站一所、饭店数家，胜利以还，即一跃而为新兴市镇，住户100余家。商户数十家，内盐号四家，茶所二家，转运公司三家。"⑤

---

① 王亲贤、邓丹萍主编：《鄂南茶史拾遗》，北京：中国文史出版社，2017年，第53~54页。

② 湖北省蒲圻市地方志编纂委员会编纂：《蒲圻县志》，深圳：海天出版社，1995年，第241页。

③ 王亲贤、邓丹萍主编：《鄂南茶史拾遗》，北京：中国文史出版社，2017年，第70页。

④ 湖北省蒲圻市地方志编纂委员会编纂：《蒲圻县志》，深圳：海天出版社，1995年，第53页。

⑤ 王亲贤、邓丹萍主编：《鄂南茶史拾遗》，北京：中国文史出版社，2017年，第196页。

　　唐力行指出："任何区域的发展都不可能是孤立的，必然会与其他相关区域发生人员、经济、文化等的交往与互动。一方面，各个区域的地理、物产、区位、交通、文化乃至经济社会结构都有其自身的特点；另一方面，区域之间的互动互补也是各区域形成并保持这些特点的必要条件。因此，区域互动关系的研究必将把区域研究引向深化。"①从经济功能的角度看，在羊楼洞砖茶厂迁往赵李桥镇之前，羊楼洞的主要经济功能是生产和加工茶叶，尤其是砖茶的加工，因此羊楼洞属于前述任放所谓"手工业专业市镇"。新店虽然也存在麻业的生产与加工，但远没有达到市镇的主要经济功能的程度。相比较而言，新店的兴盛主要是基于其便利的水运。通过新溪河，新店不仅与相邻市镇及村落联系密切，而且与汉口这一中心市场也有重要的经济联系，以致成为湘鄂赣交界区域重要的商品集散市镇。因此新店的集散功能远远胜过其生产加工功能。粤汉铁路尚未通车前，洞茶和崇阳、通城、临湘、平江、修水诸县的山货，会用鸡公车经羊楼司、羊楼洞推至新店装船出口。"新溪河中下游沿河两岸都是盛产茶、麻、谷米的肥田沃土，出口的土特产多集中于此（新店），然后外运，汉口的京广百货、杂货、布匹；洪湖的棉花、莲米、干鱼；湖南的雨伞、鞭炮、窑货，都从长江运进新店，有广阔的销路。新溪河是沟通城乡，货畅其流的大动脉，新店镇既是城乡物资交流的中转站，又是远近四乡商品供销的中心点，繁荣昌盛，既因陆路现代交通工具未兴这一历史条件，也因地处新溪河中段，水深河宽可以通航地理优势之故。"②所以，新店属于任放所谓"商品流通型"和"交通枢纽型"的复合型市镇。

　　水运型市镇新店和山区型市镇羊楼洞之间的差异性，与两地的地理环境的差异有密不可分的联系。新店位于新溪河中游，水量充足，水运便利，社会流动性强；而羊楼洞地处深山茂林中，茶叶资源丰富，但对外交通极其不便。基于此种差异，两镇利用各自的优势形成自己的经济形式。羊楼洞利用自己丰富的茶叶资源，成为"手工业专业市镇"；新店利用自己便利的水运条件，成为"商品流通型"和"交通枢纽型"的复合型市镇。由于两地相距较近，经济上存在一种互补关

　　①　唐力行等：《苏州与徽州：16—20世纪两地互动与社会变迁的比较研究》，北京：商务印书馆，2007年，第9页。
　　②　黄德楠：《新溪河明珠——新店镇》，《蒲圻文史》第2辑，蒲圻：政协蒲圻市委员会文史资料研究委员会编印，1986年，第90页。

系，"因为砖茶生产，需要从新店河装上大木船，才能外运出江，产品运不出，当然也就不会有羊楼洞这一生产基地"，因此"自明代以来，蒲圻的六大镇便有五大镇是水运中心。其中百舸争流，聚散辐辏，尤莫过于新店。如果没有新溪水，是不会有后来的羊楼洞制茶的兴起"。① 这种经济协调关系是两镇经济都能够得到发展的重要原因。

"正是茶业经济的发展将新店与羊楼洞连为一体，一方面，羊楼洞的制茶业带动了新店港口商业的发展，另一方面，新店港口商业的发展，又为羊楼洞茶业发展提供了运输和商业服务等方面的保障。"②羊楼洞和新店"二者构成了一种职能相对分离但又互动的经济结构"，粤汉铁路通车后，"羊楼洞—新店结构虽然发展成羊楼洞—赵李桥结构，但市镇功能并未发生变化，仍然一个是茶叶加工中心，另一个为转运中心，二者依然是一种互动的经济结构"。③ 如 1936 年金陵大学农业经济系所作《鄂豫皖赣四省农村经济调查报告》第十一号《湖北羊楼洞老青茶之生产制造及运销》记载："赵李桥位于粤汉铁路之湘鄂段，距羊楼洞八里。每年在羊楼洞所制之茶，皆经该地输出。本年各茶庄共制包茶二一六六八担半及茶砖二一二二零担，均经该地运往汉口。"④当时砖茶的主要运输方式是，"由羊楼洞用土车或汽车载运茶包至赵李桥，转上火车，运至武昌徐家棚，交轮船过江至汉口销售"，"羊楼洞及赵李桥计有怡和、晋安、福盛恒、汉通、汉昌、裕顺等六家，专营转运事业。茶叶由羊楼洞至赵李桥后，一切堆运手续皆由转运公司负责办理"。⑤ 1936 年陈启华在《中国实业》杂志第 1 期刊文《湖北羊楼洞区之茶业》提道："茶厂之茶，有时不足装满车辆，未能随时运出，故转运公司得利用此种机会，收集各厂之茶，随时装车。同时该公司亦趁机图利，而与车站执事勾

---

① 余伯勋：《羊楼洞砖茶运输的变迁史话》，《蒲圻文史》第 5 辑，蒲圻：政协蒲圻市委员会文史资料研究委员会编印，1989 年，第 128 页。

② 定光平：《羊楼洞茶区近代乡村工业化与地方社会经济变迁》，华中师范大学硕士学位论文，2004 年，第 102 页。

③ 定光平：《羊楼洞茶区近代乡村工业化与地方社会经济变迁》，华中师范大学硕士学位论文，2004 年，第 102~103 页。

④ 王亲贤、邓丹萍主编：《鄂南茶史拾遗》，北京：中国文史出版社，2017 年，第 108 页。

⑤ 王亲贤、邓丹萍主编：《鄂南茶史拾遗》，北京：中国文史出版社，2017 年，第 83~85 页。

结，除应得利益之外，常借过磅之名，增加运费。其增加之数额，常超过铁道部规定运价三分之一以上。而茶叶制造之成本，亦因此无形加重矣。"①然而，随着赵李桥镇设施的逐渐完善，赵李桥镇逐渐整合了羊楼洞丰富的茶叶资源和新店便利的交通条件，因此随着赵李桥的兴起，两镇逐渐边缘化。

二、战争的破坏

同治《蒲圻县志》载"蒲当南北卫，寇氛出没止下多取道"，② 特殊的地理位置使得蒲圻历史上遭受众多战争的侵害。据统计，"太平天国军队在县境出出进进长达 10 年之久"。③ 位于县境西南的新店，也曾遭到太平军的破坏。

以新店葛氏为例，《葛氏宗谱·新溪六续宗谱序二》记载："逊清咸丰之祸"，葛氏族人"有随曾左出征者，有从洪杨革命者，有被征召者，有为俘虏者，有全家遭杀戮者，种种事实俱其明证"。④《葛母陈孺人传》记载，咸丰五年（1855），新店遭"粤贼之燹"，蒲圻驻军"与城中贼三战皆捷"。8 月 26 日，"贼率大股来，官军遁，贼以一队追官军，以三队搜杀乡民"，"至孺人家，将逼之"，"孺人骂曰，贼子何敢无礼，贼胁以刃，则曰：吾宁死不辱于贼，声益厉。大经自外急奔救，贼怒刃孺人，缚大经杀之于市井"。⑤ "以孺人守节年与例符，且死其节，入节孝传，大经名列新店团殉难士民中，孺人殁之岁，距其生乾隆戊午年五十有九，大经得年三十有八，迄今乡里谈及孺人母子死于贼事，无不流涕。"⑥光绪二十九年（1903）冬，《彩章公传》记载："乙卯岁，遭粤匪扰乱，新店祖慈陈孺人尽节，父济才公亦殉难，继生子二启堂均在襁褓中，公为兵燹余生，尔时慨家事之萧寥，何堪目见；痛骨肉之离散，顿觉心酸。"⑦太平军在新店的活动无疑对当时

① 王亲贤、邓丹萍主编：《鄂南茶史拾遗》，北京：中国文史出版社，2017 年，第 130 页。
② 《〔同治〕蒲圻县志》卷一《叙》，第 339 页。
③ 湖北省蒲圻市地方志编纂委员会编纂：《蒲圻县志》，深圳：海天出版社，1995 年，第 1 页。
④ 葛定济：《新溪六续宗谱序二》，见《葛氏宗谱》，顿邱堂本，2014 年，第 88 页。
⑤ 葛觉轩：《葛母陈孺人传》，见《葛氏宗谱》，顿邱堂本，2014 年，第 158 页。
⑥ 葛觉轩：《葛母陈孺人传》，见《葛氏宗谱》，顿邱堂本，2014 年，第 158 页。
⑦ 葛丙炎：《彩章公传》，见《葛氏宗谱》，顿邱堂本，2014 年，第 122 页。

新店的社会治安影响巨大。所幸太平军在新店的占领时间比较短，以上打家劫舍和烧杀抢掠的行为虽使新店损失部分财产，但商民没有受到根本性的伤害，店铺亦大体完整，新店商业没有因此一蹶不振。太平军离去后，新店商民们迅速恢复元气。

羊楼洞《饶氏宗谱·云山公暨德配戴孺人合传》也曾记载民国时期军阀战争对新店的影响："丙辰丁巳(1916—1917)间，南北战争，军队过往，供应烦苛，稍不随意，即遭残害，新店、聂市皆然。"①但这对新店的经济只是产生有限的破坏。

而随着日本军国主义的扩张，1938年，蒲圻县城成为沦陷区。该年11月6日，日军二十一师团(两个联队的兵力)以蒲圻县城为据点，"兵分三路，一路经青石桥、益阳桥攻蒲圻西之新店；一路经荆泉、中心坪攻蒲圻西之羊楼洞；另一路沿粤汉铁路线前进，双方战斗至为激烈。七日晨赵李桥失守，七日晚，羊楼洞、新店先后被敌突破"。② 从此，新店镇进入长达数年的沦陷时期，日军在这段时期恶行累累。

在日军攻打新店时，"从夜珠桥到王爷庙一公里的繁华店铺全遭焚毁，东岳观至社学庙，王家墩口到积善堂，以及泥湾里的许多房屋都被毁坏"。③ 新店教育家王康曾在1938年写《过余家桥》诗："我从桥上过，十室已九空。"④表达了其对日军暴行的愤怒。除了双方军事实力的悬殊，当局内部的矛盾也是新店一日之内即被日军攻陷的原因之一。1938年11月9日《蒋介石饬令查办撤出新店镇崇阳溃军密电稿》称："此次我军退出新店镇、崇阳时，不特枪弹遗弃，即碗筷亦多失落，种种狼狈情形，资为笑谈"；"查放弃武汉原为预定计划，进至武汉之敌，已极疲惫不堪，南犯之敌不多，而我该方面部队竟不审敌之兵力，我有多数军队，不知筹划使用，有良好地形，不知利用防守，只图逃命溃走，不仅无耻，无以对年余抗战中牺牲诸先烈，且完全丧失革命军之精神。此后应力挽颓风，凡

---

① 贺文炳：《云山公暨德配戴孺人合传》，见《饶氏宗谱》卷三十六《羊楼洞北山村传》，双峰堂本，2011年，第274页。
② 李宗润：《抗日战争蒲圻沦陷前的几次战斗》，《蒲圻文史》第1辑，蒲圻：政协蒲圻市委员会文史资料研究委员会印，1985年，第106页。
③ 何煜山主编：《新溪文史》，香港：香港天马图书有限公司，2008年，第60页。
④ 何煜山主编：《新溪文史》，香港：香港天马图书有限公司，2008年，第236页。

无令擅退，不论各级官长，均照连坐法严厉执行。并着陈长官查明此次从新店镇、崇阳狼狈撤退部队具报，以凭核办"。① 1939 年年初，日军在羊楼司成立第六师团二三联队羊楼司警备队，警备队下辖两个大队，其第二大队统领杉本中尉在羊楼司和新店设立了两个宣抚班，"这些宣抚班是日军屠杀民众、横行乡里的急先锋和干将"，至 1942 年，"驻湖北赵李桥、新店一带随时可以集结到坦渡的军队有 1500 余人"。②

最能够表现日军在新店所犯恶行的当属 1942 年"新店事件"。1942 年 9 月 6 日，驻新店日军及伪军 60 余人窜入新店镇大屋许家、蔡杨家、甘塘坳三村，"共屠杀男女老幼 41 人，烧谷堆 13 座，大屋许家房屋被焚烧 17 间"。③ 如图 4-9 所示，

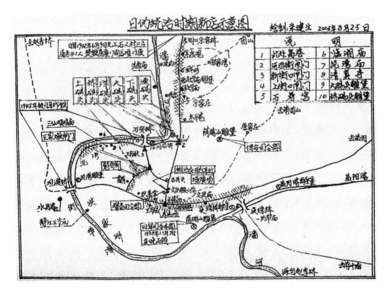

图 4-9　日伪统治时期新店示意图

（资料来源：何煜山主编：《新溪文史》，天马图书有限公司，2008 年，第 66 页。）

---

① 中国历史档案馆编：《中华民国史档案资料汇编·国民政府国防部史政局及战史会档案》，南京：江苏古籍出版社，1991 年，第 89 页。

② 坦渡地域文化协会编：《潘河风韵》，长春：吉林大学出版社，2013 年，第 45～46 页。

③ 湖北省蒲圻市地方志编纂委员会编纂：《蒲圻县志》，深圳：海天出版社，1995 年，第 483 页。

新店河沿街的 500 余米的吊脚楼亦被日军烧毁，代之而建的是碉堡。当时新店镇内设有益阳港碉堡、荫棚山碉堡、夜珠桥碉堡、荫蒲山碉堡、泥湾碉堡、社学庙碉堡、大码头碉堡和桥码头碉堡，碉堡覆盖整个水运结点，新溪河不能自由通航。除了碉堡，还在新店设立慰安所，在河沿街、新街口和上街口设闸门。新店居民活动受到了严密的控制。

三、水运通道的阻断

新店受气候条件的影响，经常会出现"天晴十日地发裂，大雨一场田成湖"的状况，旱涝等自然灾害频发。每年的 5—7 月是新店当地的梅雨季节，当地流传有"不怕五月涨，就怕五月响"的谚语，"响"指持续的特大暴雨。持续的特大暴雨经常促使洪涝灾害的发生。道光十一年(1831)，鄂南新店等十九个团都被侵害，影响范围十分广泛，因此，道光帝下诏"缓征钱漕"①。每年的六月六日，新店民众会把沿新溪河而建的王爷庙中的镇江王爷鲁肃像抬出来游街，并将一些小孩子打扮成《三国演义》的人物，让他们站在方桌上一起游街，祈盼暴雨停止，新溪水平稳，大家把四季衣服洗干净晒在街前街后，于是有了"六月六，晒红绿"的习俗。②

道光八年(1828)，葛启儒在《新溪四续宗谱序》中记载，种植垸田的葛氏家族"道光以来苦大水五十年于兹矣，仓廪常空，衣食不给"。③虽然新店商民在新溪河边修建有护砌，但在持续特大暴雨季节面前则相形见绌，无法发挥防洪的作用。1954 年夏季，新店再次遭受大洪水。"当时的洪水由三路汇合于羊铁巷，一路由正街，二路由王爷庙，三路由排泥塘，称为'穿坳'。"④正街即民主街位于镇区之中部偏东，王爷庙位于镇区之南，排泥塘指的应是镇区之北的牌叶塘，三面洪水都聚集于羊铁巷。"羊铁巷的白蚁沟一带地势较高些，弹丸之地，做生意的临时店铺挤得水泄不通，都是用木板、草席搭的小棚子"，镇区的居民们只能

---

① 《[同治]蒲圻县志》卷三《蠲赈》，第 498 页。
② 何煜山主编：《新溪文史》，香港：香港天马图书有限公司，2008 年，第 210 页。
③ 葛启儒：《新溪四续宗谱序》，见《葛氏宗谱》，顿邱堂本，2014 年，第 85 页。
④ 何煜山主编：《新溪文史》，香港：香港天马图书有限公司，2008 年，第 200 页。

"靠亲找友四处寄居","洪水期间,倒塌房屋 20 多间"。① 新店居民也曾计划改变当地"苦于水"的状况。《葛氏族谱·葛炳堂先生传》记载:"新店地滨新溪,夏月水涨,数百里内尽成泽国。公(葛炳堂)目击惨状,以为非修筑堤防不足以拯救数万生灵,乃与先君子及贺元靖、蔡汉清、贺笠青诸公筹商,至再拟于太平口南之铁山嘴筑堤障之。公计划测量奔走经年,虽舟车困顿而处之泰然,正拟兴工,因时局乍变致未果,行有志,未逮可欢也。"②

与洪水一同蔓延的是血吸虫。蒲圻县每年五月和六月集中降雨,山区洪水下泄,造成河港两岸出现洪灾;夏秋江水上涨,倒灌境内河湖,一遇区间暴雨,江河水位顶托,造成渍涝。江湖相通,湖草连片,钉螺滋生,以致血吸虫蔓延。"黄盖湖水系的马蹄湖至铁山咀间约 35 公里地带,有螺面积约 7 万亩",③ 这是血吸虫宿主钉螺的主要来源。1958 年 10 月,"为彻底根治血吸虫病源,临湘、蒲圻两县'黄盖湖围垦工程'开工,3.6 万名劳力经过半年努力,修建群英闸一座,扩大耕地面积 11.5 万亩"。④ 这一措施,使得黄盖湖与长江隔离开来,新店与汉口航道被阻,但为消灭血吸虫病宿主钉螺奠定了基础。1959 年春,为了阻止血吸虫病宿主钉螺向新溪河上游地区蔓延,当地政府又在铁山咀修建了无过船设备的排水闸。排水闸的修建有效降低了新店居民被血吸虫病感染的风险,但也使得新店赖以发展的水运通道进一步被阻断,使得新店的转运功能大打折扣,从此只能局限于小范围的转运贸易。

---

① 何煜山主编:《新溪文史》,香港:香港天马图书有限公司,2008 年,第 200 页。
② 杨莲:《葛炳堂先生传》,见《葛氏宗谱》,顿邱堂本,2014 年,第 130 页。
③ 湖北省蒲圻市地方志编纂委员会编纂:《蒲圻县志》,深圳:海天出版社,1995 年,第 603 页。
④ 湖北省蒲圻市地方志编纂委员会编纂:《蒲圻县志》,深圳:海天出版社,1995 年,第 17 页。

第五章　汉口：茶市、茶商与茶叶战争

从 19 世纪 60 年代汉口开埠开始，到 19 世纪 80 年代，汉口以其得天独厚的客观条件，茶叶贸易迅速发展，成为中国三大茶市之一，茶叶出口量增加，全国占比提升，茶叶商业经营繁盛。但从 19 世纪 80 年代中期开始，由于印度、锡兰茶叶大量涌入国际市场，抢占了华茶的市场份额，中国红茶的最大买家英商逐步淡出华茶市场，汉口的红茶出口也因此受到了影响，但由于对俄出口茶叶依旧占据大宗，故而汉口茶叶出口尚能保持较好局面。及至 20 世纪 10 年代，由于日俄战争以及俄国十月革命的影响，俄商逐步退出汉口茶叶市场，对俄茶贸也开始衰落，汉口茶叶外销陷入停滞。虽然外商的退出似乎是给中国商人创造了机会，但中国商人在资本以及航路等方面都不足以建立与西商同等规模的外销网络，而内销的茶叶运转量与外销则相差甚远，汉口茶市由此日益冷清。抗日战争爆发后，由于日军对武汉的侵占，接之国内连绵不断的战争，汉口的茶叶贸易市场全面衰落，茶厂关闭、茶栈缩减，与汉口茶叶市场紧密相关的鄂南产茶区也随之衰落下来，茶叶种植面积逐年下降。但汉口茶叶市场曾经的辉煌却在近代中国对外贸易史上留下了浓墨重彩的一笔。

此外，由于当时特殊的时代背景，半殖民地半封建的社会性质，近代汉口茶市中的茶叶贸易交易并不是公平意义上的商业交易。外商几乎垄断了所有茶叶出口，中国商人以经营茶叶内销以及从产地到洋行这一中转过程为主，但仍处处受到外商的限制，外商在茶税以及资本等各个方面都占据着优势，并且通过吃称压价等方式来赚取高额利润。汉口茶叶市场中始终存在着中商与外商对于茶贸利益的争夺与博弈。为了对抗外商的不合理贸易行为，保护自身的茶贸利益，汉口以六大茶帮为首的中国茶商成立了共同的同业组织——汉口茶叶同业公所。作为汉口中国茶商的集体组织，汉口茶叶公所在稳定汉口茶市的贸易秩序，代表汉口中国茶商与官方进行对话，以及抵制外商在茶贸中的不合理行为等方面发挥了相对积极的作用。

第一节　汉口：由茶港到茶市

汉口能在开埠后迅速发展成为国内三大茶市之一，盛时茶叶出口占据全国60%以上份额，与其优越的地理位置、地处中国茶叶产区的中心地带、悠久的茶贸历史和被开放为通商口岸的历史背景是分不开的。"九省通衢"的地理位置为汉口茶叶市场提供了便利的水陆交通条件，可以说正是汉口四通八达的运输路线，使汉口得以成为近代中国颇负盛名的茶叶集散中心。临近广阔的茶叶产地，则为汉口茶市提供了丰富的商品来源，加之开埠之前汉口早已是茶叶贸易交易的中转地，开埠后外商涌入，汉口茶叶出口贸易日益繁盛，湘鄂赣皖四省茶叶云集，罗威廉在《汉口：一个中国城市的商业和社会(1796—1889)》一书中甚至说道："如果不是茶叶贸易，实际上没有一个西方人会涉足这个城市。在西方人眼里，茶叶是汉口存在的唯一理由。"①足以见茶叶贸易在近代汉口市场中的重要地位。

一、汉口茶市的形成

汉口开埠后，茶叶贸易迅速在全国出口中占据首要地位的一个重要原因就是它优越的地理位置。汉口位于长江与汉水交汇之处，明代时即是全国著名的名镇之一。清代时更为商业重镇，清初有人将汉口与京师、佛山、苏州并称为"天下四聚"，素来繁盛。据《夏口县志》所载，汉口"水道之便，无他埠可拟。循大江而东，可通皖、赣、吴、越诸名区，以直达上海。循大江而南，可越洞庭，入沅湘，以通两广、云、贵。又而上荆、宜，而入三峡，可通巴蜀以上溯金沙江。至于遵汉水而西，经安陆、襄阳、郧阳诸府，纵贯全鄂，以抵汉中。又沿汉水之支流白河、丹江二水，以入宛洛，所谓九省之会也"。② 仅从水路来看，汉口就处

---

① [美]罗威廉：《汉口：一个中国城市的商业和社会(1796—1889)》，江溶、鲁西奇译，北京：中国人民大学出版社，2016年，第141页。

② 《[民国]夏口县志》卷十二《商务志》。

图 5-1　1900 年的汉口茶叶码头

（资料来源：阎志：《万里茶道对汉口的影响及其建筑遗存》，《江汉考古》2018 年第 2 期。）

于安徽、江西、江浙、湖南、四川、云贵等地的连接点中间，水运条件十分便利。"夏口一邑，居汉水之北，大江之西。上承涢水，下会澴水，中贯沦河。江汉环绕，湖港纷歧。占被利涉，厥惟津渡。"①

而从陆路来看，汉口位于华中地区，属于湖广之地，上承京津，下接粤省，旁邻皖浙、川蜀，四通八达，它"不特为楚省咽喉，而云、贵、四川、湖南、广西、陕西、河南、江南（皖赣）之货，皆于此焉转输，虽欲不雄于天下，不可得也"。② 便利的水路与陆路运输路线，为汉口茶叶贸易的迅速发展提供了可能，九省通衢的地理位置，是汉口发展成为近代中国第一大茶市的客观条件。茶叶正是经由这些便利的交通网络，由产区集结于汉口进行交易，再由汉口销往各地。

① 《[民国]夏口县志》卷一《舆地志》。
② （清）刘献廷：《广阳杂记》卷四，北京：中华书局，1957 年，第 193 页。

1906 年京汉铁路建成通车后，汉口的陆路运输则变得更为便捷，茶叶可以经由铁路更快速地运往天津转口。湖广总督张之洞曾如此论及汉口的交通："至京汉铁路开通后，陆路转输，益臻便捷。而川汉、粤汉两铁道，亦以汉口为集中之区。异日修筑告成，汉口当为全国之枢纽，不仅限于九省矣。"①汉口茶贸的繁盛的确是不仅限于九省之地，作为华中最大的茶叶转销口岸，汉口汇集来自湖广皖赣四省的茶叶，其茶叶出口远及蒙古和西伯利亚，运销海外，茶贸的辐射范围远远大于九省之限。

除了"九省通衢"的优越地理位置外，汉口附近还有十分广阔的茶叶产区。中国是产茶大国，湖北、湖南、安徽、江西、浙江、福建等地都是中国主要的茶叶产地，而汉口正处于这些茶叶产区的中心地带。② 汉口茶贸兴盛后，受汉口茶市的引力作用，临近的茶产区商人自然主动将茶叶运至汉口进行销售，广阔的茶叶产地为汉口茶市提供了丰富的商品来源，奠定了汉口茶市发展成为中国国内茶叶贸易中心的商品基础。

与汉口茶市关系最密切的，自然首先是鄂省茶叶产区。湖北省是中国茶文化的起源地，拥有悠久的种茶与制茶历史。陆羽《茶经》云"茶之为饮，发乎神农氏"，而湖北即是传说中神农氏所在地。早在三国之时，湖北省就有关于茶叶栽培与制作的记载，张揖《广雅》记述："荆巴间采茶作饼，成米糕而出之。"唐代，当时的峡州夷陵郡(今宜昌)、归州巴东郡(今秭归)、蕲州蕲春郡都被列为贡茶区。③ 宋代，国家对茶叶实行专卖，在主要茶区和茶市设置专管茶叶生产和贸易的机构——榷货务和山场。全国设 13 个山场，其中在湖北就设有麻城、洗马、王祺、石桥等 4 个山场。④ 到了清代，由于蒙汉民间贸易的开放，湖北茶叶产销区获得进一步发展。当时的山西商人，早在乾隆年间就到达湖北南部羊楼洞之地，教授种茶之法，设庄购茶，销往蒙古、西伯利亚之地。山西帮茶商三玉川、

① 《[民国]夏口县志》卷十二《商务志》。

② 袁北星：《客商与近代汉口茶市的兴衰》，《江汉论坛》2010 年第 3 期。

③ 湖北省地方志编纂委员会编：《湖北省志·贸易》，武汉：湖北人民出版社，1992 年，第 347 页。

④ 湖北省地方志编纂委员会编：《湖北省志·贸易》，武汉：湖北人民出版社，1992 年，第 348 页。

巨盛川的"川"字号茶砖驰名边疆，鄂南和湘北部分茶区所产老青茶，逐渐集中到羊楼洞，加工成帽盒茶(青砖茶前身)，年产近 80 万斤，主要销往内蒙古乃至西伯利亚。① 1840 年时，湖北羊楼洞地区已经有红茶庄号 50 多家，年制红茶 10 万箱(每箱 25 公斤)。②

晚清以下，由于茶贸兴盛，湖北鄂西、鄂南一带更是形成了以羊楼洞为中心的广大产茶区，包括蒲圻羊楼洞，通山、崇阳、宜昌、五峰等处。当时中国著名的工夫红茶"区分则有 8 种，其中最上等者有 3 种，皆产于湖北省。湖北产工夫茶，叶形异于别种，尤其质优者，其形大，其质刚，带黑色，又稍含紫色，茶汁暗红，有香气"。③ 三种最上等的工夫红茶均产于鄂省，无怪乎汉口开埠后红茶最大消费者英商即开办多家洋行经营茶叶贸易。

据资料来看，除了湖北省外，临近的湖南安化、临湘、岳阳以及江西、安徽等处也是汉口茶市中重要的茶叶来源之地。汉口茶市"集纳两湖、赣西北(宁州)、皖南的茶叶，形成出口总汇。每逢茶市，汉口市街'水泄不通，车马喧嚣，沿街横匾，招贴目不暇给'"。④

在《湖北商务报》登载的汉口茶市表中，茶叶产地来源即有湖南安化、江西宁州、安徽祁门等地的标记。"案此表十日备出一次，首牌号，次地名，又次件数，又次价目，分层排比。每旬约有二十余张，于报册地位，所占太多，故通作夹行小字，次层注地名处。止各书一字，如宁为义宁州，聂为聂家市，司为羊楼司，峒为羊楼峒，通为通山，安为安化，云为云溪，北为北冈，祈为祁门，平为平江，双为双港，崇为崇阳，高为高桥，浏为浏阳，桃为桃源，长为长寿街，永为永州，温为温州，醴为醴陵。……"⑤

---

① 湖北省地方志编纂委员会编：《湖北省志·贸易》，武汉：湖北人民出版社，1992 年，第 348 页。

② 湖北省地方志编纂委员会编：《湖北省志·农业(上)》，武汉：湖北人民出版社，1994 年，第 277 页。

③ 李少军等编译：《晚清日本驻华领事报告编译》(第 3 卷)，北京：社会科学文献出版社，2016 年，第 617 页。

④ 湖北省地方志编纂委员会编：《湖北省志·贸易》，武汉：湖北人民出版社，1992 年，第 13 页。

⑤ 《汉口茶市开盘价目表》，《湖北商务报》(第 6 册)，光绪二十五年(1899)五月十一日。

与福州、上海等茶市相比，汉口由于其茶叶产区中心地带的位置条件，无疑在茶叶来源上更具优势。这种优势是汉口在开埠后，茶叶出口迅速超越广州的主要原因，因为广州距茶叶产地远不及汉口临近。同时，也正是由于汉口在茶叶产区的中心地带，各方茶叶运至汉口比运至上海运费稍低，而汉口的茶叶种类也比福州更为丰富，外商自然更乐意在汉口买进茶叶。1876 年汉口茶叶输出量第一次超过上海，1878 年再次超过后，直到 1910 年上海未再反超；相比于福州，1887 年汉口超出后，直到 1920 年福州才反超。①

汉口本就是贸易繁盛之所，《汉口竹枝词》中如此描述汉口："茶庵直上通桥口，后市前街屋似鳞。此地从来无土著，九分商贾一分民。"②可见汉口各地商人往来，贸易兴旺。"明末清初，汉口就以商贸见长而名列全国四大名镇。时湘、鄂、赣、皖、云、贵、川、陕、豫各省货物聚散于三镇之地，粮、盐、油、茶、皮、药材、棉花、广杂货八大行帮云集江汉之交。"③茶叶已经位列当时汉口八大行之中。《夏口县志》中论及汉口的贸易，也将茶叶列为江汉之地的八大行之一："至营业行分，有所谓三百六十之区别。言其大者，向称圹、茶、药材、粮食、棉花、油、广福杂货、纸为八大行。"④

清代，由于茶马互市的发展，乾隆年间山西商人即进入鄂南的羊楼洞地区购茶贩卖，汉口就成为茶叶的转运地。山西商人在汉口的茶贸活动主要是以汉口为转运点，将两湖地区收购的茶叶运往蒙古、西伯利亚以及中俄贸易之城——恰克图。汉口是中俄茶叶贸易"万里茶道"中的一个节点。万里茶道"是指 17 世纪末到 20 世纪初，从我国福建武夷山下梅起，过江西至湖北，再由汉口向北，途经河南、山西、河北、内蒙古，再经乌兰巴托到达中俄边境通商口岸恰克图"⑤的一条茶叶之路。原来山西商人主要是将福建的茶叶经陆路运销，途径湖广之地。1853 年太平天国运动爆发后，以福建武夷山为起点的运茶路线被堵，闽省茶叶

①　陈慈玉：《近代中国茶业之发展》，北京：中国人民大学出版社，2013 年，第 228～233 页。

②　(清)叶调元：《汉口竹枝词校注》，武汉：湖北人民出版社，1982 年，第 4 页。

③　武汉市地方志编纂委员会编：《武汉市志·对外经济贸易志》，武汉：武汉大学出版社，1996 年，第 1 页。

④　《[民国]夏口县志》卷十二《商务志》。

⑤　严明清：《洞茶与中俄茶叶之路》，武汉：湖北人民出版社，2014 年，第 1~2 页。

不便运销，山西商人不得不开辟新的商路与茶叶产地。两湖之地的羊楼洞、羊楼司地区因为茶产丰富、临近水路，靠近汉口，即被选为新的茶道源头，而汉口作为茶道中的转运点，茶贸因此更为繁盛。

图 5-2　万里茶道地图

（资料来源：2019 年 10 月 17 日拍摄于汉口。）

当时的茶叶运输陆路线路是将"在羊楼洞压制好的青砖茶由鸡公车推到赵李桥，再送上潘河的船到新店，顺长江至汉口，逆汉水至襄阳，再改水运为畜驮车拉至黄河，一路走东口（今河北张家口），一路走西口（今内蒙古包头），经迪化、伊犁、阿拉木图进入中亚和欧洲各国。东路砖茶往北入归化（今内蒙古呼和浩特），再往北到库伦（今蒙古国乌兰巴托），最后到达俄罗斯恰克图，由此转口销往俄罗斯及欧洲。"①

除了中国商人，外商也很早就进入汉口经营茶贸。汉口开埠以前，俄国商人就开始在汉口附近的地区买进茶叶。"约在 1850 年，俄商开始在汉口购茶……俄人最初在此购买者为工夫茶，但不久即改购中国久已与蒙古贸易之砖茶。"②汉口

① 冯晓光：《赤壁羊楼洞与山西祁县究竟有什么渊源？》，参见山西财经大学晋商研究院编：《晋商研究》第 3 辑，北京：经济管理出版社，2016 年，第 130 页。

② ［美］威廉·乌克斯：《茶叶全书》（下），侬佳等译，北京：东方出版社，2011 年，第 54 页。

开埠后，俄商更是直接深入产地购茶销售："沙俄皇族财阀、茶商巴提耶夫深入鄂南羊楼洞收购茶叶。"①19世纪70年代开始，俄国商人开始将羊楼洞的砖茶厂陆续迁入汉口，在汉口租界设立制茶工厂并且改用蒸汽机器制茶。最先从羊楼洞迁入汉口的是俄国顺丰砖茶厂，"该厂于1863年建于湖北羊楼洞，1873年迁入汉口，并改用蒸汽机制茶"。②除了顺丰砖茶厂，近代汉口著名的俄商砖茶厂还有新泰砖茶厂和阜昌砖茶厂。汉口开埠后，以英、俄为首的外商先后而至，占据汉口茶叶市场，成立洋行进行茶叶买卖，汉口茶叶外销贸易进一步发展。

第二次鸦片战争后，汉口被开辟为通商口岸。1858年《天津条约》签订后，英国额尔金即率英舰到往武汉会见湖广总督："前清咸丰八年，英国《天津条约》订长江通商后，于咸丰十一年正月二十六日，英国火轮船一抵汉口。三月朔，巴夏礼续以小火轮兵船四，载兵数百，偕属官往见官文。上称查办九江、汉口开港事。以九江诸事未定，先来堪地。是为英人立汉口市埠之始。嗣后通商之国踵至，而汉口遂为中外交涉之一大关键，接武上海矣。"③

1860年《北京条约》签订，汉口、九江等地正式被开放为通商口岸。而且根据条约，英国的商船在长江一带各口"俱可通航"。第二年3月（1861年），英国官员威尔司、上海宝顺洋行行主颠地等又自沪乘轮船来武汉，会见官文，查看地形，并在汉口觅栈房一所，准备开行通商。英驻华参赞巴夏礼乘兵舰来汉口，同汉阳府官员踏勘地界，筹立租界。此后，英、俄、美、法等十多个国家的官员、商人陆续乘兵舰、商船来武汉，筹建租界，准备通商。④至此，华中地区对外开放，汉口作为华中最大的农产品转销市场，又临近产茶区，列强自然不会放过茶叶贸易的可观利润。以英国、俄国为首，列强纷纷在汉口设立洋行，经营茶叶贸易，控制汉口的茶叶出口，攫取经济利益。英国的怡和、太平、协和洋行，俄国的新泰、顺丰、百昌洋行都是近代汉口经营茶贸的大洋行。

---

① ［美］威廉·乌克斯：《茶叶全书》（下），侬佳等译，北京：东方出版社，2011年，第54页。
② 武汉市地方志编纂委员会编：《武汉市志·工业志》，武汉：武汉大学出版社，1999年，第2页。
③ 《〔民国〕夏口县志》卷十一《交涉志》。
④ 湖北省地方志编纂委员会编：《湖北省志·贸易》，武汉：湖北人民出版社，1992年，第9~10页。

通商口岸的开辟，租界、洋行的设立，外商的涌入，促进了汉口茶叶出口贸易的发展，推动了汉口茶市的形成，但汉口茶市的茶叶出口贸易也几乎完全被外商所掌控，"汉口之茶市……完全操纵于外商之手……最初为英人把持，1890 年以后，英国以全力推销其殖民地印锡之茶叶，在汉办茶数量锐减，俄商之势力乃趁机膨胀，而操全汉茶叶贸易之权威"。① 不过即使如此，汉口开埠依旧是汉口发展成为近代大茶市的客观前提，对外通商使汉口茶叶市场直接与国际茶叶贸易接轨，茶叶的经营不再局限于某一地区或国家而得以扩展到更大的范围。

二、汉口茶市的发展与繁盛

汉口茶市自 1861 年开埠后，经历了一个由起步到繁盛，到输英红茶衰落、转以对俄出口为主，再到 19 世纪 20 年代鄂商退出，对外出口缩减，汉口茶市与鄂西南茶区逐步衰退的过程。其中 19 世纪 60—80 年代这个时期，是汉口茶叶贸易由起步走向繁盛的时期。19 世纪 80 年代之后，印度、锡兰红茶逐步占据越来越高的国际茶贸市场份额，英商华茶消费量日益减少，华茶市场开始凋落，汉口虽然依靠对俄出口，茶叶贸易尚能保持较好情景，但实际依然逐步衰微。故 19世纪 60—80 年代这一时期，是汉口茶叶市场逐步发展，茶叶出口贸易在全国经济中占据主要地位的关键时期，表现在汉口茶叶出口数量的显著增加、汉口占据全国茶叶出口份额量的提高，以及汉口茶叶商业组织——洋行、茶栈、茶叶店的繁盛。

汉口开埠后，随着茶叶贸易的发展，茶叶出口数量显著增加。据《江汉关贸易报告》载，1861 年由汉口出口的茶叶有 8 万多担，1862 年为 21.6 万担，以后茶叶出口量逐年递增。从 1871 年到 1890 年，每年从汉口出口的茶叶达 200 万担以上。这期间中国茶叶始终占据国际茶叶市场 80%以上的份额。②

根据晚清日本驻华领事报告中对汉口 1871—1885 年这 15 年输出红茶和砖茶的记录，可以明显看出汉口茶市发展时期出口茶叶量的大幅上升。1871 年，汉口出口红茶数量为 47149496 斤，1876 年，红茶出口量就升为 55167346 斤。

---

① 见《中国茶叶》，由省烟麻茶公司转录，转引自曹兆祥主编：《湖北近代经济贸易史料选辑》第 2 辑，武汉：湖北省志贸易志编辑室，1984 年，第 42 页。

② 刘晓航：《大汉口：东方茶叶港》，武汉：武汉大学出版社，2015 年，第 7 页。

1880—1885 年间，红茶每年的输出量更是都在 6000 万斤以上。除了红茶，汉口砖茶的出口量也明显提升。1871 年，汉口砖茶出口量为 7535601 斤，1875 年，这个数字就变为 11046819 斤，1878 年后，砖茶输出量保持在每年 1000 万斤以上，1881 年、1882 年两年砖茶的年出口量接近 2000 万斤。对比福州，汉口的红茶出口增幅明显较大，1884 年，汉口的红茶输出量即超过了福州。而在砖茶方面，1871—1885 年间，福州的砖茶出口数量较汉口相差甚远，可见汉口实为近代砖茶出口之一大港口。如果统算红茶、砖茶的茶叶出口，汉口远远位于福州之上，三大茶市之一的地位已无异议。汉口茶叶贸易的繁荣，也清晰地在茶叶出口数量的递增中显现出来。（见表 5-1、表 5-2）

表 5-1　1871—1885 年汉口、福州每年输出红茶数量及价额

年度	地区	输出红茶数量（斤）	红茶价额（两白银）	每百斤红茶平均价格（两白银）
1871	汉口	47149496	10717621	22.731
	福州	63743470	16310661	25.587
1872	汉口	45893323	11769762	25.645
	福州	64007645	12283192	19.190
1873	汉口	46440663	12021078	25.884
	福州	56060768	12333369	22.000
1874	汉口	47095637	13685382	29.058
	福州	66331715	19809379	29.819
1875	汉口	48690801	12008903	24.663
	福州	67326133	19356362	28.750
1876	汉口	55167346	13307915	24.013
	福州	56059769	10091595	18.00
1877	汉口	50289580	10041787	19.967
	福州	61969559	9105274	14.693
1878	汉口	45570419	9488110	20.820
	福州	67869080	10666561	15.716

续表

年度	地区	输出红茶数量（斤）	红茶价额（两白银）	每百斤红茶平均价格（两白银）
1879	汉口	54121298	13252860	24.487
	福州	64648799	9143593	14.143
1880	汉口	61622833	12739178	20.672
	福州	74013679	9433742	12.745
1881	汉口	60194190	9565410	15.890
	福州	68299737	8341726	12.213
1882	汉口	60457854	9863040	16.313
	福州	68143187	8204088	12.039
1883	汉口	61290779	11409158	18.614
	福州	61265768	8276462	13.509
1884	汉口	63233801	9497846	15.020
	福州	62167102	7678034	12.348
1885	汉口	62294395	10670916	17.129
	福州	—	—	—

［资料来源：李少军等编译：《晚清日本驻华领事报告编译》(第 3 卷)，社会科学文献出版社，2016 年，第 377~378 页。］

表 5-2　1871—1885 年汉口、福州每年输出砖茶数量、价额

年度	地区	输出砖茶数量（斤）	砖茶价额（两白银）	每百斤砖茶平均价格（两白银）
1871	汉口	7535601	492537	6.536
	福州	—	—	—
1872	汉口	9131539	586779	6.425
	福州	72672	3815	5.249
1873	汉口	9453857	598434	6.330
	福州	357335	14293	4.000

续表

年度	地区	输出砖茶数量（斤）	砖茶价额（两白银）	每百斤砖茶平均价格（两白银）
1874	汉口	6088898	487112	8.000
	福州	1449506	86971	6.000
1875	汉口	11046819	714214	6.465
	福州	4695430	379149	8.074
1876	汉口	9633357	584197	6.064
	福州	5329814	259829	4.875
1877	汉口	9036558	572059	6.330
	福州	5206660	227655	4.372
1878	汉口	11764144	689902	5.864
	福州	7146074	314753	4.404
1879	汉口	17040706	823065	4.830
	福州	10251371	429675	4.191
1880	汉口	14827570	1110111	7.486
	福州	6023860	248956	4.132
1881	汉口	19154158	150840	7.875
	福州	50209546	215981	4.294
1882	汉口	19283893	981470	5.085
	福州	4482049	190952	4.260
1883	汉口	16239258	826314	5.088
	福州	4604813	162823	3.535
1884	汉口	16229279	828746	5.106
	福州	5218964	90360	1.552
1885	汉口	18199096	727796	
	福州	—	—	—

[资料来源：李少军等编译：《晚清日本驻华领事报告编译》（第3卷），社会科学文献出版社，2016年，第378~379页。]

1883 年，汉口茶市一开盘，在两周内即售出近 40 万担的茶叶。据 1883 年中国茶市情况的报告，汉口新茶于 5 月 12 日开市，截至当月 28 日，16 天当中的销量即达到 395600 担(如表 5-3 所示)。截至 9 月 17 日当年茶季结束，汉口茶售出 728220 担，加上九江转口的茶叶，1883 年茶季售茶达 1022310 担，汉口茶市繁盛可见一斑。(见表 5-4、表 5-5)。

表 5-3　1883 年汉口茶市 5 月 12—28 日成交量与上年度同期比较

(单位：担)

茶目	年度	
	1883	1882
汉口茶	395600	397210
九江茶	203720	227240
合计	599320	624450

[资料来源：李少军等编译：《晚清日本驻华领事报告编译》(第 3 卷)，社会科学文献出版社，2016 年，第 269 页。]

表 5-4　1883 年汉口茶市 8 月 6 日报告到当日为止成交量与上年度同期比较

(单位：担)

茶目	年度	
	1883	1882
汉口茶	698620	632490
九江茶	294090	282860
合计	992710	915350

[资料来源：李少军等编译：《晚清日本驻华领事报告编译》(第 3 卷)，社会科学文献出版社，2016 年，第 278 页。]

除了茶叶出口量的增加之外，汉口茶叶出口总值在全国茶叶输出总量中所占的比重也逐步提高。1864—1872 年，刚开埠的汉口茶市，其茶叶出口量占据全国茶叶出口量的 1/4 左右。到了 1873 年，这一比重已明显上升到全国的 1/3。此后汉口茶叶输出量在全国所占比例均在 30% 以上，输出量较高的年份，汉口茶叶输出甚至占据中国茶叶出口近一半的份额，比如 1879 年全国茶叶出口量为 33271739 海关两，而汉口输出量就有 14075925 海关两，占据全国茶叶输出份额的 42.3%。（见表 5-6）

表 5-5 1883 年汉口茶市 9 月 17 日报告开市以来成交量

（单位：担）

茶目	年度	
	1883	1882
汉口茶	728220	635420
九江茶	294090	282860
合计	1022310	918280

［资料来源：李少军等编译：《晚清日本驻华领事报告编译》（第 3 卷），社会科学文献出版社，2016 年，第 287 页。］①

表 5-6 1864—1894 年汉口茶叶输出量在全国所占比重

年份	全国输出量（海关两）	汉口输出量（海关两）	汉口输出量占全国输出量比值
1864	26244329	7252293	27.6%
1867	34546088	6357562	18.4%
1868	37172015	10973687	29.5%
1869	38370786	8900427	23.2%
1870	30765088	9074762	29.5%
1871	40325775	11210158	27.8%
1871	44795166	12356541	27.6%
1873	39099139	12620537	32.3%

---

① 这只是交易量，截至 1883 年 9 月，汉口茶依旧有 14000 担的存货量，汉口茶贸的繁盛可以显见。

续表

年份	全国输出量 （海关两）	汉口输出量 （海关两）	汉口输出量 占全国输出量比值
1874	36826011	14172494	38.5%
1875	36697512	12723117	34.7%
1876	36647926	13892112	37.9%
1877	33332387	10613846	31.8%
1878	32013184	10178012	31.8%
1879	33271739	14075925	42.3%
1880	35728169	13849289	38.8%
1881	32890268	10616241	32.3%
1882	31332207	10844510	34.6%
1883	32174015	12239144	38.0%
1884	29055142	10326592	35.5%
1885	32269040	11398712	35.3%
1886	33504820	11839699	35.3%
1887	30041100	9683338	32.2%
1888	30293251	9752254	32.2%
1889	28257314	12855970	45.5%
1890	26663450	12337522	46.3%
1891	31028584	14437830	46.5%
1892	25983500	8743818	33.7%
1893	30558723	11477562	37.6%
1894	30854575	12038502	39.0%

［资料来源：张珊珊：《近代汉口港与其腹地经济关系变迁（1862—1936）——以主要出口商品为中心》，复旦大学博士学位论文，2007年，第172页。］[1]

———————————

[1]　1873年之前的汉口数据为汉口两。参见茅家琦：《中国旧海关史料》中1864—1894年汉口海关部分和全国海关相关数据，北京：京华出版社，2001年。

茶叶贸易的迅速发展，推动了汉口茶叶市场内的社会流动和经济增长，与茶叶经营相关的一系列商业组织，比如洋行、茶行茶栈、茶叶店等都繁盛起来，汉口中国茶商的联结组织茶叶公所的地位、作用也得到提升，甚至还与外商进行茶贸斗争，对官方也具有一定分量的话语权。汉口内部已经形成了一个完整的茶叶流转经销体系。

据统计，光绪三十四年（1908），汉口经营茶叶的外商洋行就有18家。俄国的新泰、阜昌、顺丰、源泰、天裕洋行和英国的协和、柯化威、吕泰洋行都是近代汉口著名的大洋行。① 5月汉口茶市开市后，洋行开始分批购入茶箱，大洋行一次买入箱茶即有数千箱。例如1884年5月10日汉口茶市开市后，英国履太（也可音译为履泰或吕泰）洋行即买入宁州、高桥、祁门的茶箱共3086箱。（见表5-7）

表5-7 1884年5月12日汉口茶市行情：履太洋行收购茶叶表

品牌	买入地区	买入箱数
蕙香牌	宁州	634
芝兰牌	宁州	720
吉祥牌	高桥	1472
天珍牌	祁门	260

［资料来源：李少军等编译：《晚清日本驻华领事报告编译》（第3卷），社会科学文献出版社，2016年，第296页。］

汉口茶市繁盛时期，英商、俄商在汉口进行头茶竞买，争先抢购第一批到汉的茶叶，汉口每逢茶市开盘，都十分热闹。"该港新茶交易，每年从5月10日前后开始，今年亦接近与开市之期，故各洋行与历年一样，刷新门面，颇为热闹，尤其俄商德昌洋行之三层楼及美国领事馆之新建，使租界区比去年更显几分壮观。"②

作为茶庄与洋行中间人的茶行茶栈，也在这一时期迅速发展。在汉口"介绍

---

① ［日］水野幸吉：《汉口：中国中部事情》，武德庆译，武汉：武汉出版社，2014年，第361~362页。

② 李少军等编译：《晚清日本驻华领事报告编译》（第3卷），北京：社会科学文献出版社，2016年，第502页。

出口之茶栈，计有百余家。规模较大者，可四十余家"。① 势力比较庞大的几大茶叶帮派为湖南帮、山西帮、湖北帮、广东帮、江西帮、江南帮六帮，实力最为雄厚者是湖南帮。六帮茶商还联合建立了汉口茶叶公所，以抗衡汉口茶叶贸易中洋商的掠夺压迫，保护中商的茶贸利益。茶叶公所在近代汉口茶叶市场中占有重要的一席之地。

除了洋行、茶行外，以经营茶叶零售贩卖为主的茶叶店也发展起来。最早在汉口经营茶叶店的是徽州人，"在汉口汉正街泉隆巷开设汪同昌茶叶店。……以后商业发展，杂路茶渐多，茶叶店因之增多"。② 即使在汉口茶贸逐步衰退的时期，民国七年（1918）商户分类调查显示汉口茶叶铺仍计有 93 家，③ 可见汉口茶贸商业经营的繁盛。

第二节　茶政与茶贸

汉口茶市作为一个茶叶商品市场，必然有着与其时代背景紧密相关的经税制度与贸易结构。在经税制度上，出于近代中国半殖民地半封建的社会性质和汉口茶贸的逐步发展，税则几经变化，最终形成了茶厘总局与江汉关并行、中商与外商分别纳税的缴税状况。中商所需缴纳的税则依据不同的茶叶种类分为箱厘、业厘和行厘，再分成不同层级的税率。外商所缴纳的关税，则在江汉关缴纳，茶叶按出口商品只承担子口税与出口税，流程与所缴纳的茶税都比中商要轻便许多。在经销结构上，汉口茶市内部茶叶销售分为内销与外销，外销几乎全为洋行垄断，在汉口茶市中占据主要部分，内销则为中国商人所经营，在汉口茶市中的规模低于外销。但无论是内销还是外销，都要在汉口茶市实现转销，汉口茶市因此形成了以茶庄、茶行、茶栈、外商洋行、茶叶店为核心的茶贸组织结构，在各方商人的运营下，进行着茶叶的贸易流转。

---

① 实业部国际贸易局：《武汉之工商业》，1932 年 7 月，转引自曹兆祥主编：《湖北近代经济贸易史料选辑》第 2 辑，武汉：湖北省志贸易志编辑室，1984 年，第 16 页。

② 程静安：《旧武汉茶叶的回忆》，转引自曹兆祥主编：《湖北近代经济贸易史料选辑》第 2 辑，武汉：湖北省志贸易志编辑室，1984 年，第 25 页。

③ 《〔民国〕夏口县志》卷十二《商务志》。

一、汉口茶市的经税背景

汉口茶税与两湖之地茶税等制。清代时期，两湖地区茶税沿用明制，茶课标准以"引"为单位收纳茶税，每"引"为 100 斤。光绪、宣统年间，由于太平天国运动军费需求的影响，又将茶税改为抽厘。咸丰五年(1855)，湖北在羊楼洞设立专局抽收茶税，并在各产茶县设立分局征收茶税。茶叶抵汉后，凡系包茶套篓，汉口均收茶税落地厘一道，每 100 斤 200~300 文不等，过载减半征收。光绪二十年(1894)，除抽收正厘外，加抽 2 成。汉口落地厘一律照加，抽收方法分箱厘、行厘、业厘三项。箱厘又分广庄箱、大面箱、洋庄箱、二五箱，均系成箱出口货物，每 100 斤抽箱厘银 1 两 2 钱 5 分，小斤箱红茶抽收 9 钱 3 分 7 厘，花箱抽收 3 钱至 6 钱 2 分不等；茶末、茶梗、茶片每 100 斤抽收钱数 10~200 文不等。不同批次茶叶抽收各不相同，头茶每 100 斤抽收 736 文，子茶、夏茶、秋茶等依次照 7 折递减。① （见表 5-8）

表 5-8　晚清湖北茶厘税税率表

税种	征收对象	税率（每百斤）
箱厘	广庄箱、大面箱、洋庄箱、二五箱	抽箱厘银 1.25 两； 小觔箱红茶抽银 0.937 两； 花箱 0.62 两~3000 文； 茶末、茶梗、茶片数十文至一二百文
业厘与行厘	头茶	731.6 文
	子茶	按头茶 7 折纳税
	夏茶	按子茶 7 折纳税
	秋茶	按夏茶 7 折纳税

（资料来源：宋时磊：《晚清汉口茶叶外贸市场的交易机制与成本困境》，《荆楚学刊》第 18 卷第 4 期，2017 年 8 月。）②

---

① 武汉市地方志编纂委员会编：《武汉市志·税务志》，武汉：武汉大学出版社，1992 年，第 20 页。

② （清）吕调元、刘承恩修，张仲炘、杨承禧纂：《〔宣统〕湖北通志》，民国十年(1921)刊本，北京：京华书局，1967 年，第 1199 页。

　　湖北茶厘在盐茶厘局缴纳，出口茶叶则以箱厘的方式征收。1861 年汉口开埠后，外商涌入，按条约规定，外商只用缴纳一子口税即可通行内地各口岸，税收状况混乱。湖北厘金总局为了方便茶叶厘金的征收，稳定茶税秩序，曾要求中国商人将茶叶放在指定之茶行方可售予外商，此方法招致了诸方商人的不满。后经政府与洋商的协调，决定在汉口设立江汉关，征收出口茶叶茶税。由此，茶厘局征收茶叶厘金，而江汉关则征收海关子口半税。洋商与中商依据不同的茶税制度，在茶贸经营中承担各自不同的税则。

　　从洋商与中商在茶贸环节中所各自承担的税则来看，在茶叶出口上洋商只需缴纳一 2.5% 的子口税和一出口税，而中国商人即使不经营茶叶出口，也要按层层茶厘环节纳税，更不用说茶叶从内地运往他处的厘金分卡。以晋商与俄商为例，在同一运茶路线上，"晋商从汉口运茶至张家口要经过 63 道厘金分卡，缴纳的税金比俄商多 10 倍"。① 因而从张家口到恰克图的茶叶贸易上，以前晋商有百余家之多，至俄商参与此路线茶叶运销之后，晋商则越来越少，最后仅余数家。

　　19 世纪 80—90 年代，由于汉口茶务出现衰颓之势，已经意识到茶叶贸易重要地位的一部分有识官员开始重视茶务的整顿，茶厘税收即为其考虑的范畴之一。1891 年张之洞在给两江总督刘坤一及盛宣怀的电报中就表示了其减免茶税的想法："丝茶为出口之土货大宗，通商实在有益者，莫如此两项，厘税重极困极，今印度之茶，意大利、日本之丝日盛，中国丝茶日衰，必须大减（税厘）以促国有之民业。"②1889 年张之洞担任湖广总督之时，也的确就茶税方面对茶务进行了整顿，比如向朝廷奏请"裁厘改捐"、统一两湖茶商捐税制度、将加捐改为减厘等。

　　清以后民国时期，虽茶贸逐步萧条，茶税却更加繁重，税卡重重，有"民国万税"之说法："茶叶完税，首先是产地出场税。归公的只有四、五成，半数为稽查员中饱。……从岳州到汉口，沿途两岸均有税卡。到成陵矶拢岸，由两湖总税局查验补税。……到了武汉，首先将船停在汉阳河泊所港内，再持票到南岸咀

---

　　① 宋时磊：《晚清汉口茶叶外贸市场的交易机制与成本困境》，《荆楚学刊》2017 年第 18 卷第 4 期。

　　② 《鄂督张之洞致刘坤一盛宣怀免厘加税十八条分别详注请酌示电》，见王彦威、王亮编：《清季外交史料》(6)，长沙：湖南师范大学出版社，2015 年，第 2852 页。

税卡照票补税。盖上'南岸放行'印章，茶起到茶行或堆栈，又要到当地码头税卡'投到'查验补税……卖给洋行的更要缴老票给海关，又要缴一笔税，真是'民国万税'。"①

总之，税制虽有变化，但在茶税的承担上，中国商人一直要承担比外商明显更为繁重的税则。且从清至民国期间，小农经济依然占据中国经济的主体，因而中国茶叶种植多为小农经营，茶农与一些小的茶商往往资本微小，加之茶税繁重，极易受到茶贸波动的影响。在茶贸情况好的时候，或可因植茶、业茶而获利为计，而茶贸状况不好的时候，则无法承担成本的亏损，乃至终年劳作，却"不获一饭之饱"。②

二、汉口茶贸的经销结构

汉口茶叶分为内销与外销两种，内销以客商山西帮、徽州帮的经营为主，外销则为洋商所垄断。无论是茶叶的内销还是外销，首先都必须从茶叶收购的流程开始。茶叶收购一般是茶商在茶季前前往产茶区茶号收购，也有茶商直接在产茶区设号收购，例如羊楼洞茶区的晋商茶庄，就多属晋商在汉口所设分号或办事处下的小号或出庄，负责茶叶的收购和加工，"大凡驻汉办茶之(晋商)，每年派一总管带同司事入山(羊楼峒一带)造茶"。③ 茶叶运汉后，再由晋商驻汉口的分号或办事机构负责运销，④ 收购的毛茶经过装箱包装，运至汉口。

当茶叶到达汉口后，售予外商之茶叶须放至茶行存储，由茶栈作为中间商介绍，洋行定价收购。茶栈作为茶商与洋行之间的中间商，有代茶商沽茶之业务，在茶叶完成定价售予洋行之前，茶商住在茶栈内，在茶栈内存货。由于茶商往往资本不足，通常会在批量收购茶叶以及食宿等方面向茶栈借款，茶栈"至货经脱

---

① 程静安：《旧武汉茶业的回忆》，转引自曹兆祥主编：《湖北近代经济贸易史料选辑》第 2 辑，武汉：湖北省志贸易志编辑室，1984 年，第 56 页。

② 《汉口茶叶公所承报茶市情形简略》，见吴松弟整理：《美国哈佛大学图书馆藏未刊中国旧海关史料(1860—1949)》(第 208 册)，桂林：广西师范大学出版社，2016 年，第 542 页。

③ 《芜湖关税司李华达申呈总税务司》，见吴松弟整理：《美国哈佛大学图书馆藏未刊中国旧海关史料(1860—1949)》(第 208 册)，桂林：广西师范大学出版社，第 547~549 页。

④ 定光平：《羊楼洞茶区近代乡村工业化与地方社会经济变迁》，华中师范大学硕士学位论文，2004 年，第 38 页。

手，即将债款本利，及一切费用佣金，开具清单，向内地茶商核算扣除"。①

而内销、边销及零售之茶叶，则经汉口茶行、茶号、茶叶店之手，销往内地或边疆。例如经营蒙疆边销茶的晋商，在各产区茶庄收购茶叶之后，就运往驻汉分号或办事处，再转运张家口和归化城之后，转销各处。主要由徽州商人经营的内销茶店，如汉口正街汪同昌茶叶店和新街王益帽茶叶店，则直接在汉口经营茶叶零售业务，茶叶店买入茶叶后就不再转销，就在汉口进行贸易。

汉口茶市中的经销结构在前面两个流程上几乎没什么区别，都是由产区茶叶到达汉口后买入，但茶叶到达汉口后的最终销售却是不同的。外销茶要经过中间商介绍才可售予洋行最终出口，内销和边销茶则以汉口为中转集散中心，在汉口批量装箱分销各地，茶叶零售商在汉口买入茶叶后则直接在汉口进行茶叶销售，不再分转。不过无论茶叶在汉口的最终销售地是什么，汉口都是各产区茶叶商品的集散和转运中心。

三、汉口茶市的组织结构

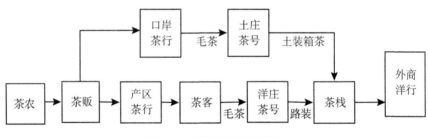

图 5-3　茶叶流通环节图示

［资料来源：许涤新、吴承明主编：《中国资本主义发展史》（第 2 卷），人民出版社，1990 年，第 230 页。］

近代中国茶市中外销茶叶贸易的主要流程有两种：一种是由茶叶产区的茶贩收购茶农的茶，集中贩卖给当地茶行、茶庄，由茶客将毛茶运往洋庄茶号装箱

---

① 建设委员会经济调查所编：《浙江之平水茶》（1937 年），见彭泽益：《中国近代手工业史资料（1840—1949）》（第 3 卷），北京：生活·读书·新知三联书店，1957 年，第 734、735 页。

后，到茶栈寄存，经茶栈介绍，销给洋行以外销；另一种是由口岸的茶行直接到茶产地收购茶叶，经土庄茶号装箱运往茶栈，销给外商洋行。汉口也是如此，有洋行直接到茶叶产区收购毛茶，运往汉口码头出售，也有茶商将茶区茶叶样品先运至汉口，洋行经茶栈介绍，预定茶叶，等茶叶货物到齐，再从汉口发往海外。除了外销茶之外，汉口也有经营内销茶为主的茶号与茶叶店，多为客帮商人经营。大的茶号例如山西商人经营的长裕川茶庄，即为山西商人在汉口设立的分号，长裕川在鄂南羊楼洞地区设有茶庄，每逢茶季，在羊楼洞收茶制茶，然后运至汉口，销往蒙古和边疆等地。此外还有徽帮商人经营的茶叶店，以茶叶内销和零售业务为主。但汉口开埠后，外销茶叶发展迅速，在输出量、资本运营等方面都远高于内销，茶叶内销沦为外销之下的配角，并不是汉口茶市贸易的主导，近代汉口茶市的主要导向无疑是以外销为主的。

在汉口茶市中，最主要的茶叶商业组织分为茶叶出口业、茶叶贩运业、茶叶行业、茶叶店业四种。据《夏口县志》所载民国七年（1918）汉口总商会新举各帮会员名册所列各帮行明目中，关于茶叶的就分为茶叶公所帮、茶栈帮、茶叶行帮、茶叶店帮四种。[1] 依据陶德臣先生的近代中国茶埠群理论来看汉口茶市，汉口茶市应属于产销区茶埠：临近产茶区，交通便利，转销茶叶，有大的洋行。汉口茶市的主要结构则可根据茶叶经商者的种类不同分为茶庄、茶行、茶栈、外商洋行、茶叶店五种。

茶庄是内销茶商的核心组织，一般在产区有茶号，承销地有茶店。茶庄资本大小不一，规模大的茶庄有经理、账房、跑街、水客、学徒、出店等，兼营者仅有老板、经理、跑街、司账等职，如需出庄或采办茶叶，多系委托他人前往。[2] 茶庄以经营茶叶贩运为主，一般是去往茶叶产区设号收购毛茶，经过加工制作后装箱运往汉口茶市出售。汉口的茶庄多为山西人和广东人创办，"汉镇茶叶，历年多系山西、广东两帮采办。……前日经茶叶公所邀客会议，始有西帮六家、广帮四家整顿一切，即日进山开办"。[3] 茶庄多在产地收购茶叶，一般"专收该地及乡间之新茶，并营绿茶之小贩卖，资本大者，直接由原产地取货。……有

---

① 《〔民国〕夏口县志》卷十二《商务志》。

② 陶德臣、杨志玲：《近代中国茶埠群论析》，《安徽史学》2016年第6期。

③ 《湖北商务报》第69册，光绪二十六年，转引自曹兆祥主编：《湖北近代经济贸易史料选辑》第2辑，武汉：湖北省志贸易志编辑室，1984年，第20页。

所谓武汉茶叶工会之组织"。① 汉口茶庄分为六帮。1908 年仅山西帮就有 16 家。1936 年共有 56 家，其中山西帮有 8 家，湖南帮 44 家，湖北帮 4 家。②

汉口茶行以经营青茶为主，从茶庄统一购茶，茶庄的茶可以寄存在茶行，等待销售，但须缴纳一定的口钱。"武汉各茶庄之收取货，皆由茶行经手。茶行之取货，概系青茶，口钱亦须三分。茶行公会即其同业组合。"茶行"既居间做转手买卖，也经营批发，除'撮谋行'外，都有相当的资本，主要购买贩运商的茶叶，也到产区贩运。销售对象主要是茶店"。③ 武汉茶行在极盛时期曾有 30 多家，清末民初，领有"部贴"的也有 20 多家，大多汇集于河街一带，资金从纹银十万两到百万两不等。除了代客买卖茶叶之外，有的大茶行还直接前往产区设庄收购茶叶。例如，"汪同元茶行在咸宁柏敦港与雷同、雷贤进搭庄合伙，兴泰茶行在安化搭几个庄，保康行在桃园和安化与该地茶行合伙开设桃园庄。每年清明起，茶山买卖，极为热闹"。④

茶栈是一种茶行，也称为牙行，是茶叶在各口岸的主要集散地，属于茶叶出口业范畴（例见图 5-4）。通商口岸的茶栈以存放茶货、茶叶买卖、代客售茶、放贷利息的业务为主。近代茶市中贩运茶叶的茶商并不直接向洋行售卖茶叶，必须通过茶栈介绍，洋行才会买入。茶栈在茶叶贸易中享有一定的独占地位，以经营红茶出口为主，青茶和绿茶虽有但不多。茶栈除了代中商向西商介绍之外，还兼营茶叶储存以及茶贸贷款等，收取中间费用。"茶栈专营出口茶的居间介绍交易，资金雄厚，除收取佣金外，还向贩运商贷款，收取利息。茶栈有专任经纪人，往来于各外商之间，接洽买卖。并组织有茶业公所，维护同业共同利益，解决与外商间发生的争议。"⑤

当时从各产茶区聚集到汉口的茶叶，"必须由茶栈经手出售，茶商不得直接

① 彭先泽：《汉口茶况》，《农声》1924 年第 35 期。

② 湖北省地方志编纂委员会编：《湖北省志·贸易》，武汉：湖北人民出版社，1992 年，第 351 页。

③ 湖北省地方志编纂委员会编：《湖北省志·贸易》，武汉：湖北人民出版社，1992 年，第 351 页。

④ 程静安：《旧武汉茶叶的回忆》，转引自曹兆祥主编：《湖北近代经济贸易史料选辑》第 2 辑，武汉：湖北省志贸易志编辑室，1984 年，第 19 页。

⑤ 湖北省地方志编纂委员会编：《湖北省志·贸易》，武汉：湖北人民出版社，1992 年，第 351 页。

图 5-4 顺丰茶栈

（资料来源：2019 年 10 月 17 日拍摄于汉口。）

与洋行交易。茶栈实际成为茶叶出口贸易的一种介绍人"。① 汉口盛时经营茶叶出口的茶栈有上百家，势力比较大的湖南帮、山西帮、湖北帮、广东帮、江西帮、江南帮等为了维护共同利益，于 19 世纪 60 年代左右建立了茶叶公所。其中，"湖南帮势力最为雄厚，计有会员 24 家，山西帮、湖北帮、广东帮次之。各有十家左右"。②

汉口的茶栈与茶行的主要区别在于主营茶的种类，茶栈"专司红茶之输出，与茶行无大差别。红茶商先携样茶来茶栈，与茶输出商熟商后，始决定取货，外商之茶质实验法，仅以茶叶法浸于沸水中，检查其形状、色彩、风味浓淡而已，茶栈之茶，无收授之别，不过须收四分口钱。汉口茶叶公所，由大帮茶商组织而成"。③

茶栈与茶行都经营茶叶出口业，但茶栈主营红茶。"茶叶出口业之业务性质有二：一为［茶］行（业）性质，其业务为居间介绍交易，其双方对象，一为红茶

---

① 《汉口商业月刊》1934 年第 1 卷第 8 期。

② 实业部国际贸易局：《武汉之工商业》，1932 年 7 月，转引自曹兆祥主编：《湖北近代经济贸易史料选辑》第 2 辑，武汉：湖北省志贸易志编辑室，1984 年，第 17 页。

③ 彭先泽：《汉口茶况》，《农声》1924 年第 35 期。

内地贩运商号，一为经营出口之茶贩及外商洋行，市场称为茶栈。一为贩运性质，其业务在由茶地采办运汉，由茶栈居间介绍售与外商洋行及出口商号。是以茶栈之业务性质与茶叶行相同，而其贩运商号之业务性质，与茶叶贩运业相同，不同者，唯有青红茶之分耳。"①汉口规模较大的茶栈多由买办开办，例如宝顺洋行买办王盛恒开设的鸿遇顺茶栈，俄商阜昌洋行买办唐瑞枝开设的厚生祥茶栈，阜昌洋行买办刘子敬的广昌和茶栈。大的茶栈设备先进，俄商新泰洋行的茶栈还安装了通风设备，茶叶不易受潮发霉，吸引了大批商人投栈存茶。②

洋行是近代茶叶市场中，茶叶出口贸易的最后一个节点。汉口开埠后，以英、俄为代表的洋商相继涌入汉口，设立租界，开办洋行，经营茶叶出口。洋行主要是通过茶行、茶栈集中收购各地茶叶，或者也有洋行直接在产地设庄，减少茶叶中间经手的环节，以降低购茶成本。"汉口自辟为通商口岸后，帝国主义者纷纷来汉经营茶叶出口。1863年，帝俄的新泰、顺丰、阜昌、百昌等洋行，先后在汉口开业和设立砖茶厂。据说，这几家洋行的营业额，每年都在纹银三千万两以上。"③

英商紧跟俄商之后，开办了怡和、太平等洋行经营茶叶出口贸易，其他国家也相继设立洋行经营茶叶出口。据统计，旺盛时期，汉口有近20家外商洋行经营茶叶，经营最大者，俄商为新泰、顺丰、阜昌、沅泰、百昌，英商为怡和、天祥、宝顺、复泰，德商为美最时、柯化威、协和、杜德，美商有慎昌、美时，法商有公兴、立兴等。

表5-9　清末民初外国洋行（经营茶叶者）一览表（1905年）

国别	名称	地址	开业时间	歇业时间	主要经营项目
英	天祥	洞庭街江汉路口	1910年以前	1940年	轮船业，茶、其他输出及保险

① 《茶叶出口业》，《汉口商业月刊》1937年新1卷第6期。
② 陶德臣、杨志玲：《近代中国茶埠群论析》，《安徽史学》2016年第6期。
③ 蔡萼英：《汉口英商麦加利银行梗概》未刊稿，转引自曹兆祥主编：《湖北近代经济贸易史料选辑》第1辑，武汉：湖北省志贸易志编辑室，1986年，第29页。

续表

国别	名称	地址	开业时间	歇业时间	主要经营项目
英	柯化威	—	—	—	红茶输出
英	履泰	—	—	—	红茶
英	杜德	—	—	—	红茶
英	协和	鄱阳街	1910 年以前	1925 年	红茶输入
美	美时	—	—	—	红茶输出
俄	阜昌	沿江大道南京路口	1910 年以前	1921 年	红茶及砖茶输出
俄	顺丰	沿江大道穗丰打包厂内	1910 年以前	1919 年	红茶及砖茶输出
俄	新泰	沿江大道兰陵路口	1866 年	1920 年	红茶及砖茶输出
俄	沅泰	洞庭黎黄陂路口	1910 年以前	1916 年	茶类输出
俄	百昌	洞庭街上海路口	1910 年以前	1917 年	红茶输出

（资料来源：武汉市地方志编纂委员会编：《武汉市志·对外经济贸易志》，武汉大学出版社，1996 年，第 24~25 页。）

汉口的茶叶店则以经营茶叶零售贩卖业为主，一般从茶行进货或直接从小茶商手上买茶。徽州人最先来汉口汉正街开设茶叶店，名为汪同昌茶叶店，经营销售徽州绿茶。后汉口茶叶贸易繁荣，客商络绎不绝，茶叶店也因此增加。茶店作为茶叶门市零售业，相对来说资本比较薄弱，一般都向茶行进行赊购，每年正月初八到十五日的红盘日，茶店都派人去茶行看样选货，由茶行经手写账，茶叶店分期付款，月半、月底为偿还期，称"比期"。端午、中秋为季节大比期，腊月是年关大比期。年终仍欠货款，须向茶行出具债券并认息。也有不经茶行直接购买"客路茶"的，[①] 即购买从鄂东、鄂南直接背茶来茶店贩卖的茶商的货品。民国二十四年(1935)，汉口茶叶店有 72 家，全年营业额达 1292904 元。

---

① 湖北省地方志编纂委员会编：《湖北省志·贸易》，武汉：湖北人民出版社，1992 年，第 351~352 页。

第三节 茶叶战争中的华商与洋商

近代汉口茶叶市场并不是一个正常状态下的公平茶叶贸易市场，由于当时中国特殊的时代背景，半殖民地半封建的社会性质，汉口茶市中茶叶买卖始终存在着中商与外商之间的不对等关系。这种茶贸中不平衡的交易关系，使外商占据着政治与经济特权的绝对优势，中商在外商优势之下进行的茶叶贸易，经营艰难。在这种非常态的茶贸背景下，中商与外商在汉口茶市中始终以不同的方式进行着茶贸利益的争夺与博弈。

汉口开埠后，各列强争先在汉口设立机构购茶，俄商还设立了砖茶加工厂，茶叶出口全为洋行垄断。汉口洋行为外商所控，外商由此把持了茶叶出口贸易在汉口茶叶市场中的最后一个环节。并且通过各种不平等条约，外商在汉口茶叶交易中对比中商享有更低的茶叶税率、便捷的内河通航、政府偏护等一系列特权，在茶叶贸易中占据优势。而中商往往易受外商牵制，只能经营茶叶内销或参与茶叶收购及中间介绍这一环节的茶贸活动，并不直接参与对外茶叶出口，但中国商人依旧通过种种方式在外商的压制下参与着汉口的茶叶贸易，与外商进行茶贸的合作和茶叶利润的竞争，在汉口茶市中占据着重要的地位。

一、以英俄为首的洋商

近代汉口茶市自形成至衰退，外商洋行一直在茶叶出口贸易中占据主导地位，其中势力最大的外商是最先在湖北羊楼洞地区设行购茶的俄商和曾在汉口红茶市场中占据首要地位的英商。英俄两国在汉口经营了数十家洋行经营茶叶出口相关业务，直至 1906 年兴商茶厂成立之前，汉口的茶叶出口都掌控在外商洋行的手中。"汉口之茶市……完全操纵于外商之手……最初为英人把持，1890 年以后，英国以全力推销其殖民地印锡之茶叶，在汉办茶数量锐减，俄商之势力乃趁机膨胀，而操全汉茶叶贸易之权威。"[1]

---

[1] 见《中国茶叶》，由省烟麻茶公司转录，转引自曹兆祥主编：《湖北近代经济贸易史料选辑》第 2 辑，武汉：湖北省志贸易志编辑室，1984 年，第 42 页。

英国作为在鸦片战争后最先进入中国境内的帝国列强，早在中国未通商以前，即是华茶消费大国和国际贸易中心。为了扭转中英之间因茶叶而形成的贸易逆差，英国将鸦片贩卖至清国，后又以鸦片为借口发动了对华侵略战争。五口通商之期，英商即在上海、福州等地设立洋行收购茶叶。汉口开埠后，英国是最早进入汉口地区探查和设立租界的国家，英商洋行在近代汉口红茶出口贸易中占据重要位置。作为华茶消耗大国，1880 年以前英国茶叶消费量中，华茶始终占据75% 以上的份额。(见表 5-10)

表 5-10　1865—1882 年英国茶叶消费量中华茶所占的比例

年份	华茶占比(%)
1865	97
1866	96
1867	94
1868	93
1869	90
1870	89
1871	89
1872	87
1873	85
1874	87
1875	84
1876	83
1877	81
1878	77
1879	78
1880	72
1881	70
1882	69

[资料来源：*China Maritime Customs*, *Tea*, *1888*, p. 118. 见严中平主编：《中国近代对外贸易史资料(1840—1895)》(第 2 册)，科学出版社，2016 年，第 1194 页。]

英国所经营茶叶贸易的洋行每逢开市都购入大规模的茶叶，除在汉口设行大量收购红茶外，还派人到鄂南茶区利用当地廉价的人力和原料设厂制造红茶，鄂南茶区多处都有英商资本控制的红茶庄。① 在购茶之外，汉口的英商洋行例如怡和洋行还经营航运。时至晚清汉口开埠之后，英国的怡和、太古两公司经营的航运是汉口航运业经营者中规模最大的两个，为英商将茶叶运至海外提供了便利的运航条件。不过后来由于在汉口与俄商的头茶竞争中越来越不占优势，英商逐步改买印度与锡兰的红茶，华茶在对英出口中的份额降低，俄国遂逐步掌控了汉口茶市。

图 5-5　英商太古洋行汉口分行

（资料来源：2019 年 10 月 17 日拍摄于汉口。）

近代汉口茶市之中，除英商外，另一大茶叶消费外商就是俄商。清代时期俄国与中国的茶叶贸易联系就十分密切，当时的恰克图是中俄茶叶贸易之城，不过在鸦片战争之前，中俄之间的茶叶贸易是由当时的山西商人所进行的。"在对俄海上贸易开始以前，这种极为发达、极为巨大的茶叶贸易，是由山西商人经营的。大部分的茶叶经由恰克图运往俄国市场。"②山西商人将福建的茶叶穿两湖经

---

① 万献初、宋嵩山：《鄂南茶文化》，桂林：广西人民出版社，1993 年，第 15 页。

② *Commercial Reports*，*1872*，*Part* I，p. 124. 转引自严中平主编：《中国近代对外贸易史资料（1840—1895）》（第 2 册），北京：科学出版社，2016 年，第 1289 页。

江西、河北运往蒙古和恰克图以赚取利润。鸦片战争之后，俄国人受山西商人茶贸的引导，开始进入中国境内，自己经营茶叶贸易。

　　早在汉口开埠之前，俄国商人就开始在汉口附近的地区买进茶叶。"约在1850 年，俄商开始在汉口购茶……俄人最初在此购买者为工夫茶，但不久即改购中国久已与蒙古贸易之砖茶。"①汉口开埠后，俄国茶商巴提耶夫进入鄂南羊楼洞地区设行收购茶叶，并设立砖茶厂，19 世纪 70 年代开始，俄国商人开始将羊楼洞的砖厂陆续迁入汉口，并且改用蒸汽机器制茶。例如当时汉口著名的俄国顺丰砖茶厂，"该厂于 1863 年建于湖北羊楼洞，1873 年迁入汉口，并改用蒸汽机制茶。职工常有 800~900 人，一年可压制砖茶 15 万筐，为当时全国同类工厂中创办最早、规模最大的企业。"②除了顺丰砖茶厂外，19 世纪 70 年代从羊楼洞迁入汉口的俄商砖茶厂还有阜昌砖茶厂和新泰砖茶厂。此外，俄国还曾尝试建立汉口运茶航运专营公司。1873 年，俄商曾以海轮 2 艘、河轮 20 艘组成一砖茶运输公司，直航于汉口及其他南方茶叶市场至俄属斯托勒钦斯克(距黑龙江 1750 英里之地)之间航线上，其运费，汉口至斯托勒钦斯克，每 15 磅 3 两 5 钱。然经营不善，次年即倒闭。③虽然砖茶运输公司未能持续下来，但从当时俄商对运输公司的轮船配置可以看出俄国对汉口砖茶市场的重视，也显现出其庞大的茶叶消费能力和资本能力。

　　俄商在汉口茶市中对比英商甚至占有很大优势。在转口税方面，1862 年中俄《陆路通商章程》给予了俄商在天津通商的优惠，俄商往来货物的出口关税按5%减征 1/3，子口税照已减关税再减半，1866 年则直接取消了俄商货物由天津转运的子口税，而英国茶商却没有这种优惠。与英商在中国各地的分散经营不同，俄商对汉口茶市市场更为倚重，并且俄商直接深入鄂南腹地购买茶叶原料，运至汉口砖茶厂进行加工销售，精简了茶贸的中间环节，节省了成本。这些优势

---

　　①　[美]威廉·乌克斯：《茶叶全书》(下)，侬佳等译，北京：东方出版社，2011 年，第740 页。

　　②　武汉市地方志编纂委员会编：《武汉市志·工业志》，武汉：武汉大学出版社，1999年，第 2 页。

　　③　李少军等编译：《晚清日本驻华领事报告编译》(第 2 卷)，北京：社会科学文献出版社，2016 年，第 623 页。

促使俄商在与英商的汉口茶市头茶竞争中取得胜利。1890 年英商逐步退出汉口茶叶市场后，俄商即占据汉口茶市茶叶出口的垄断地位。

二、以汉口六大帮茶商为代表的中商

汉口茶市中除以英、俄为主的外商之外，第二大茶贸参与者是以山西客商、徽州客商、广东客商、湖南客商、江西客商以及湖北本地商人为代表的中国茶商。中商在汉口茶市中的经营活动，以茶叶内销、茶叶边销，以及茶叶从产区聚集到汉口和卖与洋行出口的这一中间流程相关。"汉口之清国茶商，分为两种：有与外商为直接交易者（洋庄），又有与蒙古各地为交易者。蒙古方面之茶业，多为住汉口之山西茶商所营也。"①经营蒙古方面茶业的晋商，即是汉口茶叶边销的主要经营者。

在俄商进入汉口经营输俄华茶贸易之前，山西商人就已以汉口为茶叶运营的周转地。汉口开埠之前，山西商人就进入湖北羊楼洞地区开设大玉川、巨盛川茶庄，制造帽盒茶运销中国西北地区和恰克图，俄商后期选择以汉口为在华茶贸的最大集散地，即是受早先山西商人在两湖之地经营茶叶线路的吸引。晋商在羊楼洞地区购茶的记载，最早可以追溯到康熙年间："闻自康熙年间，有山西估客购茶邑西乡芙蓉山，峒人迎之，代收获，取行用。"②这里的"峒"即是指鄂南羊楼洞之地。同治年间，山西商人对边销茶的经营已经十分繁盛，乃至鄂南地区"今四山俱种，山民借以为业。往年茶皆山西商客买于蒲邑之羊楼洞……压成茶砖，贮以竹箱，出西北口外卖之，名黑茶"。③ 晋商在鄂南以羊楼洞为中心的广大茶区设庄购茶，往往会在汉口设立茶庄分号，以方便茶叶经汉水和长江转运。汉口的茶庄分号是山西商人由山西总号在各地建立的分管地，例如长裕川茶庄就是晋商在汉口设立的分号之一。1850 年前，晋商完全垄断了西北茶市及中俄茶叶贸易，1861 年以前仍"一向是山西商人在湖北、湖南贩买并包装了砖茶，由陆路一直运

---

① ［日］水野幸吉：《汉口：中国中部事情》，武德庆译，武汉：武汉出版社，2014 年，第 363~364 页。

② 叶瑞廷：《莼蒲随笔》卷四，见陈祖槼、朱自振编：《中国茶叶历史资料选辑》，北京：农业出版社，1981 年，第 428 页。

③ 《［同治］崇阳县志》卷四《特产》。

往恰克图,销售恰克图市场"。① 1865 年俄商逐步垄断汉口砖茶出口后,恰克图
的茶贸亦逐步为俄商垄断,晋商在恰克图经营的茶庄也逐渐消失,但他们依旧以
羊楼洞为加工地,以汉口为转运市场,经营蒙疆茶叶贸易。20 世纪 20 年代汉口
茶市转衰的时候,晋商的蒙疆砖茶茶贸还在继续,"湖北砖茶销于蒙古新疆一带,
多为山西帮所制造,谓之口庄,盖销场在口外或长城以外也"。② 山西商人在汉口
的茶叶市场中,以蒙疆茶贸之路在中商中占据着重要的地位。

在晋商之外,徽州茶商和湖南茶商也是汉口茶市中商团体中势力较大的代
表。汉口的内销茶叶店,即茶叶零售店多是由徽州茶商经营,如近代汉口汉正街
泉隆巷的汪同昌茶叶店和新街的王茂昌茶叶店。徽商在汉口的茶叶经营在地方县
志中有专门记载,婺源徽商"王元化,梓里人……壮贾汉阳,家渐裕,偕侄业茶
于汉"。③ 近代汉口茶贸繁盛之后,茶叶店数量增多,经营较好的徽商茶叶店如
汪同元"仅以一人经手做茶叶店生意,每年营业额不足六万两,毛利在一万八千
两,除行缴七千多,纯利在一万以上,六七年都是如此"。④ 可见徽商经营茶叶
店生意之繁茂。徽商之外,湖南商人也是汉口茶市中不容忽视的客商群体。湖南
商人在汉口的茶贸中占据重要地位,《夏口县志》中谈及汉口各客商:"汉口市场
之繁盛,不特为本省商人所趋集,其各省商贾,无不有本店或支店设立于其间。
从前省界之见未除,各自分其圈限,布为自卫之策。于是有各省之帮数及各业行
分之区别。综其大略,其各省之帮数,如湖北帮,为市场原立之主点,所占圈限
最大,商工业种类最多。其势力尤著者,为杂粮、牛皮、棉花各行。湖南帮占水
运之势力。船行营业独多。其输入品以茶米为最多。约占贸易全额十分之八。"⑤
湖南商人在汉口各帮中势力尤著,经营贸易外还经营水运行业,且茶米贸易占据

---

① 《关册》(天津),1866 年,下篇,第 95 页,转引自陶德臣:《晋商与西北茶叶贸易》,
《安徽史学》1997 年第 3 期。

② 《晋商在湖北制造砖茶之现状》,《中外经济周刊》第 171 号,转引自彭泽益编:《中国
近代手工业史资料(1840—1949)》(第 3 卷),北京:生活·读书·新知三联书店,1957 年,
第 46 页。

③ 《婺源县志》卷三十九《质行》。

④ 程静安:《旧武汉茶业的回忆》,转引自曹兆祥主编:《湖北近代经济贸易史料选辑》
第 2 辑,武汉:湖北省志贸易志编辑室,1984 年,第 25 页。

⑤ 《夏口县志》卷十二《商务志》。

贸易总数的大部。

从上述可以看出，各帮中国商人在汉口的茶贸经营以茶庄、茶叶店和茶行为主，在中商经营的各茶贸组织中与外商洋行关系最为密切的是茶行。汉口大茶行有谦顺安、洪昌隆、忠信昌、厚生祥、万和隆、熙泰昌等。① 势力比较大的茶行是汉口的茶栈，盛时汉口茶栈有上百家，规模比较大的湖南帮、山西帮、湖北帮、广东帮、江西帮、江南帮六帮，为了与外商相持，保护共同的茶贸利益，六帮茶商联合在光绪年间建立了茶叶公所，或称茶帮公所。汉口茶叶公所"团体坚固，其势不可辱。故生产者及输出商，均不免受其掣肘也。原来茶叶公所为茶栈与外商间发生争议时之裁决机关，且为图茶商共同利益之增进之重要机关。而茶商于茶之交易期间中，日日在会所会集，互谈市况，川通脉络，与他之商品无以异也"。②

与外商相比，汉口茶市中的中商并不占优势。但由于中商熟悉中国文化、中式交易规则，而外商言语不通，故而虽然外商在近代汉口茶市中居于茶叶出口的垄断地位，中商依旧可以占据一席的经营之地。六帮成立的茶叶公所，团结了汉口地区的中国茶商，增强了汉口茶市中中商的话语权，维持了汉口茶市中茶叶交易的市场规范，在与外商的茶贸争斗中，中商和其联结而成的六帮茶会都是外商不得不顾及的对象。

三、汉口茶市中茶贸利益的争夺

汉口茶市中，站在茶贸利益链条顶峰的是外商。与中商相比，外商在茶贸利益竞争中占有近代各种不平等条约赋予其的关税和航运特权，这些特权使外商在经营茶叶对外贸易方面几乎处处压中商一头，也导致了在汉口茶市的外销体系中，中商始终处在次一级的销售环节中，无法与外商进行公平竞争。

根据1858年中英《天津条约》，英国商人运入中国的货物，或从中国运出的土货，除了缴纳一次5%的进出口关税外，在内地通关只须于第一关缴纳2.5%的子口税即可，不必再另行缴税。"所征若干，综算货价为率，每百两征

---

① 张鹏飞：《汉口贸易志》，北京：华国印书局，1918年，第88~94页。

② 《中国茶叶之研究（八）》，《银行月刊》1924年第6卷第2期。

银二两五钱。"①以此来推算，英商在汉口经营茶叶，只需缴纳进出口关税和
2.5%的子口税即可，不用关关纳税，而中国商人却是要"封关纳税、逢卡交捐"。
1861 年 10 月清政府和各国公使会商以后，又颁布了一个《通商各口统共章程》，
于是各国商人都与英商享有同样的税率优势。这样，在汉口经营茶贸的所有外国
商人，只用缴纳 2.5%的子口税即可通行于内陆各口岸。

除了低廉的税率，外国商人还占有内河航运权。根据 1858 年中英《天津条
约》第十款："长江一带各口，英商船只俱可通商。……这样建立的给予外国船
只在中国内河航行权利的先例，已扩大到中国其他的大河，当然，这种权利给予
了某一国船只，就为享有最惠国待遇的所有其他国家所同等享有。"②占据着内河
航运优势的外国人，几乎垄断了汉口的长江航运。"1895 年以前，汉口口岸的长
江航运几乎全为英国怡和、太古两个轮船公司垄断。"③长江沿线的航运也一直被
英、美、德、日、法的轮船公司控制着，及至 19 世纪 20 年代，中国属轮船货运
量尚只及全部运量的 1/6。④

1862 年汉口建立了海关总署——江汉关，署理汉口关税事宜，但江汉关理
事多由外国人担任，外国人控制着汉口的海关权。"江汉关的机构完全按照英国
编制。负责人称'税务司'，以下设副税务司、帮办，按工作性质分内勤与外
勤。……江汉关的财务、人事、业务各方面，都独立于中国政府之外，只听令于
海关的英国总税务司。……江汉关的税务司最先是英国人安斯尔，接着是法国人
拉巴、英国人安格联和梅维亮。在 1913 年以前，江汉关的税务司、副税务司、
帮办、高级职员、外勤，全部是英、美、法籍人，只有文书、杂役之类才派中国
人充当，连个税务员也没有中国人的份。"⑤与中商相比，外商从汉口海关、茶叶

---

① 王铁崖：《中外旧约章汇编》（第 1 册），北京：三联书店，1957 年，第 100 页。
② ［美］威罗贝：《外人在华特权和利益》，王绍坊译，北京：生活·读书·新知三联书
店，1957 年，第 515 页。
③ 余心香、金来刚：《旧汉口海关——江汉关》，政协武汉市委员会文史学习委员会编：
《武汉文史资料文库》第 3 辑，武汉：武汉出版社，1999 年，第 389 页。
④ 余心香、金来刚：《旧汉口海关——江汉关》，政协武汉市委员会文史学习委员会编：
《武汉文史资料文库》第 3 辑，武汉：武汉出版社，1999 年，第 390 页。
⑤ 余心香、金来刚：《旧汉口海关——江汉关》，政协武汉市委员会文史学习委员会编：
《武汉文史资料文库》第 3 辑，武汉：武汉出版社，1999 年，第 387~388 页。

图 5-6　江汉关大楼

（资料来源：2019 年 10 月 17 日拍摄于汉口。）

出口税率到内河航运各个方面都占据着获取茶贸利益的主要优势。

　　除了在关税与航运方面占据不合理的优势之外，外商还惯用压价、压秤的不正当交易方式来抢夺茶贸利益。当茶商将样箱送至汉口茶市时，洋商虽一时出高价购买，但等茶商以为价格已定，将茶叶大批运往汉口后，洋商则拖延时日，借机压价，逼迫中国茶商降价，以低价购入茶叶，攫取茶贸利润。"山内各庄，先解样箱。各茶客来汉，未挪汇者，百中无几。任听客投何栈，用汇款者，概归汇栈出样。洋人视茶定盘，通事得盘回来即告客无论高低，就价抱先争卖，是为上策。头春之茶，或到百字，洋人放价买二三十字，随又按下价买二三十字。愈后者价愈跌。然先售得价之客，信息报入山内，各庄以为得价，赶急接办多字，蜂拥而来，争欲抢卖。不料洋人俟大帮茶到埠，发洋行过磅，十字之中，或得四五字不挑剔。其余则要打板割价。最后者，价至跌极，每担一百觔，可亏本银二三十两……过磅全凭洋商报码，客人既不通洋话，权又不能自主。设有人据理以争，洋人又多方为难，说货不对样，又要割价。"①

茶产区的茶叶到达汉口茶市之后，若要出口，则必须要经过洋商。洋商的拖延压价往往能取得效果，华商往往不得不妥协，折价售茶。因为华商一般资本并不充裕，多向茶栈贷款运茶，如果拖延时间过久，华商并不能支撑其时日的消耗。"鄂省武昌府属崇阳、咸宁等县，均为产茶之区，向在蒲圻县属之羊楼洞地方设立茶厘总局，并于各县城镇，另设分局，委员办理。每年收茶厘银约近二十余万两。该处所出红茶专销外洋及东西各口，从前每百斤售银五六十两，商贩园户获利尚厚，今头茶仅售银二十一二两至十八九两不等，二茶售银十三四两，子茶售银八九两甚或跌至六七两。推原其故，盖因洋商稔知山中售价。开盘之初，抑质压称，多方挑剔，不使稍有盈余。否则联络各部，摒绝不买。华商成本不充，难于周转，不得不急于出售。"②

并且由于外商用磅不一，交易时除了压价外，茶箱还要被吃磅，一箱茶往往要被扣4~7斤的重量。"而从事外销红茶的洋行，就得尽其操纵的能事。……如初到应市的新茶，不管怎样各洋行都出高价抢购。大批产品到来，就马上压价。……茶叶经茶栈兜售成交后，应即交货进仓过磅，在一星期内办清。但洋行往往拖延时日，不管拖延好久，该茶不得另行转售他行。还有些洋行，因日子长久，就借口成批茶叶与送来的样品不符，拒绝收货。……茶叶进仓过磅后，每箱在50斤左右，要按净重扣折4~5斤或6~7斤，名为吃磅。"③

外商就以这种压磅、压价的方式在汉口获得低廉的茶叶，然后运销至海外获利，致使中国茶商亏本严重。"去年湖北茶商亏本甚巨。今年四月初八日开盘以后，各路之茶麇集。华商急于求售，西商故迟滞以难之。虽华商之送样者，西商皆留阅，然皆不出善价。故今年商人亏本不下去年。"④洋行作为汉口茶叶出口贸易的最后一个节点，牢牢控制于外商之手，若茶商不将茶叶卖与外商，则茶叶无

---

① 《江西奉新职商闵澄清条陈义宁州茶务六事》，《湖北商务报》第37册，光绪二十六年（1900）四月。

② 《体察鄂省加增茶课实碍难行摺》，见卞宝第：《卞制军奏议》卷五，台中：文听阁图书有限公司，2010年，第860~861页。

③ 《欧阳维德回忆资料未刊稿》，转引自曹兆祥主编：《湖北近代经济贸易史料选辑》第2辑，武汉：湖北省志贸易志编辑室，1984年，第52页。

④ 《农学报》第4期，光绪二十三年（1897）五月。

处可销，因而外商每每得逞。"近年湖北、湖南两省茶商颇多亏损……半由商务压磅、退盘、割价多方刁难。而此项红茶，除洋商外，别无销路，以致甘受抑勒。"①

　　与外商相比，中国茶商无疑处于劣势，但汉口茶市的中国商人依旧在外商的压制下努力在汉口的茶叶贸易中搏得一席之地。以晋商为例，在俄商进入汉口地区垄断砖茶贸易之后，晋商对俄输出砖茶贸易几乎全被俄商抢占，在恰克图经营茶贸的山西茶庄几近于无，但山西商人仍从未放弃过茶贸的经营。19世纪六七十年代，俄商依旧要从晋商手上收购茶叶，虽此时俄商已经进入鄂南地区，但尚未形成垄断局面。晋商面对最初俄商的威胁，仍奋力前进，与俄商进行茶贸斗争，晋商"大力向俄国内地发展业务，他们先后在莫斯科、多木斯克、赤塔、克拉斯诺亚尔斯克、新西伯利亚等城市设立商号，与俄商展开了一场激烈的竞争，一场没有硝烟的茶叶大战拉开了序幕。1869年，晋商向俄国内地进军的第一年，即向俄国输出茶叶11万担，俄商直接贩回的茶叶也是11万担，交手的第一个回合，双方打成平局。到1871年，晋商输俄茶叶即达20万担，较俄商直接从中国贩回的茶叶多1倍。"②虽然随着俄商砖茶厂的成熟和发展，俄国商人在汉口建立了自产自销的完整茶贸体系，在茶叶成本和运输上都比不过俄商的晋商最终在对俄茶贸中完全败下阵来，但山西商人依旧以茶叶内销经营为中心，在汉口的茶贸利益中抢得一杯羹。

　　晚清至民初，汉口山西茶商经营的蒙疆茶贸易规模是相当可观的，在汉经营蒙古交易各庄："每年与蒙古各地交易之茶，总额约八万箱，价额百万两内外。"③除了内销茶之外，在汉的晋商还通过外销茶的中转环节，与外商进行交易来获得利润："（晋商）洋庄有办理两湖茶者，与办理两湖祁门即宁州茶者。今细别之，办理两湖茶者……其每年办理茶额，凡50余万箱。办理祁门宁州茶者……每年交易茶额为15万箱内外。"④

---

①　《张文襄公全集·奏议》卷三十五，台北：文海出版社，1974年，第2557~2559页。

②　陶德臣：《俄国对中国青（米）砖茶业的侵略与掠夺》，《古今农业》2017年第4期。

③　[日]水野幸吉：《汉口：中国中部事情》，武德庆译，武汉：武汉出版社，2014年，第363~364页。

④　[日]水野幸吉：《汉口：中国中部事情》，武德庆译，武汉：武汉出版社，2014年，第363~364页。

从晋商来看，虽然在汉口茶市中，中国商人在茶贸体系、茶贸成本、政经势力等方面都处于下风，外销茶叶全为洋商所垄断，中国商人还要承受洋商种种不平等的交易行为，但中国茶商依旧在这种艰难的社会背景下，运用自身的智慧在汉口茶市中占据着自己的重要地位，成为外商不得不重视的商贸对象。中商与外商无疑是汉口茶市中两个既合作又竞争的商人群体，在汉口的茶贸经营中，外商虽然掌控着茶叶出口，却无法完全控制整个汉口茶市，中商以内销茶和茶输中转与外商进行着茶叶贸易的合作和茶叶利润的竞争。

第四节　新的市场力量
——以汉口茶叶公所为中心

由于在汉口茶市中，中商于茶叶交易上受到外商多种不合理贸易行为的压制，为了维护汉口中国茶商的贸易利益，在汉口势力较大的六帮茶商成立了共同的同业组织——汉口茶叶公所。汉口茶叶公所的建立是中国茶商的一次集结，使中商在汉口茶贸市场中展现了更大的力量，在与外商进行茶贸竞争、完善汉口茶市的交易规则、保证汉口茶贸的稳定以及增强中国茶商在官方的话语权等方面发挥了重要的作用。

一、汉口茶叶公所的建立

近代汉口茶贸的迅速发展，吸引了来自全国各地的商人在汉口经营茶贸，久而久之，以地域为划分，汉口的茶商就形成了一个个商帮，以团结同乡商人，合作盈利。"在一个城市里，固然有外乡侨居的客商建立的会馆公所，也有本地同业商人建立的会馆公所，不过前者比后者更需要建立自己的行帮组织，团结来自同一地区的同乡商人，借以维护本行帮的经营和利益，遇有意外并能互助救济。这种外地商人团体，往往形成为'帮'。"[1]

以山西商人为例，在汉口经营贸易活动的山西商人建有山陕会馆，会馆中云集各行业经营者，他们有一个共同的特点——都来自山西地区。在汉口的山西商

---

① 彭泽益：《中国工商行会史料集》(上册)，北京：中华书局，1995年，第91页。

人包括：太原帮、汾州帮、红茶帮、盒茶帮、卷茶帮、西烟帮、闻喜帮、雅帮、花布帮、西药帮……①其中经营茶叶贸易的红茶帮、盒茶帮、卷茶帮又进一步组成山西茶帮，地方茶帮就是一种以茶叶贸易为中心的同乡之间的连接方式。汉口各地会馆中茶贸的经营者组成各地茶帮，各地茶帮再以茶贸这一同业经营进一步联合。

汉口的茶叶公所就是由在汉口的各地茶帮结合建立的茶业同业组织。"会馆、公所者，为商帮所设立，即为该商帮之机关也。夫所谓帮者，由同业联络而成，举董事数人，立定规则，以执行其商务。……又如汉口茶叶六帮公所，为广东、山西、湖南、湖北、江西、江南六省所立。凡在汉口之茶商，殆合为一帮云。"②"由不同地区来到同一城市经营同种商业的旅居客商也分别结成自己的帮，如汉口茶叶公所由六帮茶商建立。（又称汉口茶叶六帮公所是指广东、山西、湖南、湖北、江西、江南六省在汉口的茶商所成立，合为一帮。）"③茶叶公所以经营茶业为结合点，将汉口茶市内的中国茶商连接起来，这些中国茶商会以团体约束、管理自己，并且遵守行内的规章制度，统一接受行规的约束，也受到行会的保护。

茶叶公所中湖南帮的势力最为雄厚，计有会员 24 家，山西帮、湖北帮、广东帮次之，各有会员 10 家左右。兹列 1932 年统计的汉口市茶叶出口业同业公会之帮别及会员如下：④

　　湖南帮：咸昌福、永昌盛、同新福、宝巨祥、宝大隆、安泰、德厚祥、福星公、协诚、湘裕隆、益川通、德厚长、泰安、孚记、怡茂昌、鑫记、和记、周咸和、宝昌祥、涤记、振华、德日新、义元贞、协生祥。

　　山西帮：义兴、天顺长、天恒川、聚兴顺、大德诚、瑞兴、大涌钰。

　　湖北帮：信隆远、乾丰泰、利森、正大、天祥、祥兴永。

---

　　①　《汉口山陕西会馆志》，见王日根、薛鹏志编纂：《中国会馆志资料集成》第 1 辑第 7 册，厦门：厦门大学出版社，2013 年，第 342 页。

　　②　彭泽益：《中国工商行会史料集》（上册），北京：中华书局，1995 年，第 91~92 页。

　　③　彭泽益：《中国工商行会史料集》（上册）导论，北京：中华书局，1995 年，第 18 页。

　　④　实业部国际贸易局：《武汉之工商业》，1932 年 7 月，转引自曹兆祥主编：《湖北近代经济贸易史料选辑》第 2 辑，武汉：湖北省志贸易志编辑室，1984 年，第 16~17 页。

广东帮：永昌隆、协泰兴、协顺祥、忠信昌、同裕祥。

江西帮：德兴、义安。

汉口茶叶公所的建立无疑是汉口茶市中中国茶商的一次团结合作，茶叶公所使中国茶商具备了相对较大的力量，与外国茶商进行在汉口茶市中的茶贸博弈，同时也对当时汉口茶市一系列不合理的贸易行为起到了一定程度的治理作用。"茶商们也发现有必要建立一个行会，更为重要的是，在与外国人的商业交往中，需要诚实和正直；在与国内茶叶种植者、加工者以及茶叶出售者的交往中，亦应公平；因为后来人们的交易活动日趋堕落，因而生意越来越难做。显然，如果没有这样一个机构，贸易中所积累的弊端便不可能被清除殆尽，而正确的规章亦不可能拟定，也不可能产生必要的改革。此乃茶叶行会为其存在而申述的理由。"①

汉口茶叶公所在汉口茶市中起到了很大的维稳作用。对汉口的中国茶商内部来说，汉口茶叶公所治理了汉口茶市中为人诟病的样箱问题，禁止"私卖样箱，要大帮抵埠出样交易，否则通行议罚"②，来管理当时茶叶市场中混乱的私递样箱及虚假茶叶样箱问题。除了维稳外，茶叶公所还是汉口茶市中华茶商人的行动导向，在接受官方训令与向官方表达华茶商人的要求时，起到了代表作用。1886年，茶叶行会就成功地获准减少5%茶商需要承担的特别防卫税，在以后几年里，它又经过协商，进一步减免了这一税项的15%。③ 1921年，汉口红茶市场衰落，茶叶公所还曾向长岳两关提出红茶改销内地以及减免两年税款的要求："本部前据汉口茶叶公所呈称，汉镇一埠，积存七八两年，洋庄红茶价银跌至五两一担，并无售主。请予以改销内地，一律免税二年。"④对当时汉口茶市的外商来说，茶帮的联结合作在茶贸商业中呈现出了令人不容忽视的力量。19世纪80年代，通

---

① 彭泽益：《中国工商行会史料集》（上册），北京：中华书局，1995年，第19页。

② 《汉口茶商覆禀底》，《申报》1872年8月30日，第105号，第2版。

③ 海关总税务司：《茶，1888年》，见"海关系列专刊"，第11种，1889年，第24、49页，转引自[美]罗威廉：《汉口：一个中国城市的商业和社会（1796—1889）》，江溶、鲁西奇译，北京：中国人民大学出版社，2016年，第161页。

④ 《长岳两关监督兼湖南交涉署关于汉口茶叶公所红茶改销内地并减免税收的函》，1921年7月20日，LS025-002-0532-0037，湖北省档案馆藏。

过拒售茶叶的斗争，茶叶公所在一定限度上整治了汉口茶市中洋商滥用砝码的不良贸易行为。

总而言之，汉口茶叶公所不单是一个商业机关，也是一个以共同的中华文化属性而连接起来的团体组织，其共同目的是保障华商的茶贸利益。这种结合，将汉口茶市中华商的力量联合起来，在对抗外商的不平等贸易行为、维护共同经济利益中起到了很大的积极作用。

二、1883 年拒售茶叶事件

汉口茶叶公所作为中国茶商集体，在历史上展现其凝聚力的一个比较重大的事件，就是 1883 年拒售茶叶事件。1883 年以前，汉口茶叶行会与外国茶商之间就存在着积压已久的关于茶叶衡器与样箱之间的矛盾。茶叶行会抱怨外国茶商总是使用各种各样的不标准衡器，外国茶商则抗议行会提供的样品往往与实物不符。1883 年，行会和外国商人之间的这种长期悬而未决的争端达到了危急关头。茶叶行会为了解决茶叶衡器的问题，向外商提出了一个解决方法："任命一位令人满意的外国人来矫正弊端——他们给此人一份优厚的工资，此人应在所有设计茶叶衡器的争端中作一个仲裁人。"[1]但外国人拒绝接受行会提出的解决办法，他们不愿在过秤时有外人在其办公处所，于是外商召开了一次会议，决定联合起来停止买茶；行会接受了这一挑战，对中国茶商发出了停止销售、不得与外商交易的指令。[2] 汉口的茶叶交易陷入停滞，而政府也推脱参与管理此事，称这是中商与外商之间的事情。但这个"联合抵制"并没有持续太长时间，外国人内部就出现了动摇，俄商偷偷买入茶叶，外国联盟随即迅速瓦解。在这场对抗中，行会成员表现出了极强的联结力，"行会成员还紧紧地团结在一起。据信，有些茶商有点动摇，但是，由于其他人的威胁，他们没有表现出半点畏缩和退却"[3]。由于

---

① [美]玛高温：《前引书》，第 167 页；《十年报告（1882—1891）》，第 169 页。转引自彭泽益：《中国工商行会史料集》（上册），北京：中华书局，1995 年，第 71~72 页。

② [美]玛高温：《前引书》，第 167 页；《十年报告（1882—1891）》，第 169 页。转引自彭泽益：《中国工商行会史料集》（上册），北京：中华书局，1995 年，第 71~72 页。

③ 彭泽益：《中国工商行会史料集》（上册），北京：中华书局，1995 年，第 33 页。

公会组织的强大凝聚力，中国商人在这场对抗中取得了最终胜利，洋商最后不得不作出妥协，同意行会任命仲裁人的主张，度量衡上统一使用"磅"为单位。外国商人因此对茶叶行会颇具畏惧之心，因为他不得不重视起茶叶行会对茶叶贸易的影响和中国茶商在汉口茶市中的地位。

现摘录《汉口茶叶公所六帮茶商议定公砝规章》如下：

> 公启者：兹我六帮同人议定公砝，谨定规章，刊列于左：
> 一文公所兹据各帮茶商声称，红茶交易，随市评货论价，彼此允协成交。惟过磅一道，必须持平，方免争执，等语。前经将公砝一副，分送各洋行。此后交茶，由公所派人，先将公砝校准洋磅，然后秤茶。倘茶箱轻重不均，如连皮不足一磅者，则不算除皮，则虽半磅亦算。磅妥以后，于对账时，额外每二十五箱明除一磅，旧十五箱明除半磅，以补买家。此外，再不能索多与少，扶磅须要持平，不得偏倚，并不得在磅上缩少叫数。务由公所监视核阅用昭平允。为此，仰烦各位通事，于谈盘之时，须先关照各洋行，必须查照，划一办理，至祷。
>
> 光绪十二年四月吉日　茶叶公所谨启①

1883 年拒茶事件的处理，无疑取得了一个很好的结果。"规章理性地将中国传统商业的惯例运用到了中外贸易之中……茶业公所通过强化贸易内部的标准而履行了中国商业组织的正常功能。"②同时这也是汉口茶叶公所集体反对西方人不合理贸易行为的一次组织胜利，是中商对于自身茶贸利益的维护表现。

第五节　外销市场的萎缩与茶贸利权的旁落

19 世纪 80 年代开始，汉口茶市已逐步显现衰颓之势，虽然茶叶出口量和全

---

① 彭泽益：《中国工商行会史料集》（上册），北京：中华书局，1995 年，第 611 页。
② ［美］罗威廉：《汉口：一个中国城市的商业和社会（1796—1889）》，江溶、鲁西奇译，北京：中国人民大学出版社，2016 年，第 168 页。

国占比在 20 世纪 20 年代以前依旧保持了一段时间的较好数据，但其实茶市的繁盛时期已经在逐步过去。英商于 1885 年左右的时候，在汉口茶市的茶叶消费量就呈现明显的下降趋势。晚清日本驻华领事报告对 1885 年之后汉口茶市的衰势进行了多方记载，1899 年汉口贸易年报说："作为汉口贸易大宗的茶叶贸易，尽管开始出现茶叶技术改良的取向，但依然不能扭转多年以来的颓势。"[1]1901 年汉口茶市情况则为："尽管本年气候适宜、茶叶品质好于往年，但出口量却较上年大幅度减少。"[2]英商淡出汉口茶市后，汉口茶市虽依靠对俄出口仍维持了一段时间，但依然无法掩饰其衰颓之势。1917 年俄国十月革命发生后，俄商无暇顾及中国茶叶市场，汉口茶叶市场也因之衰颓下来，茶叶商业组织逐渐减少，与茶贸相关的茶栈、茶行、洋行以及砖茶厂都相继关门，坚持为业者的数量大不如前，茶叶的价格也明显下降。19 世纪 20 年代以后，汉口茶市的繁盛时代已经彻底结束。外商的退出、频繁的战争，使汉口茶叶贸易大幅缩减，与汉口茶叶市场紧密相关的鄂南茶区自然也随之衰退，产地茶庄关闭、茶农减少种植，茶叶种植范围越来越小，茶贸繁盛已成过往之事。

一、印锡红茶对汉口茶市的冲击

汉口茶市衰退的一个主要原因就是华茶占国际市场份额逐步降低。在汉口茶市体系中，处于最高位的是外商洋行，因此汉口茶市的茶贸与国际茶叶市场之间必然有着不可分割的联系。国际茶叶市场中各个国家的购茶风向会对汉口茶市产生触动和影响，汉口茶市的衰退即与华茶在国际茶叶市场份额的滑落紧密相关。19 世纪 60 年代开始，印度、锡兰的茶叶种植取得很大进步，随着印、锡茶叶在国际茶叶市场中份额的提升，华茶占比逐步降低，表现最为明显的就是英国茶叶消费华茶的比例，1865 年的时候，华茶占英国茶叶消费量的 97%，1870 年降到了 90% 以下，1882 年降到 70% 以下，1886 年的时候，英国茶叶消费量中中国茶叶所占的比例已不足 60%。（见表 5-11）

---

[1] 李少军等编译：《晚清日本驻华领事报告编译》（第 1 卷），北京：社会科学文献出版社，2016 年，第 244 页。

[2] 李少军等编译：《晚清日本驻华领事报告编译》（第 1 卷），北京：社会科学文献出版社，2016 年，第 283 页。

表 5-11　1865—1886 年英国茶叶消费量中印度茶和华茶所占的比例

年份	印度茶 占比(%)	华茶 占比(%)	年份	印度茶 占比(%)	华茶 占比(%)
1865	3	97	1876	17	83
1866	4	96	1877	19	81
1867	6	94	1878	23	77
1868	7	93	1879	22	78
1869	10	90	1880	28	72
1870	11	89	1881	30	70
1871	11	89	1882	31	69
1872	13	87	1883	34	66
1873	15	85	1884	37	63
1874	13	87	1885	39	61
1875	16	84	1886	41	59

[资料来源：*China Maritime Customs*，*Tea*，*1888*，p.118. 转引自严中平主编：《中国近代对外贸易史资料(1840—1895)》(第 2 册)，科学出版社，2016 年，第 1194 页。]

华茶在国际市场逐步衰落，他国茶叶却占据越来越多的国际茶叶市场份额，这与华茶自身的弊端也是分不开的。印度与锡兰的茶叶大多为大茶园经营，拥有富足的资本、较为先进的机器以及种茶专家，而中国的茶叶种植则多为小茶园种植。外国人评论华茶与印度茶的种植称，印度茶叶对中国茶叶的优势是"制造商对手工业者的优势"，中国"湖北山边有着两三亩地的小农，是不能希望和它们竞争的"。①

也正是这种小茶园的种植模式，使得华茶在制作方面对比印度与锡兰的茶叶颇受批判。外商认为印度的茶叶由于大范围的集中种植与管理，一般茶叶在收购

---

①　N.C.H.，27 October，1887，p.446. 转引自严中平主编：《中国近代对外贸易史资料(1840—1895)》(第 2 册)，北京：科学出版社，2016 年，第 1209 页。

的当天即可烘烤处理，保存较好的浓度与香气；但中国茶叶却往往需要茶贩下乡收购，从茶农手上零散的收足一批后再进行茶叶的包装与烘焙，并不能在茶叶摘下的当天就进行加工制作，这样就导致了华茶茶叶质量不优。外商认为华茶产品质量下降的原因之一就是茶叶的草率加工，"近年来质量降低的原因，毋宁说一方面是由于加工草率，希望尽早将茶叶送到市场上去；另一方面是由于将生叶制成成品的必要过程上纷歧而不统一"。[1] "茶叶的种植、制造和出售，都是出于本地茶农之手，他们墨守长久相传的、刻板的制茶方法，一点也不知道外国消费者经常变化的嗜好。"[2]

事实上，也的确是因为华茶制法上的粗劣导致了中国茶叶品味的渐次降低，国际茶叶市场对华茶的需求也因之减少，中国茶叶才逐步衰落。"观中国制茶方法，尚属幼稚，只能依赖风调雨顺，方可产出好茶叶，故降雨及其他天气情况稍有变化，即须完全中止制茶之业，可见其消长全然与气候之顺逆相随。由此，每年茶叶品质不能划一。"[3]与中国这种"看天制茶"的模式正相反，印度、锡兰的制茶业采用更先进的技术，在培植与制作方法上都胜于华茶，自然获得了外商的偏爱。

除了华茶的种植与制作的弊端之外，即使外国人在中国境内进行茶叶贸易所需缴纳的税款已经远远低于华商，但相比印茶甚至日本的茶叶来说税费仍显较高。"其他处（印度和日本）茶叶较低廉者又两说：一则各茶抵口，各口之进口税皆一样无殊，惟出口时印度茶则无出口税，而日本茶之出口税不过中国茶出口税四分之一耳。"[4]"而中国人所负担的子口税和出口税独重，全部税款在生叶价值的50%以上，那么中国人迟早势必在与各国竞争的比赛中失败，在其他国家中，这宗贸易或则完全免税，例如在印度或日本，只微征一笔名义上的税款。"[5]他国

---

① *Commercial Reports*, 1875-76, Shanghai, pp. 27-9. 转引自严中平主编：《中国近代对外贸易史资料（1840—1895）》（第2册），北京：科学出版社，2016年，第1208页。

② *Trade Reports*, 1880, pp. 45-46. 转引自严中平主编：《中国近代对外贸易史资料（1840—1895）》（第2册），北京：科学出版社，2016年，第1208页。

③ 李少军等编译：《晚清日本驻华领事报告编译》（第3卷），北京：社会科学文献出版社，2016年，第625页。

④ 《访察茶叶情形文件》，第4～5页，转引自吴松弟整理：《美国哈佛大学图书馆藏未刊中国旧海关史料（1860—1949）》，桂林：广西师范大学出版社，2016年，第522～523页。

⑤ *Trade Reports*, 1880, pp. 45-46. 转引自严中平主编：《中国近代对外贸易史资料（1840—1895）》（第2册），北京：科学出版社，2016年，第1208页。

茶叶更低的税费、更便捷的市场路线，都在国际茶叶贸易中显示出了极大的竞争力，从而导致了华茶在国际市场上的衰退。"印度、锡兰从事茶叶者享有免除赋税之利，且土地肥沃，一英亩所产茶叶远远多于中国所产，其与市场距离亦较中国缩短几分，故有不少便利，能够压倒中国茶叶。"①

华茶的劣势使其在国际茶叶贸易市场中的景象大不如前，与国际茶叶市场紧密相关的汉口茶市，自然也因此受到影响。据晚清日本驻华领事报告 1902 年汉口的贸易年报来看，从 1902 年起，汉口港甚至也开始直接进口锡兰的粉茶，并且成为制作砖茶的原料之一，② 华茶之质衰可以窥见。

与华茶在国际市场的局势相比，印度、锡兰的茶势却越来越好。19 世纪 60 年代，印度茶叶开始大幅发展，茶叶出口量逐步上升。"1840 年成立了阿萨姆公司之后，印度茶树种植的进展很快，而消费量在过去十五年中已发展到惊人程度，从下列数字便可看出：1861 年，印度茶叶达 1500000 磅；3 年之后（1864），关税降低为每磅 1 先令，印度的供应达 2500000 磅……关税在 1866 年已降至每磅 6 便士，1867 年的消费加了 1 倍，达 6000000 磅，可是相对的比重增加得更多，达 6%。1870 年，增长到 13500000 磅，比例为 10%。在过去 6 年中增长得更大，每年增加的全部数量，大约为 3000000 磅，百分数增加得更快。"相对印度茶，华茶对英销量却处于停步不前的局势，"到去年为止，英国茶叶销量的增加是由中国和印度分担的，而从去年起，中国茶叶的销量开始停滞不进，全部增加的数字为印度所独有。这个事实是中国茶叶衰落的征兆。"③

由表 5-12 可见，1871 年出口到英国的华茶约占 91%，而 10 年以后便降到 75% 左右。事实上在这 10 年增加的 38357000 磅中，就没有包含华茶。④

<hr />

① 李少军等编译：《晚清日本驻华领事报告编译》（第 3 卷），北京：社会科学文献出版社，2016 年，第 625 页。

② 李少军等编译：《晚清日本驻华领事报告编译》（第 3 卷），北京：社会科学文献出版社，2016 年，第 422 页。

③ *Commercial Reports*, *1875-76*, Shanghai, p. 27. 转引自严中平主编：《中国近代对外贸易史资料（1840—1895）》（第 2 册），北京：科学出版社，2016 年，第 1190 页。

④ *Trade Reports*, *1881*, Fuzhou, p. 75. 转引自严中平主编：《中国近代对外贸易史资料（1840—1895）》（第 2 册），北京：科学出版社，2016 年，第 1192 页。

表 5-12　1866 年、1871 年、1876 年、1881 年运到英国的茶叶数量国别表

（单位：磅）

国别	年　份			
	1866	1871	1876	1881
印度	4371000	13700000	26733820	48862000
日本	1257000	535000	426880	1315000
中国	126872000	150295000	152168977	152559000
总计	132500000	164530000	179329677	202736000

[资料来源：*Trade Reports*，1881，Fuzhou，p. 75. 转引自严中平主编：《中国近代对外贸易史资料（1840—1895）》（第 2 册），科学出版社，2016 年，第 1192 页。]

随着出口量的增加，印度茶在英国市场上逐步获得了比华茶更高的人气，其茶叶价格也在华茶之上："印度茶在伦敦市场上永远博得最高的价格，例如 1875 年，保税的印度茶的平均价格每磅 1 先令 11 便士，而中国茶则为 1 先令 3 便士。"①与印度茶相比，华茶在英国市场反而越来越受到冷落，"现在华茶在国内（英国）只是作为一种充数之物，若茶商能够买到印度茶或锡兰茶，他们就不会要华茶。许多伦敦茶商承认他们现在已不经售华茶，伦敦杂货店已买不到华茶。倘若买主指名要买华茶，他们就会把他们自称为华茶的茶叶卖给他，实际上根本不是华茶。"②英国对华茶的消费热情已经明显降低。

在印度茶迅速发展的同时，锡兰的茶叶出口量也日益增加，对华茶在英国市场造成了越来越大的竞争压力。"办茶自锡兰出口之第一年，系从西历一千八百七十七年为始，是年中有一千八百磅出口，嗣后年有加增。至上年出口十三兆磅，今年约二十四兆磅，到一千八百九十年有人悉揣总数可望四十五兆磅。如果锡兰茶每年产如此之多，而印度茶产数仍然不减，则华茶在英国市面不能不退，恐无人过问矣。"③

---

①　*Commercial Reports*，1876，Guangzhou，pp. 6-7. 转引自严中平主编：《中国近代对外贸易史资料（1840—1895）》（第 2 册），北京：科学出版社，2016 年，第 1187 页。

②　N. C. H.，12 May，1893，p. 673. 转引自严中平主编：《中国近代对外贸易史资料（1840—1895）》（第 2 册），北京：科学出版社，2016 年，第 1193 页。

③　《江海关税务司好博逊申总税务司附件：英商且斯详议锡兰茶何以比华茶进益节略》，光绪十四年（1888）四月二十八日，转引自吴松弟整理：《美国哈佛大学图书馆藏未刊中国旧海关史料（1860—1949）》（第 208 册），桂林：广西师范大学出版社，2016 年，第 574 页。

从 1880—1881 年与 1886—1887 年伦敦茶叶交付数据来看，1880—1887 年间，华茶在英国伦敦的交付量下降了 2380 万斤。与此同时，锡兰茶叶交付量却上升了774 万多斤。（见表 5-13）

表 5-13　1880 年 6 月 1 日至 1881 年 5 月 31 日以及 1886 年 6 月 1 日至 1887 年 5 月 31 日，各有 12 个月，其间伦敦各种茶叶交付量之增减表

（单位：斤）

品目	年　　份		增 减 情 况	
	1880—1881	1886—1887	减	增
中国茶叶	158036000	134236000	23800000	000
日本茶叶	149000	65000	84000	000
印度茶叶	48275000	75435000	000	27150000
锡兰茶叶	000	7744000	000	7744000
爪哇茶叶	1779000	3671000	000	1892000

[资料来源：《中国茶叶贸易衰落问题调查委员会之意见书》，驻上海领事馆报告，转引自李少军等编译：《晚清日本驻华领事报告编译》（第 3 卷），社会科学文献出版社，2016 年，第624 页。]①

从表 5-13 可以明显看出，与华茶相比，印度茶叶和锡兰茶叶在伦敦市场的消费额都有了大幅提升，而华茶却逐步下降。国际茶叶市场的这种变化很快影响到了汉口茶市中英商的茶叶消费，"1890 年以后，英国以全力推销其殖民地印锡之茶叶，在汉办茶数量锐减，俄商之势力乃趁机膨胀，而操全汉茶叶贸易之权威"。②正是由于印度、锡兰对国际茶叶市场结构的影响，导致了汉口茶市中外商势力的变化。英商的淡出，是汉口茶市初步衰退的一个先期表现。

二、战争影响与俄商退出汉口茶市

前文提及汉口茶市的衰退，起始于印度与锡兰茶叶抢占了华茶国际市场的份

---

①　译者注：本表个别数据疑有误，原文如此。

②　见《中国茶叶》，由省烟麻茶公司转录，转引自曹兆祥主编：《湖北近代经济贸易史料选辑》第 2 辑，武汉：湖北省志贸易志编辑室，1984 年，第 42 页。

额，英商逐步退出；华茶在国际茶叶贸易中的衰落，又进而影响到汉口茶市。英商的退出虽是汉口茶市开始衰退的征兆，却不是导致汉口茶市彻底衰落的原因。直接导致汉口茶市衰退的原因，是国内外战争的影响与汉口茶市近代最大买家俄商的退出。汉口茶叶外销市场的停滞，是汉口茶市真正走入下坡路的开端。

19世纪80年代开始，英商在汉口的茶叶消费量即有了明显的下降，消费茶叶数量与运茶货轮数都大不如前。1917年第一次世界大战爆发后，英国更是规定只能从其所属殖民地进茶，不进他茶，虽然这一规定后来被取消，但英商在汉口的茶叶消费依旧没有提升的迹象。

汉口茶市在19世纪80年代随着英商办茶数量减少后，一直为俄国商人所把持。汉口茶埠的茶叶，"以红茶为重，其主产地为湖南、湖北、江西、安徽四省。……其中大类大别为红茶、绿茶、粉茶、砖茶四种。行销最广者为俄国。"①但俄国十月革命后，俄商受其国内战争的影响，也逐步退出了汉口茶市，在汉口的茶厂也依次关闭。1916年俄国砖茶厂中的顺丰、阜昌砖茶厂相继关门，而后新泰也为英国太平洋行接手，转为了太平洋砖茶厂，汉口输俄茶叶贸易转衰。此后虽然俄国国内局势缓和，在汉口设立了苏联协助会购茶，但茶叶的消费量已大不如前，又"继以中东路事件，中俄绝交，汉口茶市，乃顿衰落"。②

俄商退出汉口茶叶市场后，汉口茶市的对外出口几乎跌至谷底。加上后来中国内战，"1926年间其影响波及汉口，结果少数外人之茶叶公司，乃不得不退回上海"③。1937年抗日战争爆发，日军侵入武汉后，设立制茶株式会社在汉口收购茶叶，控制产区，汉口茶市陷入停滞。抗战胜利后，汉口"只有茶行四五家"④，茶贸再不复从前。抗战胜利后，国内又迅速开始了解放战争，连绵的战

---

① 扬铎：《武汉建国前经济略谈》，见政协武汉市委员会文史学习委员会编：《武汉文史资料文库》第3辑，武汉：武汉出版社，1999年，第25页.

② 见《中国茶叶》，由省烟麻茶公司转录，转引自曹兆祥主编：《湖北近代经济贸易史料选辑》第2辑，武汉：湖北省志贸易志编辑室，1984年，第42页。

③ ［美］威廉·乌克斯：《茶叶全书》（下），侬佳等译，北京：东方出版社，2011年，第55页。

④ 程静安：《旧武汉茶叶的回忆》，1964年，转引自曹兆祥主编：《湖北近代经济贸易史料选辑》第2辑，武汉：湖北省志贸易志编辑室，1984年，第19页。

火使茶叶产区大幅缩减，百姓生存尚难保障，更何况商业贸易。汉口茶市从 19
世纪 20 年代开始的颓势也在这时走到最底端。新中国成立后，近代汉口茶叶贸
易结构彻底解散，汉口茶市也不复存在。

三、汉口茶市衰退的显现

汉口茶市的衰退可以明显地从茶叶出口量及茶叶价格的降落之中表现出来。
19 世纪 80 年代，由于印度和锡兰的茶叶抢占了华茶的国际茶叶市场，汉口茶叶
市场作为以对外出口为主的茶市，自然受到国际茶叶市场走向的影响。英商在汉
口的茶叶消费力逐步下降，汉口出口英国的茶叶数量、英商在汉口的运茶货轮，
在 1885 年之后都有了明显的减少。

表 5-14　1887 年汉口茶市开往伦敦与敖德萨之轮船数及其载茶量
与上年同期比较表 (截至 5 月 31 日)

目的地	年度	轮船数	茶叶运载量(磅)
伦敦	1887	2	7261943
伦敦	1886	8	25875576
敖德萨	1887	1	2053779
敖德萨	1886	1	2104000

[资料来源：《1887 年 5 月 31 日汉口茶市统计报告》，转引自李少军等编译：《晚清日本
驻华领事报告编译》(第 3 卷)，社会科学文献出版社，2016 年，第 450 页。]

从表 5-14 至表 5-16 可以看出，1887 年汉口茶市在 5 月开市后，开市的当月
月末，英商在汉口的茶叶运载轮船从 1886 年的 8 艘降为了 2 艘，茶叶运载量从
25875576 磅降为了 7261943 磅。到了 6 月，轮船数仍是只有个位数值，茶叶运载
量较 1886 年降低了 1000 多万磅。9 月汉口当年茶市结束后，1887 年由汉口开往
伦敦的轮船较 1886 年减少了约 1/3，茶叶运载量更是比 1886 年下降了一半左右。
汉口茶市出口英国的茶叶量已呈明显下降趋势。

表 5-15　1887 年汉口茶市开往伦敦及敖德萨轮船数及其载茶量
与上年同期比较表（截至 6 月 21 日）

目的地	年度	轮船数	茶叶运载量（磅）
伦敦	1887	6	19440172
伦敦	1886	11	34487584
敖德萨	1887	4	8685749
敖德萨	1886	4	9435360

［资料来源：《1887 年 6 月 21 日汉口茶市统计报告》，转引自李少军等编译：《晚清日本驻华领事报告编译》（第 3 卷），社会科学文献出版社，2016 年，第 463 页。］

表 5-16　1887 年汉口茶市开往伦敦及敖德萨轮船数及其载茶量与上年比较表

目的地	年度	轮船数	茶叶运载量（磅）
伦敦	1887	9	22732221
伦敦	1886	14	40528806
敖德萨	1887	5	11148486
敖德萨	1886	4	9435360

［资料来源：李少军等编译：《晚清日本驻华领事报告编译》（第 3 卷），社会科学文献出版社，2016 年，第 477 页。］

除了对英出口下降以外，1885 年之后，汉口茶叶输出量也逐年递减。1884 年的茶季，汉口茶市在 5 月份开市的月末，输出量统计为 20916020 磅，1887 年这一数值降为了 5217395 磅。从 6 月份的海关统计来看，汉口茶市 1887 年的茶叶输出比之 1884 年同期下降了约 1500 万磅。（见表 5-17、表 5-18）

表 5-17　根据海关报告，截至 1887 年 5 月 31 日前天，汉口茶叶输出量与以往三年同期对照表

茶季	输出量（磅）	转口量（磅）
1887 年茶季	5217395	5960299
1886 年茶季	16581000	12943000
1885 年茶季	16872980	8016440
1884 年茶季	20916020	10211356

［资料来源：《1887 年 5 月 31 日汉口茶市统计报告》，转引自李少军等编译：《晚清日本驻华领事报告编译》（第 3 卷），社会科学文献出版社，2016 年，第 459 页。］

表 5-18　根据海关报告，截至 1887 年 6 月 18 日，汉口茶叶输出量与以往三年同期对照表

茶季	输出量（磅）	转口量（磅）
1887 年茶季	20617000	18246000
1886 年茶季	31063000	77673000
1885 年茶季	34373604	17371566
1884 年茶季	36240012	17061635

[资料来源：《1887 年 6 月 21 日汉口茶市统计报告》，转引自李少军等编译：《晚清日本驻华领事报告编译》（第 3 卷），社会科学文献出版社，2016 年，第 463 页。]

　　虽然英商在汉口的消费力减弱后，汉口茶市转为依靠俄国出口为主，茶叶出口量仍显不错，看似茶贸情况尚好，但从细节数据对比来看，实际已大不如往年。并且单方面依赖对俄出口，茶市稳定必然无法保障。这也是自俄国国内战争发生后，俄商无暇顾及茶叶贸易，汉口茶市随之迅速衰落下来的主要原因。

　　除了出口量，19 世纪 80 年代开始，汉口茶市的衰颓还体现在茶叶价格的下降上。（见表 5-19、表 5-20）

表 5-19　1871—1885 年每年汉口输出红茶数量及价额

年度	输出红茶数量 （斤）	红茶价额 （两白银）	每百斤红茶平均 价格（两白银）
1871	47149496	10717621	22.731
1872	45893323	11769762	25.645
1873	46440663	12021078	25.884
1874	47095637	13685382	29.058
1875	48690801	12008903	24.663
1876	55167346	13307915	24.013
1877	50289580	10041787	19.967
1878	45570419	9488110	20.820
1879	54121298	13252860	24.487
1880	61622833	12739178	20.672
1881	60194190	9565410	15.890

续表

年度	输出红茶数量 （斤）	红茶价额 （两白银）	每百斤红茶平均 价格（两白银）
1882	60457854	9863040	16.313
1883	61290779	11409158	18.614
1884	63233801	9497846	15.020
1885	62294395	10670916	17.129

［资料来源：李少军等编译：《晚清日本驻华领事报告编译》（第3卷），社会科学文献出版社，2016年，第377~378页。］

表 5-20 1871—1885 年每年汉口输出砖茶数量及价额

年度	输出砖茶数量 （斤）	砖茶价额 （两白银）	每百斤砖茶平均 价格（两白银）
1871	7535601	492537	6.536
1872	9131539	586779	6.425
1873	9453857	598434	6.330
1874	6088898	487112	8.000
1875	11046819	714214	6.465
1876	9633357	584197	6.064
1877	9036558	572059	6.330
1878	11764144	689902	5.864
1879	17040706	823065	4.830
1880	14827570	1110111	7.486
1881	19154158	150840	7.875
1882	19283893	981470	5.085
1883	16239258	826314	5.088
1884	16229279	828746	5.106
1885	18199096	727796	—

［资料来源：李少军等编译：《晚清日本驻华领事报告编译》（第3卷），社会科学文献出版社，2016年，第378~379页。］

从表 5-19 和表 5-20 可以看出，1880 年开始，汉口茶市的红茶均价有了明显的大额下降，在 1880 年以前，每百斤红茶的均价都在 20 两白银以上，1880 年以后，每百斤红茶的均价降到了 20 两白银以下，有些年份每百斤红茶均价的差额甚至在 10 两白银以上，汉口茶贸的利润已经大不如以往。

与汉口出口茶叶均价下降相对应，在汉口转销的各产茶地的茶叶价格自然也低于往年。从 1885—1887 年汉口茶市商情价格表 (表 5-21) 来看，每一茶区的茶叶价格区间在这三年间都有所降低。

表 5-21　1885—1887 年 5 月汉口茶市商情及价格 (每担之价)

茶叶产地		1887 年	1886 年	1885 年
江西省	义宁州	18 两至 47 两	26 两 50 至 51 两 50	24 两至 48 两
湖北省	崇阳县	20 两 25 至 25 两	23 两至 25 两	22 两 50 至 30 两
湖北省	羊楼峒	18 两至 23 两	22 两 25 至 26 两	20 两至 24 两
湖南省	长寿街	20 两至 24 两	20 两 50 至 32 两	20 两 75 至 32 两
湖南省	聂家市	15 两 10 至 16 两 75	19 两 50 至 19 两 60	17 两 25 至 18 两 25
湖北省	通山县	20 两 50 至 21 两 75	23 两至 30 两	19 两 25 至 24 两 50
湖南省	醴陵县	12 两 10 至 13 两 50	14 两 50 至 15 两 25	—
湖南省	安化县	20 两 25 至 26 两	—	—
湖南省	湘潭县	10 两 80 至 12 两 25	13 两 50 至 16 两 50	14 两 50 至 15 两 60

[资料来源：李少军等编译：《晚清日本驻华领事报告编译》(第 3 卷)，社会科学文献出版社，2016 年，第 452 页。]

这种价格的波动当然是由于国际茶叶市场变动的影响，汉口茶市的茶贸对外出口占据很大比例，茶市内价格的波动与国际茶叶市场中华茶的贸易趋势相连接。19 世纪 80 年代，印度与锡兰的茶叶已经抢占了越来越多的国际市场，在印、锡两国茶叶竞争的冲击下，汉口茶市的出口量以及茶叶价格都呈现了下坡的走向，茶市的茶贸繁盛时期在逐步过去。

及至 1917 年第一次世界大战和俄国十月革命发生后，随着俄商的逐步退出，汉口茶市的茶叶流转数量较之以往更是微少。1901—1910 年间，汉口茶叶年均流转数量在 999178 担；1911—1920 年，汉口茶叶年均流转数量降为 769907 担；到了 1921—1927 年，这一数值更是降到了 362568 担。① 1922 年后，由于俄商在汉口恢复进茶，汉口茶市似乎有复兴的景象，但 1929 年中东路事件发生后，中苏断交，茶市又顿时衰落。此后抗日战争发生，1938 年日军占领武汉后，设立了制茶株式会社，垄断汉口茶叶生产和销售，汉口茶市自由贸易遂绝。②

在茶叶出口量的减少和茶叶价格的降低之外，汉口茶叶商贸经营也大不如前。汉口茶市繁盛的时候，外商纷纷设立洋行经营茶叶贸易，茶市中茶行、茶栈云集，每逢开市，样箱来汉后，洋商都竞价购茶，十分热闹。当时的俄国新泰、阜昌、顺丰、天裕洋行，英国的协和、怡和洋行等都是经营茶叶的大洋行。1884 年汉口茶市开市后，英国履泰洋行即一次买入茶箱 3000 多箱。然而 1885 年之后，在汉口购茶的英商洋行即有部分不再购茶。19 世纪 20 年代之后，汉口茶叶消费量最大的俄属洋行以及砖茶厂也相继关闭。

茶叶商业组织的兴衰与汉口茶市茶贸的兴衰一脉相接。盛时汉口“介绍出口之茶栈，计有百余家。规模较大者，可四十余家”。③ 茶贸衰退后，利润不济，汉口的茶叶商业组织也逐步减少。“昔年汉口茶务大兴。各茶栈颇擅其利。近年以来遽遭亏本。有江河日下之势。因此各栈多有闭歇者。”④第一次世界大战发生后，汉口茶市更是“连续七八年。红茶外销，洋行停购，茶栈逐渐收歇。茶行情况有些变动，有的停业，有的缩小营业范围，但茶行员工人为了谋生，三五人临时凑合而成的‘撮摸’行，先后组成数家，维持茶叶市场”⑤。

茶贸经营的衰退下，为汉口茶市提供茶叶来源的各大茶叶产地的茶商情况亦不乐观。即使是在茶叶生产较好的年份，茶商经营仍步履维艰。1884 年晚清日本驻华领事报告中，关于中国茶市情况谈道：“本年长江沿岸茶叶产量，未闻气候不佳，受到霜雪等妨碍，当属平稳。然据说各地茶商因去年失败，加之银根紧

① 章有义：《中国近代农业史资料》(第 2 辑)，北京：生活·读书·新知三联书店，1957 年，第 238 页。

② 刘晓航：《大汉口：东方茶叶港》，武汉：武汉大学出版社，2015 年，第 181 页。

③ 实业部国际贸易局：《武汉之工商业》，1932 年 7 月，转引自曹兆祥主编：《湖北近代经济贸易史料选辑》第 2 辑，武汉：湖北省志贸易志编辑室，1984 年，第 16 页。

④ 《茶栈亏耗》，《申报》1897 年 11 月 14 日，第 8830 号，第 1 版。

⑤ 程静安：《旧武汉茶叶的回忆》，1964 年，转引自曹兆祥主编：《湖北近代经济贸易史料选辑》第 2 辑，武汉：湖北省志贸易志编辑室，1984 年，第 19 页。

缩，湖南、湖北、江西、安徽四省大茶商共计 368 家中，有 103 家停业，本年现存者不过 265 家而已。湖南、湖北两省停业之家很少，但各商资本年年耗减，本年达到极点。即令上市茶叶不少于去年，有各商家印记者也不会多。"①汉口茶市开始衰退后，与之紧密相关的产地茶商，由于茶贸利润无法获得保证，停业与转业者越来越多。

茶叶经营本就与茶叶市场在一个贸易体系中，茶叶商贸经营的减少、外商洋行的逐步退出、茶栈的收歇、各产地茶商的减少，都说明了与汉口茶市相关的茶贸经营者在汉口茶市中的获利情况越来越不乐观。当汉口茶市中茶贸的商业经营组织以及茶贸参与者的数量缩减的时候，汉口茶市的贸易范围实际上也在缩小，所以在汉口茶市的低谷时期，本来从九江、宜昌转入汉口销售的茶叶逐步转向了上海、天津出口。汉口茶市的衰退促使其内部茶贸经营者逐步退出，而茶市中经营者的逐步退出，也使汉口茶市的景况愈发消沉。

汉口外销茶叶市场逐步停滞后，茶商开始转而关注内销茶叶市场。前文曾提及，汉口茶叶销售除外销外还有边销及内销茶。由于中国商人并不具备外商在资本和航运上的强大实力，在外销茶叶市场势头不好的情况下，茶商自然转而寻求其他的销售之路。例如 1921 年，汉口六大帮所组成的茶叶公所就曾向长岳两关提出红茶改销内地以及减免两年税款的要求："本部前据汉口茶叶公所呈称，汉镇一埠，积存七八两年，洋庄红茶价银跌至五两一担，并无售主。请予以改销内地，一律免税二年。"②可见在外销逐步停滞的状况下，汉口茶商已将目光放向了内地市场。1906 年，广东客商唐寿勋即在汉口创办了兴商砖茶厂，主要生产红砖茶，兴商茶砖质量优良，所产砖茶销往青海、内蒙古、新疆等地。

与汉口茶市相同，鄂南茶区的茶商也开始调整茶叶销售的重心。20 世纪初期，在汉口茶市红茶外销市场陷入疲态之势，羊楼洞的山西商人则因将青砖茶运往西北边疆而依旧可以维持较好收益的局面。"故民初以后之数年间，为羊楼洞老茶贸易之鼎盛时期，当时该镇茶庄全为山西帮所经营，资本雄厚，每茶庄之资

①　李少军等编译：《晚清日本驻华领事报告编译》（第 3 卷），北京：社会科学文献出版社，2016 年，第 290 页。

②　《长岳两关监督兼湖南交涉署关于汉口茶叶公所红茶改销内地并减免税收的函》，1921 年 7 月 20 日，LS025-002-0532-0037，湖北省档案馆藏。

本，常有数十万至百余万元者。"①

外商的退出看似给中国商人提供了一部分商机，但中商由于客观条件的限制，只能将目光放在内销或边销茶之上。早在汉口开埠之时，茶叶内销已经不是汉口茶市的主要消费导向，虽然内销茶在汉口茶市中占有一定规模，但比起外销相差甚远，故而茶商转而寻求内销茶路，反而从另一个侧面展现出近代汉口茶市及其茶区腹地的衰颓。

四、鄂南茶区茶庄的减少、茶产的降低

鄂南茶区的茶叶本就与汉口茶市之间存在着密切的互动连接关系，汉口茶叶市场的兴衰必然会影响到鄂南茶区茶庄的经营状况以及茶农的生计。汉口茶市呈现颓势之后，与其紧密相关的各产茶区也逐步衰退。其中最明显的就是与汉口茶市密切相关的鄂南茶区。据农商部统计，民国四年(1915)的时候，湖北省尚有茶园 621775 亩，产茶额 41769835 担，② 后受国内军阀战争以及抗日战争的影响，茶园衰退，"鄂省茶产已减至战前的十分之一"，③ 茶叶产额大幅降低。即便是鄂南有过"小汉口"之称的羊楼洞茶区，也沦落至"几无茶市可言"④的地步，著名的宜红茶，也由"两万担左右，降至今日，只出产一二千石"。⑤

汉口茶市的衰退导致了茶叶在汉口外销的逐步停滞，茶叶销路被断，产茶区茶农的茶叶种植状况自然也转向消沉。"自外销茶叶停滞，鄂西五峰一带茶农，僻处深山，交通不便……深山遥远之区，有将茶树砍伐为薪之现象。"⑥外帮商人不再如以往一样进山采办茶叶，本地商人经营范围又有限，资本也不足以承接大量茶叶的收购，茶农的茶叶无处销售，只能任由茶园荒废或者改种他物，以谋生计。

---

① 金陵大学农学院农业经济系调查编纂：《湖北羊楼洞老青茶至生产制造及运销》，南京：金陵大学农业经济系，1936 年，第 25 页。

② 《今世中国贸易通志》，1924 年 4 月，转引自曹兆祥主编：《湖北近代经济贸易史料选辑》第 2 辑，武汉：湖北省志贸易志编辑室，1984 年，第 7 页。

③ 《国内茶区概况》，见《中国经济年鉴》，1937 年，转引自曹兆祥主编：《湖北近代经济贸易史料选辑》第 2 辑，武汉：湖北省志贸易志编辑室，1984 年，第 11 页。

④ 《鄂西茶业》，《实业部月刊》1937 年第 2 卷第 6 期。

⑤ 《鄂西茶业》，《实业部月刊》1937 年第 2 卷第 6 期。

⑥ 《国内茶区概况》，见《中国经济年鉴》，1937 年，转引自曹兆祥主编：《湖北近代经济贸易史料选辑》第 2 辑，武汉：湖北省志贸易志编辑室，1984 年，第 11 页。

除了茶叶产额的下降以及茶农的种植积极性降低之外，汉口茶商在各山的收茶庄号也逐渐减少。民国六年(1917)的时候，汉口茶商在通山有 20 多家茶号，民国八年(1919)汉口茶商在通山的茶号只有 6 家尚存，而汉口茶商在蒲圻的茶号则更是由 30 家降为了 7 家。茶市衰落十分明显。

汉口茶商在各山号数(资本最多白银二万两，其次一万暨数千两)：①

> 湖北本省
>
> 宜都、鹤峰：六年分 10 余家，八年分 7 家。
>
> 通山：六年分 20 余家，八年分 6 家。
>
> 阳芳岭：六年分 12 家，八年分 1 家。
>
> 崇阳：六年分 20 余家，八年分 4 家。
>
> 蒲圻：六年分 30 家，八年分 7 家。
>
> 咸宁：六年分 10 家，八年分 1 家。

19 世纪 20 年代之后，鄂南茶区与汉口茶市一样，由于第一次世界大战以及俄国十月革命的影响，茶叶最大消费商俄商的逐步退出，加之国内军阀战争、抗日战争、解放战争接连不断，"湖北鄂西南茶区战前有茶园 40 余万亩，1949 年保全的茶园面积仅 10%~20%。……战前产量 70 万~80 万担，1949 年产量仅及以前的 10%。"②

至此，鄂南茶区盛极而衰，汉口茶市在经历了喧腾的繁华之后也逐渐沉寂下来。羊楼洞等之前一些比较著名的茶产地在新中国成立后也未曾复兴之前的茶业辉煌。鄂南茶叶产区曾在近代汉口茶市形成之前就有丰富的种茶历史，近代之时由于特殊的茶叶贸易结构，鄂南茶区与汉口茶市之间形成了茶叶产区与茶市之间的联结关系，在以外销为主的茶叶交易网络中，汉口茶市的停滞必然会导致鄂南茶叶产区的衰落，鄂南茶产区产量的衰减即是汉口茶市的衰退情况在其茶叶来源地的表现。

---

① 胡焕宗：《楚产一隅录》，1920 年，转引自曹兆祥主编：《湖北近代经济贸易史料选辑》第 2 辑，武汉：湖北省志贸易志编辑室，1984 年，第 15 页。

② 陈椽：《一年以来的中国茶叶》，《中国茶讯》1950 年第 1 卷。

第六章 结 语

法国学者费尔南·布罗代尔曾描述地理环境说："这是一种缓慢流逝、缓慢演变、经常出现反复和不断重复开始的周期性历史"，他声称"我不愿意忽视这种几乎置身于时间之外的，与无生命物打交道的历史，也不愿意仅仅满足于为这种历史纂写地理性质的导言"，并且认为这种对地理环境的研究"与其说是研究地理，不如说是研究历史"，研究地理环境是历史研究不可或缺的组成部分，它是属于"长时段"的历史。① 因此，要想探究羊楼洞、新店等在区域经济发展中的重要作用，首先要对其所处的地理环境进行考察，因为这一恒在因素始终促进或阻碍着当地经济的发展变迁。

其次当然是历史的因素，因为我们所研究的昨天，是来自前天或更为久远的时候。羊楼洞早期的植茶，使得晋商认为其可以发展为产茶来源地，更导致寻找红茶产地的英商代理进入。新店早至宋代货运码头的存在，无疑是它在晚清发展成为茶叶过载商埠的原因。而汉口早期四大名镇的地位，也促成了它在晚清成为内陆茶叶集散的中心。这说的还仅仅是经济方面的大概，如果从社会方面考查，历史因素的影响则无疑更为深远。

除此以外，与茶叶有关的商业运作方式是较地理环境和历史因素都更为重要的区域社会发展影响因素。例如，羊楼洞作为收购和制作中心，外来茶商如山西商人需要当地茶行执照、行屋才能落地开庄收购，而茶庄经营过程中因与茶农、茶贩就质量、价格等每每发生争执，需要当地有脸面的地商出面调解及提供各种服务，于是形成外来商人与当地土商密切合作经营的商业运作方式，而当地土商

---

① ［法］费尔南·布罗代尔：《菲利普二世时代的地中海与地中海世界》(第 1 卷)，唐家龙、曾培耿等译，北京：商务印书馆，1996 年，第 8~9 页。

亦因而形成以雷、饶、游、黄、刘等诸姓宗族为主的家族经营模式，所以本书亦以家族为主要对象，大量使用宗谱资料来研究羊楼洞地方土商。而新店作为茶叶转运码头，其兴起行业除转运商外，多数是为茶商和茶业服务的行业，且业者因行业不同而往往成帮来自外地，因此本书除利用少量家谱以勾勒转运商家之外，较多使用方志、档案、回忆录等地方文献和民间文献，研究对象亦以当地行帮、商会、商团及地方水运行业的兴衰为主。对于作为茶市的汉口，由于涉及英俄等国际商人和商业，政府政策亦起较为直接的影响，所以本书较多使用领事报告、商业报告、统计报告、当时报刊等资料，更多从宏观层面描绘羊楼洞、新店和汉口三地茶叶流动更为广阔的背景和兴衰之历史必然。

这些研究可大致总结如下：

一、羊楼洞

羊楼洞自古产茶，但其具有重要的商贸茶产地地位，还是在清代罢除茶马互市、以茶治边的旧政之后。

羊楼洞可考实的商贸茶，始自清乾隆八年（1743）左右。当时晋商进入羊楼洞，以当地绅商雷兴传（中万）为"停居主人"，以其高大宅屋为据点，设庄开秤，收取农民散植于畸零之间地的茶叶作为原料，生产紧压茶以供北方及西北边贸，促进了羊楼洞地方种茶及茶贸业的发展。五口通商之后，由于福州开放通商，英国人开始在福州大量采购茶叶，山西商人在传统采购基地武夷地区受到为英国人采购茶叶的沿海地区商人的激烈竞争。清道光年间，受到生意衰微威胁的山西茶商转到湖北羊楼洞茶区组织货源，并派专人监制茶叶。咸丰（1851—1861）时期，由于太平天国与清军在江南和福建北部茶产区的战争活动，闽茶产量锐减，价格猛增，茶路阻隔，而清廷为筹战争经费多设关卡，实行厘金制度，晋商为缩短运茶路线，减轻成本负担，不得已而另辟茶源，于是大批转到湖北湖南，已有良好茶业基础的羊楼洞地区遂成为晋商采购商贸茶的主要基地之一。与晋商在羊楼洞采购制茶（主要为老青茶，亦称黑茶）几乎同时稍后，道光二十六年（1846），由羊楼洞游姓商人引导，以出口英国红茶为主要品种的客商亦从吴地进入羊楼洞，开始在洞茶产区采购红茶。1861 年汉口开埠之后，英俄茶商在汉口竞买，更促成了光绪年间羊楼洞茶业的加速发展，羊楼洞商人发扬其祖辈经商传统，亦借机由坐贾进而为行商，在国际茶贸这个大舞台上，全情投入地演出了一场轰轰烈烈的商贸大剧。

羊楼洞其实很早就有经商传统。除肇始羊楼洞茶贸业的雷氏家族之外，游氏之祖先在清初即已进入四川从事蚕丝贸易；饶氏之祖隶属军籍，有漕运义务在身，而竟利用漕运之船返程载货赚取地域差价，获取第一桶金。从本书所力图深描的百多位洞商经历可以看出，羊楼洞茶业的兴盛，与形成了商业集团的洞商们投入重金建造行屋，利用威信维持地方，以及不断引资招商，倾心接纳晋粤商客，尝试外出经营，是密不可分的。掩卷而思，他们的奋斗，他们的心机，他们的喜悦和感伤，都历历如在眼前。洞商们在各种不同的复杂心境中揖别科举，走下商海，但由科举所灌输的儒家理念却伴随他们终生。在商场他们是儒商，在地方他们是乡绅。他们在商战中讲求诚信，君子爱财，取之有道，善待客商，不辞辛劳，积累起日益增长的财富；在居家时，讲求富而有礼，鄙视为富不仁。由于切身利益所在，他们以儒家礼教稳定地方，在政治上支持清政府与太平天国的斗争。虽然与政府有矛盾，对政府军的恶行有怨言，有时亦有抗争，如拒缴张之洞两湖书院费，游镇海面斥驻军头目等，但总的说来，他们仍将自己的命运与当局捆绑在一起，不遗余力地支持政府，甚至组建自己的子弟武装，站在政府一边与太平天国及其他起义军作战。

由于在经济上居于顶层，洞商们在地方上是统治势力。而由于儒家传统，他们的地方治理完全沿袭传统礼治方式，以宗族为核心自治单位，由族长长老对本族族人进行约束，对子弟进行教化，而其漕运劳役等与国家政府产生的关系，也以宗族为单位组织完成。族中以正嫡长者为核心，敬宗收族；族人间以男性为核心，相互都为血亲关系，依亲疏逐层向外述及。其业茶经商以家族为单位，一家之中，一位男性主理，可有数位男性参与；兄弟析炊分家之后，财产分开，辄其经商业务也不再在一起。妇女主内，仅有极少数直接参加茶务者。

亲缘的关系掩盖了阶层的差异。业茶有道的叔伯，对于初出道的子侄多有指导提携；成功者荒年筹米施粥，富家向贫者施贷，而平日修桥补路，热心公益，建祠堂，修族谱，加强血缘联谊，都为阶级差异罩上了温情脉脉的面纱。外出经商者捆载而归，为茶行职员者有薪水之入，务农者茶产出售后可得茶值，不足者还有宗族同乡垄断着的推独轮车出货的收入可资弥补；实在贫苦无告者还可借洞镇蒸蒸日上的茶务经济，设摊度日。羊楼洞茶叶社会似乎带有共富的性质。然而实际上，不满被压抑着，如外地人来洞镇打工，待遇明显不如本地受保护的工人，外地人或者不满，而羊楼洞地方则以加强治安的高压方式加以压制。其初组仁里会，后设弹压局，对付外来人口的目的十分明显。但是阶级差异并不能以本乡、外地划界，光绪庚子年，就有"吾乡莠民"参加所谓"红匪"，有名姓者，就有雷豫时、但德连等；民国时，更有本乡"不逞之徒"，乘南北战争之机，"乘间窃发，萑苻啸聚，所在皆是，官吏无如何，士绅尤噤戒不敢声"。① 洞镇上层只得组织民团武装镇压。

清光绪至民国间亦是社会大变革的时代。由于英商退出，俄商垄断，茶市行情下行，利权外流，茶商们亏损经营，怨声载道。当局者即如张之洞之聪明强干，亦似乎仅能倡导机器生产，而于商贸大势无可如何。羊楼洞本帮茶商将主要商业收益投资于广建行屋的弊病开始显露，一些有识洞商利用晋粤等外商式微之机自主经营，力图把握住关系命脉的制造和销售渠道，于是出现了饶日阳、黄才扬、黄凤岐等自办茶庄的本帮商人，雷豫塽这样"才力过人"的大茶商，雷豫远这样往返逐利于上海汉口的商场弄潮儿，以及万国梁等投巨资引进机器的茶商。科举停考，社会变得多元化，仅凭传统儒家礼教再难实现教化性治理。随着军阀混战，政权更深地切入地方，地方头面人物忙于应付上级政府方面和过往军队，如任南五区保卫总公所董事的雷泽均，平时组织缴纳捐税，战时"奉壶浆前导，即挽输召丁壮百诺，里中人虽逃避无一踪迹，有于道路从从趋，昧爽兴而丙夜不休者，惟府君一人，勤劳卓著"；再如饶鲁堂、饶绍雄、饶云山这样担任商会会长而出面与过往军队周旋，都反映了政权向地方的深入渗透。洞镇出现警察所等治理机构，传统以宗族自治为核心的礼治体制，开始与现代法理治理实现融合和过渡。

二、新店

古代运输严重依赖水路，这成就了新店茶叶过载码头的辉煌岁月。凭借着地跨两省和新溪河深水码头的地理优势，财富与茶叶一道涌入，而环绕着茶叶，以

---

① 雷兆绂：《复旦府君传》，见《雷氏族谱》，民国崇义堂本。

六大码头为中心，产生了无数商家，米行、鱼行、匹头、杂货、餐饮、旅馆、麻行、酱园、药铺……数百家店铺沿着正街、上街、下街排开，打货的小贩沿街看货，运茶的脚夫推着独轮车匆匆而行，商人们坐在临河码头的茶楼上，一边看着茶货装船，一边啜茶谈生意，多艘大船正忙碌地上货、卸货，还有更多船舶在不远处等待进港，如林的桅杆在夕阳的映照中轻轻摇动，仿佛正轻歌曼舞，欢快地诉说这兴旺的日子永无尽时。

由于茶叶，过载行生意异军突起，每船装茶五百箱，过载行坐地生财，年入千金。服务于茶叶生意，八方而来的商家需要组织，需要自治，这成就了新店商会早于羊楼洞成立。而时局的变幻，潮涨潮落，亦造就了商会的起起伏伏，时兴时衰。自治还须自卫，血的教训促使新店商团成立，而武人当政，又给新店带来更深的血的教训。进入民国的新店一路坎坷，在日本侵略军的铁蹄下挣扎奋起，又在困境中谋求发展。

然而"人建造了路，路塑造了人"。现代交通方式——粤汉铁路的修建，使新店的客流和物流逐渐向铁路沿线的市镇集聚，新店所依托的传统水运优势则相形见绌，兴旺的日子终究过去，商贸经济逐渐衰落以致走向边缘化。从新店近两百年的经济发展史，我们可以获得以下启迪：

首先，优越的地理位置对内陆市镇的兴起至关重要，传统市镇的兴起多是依赖便利的交通条件。新店位于新溪河主干与其支流益阳港的交汇处，"夹溪而居"的地理环境是新店兴起的显性因素。通过新溪河，新店加强了与周边市镇及村落乃至汉口等地的联系与互动，成为湘鄂赣交界地区重要的人流和物流中转地。可以说，新溪河是新店兴起为"商品流通型"和"交通枢纽型"的复合型市镇的重要生态依托。

其次，新店是商品集散中心，不是商品生产中心。新店位于"六水三山却少田"的鄂南，特殊的自然环境限制了当地农业经济的进步，农业基础较差，使得当地经济的兴盛欠缺支柱型的物质基础。新店"畸零之地"的茶叶也是卖至羊楼洞加工，新店茶商主要是过载羊楼洞加工制作好的茶叶，在手工加工工业方面亦为短板。所以，当交通路线改变后，当便捷的粤汉铁路逐渐取代古老的新店水运，新店的经济开始败落。

最后，区域间经济的互助关系是经济得到长期发展的重要保障。新店周边的市镇有车埠镇、赵李桥镇、羊楼洞镇和聂市镇等，粤汉铁路通车前，新店是它们对外交通的重要水运码头。作为与新店同时期兴起的市镇之一，羊楼洞与新店的市镇分工明显，羊楼洞负责生产加工茶叶，新店负责转运茶叶，两镇之间具有互补性，这种经济互助关系是各自发展的至关重要的基础。这种互补性一旦失去，经济的成长亦将式微。

三、汉口

近代汉口茶市无疑是一个特殊状态下的茶叶市场。其发展背景和组成结构都具有鲜明的时代特征。茶市的发展壮大建立在不平等条约与开埠之上，茶贸的经营参与者中，最高层是外商洋行。汉口茶市的形成发展既有其本身优越的客观条件与茶贸的历史渊源的原因，也有通商后汉口茶贸范围扩大至国际市场的原因。总之，近代汉口茶市从 19 世纪 60 年代形成到最终消逝，在近代中国茶叶出口贸易中都占据着重要的地位。茶叶贸易推动了汉口近代港口城市的形成，汉口因茶贸而兴盛，但茶叶贸易在汉口却最终逐步没落下来。

汉口之所以能发展成为近代中国三大茶市之一，与其"九省通衢"的地理位置和广阔的茶产腹地、悠久的茶贸历史以及当时的时代背景是分不开的。正是这些客观因素使汉口茶叶贸易得以迅速发展，并且逐步形成了产区与中转市场之间的茶贸销售网络。

汉口茶市的发展离不开周边产茶区域为其提供的丰富的茶叶商品来源。当汉口茶叶市场扩大之时，又反过来推动周边茶区的发展，鄂南茶区即是其中之一。双方由于同处一个茶贸链条中，在产销以及信息流动等方面都有着密切的互动关系。

受时代背景的影响，汉口茶市始终不是一个公平意义上的茶叶交易市场，外商出于经济特权的优势，在茶贸体系中占据上位，中商相比外商则处于不利地位。即不平等税率一项，就深刻反映了当时中国的半殖民地性质。中国商人即使在不平等税率之下仍然顽强努力，为了应对汉口茶市中外商的不合理贸易行为，汉口的中国茶商逐步联结起来，由行帮发展成为茶叶公所，在维护中商利益、规范汉口茶市的交易制度以及反抗外商的不合理行为等方面，都发挥了积极作用。

汉口茶市与鄂南茶区因茶贸而连接，也因茶贸而同兴衰。由于国际茶叶市场的影响，19世纪之后汉口茶市走入衰颓，与汉口紧密相关的鄂南茶区也衰落下来。反映在茶产地羊楼洞，是传统茶庄的锐减和包茶庄的增多。仅作为俄商砖茶厂原料供应者的包茶庄的增加，既反映了中国殖民地性质逐步深化条件之下茶叶市场与茶产腹地之间必然的联系，也反映了历史条件的变动对社会区域的冲击。总之，通过解读近代汉口茶市形成与发展的背景，剖析汉口茶市的茶贸结构以及汉口茶市与鄂南茶区之间的密切关系，我们可以了解近代汉口茶市兴起的原因，汉口茶市作为转销市场对其茶叶来源地的影响，汉口茶市的衰退以及鄂南茶产区的衰退，近代汉口茶市中复杂的中商与外商之间对于茶贸利益的争夺与博弈。在特殊的历史背景下，汉口茶贸经营存在着诸多特殊之处，但这种特殊的贸易结构却是近代汉口茶市存在的基础。茶市中不同社会势力之间对于各方范围内的茶贸利益的维护，是汉口茶市社会背景与社会关系的展现。汉口茶市的兴衰成败无疑主要是出于经济方面的原因，但却与汉口社会甚至国际社会之间都有着或疏或密的关系。

　　解析近代汉口茶市，一方面是对汉口港口城市重要性的一种历史分析，另一方面，从汉口茶市与鄂南茶区的互动之中，可以探寻现代鄂南茶区茶业复兴与发展之路。这是因为汉口商贸茶市虽已式微，但其在中国近代茶叶贸易中的特殊地位已经永远留在历史的印记之中。

参 考 文 献

一、家谱、地方志、古典文集著作

(一)家谱

[1]葛氏宗谱[Z]. 顿邱堂本，1993.

[2]贺氏家谱[Z]. 1992.

[3]黄氏宗谱[Z]. 民国仁孝堂本，1929.

[4]黄氏宗谱[Z]. 三略堂本，1927.

[5]黄氏宗谱[Z]. 文汇堂本，2009.

[6]雷氏宗谱[Z]. 民国崇义堂本，1924.

[7]雷氏宗谱[Z]. 1995.

[8]刘氏宗谱[Z]. 1983.

[9]邱氏族谱[Z]. 2007.

[10]饶氏族谱[Z]. 光绪十五年己丑本.

[11]饶氏宗谱[Z]. 民国双峰堂本，1948.

[12]饶氏宗谱[Z]. 十修双峰堂本，2011.

[13]游氏族谱[Z]. 民国九言堂本.

(二)地方志

[1](清)张圻隆. 新修蒲圻县志[M]. 清康熙十二年刊本，1673.

[2](清)裴天锡，罗人龙. 湖广武昌府志(十二卷)[M]. 1687.

[3](清)张金诚. 宁夏府志[M]. 乾隆四十五年刊本，1780.

[4](清)劳光泰. 蒲圻县志[M]. 道光十六年刊本，1836.

[5](清)顾际熙，文元音. 蒲圻县志[M]. 清同治五年刊本，1866.

[6](清)高左廷，傅燮鼎. 崇阳县志[M]. 清同治五年刊本，1866.

[7](清)杨宗时，吴耀斗. 襄阳县志[M]. 清同治十三年刊本，1874.

[8]蒋灿纂. 婺源县志[M]. 台北：成文出版社，1985.

[9]章学诚. 湖北通志检存稿[M]. 武汉：湖北教育出版社，2002.

[10](清)吕调元，刘承恩. 湖北通志[M]. 民国十年刊本，1921.

[11](清)侯祖畲. 夏口县志[M]. 民国九年刊本，1920.

[12]张鹏飞. 汉口贸易志[M]. 北京：华国印书局，1918.

[13]宋衍绵. 蒲圻县乡土志[M]. 武昌：永盛印书馆，1923.

[14]湖北省志编纂委员会. 湖北省志·大事记[M]. 武汉：湖北人民出版
社，1990.

[15]湖北省地方志编纂委员会. 湖北省志·教育[M]. 武汉：湖北人民出版
社，1993.

[16]湖北省地方志编纂委员会. 湖北省志·贸易[M]. 武汉：湖北人民出版
社，1992.

[17]湖北省地方志编纂委员会. 湖北省志.农业[M]. 武汉：湖北人民出版
社，1994.

[18]湖北省咸宁市地方志编纂委员会. 咸宁市志(第二卷)[M]. 北京：中国城市
经济社会出版社，1992.

[19]蒲圻市地方志编纂委员会. 蒲圻县志[M]. 1987.

[20]蒲圻市地方志编纂委员会. 蒲圻志[M]. 深圳：海天出版社，1995.

[21]武汉市地方志编纂委员会. 武汉市志·对外经济贸易志[M]. 武汉：武汉大
学出版社，1996.

[22]武汉市地方志编纂委员会. 武汉市志·工业志[M]. 武汉：武汉大学出版
社，1999.

[23]武汉市地方志编纂委员会. 武汉市志·税务[M]. 武汉：武汉大学出版
社，1992.

[24]武汉市地方志编纂委员会. 武汉市志·大事记[M]. 武汉：武汉大学出版社，1990.

[25]徐焕斗. 汉口小志[M]. 汉口：爱国图书公司，1915.

[26]罗福惠. 湖北通史·晚清卷[M]. 武汉：华中师范大学出版社，1999.

[27]田子渝，等. 湖北通史·民国卷[M]. 武汉：华中师范大学出版社，1999.

[28]胡焕宗. 湖北全省实业志[M]. 武汉：湖北实业厅，1920.

[29]湖北省茶麻分公司. 湖北茶叶贸易志[M]. 武汉：湖北省茶麻分公司，1985.

[30]吴觉农. 中国地方志茶叶历史资料选辑[G]. 北京：农业出版社，1990.

[31]渠绍森. 山西外贸志[M]. 山西省地方志编纂委员会办公室印行，1984.

[32]姚明辉. 蒙古志[M]. 上海：中国图书公司，1907.

(三)古典文集著作

[1](唐)李肇. 唐国史补[M]. 北京：中华书局，1991.

[2](唐)陆羽. 茶经[M]. 北京：中华书局，2017.

[3](宋)范成大. 范石湖集[M]. 上海：上海古籍出版社，1981.

[4](宋)沈括. 梦溪笔谈[M]. 杨靖，李昆仑，编. 兰州：敦煌文艺出版社，2016.

[5](宋)张咏. 乖崖集[M]. 北京：中华书局，2000.

[6](明)王圻. 续文献通考[M]. 北京：现代出版社，1991.

[7](清)卞宝第. 卞制军奏议[M]. 台中：文听阁图书有限公司，2010.

[8](清)傅燮鼎. 崇质堂诗[M]. 台中：文听阁图书有限公司，2012.

[9](清)顾祖禹. 读史方舆纪要[M]. 北京：中华书局，2019.

[10](清)刘锦藻. 清朝续文献通考[M]. 北京：商务印书馆，1955.

[11](清)刘献廷. 广阳杂记[M]. 北京：中华书局，1957.

[12](清)裴景福. 河海昆仑录[M]. 上海：中华书局，1938.

[13](清)王懿德. 王靖毅公年谱[M]. 1862.

[14](清)徐松. 宋会要辑稿[M]. 上海：上海古籍出版社，2014.

[15](清)叶调元. 汉口竹枝词校注[M]. 武汉：湖北人民出版社，1982.

[16](清)张之洞. 劝学篇[M]. 两湖书院光绪戊戌刊本，1893.

[17](清)章学诚. 章氏遗书[M]. 北京：文物出版社，1982.

二、清代至民国的档案、报刊、调查报告

（一）档案

[1]长岳两关监督兼湖南交涉署关于汉口茶叶公所红茶改销内地并减免税收的
函[A]. LS025-002-0532-0037，湖北省档案馆藏.

[2]复兴鄂南、蒲圻、嘉鱼、崇阳、通城、咸宁、通山六县茶叶计划及办法[A].
LS31-3-706，1947，湖北省档案馆藏.

[3]关于汉口兴商茶砖公司要求在抗战时被敌毁坏损失财产给予赔偿和其它文
件[A]. LS076-02-00026，1947，武汉市档案馆藏.

[4]汉口兴商茶砖股份有限公司驻厂日军抢走厂存机器锅炉汽管铁斗等[A].
LS008-09-00193，1941，武汉市档案馆藏.

[5]汉口市政府蒲圻羊楼青红茶代表饶智泉等呈诉本市茶行违法病[A]. LS009-
31-00038，1933，武汉市档案馆藏.

[6]湖北民生茶叶公司鄂南砖茶厂关于员工米津函[A]. LS045-002-0877，湖北省
档案馆藏.

[7]湖北羊楼洞改良场改进砖茶红茶产制技术辅导及推广训练计划书[A]. LS031-
003-0798，湖北省档案馆藏.

[8]湖北省政府关于新店镇商会章程册表已转咨工商部备案的指令[A]. LS1-3-
0194-003，湖北省档案馆藏.

[9]湖北省五峰茶叶改良场工作报告书预计算书及羊楼洞茶叶改良场计算书单据
附属表[A]. LS31-3-785，1939，湖北省档案馆藏.

[10]湖北羊楼洞茶业改良声技术售货员训练班简章. 羊楼洞茶业改良场技术训练
班章程及讲习会章程[A]. LS031-003-0801，1938，湖北省档案馆藏.

[11]湖北省羊楼洞茶业改良场发展鄂西茶叶生产计划[A]. LS31-3-794，1938，
湖北省档案馆藏.

[12]湖北省羊楼洞茶业改良场派员赴宜昌区指导红茶改良事业计划书[A]. LS31-
3-795，1938，湖北省档案馆藏.

[13]湖北省羊楼洞茶场茶业改良场呈请湖北省建设厅函农村合委会合组茶叶生产合作社. 据呈蒲圻县第三区各保请求组社发放茶农贷款等情指令知照[A]. LS31-3-796，1939，湖北省档案馆藏.

[14]湖北省羊楼洞茶叶改良场呈报鄂西鄂南茶叶危殆情形请设法救济. 羊楼洞茶业改良场呈报鄂西鄂南茶业危殆情形恳予设法救济遵由. 改进砖茶红茶产制技术辅导及推广训练计划书. 蒲圻县羊楼洞镇商会呈为恳请指示维持本年新茶办法并救济金融运输等项由[A]. LS31-3-798，1938，湖北省档案馆藏.

[15]湖北省政府等单位有关接收羊楼洞义兴、聚兴顺两茶庄纠纷案之令代电呈[A]. LS31-3-803，1939，湖北省档案馆藏.

[16]恢复羊楼洞茶叶改良场计划及有关令呈[A]. LS31-3-807，1951，湖北省档案馆藏.

[17]民生茶叶公司接收羊楼洞敌人遗存砖茶原料包装材料清册. 民生茶叶公司接收羊楼洞制茶场案之代电呈令[A]. LS034-003-0803，1939，湖北省档案馆藏.

[18]蒲圻县民教馆羊楼洞分馆民国廿五年元月开办费预算[A]. LS019-003-794，1938，湖北省档案馆藏.

[19]蒲圻羊楼司商会呈请湖北建设厅函中国茶叶公司请设法救济蒲圻羊楼司茶商[A]. LS31-3-797，1939，湖北省档案馆藏.

[20]彭先泽：鄂南茶叶[A]. LSH2. 14-3，安化茶叶公司，1947，湖北省档案馆藏.

[21]商会请准许茶商携带法币往羊楼洞等处产茶区使用[A]. LS009-31-00773，1941，武汉市档案馆藏.

[22]伪湖北省民生茶业公司人事异动月报及简历名册[A]. LS075-11-00001，伪湖北省企业委员会，1935，武汉市档案馆藏.

[23]伪湖北省实业公司茶厂人事物资移交清册[A]. LS075-11-00005，伪湖北省企业委员会，1937，武汉市档案馆藏.

[24]武汉特别市商会武汉制茶业同业公会筹备会名册[A]. LS119-64-80，1930，武汉市档案馆藏.

[25]羊楼洞转插生产运销合作社三十六年度业务计划书[A]. LS031-016-0819，

湖北省档案馆藏.

[26]羊楼洞砖茶生产运销合作社案[A].LS31-16-819,1947,湖北省档案馆藏.

[27]羊楼洞区营业税局经收公安花捐暂行规则.羊楼洞区营业税局经收公安堂条捐暂行规则.羊楼洞区营业税局妓女登记暂行规则[A].LS1-5-4393,湖北省档案馆藏.

[28]羊楼洞商会呈请救济砖茶意见[A].LS31-3-799,1938,湖北省档案馆藏.

[29]中国茶砖制造厂驻汉办事处[A].LS009-31-03312,1946,武汉市档案馆藏.

(二)报刊

[1]东方杂志[N].

[2]国际贸易导报[N].

[3]湖北商务报[N].

[4]湖北省银行通讯[N].

[5]汉口商业月刊[N].

[6]江西农报[N].

[7]满洲公报[N].

[8]农声[N].

[9]农学报[N].

[10]申报[N].

[11]实业部月刊[N].

[12]统计月报[N].

[13]万国公报[N].

[14]银行月刊[N].

[15]银行杂志[N].

[16]中国实业[N].

(三)调查报告

[1]戴啸洲.汉口之茶业[J].中外经济周刊,1925.

[2]戴啸洲.汉口之茶业[J].检验年刊,1933(2).

[3]戴啸洲. 汉口之茶砖制造业[J]. 检验年刊, 1933(2).

[4]戴啸洲. 汉口之茶业[J]. 国际贸易导报, 1934(6).

[5]戴啸洲. 湖北羊楼洞之茶业[J]. 国际贸易报告, 1936(5).

[6]陈启华. 湖北羊楼洞区之茶业[J]. 中国实业, 1936(2).

[7]陈国汉. 羊楼洞砖茶之制造与运销贸易[J]. 贸易半月刊, 1939(1).

[8]金廷蔚. 中国实业要论[M]. 上海：商务印书馆, 1925.

[9]金陵大学农业经济系. 湖北羊楼洞老青茶之生产制造及运销[M]. 南京：南京出版社, 1936.

[10]茅家琦. 中国旧海关史料(1859—1948)：1～170 卷[M]. 北京：京华出版社, 2001.

[11] Commercial reports：Embassy and consular commercial reports[Z]. Shannon, Ireland, 1972.

[12] Commercial reports：Embassy and consular commercial reports 1867-69[Z]. Shannon, Ireland, 1972.

三、1949 年以后的专著及资料汇编

(一)专著

[1][美]艾梅霞. 茶叶之路[M]. 范蓓蕾, 等, 译. 北京：中信出版社, 2007.

[2][美]罗威廉. 汉口：一个中国城市的商业和社会(1796—1889)[M]. 江溶, 鲁西奇, 译. 北京：中国人民大学出版社, 2016.

[3][美]威廉·乌克斯. 茶叶全书[M]. 侬佳, 等, 译. 北京：东方出版社, 2011.

[4][美]威罗贝. 外人在华特权和利益[M]. 王绍坊, 译. 北京：生活·读书·新知三联书店, 1957.

[5][美]休夫·贝克尔. 中国的家庭与亲属关系[M]. 纽约：哥伦比亚大学出版社, 1979.

[6][美]施坚雅. 中国封建社会晚期城市研究：施坚雅模式[M]. 王旭, 等, 译. 长春：吉林教育出版社, 1992.

[7] [英]莫里斯·弗里德曼. 中国东南的宗族组织[M]. 刘晓春, 译. 上海：上海人民出版社, 2000.

[8] [英]科大卫. 近代中国商业的发展[M]. 周琳, 李旭佳, 译. 杭州：浙江大学出版社, 2010.

[9] [英]科大卫. 皇帝和祖宗：华南的国家与宗族[M]. 卜咏坚, 译. 南京：江苏人民出版社, 2009.

[10] [英]罗伊·莫克塞姆. 茶：嗜好、开拓与帝国[M]. 毕小青, 译. 北京：生活·读书·新知三联书店, 2010.

[11] [法]皮埃尔·布迪厄, [美]华康德. 实践与反思——反思社会学导论[M]. 李猛, 李康, 译. 北京：中央编译出版社, 1998.

[12] [法]皮埃尔·布迪厄. 文化资本与社会炼金术[M]. 包亚明, 译. 上海：上海人民出版社, 1997.

[13] [俄]鲍戈亚夫连斯基. 长城外的中国西部地区[M]. 新疆大学外语系俄语教研室, 译. 北京：商务印书馆, 1980.

[14] [俄]斯卡利科夫斯基. 俄国在太平洋的贸易[M]. 彼得堡, 1883.

[15] [俄]霍林洛夫. 十八世纪九十年代中国对外贸易：见中国的国与社会[M]. 莫斯科, 1973.

[16] [俄]库罗帕特金. 喀什噶尔[M]. 中国社会科学院近代史研究所翻译室, 译. 北京：商务印书馆, 1982.

[17] [俄]特鲁谢维奇. 俄中通商与通商关系(19世纪前)[M]. 莫斯科, 1882.

[18] [俄]瓦西里·帕尔申. 外贝加尔边区纪行(中译本)[M]. 北京第二外国语学院俄语编译组, 译. 北京：商务印书馆, 1986.

[19] [俄]西林. 俄中贸易关系：十八世纪的恰克图[M]. 伊尔库次克, 1847.

[20] [日]水野幸吉. 汉口：中国中部事情[M]. 武德庆译, 武汉：武汉出版社, 2014.

[21] [日]寺田隆信. 山西商人研究[M]. 张正明, 阎守诚, 译. 太原：山西人民出版社, 1986.

[22] 陈慈玉. 近代中国茶业之发展[M]. 北京：中国人民大学出版社, 2013.

[23] 陈椽. 茶叶通史[M]. 北京：中国农业出版社, 2008.

[24]陈椽. 中国茶叶外销史[M]. 台北：碧山岩出版社，1993.

[25]陈辉. 湖北史志文选[M]. 武汉：武汉出版社，2007.

[26]陈国灿. 江南农村城市化历史研究[M]. 北京：中国社会科学出版社，2004.

[27]陈文华. 长江流域茶文化[M]. 武汉：湖北教育出版社，2004.

[28]陈文华. 中国茶文化学[M]. 北京：中国农业出版社，2006.

[29]陈香白. 中国茶文化[M]. 太原：山西人民出版社，2002.

[30]中国茶叶学会. 中国茶叶科技创新与产业发展学术研讨会论文集[C]. 2009.

[31]陈祖椝，朱自振. 中国茶叶历史资料选辑[M]. 北京：农业出版社，1981.

[32]陈宗愚，程启坤，俞永明，王存礼. 中国茶经[M]. 上海：上海文化出版社，1992.

[33]程光，李绳庆. 晋商茶路[M]. 太原：山西经济出版社，2008.

[34]邓九刚. 茶叶之路[M]. 北京：新华出版社，2000.

[35]丁世良. 中国地方志民俗资料汇编（华北卷）[M]. 北京：书目文献出版社，1989.

[36]丁匙良. 中西闻见录选编[M]. 台北：文海出版社，1987.

[37]丁言模. 左儒右贾——安徽帮[M]. 广州：广东经济出版社，2001.

[38]丁以寿. 中华茶道[M]. 合肥：安徽教育出版社，2007.

[39]董明藏. 汉口大买办刘子敬[M]//武汉工商经济史料（第2辑）. 武汉：武汉市政协文史资料研究委员会，1984.

[40]陈锋. 明清以来长江流域社会发展史论[M]. 武汉：武汉大学出版社，2006.

[41]额斯日格仓·包·赛吉拉夫. 蒙古族商业发展史[M]. 沈阳：辽宁民族出版社，2007.

[42]傅宗文. 宋代草市镇研究[M]. 福州：福建人民出版社，1989.

[43]冯金平. 茶马古道源：羊楼洞[M]. 呼和浩特：内蒙古人民出版社，2012.

[44]冯金平. 赤壁茶与茶马古道[M]. 兰州：兰州大学出版社，2006.

[45]甘重民. 历代食货志今译[M]. 南昌：江西人民出版社，1987.

[46]高旭晖，刘桂华. 茶文化学概论[M]. 合肥：安徽美术出版社，2003.

[47]龚青山，吴尚平. 世界茶俗大观[M]. 济南：山东大学出版社，1992.

[48]垄胜生. 清代两湖农业地理[M]. 武汉：华中师范大学出版社，1996.

[49]郭蕴深. 中俄茶叶贸易史[M]. 哈尔滨：黑龙江教育出版社，1995.

[50]汉口商业一览编辑处. 汉口商业一览[M]. 武汉：汉口商业一览编辑处，1926.

[51]贺亚先，等. 湖北历代诗歌精选[M]. 武汉：武汉出版社，2006.

[52]何煜山. 新溪文史[M]. 香港：香港天马图书有限公司，2008.

[53]华中师范学院历史系. 洞茶今昔[M]. 武汉：湖北人民出版社，1980.

[54]黄鉴晖. 明清山西商人研究[M]. 太原：山西经济出版社，2002.

[55]嘉鱼县民间文学集成领导小组. 中国民间歌谣集成湖北卷嘉鱼县歌谣集[M]. 北京：中国民间文艺出版社，1989.

[56]孔祥毅. 金融贸易史论[M]. 北京：中国金融出版社，1998.

[57]孔祥毅. 金融票号史论[M]. 北京：中国金融出版社，2003.

[58]鲁西奇. 城墙内外——古代汉水流域城市的形态与空间结构[M]. 北京：中华书局，2011.

[59]李少军，等. 晚清日本驻华领事报告编译[M]. 北京：社会科学文献出版社，2016.

[60]李必樟. 上海近代贸易经济发展概况（1854—1898年英国驻上海领事报告汇编）[M]. 上海：上海社会科学院出版社，1993.

[61]李德复，陈金安. 湖北民俗志[M]. 武汉：湖北人民出版社，2002.

[62]李灵玢. 洞商与羊楼洞区域社会[M]. 北京：中国社会科学出版社，2016.

[63]李灵玢. 洞茶与洞商[M]. 武汉：湖北人民出版社，2014.

[64]李文治，章有义. 中国近代农业史资料（第1辑）[M]. 北京：三联出版社，1957.

[65]李希曾. 晋商史料与研究[M]. 太原：山西人民出版社，1996.

[66]梁漱溟. 梁漱溟全集（二）[M]. 济南：山东人民出版社，1990.

[67]梁太济，包伟民. 历代食货志今译（宋史食货志）[M]. 北京：中华书局，1987.

[68]林馥泉. 武夷茶叶之生产制造及运销[M]. 永安：福建省政府统计室，1943.

[69]刘建生，等. 晋商研究[M]. 太原：山西人民出版社，2002.

[70]刘建生. 明清晋商制度变迁研究[M]. 太原：山西经济出版社，2006.

[71]刘勤晋. 茶文化学[M]. 北京：中国农业出版社，2008.

[72]刘晓航. 大汉口：东方茶叶港[M]. 武汉：武汉大学出版社，2015.

[73]刘志伟. 在国家与社会之间：明清广东地区里甲赋役制度与乡村社会[M]. 北京：中国人民大学出版社，2010.

[74]罗望林、胡一真. 湖南省经济地理[M]. 北京：新华出版社，1987.

[75]茅家琦. 中国旧海关史料[M]. 北京：京华出版社，2001.

[76]孟宪章. 中苏经济贸易史[M]. 哈尔滨：黑龙江人民出版社，1992.

[77]穆雯瑛. 晋商史料研究[M]. 太原：山西人民出版社，2001.

[78]宁书贤. 晋商与湘茶[M]//晋商史料研究. 太原：山西人民出版社，2001.

[79]牛达兴，雷友山，等. 湖北茶文化大观[M]. 武汉：湖北科学技术出版社，1995.

[80]彭泽益. 中国近代手工业史资料（1840—1949）[M]. 北京：生活·读书·新知三联书店，1957.

[81]彭泽益. 中国工商行会史料集[M]. 北京：中华书局，1995.

[82]皮明庥. 汉口五百年[M]. 武汉文史资料，1996.

[83]皮明庥. 近代武汉城市史[M]. 北京：中国社会科学出版社，1993.

[84]蒲圻县(市)志编纂委员会办公室. 漫话莼川：蒲圻一千七百六十二年[M]. 蒲圻：蒲圻县志办，1986.

[85]漆侠. 宋代经济史[M]. 上海：上海人民出版社，1988.

[86]容阂. 西学东渐记[M]. 郑州：中州古籍出版社，1998.

[87]唐力行，等. 苏州与徽州：16—20世纪两地互动与社会变迁的比较研究[M]. 北京：商务印书馆，2007.

[88]陶德臣. 中国茶叶商品经济研究[M]. 北京：军事谊文出版社，1999.

[89]陶德臣，李灵玢. 青砖茶·米砖茶[M]. 广州：广东旅游出版社，2019.

[90]魏明孔. 西北民族贸易研究：以茶马互市为中心[M]. 北京：中国藏学出版社，2003.

[91]万献初，宋嵩山. 鄂南茶文化[M]. 桂林：广西人民出版社，1993.

[92]王雷鸣. 历代食货志注释[M]. 北京：农业出版社，1989，1991.

[93]王亲贤，邓丹萍. 鄂南茶史拾遗[M]. 北京：中国文史出版社，2017.

[94]王世华. 富甲一方的徽商[M]. 杭州：浙江人民出版社，1997.

[95]王振忠. 明清以来徽州村落社会史研究[M]. 上海：上海人民出版社，2011.

[96]王忠民. 呼和浩特历史文化撷萃[M]. 呼和浩特：内蒙古人民出版社，2007.

[97]吴觉农，范和钧. 中国茶业问题[M]. 上海：商务印书馆，1937.

[98]吴觉农. 茶经述评[M]. 北京：中国农业出版社，2005.

[99]吴琦. 漕运·群体·社会[M]. 武汉：湖北人民出版社，2007.

[100]夏涛. 中华茶史[M]. 合肥：安徽教育出版社，2008.

[101]咸宁地区群众艺术馆. 鄂南民间故事传说集[M]. 咸宁：咸宁地区群众艺术馆，1982.

[102]咸宁市民间文学集成领导小组. 中国民间歌谣集成(湖北卷)·咸宁地区歌谣集[M]. 北京：中国民间文艺出版社，1990.

[103]徐明庭，张颖，杜宏英. 湖北竹枝词[M]. 武汉：湖北人民出版社，2007.

[104]徐鹏航. 湖北工业史[M]. 武汉：湖北人民出版社，2008.

[105]许涤新，吴承明. 中国资本主义发展史[M]. 北京：人民出版社，1990.

[106]严明清. 洞茶与中俄茶叶之路[M]. 武汉：湖北人民出版社，2014.

[107]杨大金. 现代中国实业志[M]. 上海：商务印书馆，1938.

[108]杨阳. 王权的图腾化[M]. 杭州：浙江人民出版社，2000.

[109]姚国坤. 茶文化概论[M]. 杭州：浙江摄影出版社，2004.

[110]游谟俊. 洞天福地——鄂南古镇羊楼洞[M]. 香港：华文出版社，2008.

[111]章开沅，马敏，朱英. 中国近代史上的官绅商学[M]. 武汉：湖北人民出版社，2000.

[112]张海鹏，王廷元. 徽商研究[M]. 合肥：安徽人民出版社，1995.

[113]张俊峰. 水利社会的类型：明清以来洪洞水利与乡村社会变迁[M]. 北京：北京大学出版社，2012.

[114]张文勋. 民族审美文化[M]. 昆明：云南大学出版社，1999.

[115]张银河. 中国盐文化史[M]. 郑州：大象出版社，2009.

[116]张小也. 官、民与法：明清国家与基层社会[M]. 北京：中华书局，2007.

[117]张正明. 晋商兴衰史[M]. 太原：山西古籍出版社，2001.

[118]赵馥洁. 中国传统哲学价值论[M]. 北京：人民出版社，2009.

[119]政协湖南省临湘县委员会文史资料研究委员会. 临湘县百年大事记(1840—1949)[M]. 临湘：政协湖南省临湘县委员会文史资料研究委员会，1987.

[120]郑少斌. 武汉港史[M]. 北京：人民交通出版社，1994.

[121]郑振满. 乡族与国家：多元视野中的闽台传统社会[M]. 北京：生活·读书·新知三联书店，2009.

[122]郑振满. 明清福建家族组织与社会变迁[M]. 北京：中国人民大学出版社，2009.

[123]仲伟民. 茶叶与鸦片：十九世纪经济全球化中的中国[M]. 北京：生活·读书·新知三联书店，2010.

[124]周晓光，李琳琦. 徽商与经营文化[M]. 北京：世界图书出版公司，1998.

[125]周至，吴艳荣. 荆楚百项非物质文化遗产[M]. 武汉：湖北教育出版社，2007.

[126]朱勇. 清代宗族法研究[M]. 长沙：湖南教育出版社，1987.

[127]朱自振. 茶史初探[M]. 北京：中国农业出版社，1996.

[128]朱英. 近代中国商会、行会及商团新论[M]. 北京：中国人民大学出版社，2008.

[129]庄晚芳. 中国茶史散论[M]. 北京：北京科学出版社，1988.

[130]Ahaudhuri K N. The trading world of Asian and the English[M]. Cambridge：East India Company，1978.

[131]Freedman M. Chinese lineage and society：Fukien and Kwangtung[M]. London：Athlone Press，1966.

[132]Bourdieu P, Wacquant L D. An invitation to reflexive sociology[M]. The University of Chicago Press，1992.

[133]Siu H. Down to earth：The territorial bond in South China[M]. Stanford University Press，1995.

(二)资料汇编

[1]安徽省博物馆. 明清徽州社会经济资料从编[G]. 北京：中国社会科学出版社，1988.

［2］赤壁茶业志编纂委员会.赤壁茶业志［M］.武汉：湖北科学技术出版社，
　　2017.

［3］曹兆祥.湖北近代经济贸易史料选辑（第2辑）［G］.武汉：湖北省志贸易志
　　编辑室，1984.

［4］湖北省志编纂委员会办公室.湖北省志资料选编（第1期）［G］.1984.

［5］湖北省志贸易志编辑室.湖北近代经济贸易史料选辑（1840—1949）［G］.
　　1984.

［6］政协湖北省委员会文史资料委员会.湖北文史集粹［G］.武汉：湖北人民出版
　　社，1995.

［7］内蒙古自治区政协文史资料研究委员会.内蒙古文史资料［G］.呼和浩特：内
　　蒙古人民出版社，1984.

［8］山西财经大学晋商研究院.晋商研究［G］.北京：经济管理出版社，2016.

［9］山西文史资料编辑部.山西文史资料（第10卷）［G］.太原：政协山西省委员
　　会文史资料研究委员会，2000.

［10］孙毓棠.中国近代工业史资料第一辑：1840—1895年（上册）［G］.北京：科
　　　学出版社，1957.

［11］坦渡地域文化协会.潘河风韵［M］.长春：吉林大学出版社，2013.

［12］汪敬虞.中国近代工业史资料第二辑：1895—1914年（上册）［G］.北京：科
　　　学出版社，1957.

［13］王日根，薛鹏志.中国会馆志资料集成［G］.厦门：厦门大学出版社，2013.

［14］王铁崖.中外旧约章汇编［G］.北京：三联书店，1957.

［15］王彦威，王亮.清季外交史料［G］.长沙：湖南师范大学出版社，2015.

［16］武汉文史资料编纂委员会.湖北文史资料［G］.1987.

［17］政协湖南省临湘县委员会文史资料研究委员会.临湘县百年大事记（1840—
　　　1949）［G］.1987.

［18］吴松弟.美国哈佛大学图书馆藏未刊中国旧海关史料（1860—1949）［G］.桂
　　　林：广西师范大学出版社，2016.

［19］严中平，等.中国近代经济史参考资料丛刊［G］.北京：科学出版社，2016.

［20］姚贤镐.中国近代对外贸易史资料（1840—1895）［G］.北京：中华书局，

1962.

[21]章有义. 中国近代农业史资料第二辑(1912—1927)[G]. 北京：三联书店，
1957.

[22]张海鹏、王廷元. 明清徽商资料选编[G]. 安徽：黄山书社，1985.

[23]张正明. 明清晋商资料选编[G]. 太原：山西人民出版社，1989.

[24]中国第二历史档案馆. 档案资料汇编(第3辑)·农商[G]. 南京：江苏古籍
出版社，1991.

[25]中国第一历史档案馆. 清代中俄关系档案史料选编[G]. 北京：中华书局，
1981.

[26]中国第二历史档案馆. 中华民国史档案资料汇编·国民政府国防部史政局及
战史会档案[G]. 南京：江苏古籍出版社，1991.

[27]政协武汉市委员会文史资料研究委员会. 武汉工商经济史料(第1辑)[G].
1983.

[28]政协武汉市委员会文史学习委员会. 武汉文史资料文库[G]. 武汉：武汉出
版社，1999.

[29]政协蒲圻文史资料委员会. 蒲圻文史(第1~5辑)[G]. 1985.

四、1949 年以后的论文

(一)学位论文

[1]陈凡. 湖北羊楼洞古镇研究[D]. 武汉：武汉理工大学，2005.

[2]定光平. 羊楼洞茶区近代乡村工业化与地方社会经济变迁[D]. 武汉：华中师
范大学，2004.

[3]狄英杰. 近代湖北羊楼洞茶业经济与文化研究[D]. 武汉：华中农业大学，
2011.

[4]冯君. 清代归化城商业贸易的兴衰及其影响[D]. 呼和浩特：内蒙古师范大
学，2007.

[5]刘炜. 湖北古镇的历史、形态与保护研究[D]. 武汉：武汉理工大学，2006.

[6]林楠. 湖北赤壁新店古镇研究[D]. 武汉：武汉理工大学，2005.

[7]吕一群. 晚清汉口贸易的发展及其效应[D]. 武汉：华中师范大学，2009.

[8]任放. 明清长江中游市镇经济研究[D]. 武汉：武汉大学，2001.

[9]张珊珊. 近代汉口港与其腹地经济关系变迁（1862—1936）——以主要出口商品为中心[D]. 上海：复旦大学，2007.

[10]邹怡. 明清以来徽州茶业及相关问题研究[D]. 上海：复旦大学，2006.

（二）期刊论文

[1][美]华康德. 论符号权力的轨迹[J]. 国外社会科学，1995(4).

[2][日]吉田金一. 关于俄清贸易[J]. 东洋学报，1963(4).

[3][英]科大卫，刘志伟. 宗族与地方社会的国家认同——明清华南地区宗族发展的意识形态基础[J]. 历史研究，2000(3).

[4][俄]托尔加舍夫. 中国是俄国茶叶的供应者[J]. 满洲公报，1925(5~7).

[5]茶人. 两湖茶的过去和现在[J]. 中国茶讯，1957(3).

[6]蔡鸿生. 商队茶考释[J]. 历史研究，1982(6).

[7]陈椽. 一年以来的中国茶叶[J]. 中国茶讯，1950(1).

[8]陈春生. 历史的内在脉络与区域社会经济史研究[J]. 史学月刊，2004(8).

[9]陈古愚. 昔日洞茶散忆[J]. 蒲圻文史，1986(2).

[10]陈旺林. 鄂南婚茶[J]. 文化月刊，1998(11).

[11]陈衍德. 唐代专卖收入初探[J]. 中国经济史研究，1988(1).

[12]陈玉琼，张伟，等. 湖北青砖茶减肥作用研究[J]. 茶叶科学，2008(5).

[13]成艳萍. 资源禀赋与晋商的茶叶贸易[J]. 山西大学学报，2007(4).

[14]邓亦兵. 清代前期的粮食运销和市场[J]. 历史研究，1995(4).

[15]杜七红. 清代两湖茶业研究的回顾与展望[J]. 江汉论坛，2006(4).

[16]方健. 唐宋茶产地和产量考[J]. 中国经济史研究，1993(2).

[17]甘满堂. 以茶制夷[J]. 农业考古，1996(2).

[18]高春平. 晋商与北部市场开发[J]. 晋阳学刊，2002(4).

[19]高春平. 张库商道之兴衰[J]. 中国名城，2009(5).

[20]郭蕴深. 论中俄恰克图茶叶贸易[J]. 历史档案，1989(2).

[21]郭莹，李灵玢. 论湖北现存碑刻的历史文化价值[J]. 湖北大学学报，2014

（1）.

［22］胡永弘. 汉口的行帮与会馆、公所［J］. 武汉文史资料，1997（4）.

［23］胡永弘. 汉口的钱庄与票号［J］. 武汉文史资料，1997（4）.

［24］胡永弘. 武汉的酒楼与饮食文化［J］. 武汉文史资料，1997（4）.

［25］华康德. 论符号权力的轨迹［J］. 国外社会科学，1995（4）.

［26］黄国信，温春来，吴滔. 历史人类学与控区域社会史研究［J］. 历史研究，
　　　2006（6）.

［27］李灵玢. 清代鄂南茶区绅商考索［J］. 湖北社会科学. 2020（10）.

［28］李灵玢. 鄂南商贸茶业肇始考［J］. 福建论坛. 2013（9）.

［29］李灵玢. 张之洞与汉口茶贸评析［J］. 江汉论坛，2012（9）.

［30］李三谋，张卫. 晚清晋商与茶文化［J］. 清史研究，2001（1）.

［31］李三谋. 近代晋商与茶文化［J］. 史志研究，2001（2）.

［32］李亚南. 茶道古镇新店［J］. 中国地名，2018（3）.

［33］李亚南. 鄂南古茶港新店考［J］. 寻根，2020（7）.

［34］李泽兴. 湖北茶叶［J］. 湖北方志通讯，1985（10）.

［35］林齐模. 近代中国茶叶国际贸易的衰减——以对英国出口为中心［J］. 历史
　　　研究，2003（6）.

［36］刘建生，吴丽敏. 试析清代晋帮茶商经营方式、利润和绩效［J］. 中国经济
　　　史研究，2004（3）.

［37］刘晓航. 中俄茶路与汉口［J］. 农业考古，2002（2）.

［38］刘选民. 中俄早期贸易考［J］. 燕京学报（第二十五期单行本），北京：燕京
　　　大学哈佛燕京学社，1939.

［39］宁书贤. 对《晋商与湘茶》一文的补白［J］. 文史月刊，1997（2）.

［40］庞义才，渠绍森. 论清代山西驼帮的对俄贸易［J］. 晋阳学刊，1983（3）.

［41］秦宗财. 明清徽商与茶叶市场［J］. 安徽师范大学学报（人文社会科学版），
　　　2006（7）.

［42］任放. 明清长江中游地区的市镇类型［J］. 中国社会经济史研究，2002（4）.

［43］宋时磊. 晚清汉口茶叶外贸市场的交易机制与成本困境［J］. 荆楚学刊，
　　　2017（4）.

[44]苏宁. 早期中美茶叶贸易的启示[J]. 福建茶叶, 2002(2).

[45]苏全有. 论清代中俄茶叶贸易[J]. 北京商学院学报, 1997(1).

[46]苏全有. 论十九世纪后半期华茶出口贸易[J]. 北京商学院学报, 1998(2).

[47]陶德臣. 近代中国外销茶流通环节考察[J]. 中国经济史研究, 199s(1).

[48]陶德臣. 英属印度茶业经济的崛起及其影响[J]. 安徽史学, 2007(3).

[49]陶德臣. 中国近代外销茶的生产和流通环节[J]. 中国茶叶, 1995(16).

[50]陶德臣. 近代中国茶叶市场结构与功能[J]. 中国社会经济史研究, 2001
　　(1).

[51]陶德臣, 杨志玲. 近代中国茶埠群论析[J]. 安徽史学, 2016(6).

[52]陶德臣. 晋商与西北茶叶贸易[J]. 安徽史学, 2001(3).

[53]陶德臣. 俄国对中国青 (米) 砖茶业的侵略与掠夺[J]. 古今农业, 2017(4).

[54]陶德臣. 中俄青(米)砖茶贸易论析[J]. 中国社会经济史研究, 2017(3).

[55]汪敬虞. 中国近代茶叶的对外贸易和茶业的现代化问题[J]. 近代史研究,
　　1987(6).

[56]王国健. 论五口通商后徽州茶商贸易重心的转移[J]. 安徽史学, 1998(3).

[57]王璐. 明清晋商对俄茶叶贸易行为的经济分析[J]. 中国流通经济, 2010
　　(1).

[58]王增盛, 施兆鹏, 刘仲华. 论黑茶品质及风味形成机理[J]. 茶叶科学,
　　1991(11).

[59]吴孟雪. 中俄恰克图茶叶贸易[J]. 农业考古, 1992(4).

[60]吴仁安、唐力行. 明清徽州茶商述论[J]. 安徽史学, 1985(3).

[61]萧致治、徐方平. 中英早期茶叶贸易[J]. 历史研究, 1994(3).

[62]谢天祯. 有关近代中国茶叶贸易兴衰的统计资料[J]. 福建茶叶, 1984(4).

[63]杨力, 王庆华. 晋商在明清时期茶叶贸易中的杰出贡献[J]. 农业考古,
　　1997(4).

[64]杨仁飞. 清前期广州的中英茶叶贸易[J]. 学术研究, 1997(5).

[65]袁欣. 1868—1936 年中国茶叶贸易衰弱的数量分析[J]. 中国社会经济史研
　　究, 2005(1).

[66]袁北星. 客商与近代汉口茶市的兴衰[J]. 江汉论坛, 2010(3).

［67］张笃勤. 汉口茶输俄的几个问题［J］. 江汉论坛，1994（2）.

［68］张应龙. 鸦片战争前中荷茶叶贸易初探［J］. 暨南学报，1998（3）.

［69］张正明. 清代晋商的对俄茶叶贸易［J］. 农业考古，1997（4）.

［70］仲伟民. 近代中国茶叶国际贸易由盛转衰解疑［J］. 学术月刊，2007（4）.

［71］庄国土. 18 世纪中国与西方的茶叶贸易［J］. 中国社会经济史研究，1992
（3）.

［72］庄国土. 茶叶、白银和鸦片：1750—1840 年中西贸易结构［J］. 中国社会经
济史研究，1995（3）.

［73］庄国土. 从闽北到莫斯科的陆上茶叶之路——19 世纪中叶前中俄茶叶贸易
研究［J］. 厦门大学学报，2001（2）.

［74］周娟美. 晚清晋商与湖北茶业的发展［J］. 山西高等学校社会科学学报，
2005（17）.

［75］周晓光. 近代外国资本主义势力的入侵与徽州茶商的衰落［J］. 江海学刊，
1998（6）.

［76］周晓光. 清代徽商与茶叶贸易［J］. 安徽师范大学学报，2000（3）.

［77］朱成国. 试论恰克图条约对中俄贸易的影响［J］. 西北史地，1989（4）.